江西名人墓

江西方志文化丛书

江西省地方志编纂委员会办公室　编著

WUHAN UNIVERSITY PRESS
武汉大学出版社

图书在版编目(CIP)数据

江西名人墓/江西省地方志编纂委员会办公室编著. —武汉：武汉大学出版社,2018.3
江西方志文化丛书
ISBN 978-7-307-19730-5

Ⅰ.江… Ⅱ.江… Ⅲ.名人—陵墓—介绍—江西 Ⅳ.K928.76

中国版本图书馆 CIP 数据核字(2017)第 238404 号

责任编辑:李　晶　　责任校对:李嘉琪　　装帧设计:张希玉

出版发行：**武汉大学出版社**　(430072 武昌 珞珈山)
(电子邮件：whu_publish@163.com 网址:www.stmpress.cn)
印刷：虎彩印艺股份有限公司
开本:720×1000 1/16 印张:21.25 字数:440 千字 插页:2
版次:2018 年 3 月第 1 版 2018 年 3 月第 1 次印刷
ISBN 978-7-307-19730-5 定价:94.00 元

江西方志文化丛书

主　编：梅　宏

副主编：周　慧　杨志华

江西名人墓

执行主编：梅　宏

执行副主编：毛珏珺

编　　辑：游桃琴

“江西方志文化丛书”编纂委员会

《江西名人墓》撰稿名单

省地方志办： 毛珏珺、游桃琴

南昌市： 朱　君、梁朝阳

九江市： 崔若林、陈文夫、张树华、朱汉回、柯昌爱、郑双虎、熊耐久、孙沾阳、孙家骏、汪官金、陈汉铭、周荣美、伍星雄、黄伟男

（摄影：胡茂盛、周荣美、黄　勇、张训锁、胡荣彬、高　异、陈汉铭）

景德镇市： 徐天泽、洪东亮、金寿进

新余市： 卢志荣、卢海峰、张国荣

（摄影：胡小勇）

鹰潭市： 王新勤、张学先、胡明娥

赣州市： 张玉玲、瑞　志、朱祥福、邓思喜、李应开、郭文良、安远县史志办、王立之、邱新民、管宝禄、王常青、刘承源、刘　斌、黄少斌、温永发、赣州经济技术开发区党政办

宜春市： 朱　吟、易根生、窦忠平、程　亮、王剑平、易集明、熊正秋、邹文生、徐小明、胡学正、晏紫春、卢少雄、卢志荣、纪　睿、卢海峰、黄烈花、王现国

（摄影：李忠光）

上饶市： 缪　斌、郭京华、卢　钢、刘丕云、许湘君、孙　军、杜育和、孙　健、薛　文、陈爱中

吉安市： 邹节成、张惠民、刘仁志、郭菊华、吉水县史志档案局、蔡舜文、胡自卫、朱　静、邹建锋、永丰县志办

抚州市： 临川区志办、熊春玲、吴云华、余天禄、武一平、伍长福、王政文、黄英秀、王国庆、李山冕、曾　铭、帅建忠、邱志强、方莉华

丛书序

江西古称“豫章”“江右”，因733年唐玄宗设江南西道而得名，因境内最大河流赣江而简称“赣”。

江西文化底蕴深厚，四五万年前就有先民筚路蓝缕，在混沌草莽中开创旧石器时代和新石器时代文化。商周时期创造了与中原文化交相辉映的青铜文明。两汉以后，江西“嘉蔬精稻，擅味四方”，哺育出南州高士，高洁独标世表；陈重雷义，义薄云天；“古今隐逸诗人之宗”陶渊明开创田园诗派，成一代伟大诗人；“物华天宝、人杰地灵”彰显盛唐气象。两宋之后，江西古代文化更如日月之行，世所瞩目，在文学、哲学、史学、科技、艺术、教育等领域名家辈出，或开宗立派，或存亡续绝，或继往开来。诗文在此革新立派，理学在此肇始兴盛，佛教以禅宗的流行和《禅门规式》的颁布在此形成中国特色；史学名著迭出，大家涌现；千年窑火，煅烧出晶莹剔透的千古瓷都；书声琅琅、书院芳华熏染了文章节义之邦。豫章文化、庐陵文化、临川文化、浔阳文化、袁州文化等地域文化各具特色、各领风骚。近代以来，南昌起义的枪声，井冈山上的炮响，无数革命先烈前仆后继的英姿，锻造了光荣的革命传统和精神，形成了红土地上崭新的红色文化。这些，共同构成群星璀璨、耀眼夺目的江西文化。

在悠悠历史长河中，物质形态文化难免随着时间的消失而湮灭，而代代编修，被誉为“一方之百科全书”的地方志，便成为传承地方文化、载史问道、以启未来的最好载体。

地方志是中国特有的文化传统和历史资源。江西是方志大省，历代编纂的地方志书达1190种，位居全国第二位，保存至今的仍有520余种，居全国第四位。20世纪80年代开始社会主义新方志编纂工作，至今编纂出版两轮省、市、县三级志书共302部，综合年鉴201部，取得了巨大成就。卷帙浩繁的志书刻录着江西文化基因和历史密码，它本身既是方志文化的物质载体，也是江西地方文化的根脉和基础。利用地方志了解地方历史文化，实现资政育人，古有韩愈索志、朱熹下轿问志的佳话，今天我们党和国家的领导人同样有重视和利用地方志的优良传统。1958年3月，毛泽东主席一到成都，立即调阅《四川通志》《华阳国志》《灌县志》等志书，并选辑其中一部分内容印发给其他领导，提倡利用地方志提高领导水平，并倡议各地编修地方志。习近平总书记身边也总是不离地方志。1985年6月，即将任职厦门市副市长的习近平借阅了道光版《厦门志》和《厦门地方史讲稿》。1989年他在福建宁德担任地委书记时曾指出："了解历史的可靠的方法就是看志，这是我的一个习惯。过去，我无论走到哪里，第一件事就是看地方志。"英国著名学者李约瑟曾说，古代希腊乃至近代英国，都没有留下与中国地方志相似的文献，要了解中国文化，就必须了解中国的地方志。同样，要了解江西文化，也必须了解江西的地方志。通过地方志，迅速了解一地之风土人情、历史文化，鉴古知今，获得未来发展的灵感是古往今来的文人、学者、官员、伟人的一项基本功。

为了更好地开发利用地方志资源存史、资政、育人，发挥地方志在传承中华文明、建设文化强省中的基础性作用，江西省地方志办公室利用地方志资源，动员全省地方志系统力量，组织编辑出版了这套"江西方志文化丛书"。全书共10册，内容丰富，资料翔实，图文并茂，用通俗、准确的语言介绍了江西最具代表性的十个方面的地域特色文化，从浩如烟海的方志文献中提炼出真实、生动的历史细节，全面展示了江西的文化成就和人文精神。山有名，水有灵；桥有史，渡有址；村有姓，镇有景；楼塔有风骨，寺观有清幽；书院有典籍，名人有故事；古窑生火，传承至今；进士及第，江西文盛。丰富的地域文化、深厚的人文底蕴，彰显了江西千年风华，体现了文化江西的磅礴气度。本套书是一部挖掘、保存、利用江西地方志资源的精品丛书，是了解江西历史、省情、国情的重要窗口，也是地方志工作者深入挖掘地方历史文化资源，服务江西经济社会发展、决战全面实现小康社会新的尝试。

习近平总书记"高度重视修史修志"的重要指示，李克强总理"修志问道，以启未来"的重要批示，刘延东广泛开展"读志用志传志"的要求，贯穿到一点，就是要发挥地方志的作用。与地方志书体量巨大、携带不便、难以寻找相比，"江西方志文化丛书"很好地解决了这些问题。它是利用地方志资源开发出来的，集中江西省方方面面特色文化，方便携带、方便阅读的一种崭新载体，是江西地方志工作者在志书编纂和年鉴编纂之外的成功创新之举。它让古老的官修志书搭载新鲜的传播形式，走近大众生活，成为干部、群众愿意看、看得懂、用得上的口袋书，是为广大干部群众特别是青少年了解江西历史和地域文化所做的一件大好事。它是江西地域特色文化的扛鼎之作，是见证当代江西地方志工作的精品。

我们相信，“江西方志文化丛书”的出版，能让更多的人了解江西、认识江西、喜爱江西，积极参与江西事业发展。希望这套文化丛书为增进广大干部群众特别是青少年对江西地域特色文化的了解，发挥应有的作用。

江西省地方志编纂委员会办公室

2017年12月

编写说明

一、本丛书由《江西书院》《江西古代名人》《江西名人墓》《江西寺观》《江西古楼塔及牌坊》《江西地方戏》《江西进士》《江西古窑》《江西古祠堂》《江西古桥古渡》10个分册组成。资料主要来源于江西历代地方志、家谱和相关地方文献。

二、《江西名人墓》是《江西方志文化丛书》分册之一，主要记载江西境内保存较完整的古今名人墓葬和著名烈士陵园，为保证全书的完整性，在正文后附有"江西省古墓葬一览表"。

三、根据墓主地位、影响和墓葬保存完好程度，全书重点介绍列入全国重点文物保护单位和江西省重点文物保护单位的古今名人墓葬及著名烈士陵园共170座（个），内容包括地理位置、墓葬结构和周围环境，共介绍了200余位墓主的姓名、字号、生卒年、籍贯、生平和主要历史贡献。

四、墓址以2016年12月31日以前的江西行政区划为准，按11个设区市分为11章，章下以县（市、区）分节，每节按照墓的建成时间先后顺序排列。

五、本书稿件、照片主要由江西省、市、县（市、区）三级地方志工作机构提供，资料主要来源于江西地方志书，地方文献和网络。本书正文中不署具体撰稿者姓名，以免重复，撰稿者和摄影者姓名集中于编撰人员名单中。

六、本书地名一律采用墓建成时的历史名称并括注今名。

七、本书纪年，凡1949年10月1日以前的，采用历史纪年括注公元纪年；1949年10月1日起，采用公元纪年。

目录

概述

名人墓是名人的归宿。阐述江西名人墓，离不开对江西名人的了解。

江西历史悠久，虽然长期远离中原文化政治中心，但很早就在中国历史上留下了诸多人物的足迹。远古传说成书的《山海经·海内经》记载："南方有赣巨人，人面长臂，黑身有毛，反踵"，这是典籍中最早的有关江西人形象的描述。初唐，王勃在《滕王阁序》中赞美江西"物华天宝，人杰地灵"，已表明江西名儒巨公辈出，杰出人物如繁星满天照亮了中国历史的天空。20世纪20年代,著名学者丁文江曾对二十四史立有列传的历史人物一一进行了籍贯考证,列出了5783名历史人物的地理分布表，江西共有立传人物338名，在当时全国21个省（不包括少数民族人物）中名列第九位；首轮《江西省志》收录从秦汉到现代江西籍名人1233名；《江西历代人物辞典》收录江西籍历史人物6075人；有科举制度以来，江西考中状元48人，进士1.05万人，占全国进士总数10.67%；据《明清全国进士与人才的时空分布及其相互关系》一文统计，仅在明清两朝，江西考中进士3114位，仅次于浙江省，位居全国第二位，出现具有全国影响的人物33位，位居全国第三。唐宋八大家，江西占了三家；历史上涌现了晏殊、欧阳修、王安石、曾巩、黄庭坚、朱熹、文天祥、陈三立等诸多政治精英和文化奇才。

中华民族文化基因中有着"树高千丈，叶落归根"的思想，江西名人无论在外地如何荣华富贵，距离故乡如何遥远，死后都希望回归故乡，入土为安，这也是中国人不忘本的具体表现。坟墓是出于对亲人、祖先或先贤的纪念而形成的空间形态。如果墓主具有足够的知名度或影响力，其墓葬就成为名人墓，而与一般的坟墓区别开来。江西历史名人众多，于是造就了众多名人墓。此外，江西地理位置优越，北倚长江，可渡江直捣中原；南出武夷，过梅关，通达闽粤；东连苏沪，可出东海；西接湘鄂，可直达滇川。境内赣江与其五大支流，构成了遍布全省的河网体系，在古代江河经济时代，成为经济繁荣、人文荟萃之地。大批文化名人"过化"江西，甚至最终选择落籍江西，死后埋葬在江西，使江西各地名人墓葬星罗棋布，风格各异，造就了江西名人墓文化，成为独具魅力的江西方志文化的一道靓丽风景线。

一、墓葬的概念

“人生天地间，忽如远行客。”死，作为人生的必然归宿或终结，是人类无法回避、无法超越的现实问题。“由生而死，由死而葬”，丧葬就成了人类生命中的一件大事。一处处墓葬，不仅仅是埋葬逝者的场所，它还反映了当时人们的死亡观、道德观、审美思想和历史文化背景，由此产生的墓葬文化，也成为传统文化的一部分。

史前时期的原始人类无法理解死亡的意义，没有埋葬死者的意识，对尸体的处理是随意的。根据考古发现，最早有墓葬观念的是距今1万多年前的北京周口店山顶洞人，他们居住的洞穴分为两层，下室是集体墓地，在尸体上和周围会撒上红色的赤铁矿粉，表明他们已产生希望死者在另一个世界复活的宗教观念。

在古代，“坟”和“墓”不是一个概念。“墓”从土，从莫。“莫”意为日在草丛之中，时当黄昏，太阳下山。“莫”与“土”联合起来表示“在黄昏时刻下葬”，与太阳一起隐没，所以指挖坑埋葬棺柩的地方，填土与地平，不封不树，不起坟包。以致今日，人们把“年老”形容为“日暮”“夕阳”，人们探望病人，也避开下午和晚上。繁体的坟字从土，从贲，“贲”字意为“前冲”，“土”与“贲”联合表示“冲天而起的墓”，乃有积土高起之墓。孔子虽然了解“古也墓而不坟”，正常死亡的人都是墓地平坦，商周诸王地位至尊也只有墓而无坟，但他标新立异地为父母之墓堆起四尺高的封土，因为他知道“今丘也，东西南北之人也，不可以弗识也”[1]，可见，由墓到坟的变化，目的是为了防止将来祭拜之时难以找到墓之所在，在忠孝和守礼之间，孔子选择了前者。

葬，是指掩埋死者，即人类将死者尸体或其他遗物按一定方式放置在特定场所。中国地域辽阔，不同地区、不同民族由于自然环境、生活习惯、宗教信仰、经济发展水平、意识形态等的原因，采取了不同形态的葬式，具体形态有土葬、火葬、水葬、塔葬、崖葬等，汉族以土葬为主。

墓葬，即土葬，也称埋葬，是通过建造墓穴、墓室以土掩埋的一种葬式。它广泛流行于世界各地，也是中华民族普遍采用的一种处理遗体的方式。墓葬地按形制有墓、坟、封、冢、丘、陵等称谓，坟、墓前文已述；“封”的意义与“坟”同，都是积土高起之墓，但封的制度等级不同于坟；“冢”是大坟，也是高高的土堆；“丘”是大冢，“王公为丘，诸侯为坟，庶人为墓”[2]；《说文解字》解释“陵”的本义为“大阜也”，也是大土堆之意，皇族习惯称地面建筑为“宫”，地下建筑为“陵”，

---

[1] 摘自《礼记·檀弓下》。

[2] 余剑锋. 谈传统文化在公墓规划设计中的应用[J]. 规划师，2005，21（7）：65-67.

陵成了帝王坟墓的专称，现在也用来称烈士陵园。

除土葬之外，还有火葬、水葬、风葬、塔葬、崖葬等方式。其中，火葬是现在推行的一种方式，用火把尸体烧成骨灰，然后安置在骨灰瓮中，埋于土中，或撒于水中或空中，甚至以火箭射上太空。多数都是火化之后再土葬。印度教、佛教盛行火葬，伊斯兰教和基督教则盛行土葬。从20世纪开始，火葬在世界各地被提倡和推广，以节约稀少的耕地。现时中国的火葬比例为53%，美国为26%，英国为70%，日本则超过90%。

此外，还有衣冠葬，这是中国古代的一种特殊葬法，墓内无死者尸体，仅埋葬死者穿戴过的衣冠，其坟墓称“衣冠冢”。甚至有的衣冠冢内空无一物，纯为纪念性质。有史记载最早的衣冠冢是黄帝陵。《史记·封禅书》：“其来年冬，上议曰：‘古者先振兵释旅，然后封禅。’乃遂北巡朔方，勒兵十馀万，还祭黄帝冢桥山，释兵须如。上曰：‘吾闻黄帝不死，今有冢，何也？’或对曰：‘黄帝已仙上天，群臣葬其衣冠。’”黄帝作为中华民族的人文初祖，他的墓中虽然没有遗体，但仍然成为中华民族起源的物质象征，世世代代受到官府和民众的保护与祭祀，成为中华民族永恒的精神家园。在江西，也有许多名人衣冠冢，如北宋名臣夏竦墓全国共有两处，其遗体葬于许州阳翟县三村乡（今河南省禹县）；位于夏竦故里江西德安县车桥镇小昆仑麒麟峰下的是衣冠冢。因“文化大革命”中被毁，后重建于新建西山万寿宫之西的清代医圣喻嘉言墓，也是一座衣冠冢。

古代墓葬一般分为地面和地下两个部分，地面部分包括封土，即“坟”或“冢”，以及其他陵墓建筑，如甬道、石像生、碑、享堂等。甬道又称“御路”“神道”，是通向祭祀区和墓区的导引大道，是地面建筑的重要组成部分；石像生指古代陵墓用以驱邪、昭示墓主身份等级的石刻人、走兽以及传说中的怪兽；碑指墓碑，分有字碑和无字碑两种；享堂是用于祭祀死者或供死者后代守孝居住的建筑，在古代这种形制的建筑非常普遍，现在却很难保留下来。地下部分包括墓室、随葬品、墓志等。墓室也称“玄宫”“幽宫”，主要有“土穴墓”“木椁墓”“砖石墓”三种；墓志是记载和歌颂死者的石刻，与碑不同之处是墓志埋藏在墓中。现代墓葬理念提倡节俭和环保，则要简单得多，一般只有封土和墓碑，没有附属建筑。

二、江西名人墓概况

江西除南昌市南唐时短期做过陪都外，历史上从未建都，也就没有一座皇帝陵寝。然而，由于人文鼎盛，名人辈出，加之风景秀丽，吸引无数骚人墨客、高僧羽流、名公巨卿流连忘返，甚至作为百年后的归葬之地，使得江西本籍和外籍名人墓遍布全省各地，虽无法与气势磅礴、建造豪华的帝王陵墓相媲美，但仍以其多样个性和丰富的文化内涵，构成了江西自然风光之外的独特人文景观，为湖山增色。

本书所称“江西名人墓”指的是江西境内具有代表性和研究价值，且存在着的名人坟墓和著名墓葬。名人墓的墓主都是在历史上起过重要作用或是有过重要影响的人物，包括文学家、史学家、科学家、政治家、思想家、著名将领、本土乡贤等。著名墓葬指的是虽然墓主是普通人，甚至墓主不详，但坟墓本身及其附属建筑具有重大考古价值或纪念意义。名人墓是名人思想、精神的物质载体，是不可再生、无法复制的文化遗产和精神财富。而著名墓葬或是出土大量珍贵文物，有较高历史研究价值和艺术价值；或是一段历史的见证，共同构成了本书的内容。

江西古墓葬分布很广，历年来考古工作者从中发掘、出土了大量历史价值较高的珍贵文物，对研究不同时代、地区，不同社会阶层埋葬习俗及所属时代的历史文化和社会生活情况提供了珍贵资料，也为江西现代旅游业的发展提供了重要的历史文化资源。据统计，截至2010年7月30日，江西省共登记古墓葬1713处，包括名人墓、贵族墓、墓葬群和僧塔等著名墓葬。其中，影响力较大的名人墓主要有以下49处（省级以上文物保护单位）：南昌市3处——朱权墓、铁河古墓群、东吴墓；九江市9处——周敦颐墓、岳飞母亲姚太夫人墓、陶渊明墓、岳飞妻李夫人墓、“一见心寒”墓、黄庭坚墓、李烈钧墓、高善继墓、真如寺及僧塔；吉安市8处——文天祥墓、杨万里墓、解缙墓、东吴墓、杨士奇墓、罗钦顺墓、天龙山墓塔、万安东林寺墓塔；宜春市9处——仰山墓塔群、吴平古墓群、洞山墓塔群、黄檗山墓塔群、刘慎虚墓、百家垅古墓群、邓子龙墓、七星堆古墓群、朱轼墓；上饶市7处——谢叠山墓、辛弃疾墓、蒋士铨墓、费宏墓、阎立本墓、朱瓌墓、莲山汉墓；抚州市7处——汤显祖墓、洪门益王家族墓群、岳口益王家族墓群、乐史墓、董裕墓、陆象山墓、谭纶墓；萍乡市4处——文廷式墓、甄叔禅师塔及塔铭、乘广禅师塔及塔铭、仰山文塔；赣州市2处——西堂智藏大法师大宝光塔、潘任墓。

另外，还有众多的县级文物保护单位名人墓，主要有宜春的况钟墓、宋应星墓、甘汝来墓、张勋墓、谢灵运墓、郑谷墓、蔡国珍墓、宋景墓、胡直孺墓；抚州的曾巩墓、黄法氍墓、吴与弼墓、陈际泰墓、胡用先墓、李营墓、孙大郎墓；上饶的胡居仁墓、赵汝愚墓、洪迈墓、马端临墓、郑冕墓、李士会墓、汪道诚墓；南昌的徐稚墓、八大山人墓、牛石慧墓、永王墓；吉安的刘辰翁墓、萧时中墓、刘沆墓、郭知章墓；九江的江万里墓；新余的彭嗣元墓等。

（一）江西名人墓的特点

江西历史悠久，根据最新考古发现，至少在20万年前江西已有人类活动。但由于远离政治、文化中心，长期属于落后的蛮荒之地。因此，在宋代以前，江西本土甚少有具有全国影响的名人，第一座名人墓当属孔子弟子澹台灭明的墓（现位于南昌二中校园内）。澹台灭明，字子羽，孔子说：“以貌取人，失之子羽”，就是对他的评价。澹台灭明长期在吴楚一带从事教育活动，是最早“过化”江西的先贤。从东汉末年开始，北人大量南迁，全国经济重心逐渐南移，江西开始人才辈出，至宋明时达到辉煌灿烂、如日中天的极盛时期，保存至今的名人墓也多出于这一时期。作为一种历史文化景观，江西名人墓主要有以下文化特征。

（1）历史名人数量众多，名人墓分布广泛。

这一点前文已有体现，这里进行补充说明。根据著名学者丁文江对江西进入史传人物的统计，考虑到江西长期远离政治中心的地理位置和东晋前几乎没有具有全国影响名人的现实，名人墓是不少的。况且，江西还有许多名人虽不入正史传记，但在当时或“一举成名天下知”，如实行科举制度以后涌现的状元和进士；或叱咤风云，力挽狂澜，如文武双全、安陆大破金兵的南宋军事家曹彦约，“铁胆忠心扶社稷，钢肠热血镇家邦”的明监察御史，三边总督余应桂，甲午海战中“自请杀敌，拒绝投降，指挥高升号军舰战斗到最后一刻”的民族英雄高善继等；或精通医卜算历，造福一方，如元代太医王国瑞，其医著《扁鹊神应针灸玉龙经》被收录《四库全书》，并在明代被朝鲜大型综合性医书《乡药集成方》和《医方类聚》引用，又如既是明代抗倭名将又是风水大师的邓子龙等；或巧夺天工，人人惊叹，如凭空凿石为墓的高士熊石斋……都曾名动一时，耀贯长空。更有晏殊、欧阳修、李觏、曾巩、王安石、黄庭坚、陆九渊、杨万里、姜夔、文天祥、马端临、吴澄、虞集、罗钦顺、汤显祖、宋应星、魏禧、朱耷、蒋仕铨、陈三立、文廷式、李瑞清、陈寅恪等为推动中华文明进程作出巨大贡献一大批的江西籍文化巨擘。《江西历代人物辞典》收录的江西籍历史人物有6075人，包括政治、经济、文化、军事、科技、宗教等各方面，并兼及农民起义领袖和部分名工、名媛、名商等。这些名人大都选择埋骨于故乡。虽然随着历史的云烟散去，许多名人墓冢湮没在荒草之中，甚至消亡，但综合江西名人墓稿件和各类志书资料，可知至今全省11个区市仍保存着大量名人墓葬，其中九江市最多，完整保存的名人墓就有80余处。

（2）历史名人层级高，多为开宗立派者。

根据历史人物知名度大小以及对历史所起作用的大小与影响，历史名人有着层级高低的区别。除极少数例外，一般来说，历史名人层级可分为世界级、国家级、省级和县级4级。江西不仅名人众多，灿若群星，而且许多具有国家级乃至世界级影响的高层级名人埋骨江西，或是留下衣冠冢。如唐代书画家阎立本，被列宁称为“中国11世纪的改革家”的王安石，写出被外国学者誉为“中国17世纪的工艺百科全书”——《天工开物》的明代科学家宋应星，号称“东方莎士比亚”的汤显祖，在抗日战场大显神威的“汉阳造”步枪之父、清末民初枪炮制造专家余庆鳌，率先打响二次革命第一枪的江西都督李烈钧，国学大师、被称为“教授的教授”的陈寅恪，先后被选为英国皇家艺术学会会员、美国艺术科学院院士、美国哥伦比亚大学终身教授、夏威夷大学东西文化中心高级专家及世界多所著名大学授予文学和艺术博士学位的著名学者、画家“哑行者”蒋彝，等等，可谓名人辈出，不胜枚举。还有许多为开宗立派、引领潮流的著名人物。如开创田园诗派的陶渊明，形成禅宗一大新兴宗派“曹洞宗”的师徒洞山良价和曹山本寂、临济宗的开山祖师希运，自我认同为江西九江人的理学奠基者周敦颐，被誉为“北宋倚声家初祖”的晏殊，“唐宋八大家”之首欧阳修，北宋诗文革新运动的中坚、“唐宋八大家”之一曾巩，改革家、“唐宋八大家”之一王安石，江西诗派之祖黄庭坚，宋明两代“心学”的开山之祖、思想家陆九渊，被称为“中兴四大家”之一、首创“诚斋体”的爱国诗人杨万里，江湖诗人姜夔，“人生自古谁无死，留取丹心照汗青”的民族英雄文天祥，等等。他们都是江西名人墓群中有代表性的名人，极大地丰富了江西名人墓的文化内涵。

（3）名人墓遗迹数量多、种类齐全。

由于历史的沧桑巨变，许多名人墓遭到自然或人为的破坏，有的现在几乎看不到痕迹。但在当地传说和地方文献记载中仍有大量名人墓遗迹留存，保守估计，从古到今，江西现存名人墓2000余座，至今保存完好，并被列为江西省文物保护单位的有50余处。这些名人墓迹有王族墓葬、崖墓、道观僧塔、贤母墓、夫妻合葬墓、名人集体墓、家族始祖墓、遇难群葬墓、烈士陵园及各类名人独墓。不仅历史久远，而且种类较全，蔚为大观。

（4）外籍名人墓葬多，且保存完好。

中国传统文化讲究安土重迁，讲究落叶归根，即使不得已因做官或是流放等原因客死他乡，其后人也要千方百计把遗骨送回家乡，全国各地保存至今的名人墓葬大多安葬的是本籍人物。而江西却不同，许多外籍历史名人主动选择埋葬在这里，除了宦游、战乱等原因外，主要归因于江西的山水美景和独特的文化魅力。他们中有一代名将太史慈、周瑜、吕蒙、黄盖等，有高僧大德如黄龙宗开宗祖师慧南禅师、临济宗的开山祖师希运禅师、曹洞宗第二祖本寂禅师等，有东晋著名史学家、文学家、魏晋精神的重要代表人物之一习凿齿，有唐代大画家阎立本，有爱国词人辛弃疾……其中最具代表性的人物是被尊为理学开山祖的周敦颐。周敦颐是湖南省道县人，早年途经九江，受庐山清丽的风光和独特佛道文化传统吸引，遂有卜居之志。晚年主动请求知南康军（今庐山市），一年后致仕，在庐山莲花峰下筑濂溪书堂定居，与当地名士、僧道来往，仿效庐山东林寺慧远所结白莲社，与归宗寺的真净文详师等人结青松社，还把母墓由家乡迁葬庐山，并在母亲郑氏夫人的墓志铭中写道：“吾后世子孙，遂为九江濂溪人，得岁时奉夫人之祭祀，也无憾矣。”不久周敦颐病逝，与母亲安葬在一起，终于完成他长眠在“山心无尘土，白石磷磷沉”的庐山怀抱的心愿。

（二）江西名人墓的文化类型

名人墓是名人文化精神的物质载体，也是后人追思前人事迹精神、寄托哀思的场所。划分名人墓的类型，不在于墓的建筑结构等外表特征，而在于所葬名人的历史地位和精神价值。根据江西名人墓的文化内涵和性质，大致可划分为以下五种文化类型。

1. 王族墓葬

江西历史上因从未正式建都，没有留下帝王陵寝，但由于一些封建王朝的封王建藩制度，江西也留下了许多王族墓葬，其中最著名的是2015年在新建区发现的海昏侯刘贺墓。刘贺本是一代皇帝，但在位仅27日即遭废黜，是西汉在位时间最短的皇帝。他经历帝、王、侯的跌宕人生，留下的陵墓虽多次遭盗墓贼“光顾”，却神奇地历经2000多年而没有被盗，成为我国目前发现的面积最大、保存最好、内涵最丰富的汉代侯国聚落遗址，也是江西唯一的帝王陵，具有重大研究和文化价值。到明代，因各种原因在江西建藩的诸王留下了成系统的藩王墓葬群，如宁献王朱权墓、明乐安王墓、明益藩王墓等。明代王族生活优渥，却没有什么政治地位，只有致力于文学、艺术等精神生活领域，如宁献王朱权著有中国现存最早杂剧曲谱——《太和正音谱》，是明代著名的道教学者、戏曲理论家、剧作家。益藩王系在明朝绵延150年，世袭了七代八王，是明朝历代就藩延续时间最长的一支皇族。益藩王墓建筑群可以看出当时的墓葬制度、礼仪文化、藩王制度发展历史，而王族丰富的随葬品，反映了当时江西乃至全国工艺的制造特色和水平，具有重要的考古价值。王族墓葬构成了江西名人墓文化的重要组成部分。

2. 忠臣、烈士墓葬

江西自古称“文章节义之邦”，名臣中多忠臣，名将中多烈士。以当时的历史背景来看，以文天祥为代表的江西英杰的“忠”早已超越了忠君的狭窄范围，进入忠于国家的更高层次。这种更高境界的“忠”，是“天下兴亡、匹夫有责”的忠，是忠于心中的正道和正气，是把个人的人生价值与国家的安危兴衰紧密地联系在一起。在古代，每当外敌入侵、民族危亡之时，总会涌现出一批忠臣、名将，如杨邦义、胡铨、杨万里、文天祥、吴希奭、曹彦约等；在近现代，天朝梦碎，中华民族面临亡国灭种的危险时，江西革命先烈更是前仆后继。据不完全统计，江西有名有姓的烈士达25万人之多，占中华人民共和国成立前全国登记烈士总数的六分之一。这些遍布全省的忠臣墓祠、烈士陵园，也是江西名人墓文化的突出部分。

3. 高僧、名道、理学家、哲学家、思想家墓葬

江西多佛道祖庭，禅门五宗（曹洞、云门、法眼、沩仰、临济）有三宗源自江西，分别是曹洞宗、沩仰宗和临济宗。这三宗初祖宜丰洞山良价和宜黄曹山本寂、仰山慧寂、宜丰希运禅师之塔都建在江西；江西龙虎山，是道教正一派的发源地，其创始人第一代天师张道陵也是中国道教的鼻祖，历代天师多埋葬在龙虎山。他们中许多虽非江西人，却在江西开宗立派，最后又葬在江西，为江西留下了宝贵的精神财富。尤其是宋明理学在江西根基深厚，周敦颐是理学奠基者、教育家，葬在庐山。与朱熹同时的理学家朱克己，南宋著名的理学家、思想家和教育家、宋明两代“心学”的开

山之祖陆九渊，理学名臣曾慥，朱熹的第四代嫡传弟子、宋末元初著名理学家陈澔，理学名儒吴与弼等都葬在江西。理学作为一种哲学思想，内容博大精深，对江西形成重“传统”讲“忠孝”的民风民俗有重要作用，同时深刻影响了整个中国的政治、经济结构和历史发展走向。

4. 文学家、艺术家、科学家、医学家、风水学家墓葬

开创田园诗派的陶渊明，创立江西诗派的黄庭坚，创造诚斋诗体的杨万里，创半山体的王安石，“元诗四大家”之江西的虞集、范椁、揭傒斯，“北宋倚声家初祖”晏殊及其子晏几道，客居上饶二十余载，最终长眠于此的辛弃疾，还有“唐宋八大家”之一曾巩，戏剧家汤显祖、蒋仕铨，科学家宋应星，医学家喻嘉言、龚廷贤，风水学家杨筠松、邓子龙，等等，这些各行各业的大家巨擘的墓不仅在江西，有些还不只一处，他们的遗迹传说更是遍布江西各地，与正史记载相映成趣，这些名人墓葬意蕴已超越墓地本身，成为当地一张张文化名片。

5. 名宦、乡贤墓葬

在江西名人墓中，还有一批官员、乡绅墓葬，虽然他们层级不高，只在当地县、乡镇范围内有较大影响。他们或是为官一任，造福一方，深受百姓爱戴；或是为一地大姓始祖，子孙代有人才出现；或有仁义之事为当地民众所尊崇、牢记。还有许多经过不懈努力获得状元、榜眼等功名的士子，因江西历来重视文章教化的传统，不管后来他们功绩大小，官位高低，也让故乡百姓深感光荣，因此也是江西名人墓中的一员，这些名人墓葬多收录在“名人墓名录”中。

三、 江西名人墓的价值和意义

名人墓葬是历史文化瑰宝的一个重要组成部分，它作为一种传统的纪念性景观，凝聚着古老的文化和信仰，并能反映出时代的特色，是对一段历史文化符号的解读。它也从另一个角度体现了一个民族、一个地方的文化修养和道德水平。江西名人墓是江西悠久历史文化和优秀文化传统的一种载体和象征，其意义不在墓葬本身，而在于它厚重的文化含量和强大的历史文化辐射力、影响力。历史名人的生活或人生轨迹，从侧面成为社会历史发展的见证。从名人墓文化中，我们既可透过历史的重重面纱，沿着历史名人提供的轨迹去探究历史文化深层的底蕴，又可以通过对历史文化的挖掘，继承优秀历史文化传统，为当代经济社会发展服务，从而实现中华民族的伟大复兴。同时，在市场经济条件下，名人墓具有巨大的旅游资源价值潜力，游人徜徉在名人墓前，在浓郁的历史文化氛围包裹下，与历史名人进行心灵的对话，使游人从历史的旁观者变为亲历者，这是其他旅游景点难以取代的价值所在。随着现代人文明、开放理念的进一步确立，世界上许多公墓已经成为反映一个国家或地区历史、文化、艺术的人文景观。如法国的拉雪兹神父公墓，被誉为“杰出的露天丧葬艺术博物

馆”。埋葬于此的名人有巴尔扎克、乔治·比才、王尔德、圣西门、弗雷德里克·肖邦、雅克·路易·大卫、沙迪克·海达亚等。俄罗斯的新圣女公墓，安葬了27000多名俄罗斯历代民族的精英和骄傲，如普希金、果戈里、契诃夫、马雅可夫斯基、法捷耶夫、肖斯塔科维奇、斯坦尼斯拉夫斯基、乌兰诺娃、列维坦、图波列夫、瓦维洛夫、米高扬、波德戈尔内等都长眠于此。它被称为“露天雕塑博物馆”，墓园的设计与墓碑的雕塑都极富艺术特色，在俄罗斯人的心中，它不是告别生命的地方，而是重新解读生命、净化灵魂的教堂。还有阿根廷的雷科莱塔国家公墓、美国的圣路易墓地、英国的海格特公墓、奥利地的维也纳中央公墓等，都成为吸引世界游人争相造访的名胜之地。因此，江西名人墓的开发、利用大有可为，从这个意义上来说，江西名人墓主要具有以下六个方面的价值和意义。

1. 存史价值

历史是人类活动的历史，人是历史的主体，历史名人是历代人民群众的杰出代表，他们以一生的业绩成为民族的脊梁、历史的经纬，为后人所赞颂。每一座历史名人的坟墓，从问世的那天起，就成为了一个历史符号、一个文化标志，承载着名人的文化精神。在名人墓前凭吊先人，可以了解中华民族的历史风貌，加深人们对本民族、本地区历史的了解，研究和认同，进而产生强烈的归属感，并激励后代子孙牢记先人的创造和功绩，以史为鉴，开拓未来。并且，名人墓及著名墓葬是其修建时期的政治、经济、科学、建筑和民俗的集中体现，本身就是后人认识、了解历史的直接材料之一。

2. 教育价值

江西名人墓葬，更多体现的是文化传承意识和历史教育价值。许多名人在江西多地都有墓葬，许多墓中并无墓主，只是空冢或衣冠冢，这类名人墓多因后人敬仰、怀念先人而修筑。历史名人身上集中体现了中华民族的性格特征和品德素质，后人在名人墓前，隔着一抔黄土，往往不由追忆起墓主的经历，起到特殊的历史教育功能。这种教育功能，古人称“见贤思齐”。许多名人墓已成为爱国主义教育基地，如文天祥墓，每年都吸引着众多青少年来实地接受爱国主义的教育。参观名人墓园不仅能缅怀名人，表达尊重之情，还能净化心灵，静思人生。

3. 名人效应及经济价值

唐代著名文学家刘禹锡的《陋室铭》开宗明义道：“山不在高，有仙则名；水不在深，有龙则灵。”形象、深刻地阐明了名人效应的原理。江西名人墓中的众多颇有影响的历史名人，如鼓励岳飞精忠报国的岳母；不仅是杰出的政治家、军事家，还是一代豪放词宗的辛弃疾；中国古代三大清官之一的况钟；对中国古代科技发展影响深远的宋应星；清末维新运动的传奇人物文廷式等。这些创造过丰富文化和精神财富的名人安息之地，不断吸引着越来越多关注的目光和游客瞻仰的足迹。利用名人效应功能开发旅游资源，进行宣传推广，并生产销售以名人为品牌的旅游商品，将创造出可观的经济价值。

4. 美学价值

江西风水学盛行，江西名人墓多选建在优美的自然环境中。如文廷式墓，位于萍乡上栗县杨岐山上，是一个以优美的自然景观为外延，以丰厚的人文景观为内涵，融自然风光和宗教文化为一体的省级重点风景名胜区。杨岐山层峦叠翠，山势嵯峨，四季秀色，气候宜人，素有“二十四景”之称。山上有“普通寺”，是我国佛教禅宗五家七宗临济宗下一大支派——杨岐宗祖庭，殿宇巍峨，梵音袅袅。四周古木参天，佛迹胜景，目不暇接，成为古今游人向往之地。另有况钟墓选址在神仙山半山腰，三老墓坐落于庐山植物园内，陶渊明墓位于庐山脚下……这些名人墓所处之地严禁采伐，植被保护良好，墓区风景足可供休闲、旅游。

5. 科学、艺术价值

江西一些名人墓和著名古墓不仅地上、地下建筑辉煌，而且出土了较为丰富的随葬品。如朱栻墓前有石牌坊1座，神道碑3通，石羊、石虎、石马、翁仲各1对，石牌坊上的花纹至今保存完好，雕工精湛，图文并茂，是江西地面文物中的精品。又有朱权墓中出土了金簪、玉帛、道冠、铜暖锅、锡制鎏金器皿等极珍贵文物40余件，有些在世上已经绝迹，对于了解当时的社会状况，生产、文学、艺术、科学技术水平等，都具有十分重要的价值。近年发现的海昏侯刘贺墓中，出土了各类文物万余件（套），其数量之巨、种类之繁超过了同时期的许多诸侯王墓。其中，很多文物都是首次被发掘，具有极高的历史价值、科学价值和艺术价值。

6. 品牌价值

名人是一个时期、一个地区人文素质的综合标志，江西之所以称为文章节义之邦，就是因为出现过像“临川才子”“庐陵五忠一节”这样的文化现象。江西名人墓作为名人文化精神的物质载体，成了江西经济社会发展的助推器。以名人的优秀品质、出色的才华、高尚的情操及较高的知名度，成为江西经济文化独一无二的首选品牌。这种品牌可以改善和提升江西对外的形象。

四、结语

名人墓与著名墓葬是一个地方独特魅力和地域文化精神的集中体现，它以强大的影响力和广泛的辐射力与一般墓葬区别开来。地方历史名人是一个地方崛起的精神和脊梁，保护和开发利用名人墓葬的意义十分重大。

江西名人墓许多都已列为各级文物保护单位，得到了有效的保护。但仍有许多名人墓遭到严重破坏，至今难以寻找。如在《南昌市文物志》中，记载的南昌名人墓共有7处：孔子学生澹台灭明墓、东汉高士徐孺子墓、许逊真君祖母墓、朱宸濠妻子娄妃墓、医学名人喻嘉言墓、“书画家八大山人”墓、青云谱开山祖牛石慧墓。现仅存

“书画家八大山人”墓、青云谱开山祖牛石慧墓、东汉高士徐孺子墓3处，孔子学生澹台灭明墓只在现南昌二中校园内立一碑说明曾是墓葬地，遗迹荡然无存。许多名人墓葬即使已成为各级文物保护单位，由于宣传、保护力度不够，这些名人墓处于无人祭扫的残败和凄凉状态。如爱国词人辛弃疾墓已是省级文物保护单位，但所在之地没有标识路名、地名，具体位置很难明确，即使去过的人也只能说个大概方向。墓地本身也很偏僻，乏人问津，与辛弃疾在中国历史、文学中的崇高声誉完全不符。

我们编辑本书只是为保护和开发利用江西名人墓资源做了初步的工作。本书中完整记载了历史上存在过的名人墓葬、著名墓葬的资料；重点介绍了200多位名人的传奇经历和不凡贡献；描写了名人墓葬的具体位置和旖旎风光，为人们缅怀先贤、访古探奇、寻幽探胜提供线索，也让人们受到生动的中华民族优良传统教育、江西历史文化知识教育。

开发利用和保护江西名人墓文化、旅游资源大有可为，依据科学原则在开发中保护，在保护中开发，符合可持续发展的理念，必将为江西绿色崛起作出突出贡献。这方面还可以做的事情很多，比如：首先，政府可以制定相关规章制度，营造有法可依、依法行政、依法决策、依法管理的法律环境；其次，可以积极向当地民众宣传名人墓葬的文化价值，让民众在价值认同的基础上实现保护与开发利用的最佳结合点；再次，可以加强组织领导，提高名人墓科学保护力度，坚决依法打击破坏、盗掘古墓现象；最后，可以开发新的旅游线路，把名人墓葬与当地特色旅游资源联合起来，提升旅游的文化含量。

总之，有效保护和利用墓葬文化景观，并适当加以宣传策划，不但可以起到纪念的作用，而且可以激励后人更加珍惜生命，树立正确的人生观、价值观，增强使命感、荣誉感和责任感。中国历代墓葬中包含了皇权、等级、亲情、后代繁昌、凝聚民族情感等诸多复杂因素，客观反映了中国社会历史的方方面面。面对现代文明的“三重疏离”，墓地似乎更能体现人与自然、历史甚至信仰间的桥梁作用。认清名人墓的价值和功用，做好传统墓地人文自然景观的保护和开发利用工作，不仅可以助力当地经济发展，甚至可以确立一个地区的文化身份和定位。

南昌市

南　昌　县

小蓝东吴墓

小蓝东吴墓属至今发现为止规模最大、保存完好的三国时期墓葬。该墓位于南昌县莲塘镇小蓝村西1千米处的西岗山，现为小蓝经济开发区的赣发公司院内。其占地面积177.8平方米，墓室面积55.43平方米，高4.75米。墓为砖石藻井、攒尖顶式，平面呈“十”字形，有东、西两耳室，西耳室后另有一全封闭小耳室连接，地砖为“人”字形排列。整座墓葬保存基本完好。1978年底，原小蓝公社开山造田时发现此墓。该墓早年被盗，清理时在东、西耳室发现多块青瓷残片，后在完全封闭的小耳室内清理出青瓷四系罐、青瓷盘口壶等23件完整的文物，其中3件青瓷器属国家二级文物。据分析，此墓应是当时一位高级军事将领的墓葬，但具体人物无从可考。小蓝三国（吴）墓为研究三国时期贵族墓葬的形制和埋葬习俗提供了宝贵的实物资料。

小蓝东吴墓

1987年，江西省政府公布小蓝东吴墓为省级文物保护单位，并将其收录于《中国名胜词典》《中国名胜古迹名录》中。

西汉吏隐真人梅福墓

西汉吏隐真人梅福墓位于南昌县向塘镇尚谌店东面金斓寺旁，明万历年间（1573—1620）知县梅守相曾立有碑记，现寺墓均无存。梅福（前57—？），又名子真，西汉九江郡寿春（今安徽寿县）人，曾任豫章郡南昌县尉。少年时曾在长安求学，通晓《尚书》和《谷梁春秋》。初为郡文学，后补缺为豫章郡南昌县尉。他多次通过传送公文的县道驿使上书朝廷，议论国家大事。曾求借驿车到京城分条对答紧急政事，但没有被采纳。汉成帝后期，外戚大将军王凤独揽大权，朝政日非，民怨四起。同时，日食、地震等灾异现象多次出现。梅福以一县尉之微官屡次上书朝廷，以阴阳五行说释灾异，痛斥外戚专政之祸，建议成帝强化皇权，裁抑外戚，但被朝廷斥为“边部小吏，妄议朝政”，险遭杀身之祸，因此梅福挂冠而去。

梅福雕像

梅福最初隐居于南昌城郊之南，今青云谱处，垂钓于湖。东汉时，其垂钓之处被称为梅湖，并建梅仙祠祀奉梅福。汉平帝元始年间（1—5），梅福预料外戚王莽必篡政，遂隐居南昌西郊飞鸿山学道，遁避尘世。后人赞赏梅福的高风亮节，将飞鸿山改称梅岭（即今南昌湾里区国家级森林公园——梅岭），并建梅仙观、梅仙坛、梅尉宅以祀之。

居摄三年（8），王莽篡位称帝，改国号曰新。为逃避王莽的挟嫌追究，梅福隐姓埋名，离家出走。《汉书》记载，在王莽登基后，梅福离家出走，不知所踪，后来有人称在会稽看见过梅福，改名换姓，做了苏州城门卫。后人崇奉梅福气节，在梅福死后，称其未死，而是已经成为神仙，来表达对他的尊敬。宋神宗年间（1068—1085），宋神宗封梅福为“寿春真人”。南宋绍兴二年（1132），宋高宗又赐封梅福为“吏隐真人”。明万历三十五年（1607），在南昌西湖南岸建造吏隐亭，又名梅仙亭，民国十九年（1930）重修，并立石碑，与孺子亭对峙。

在历史上，梅福算不上什么重要人物，南昌尉也就是现今警察局长之类的小官，但他的名字却一再见诸史书。汉成帝绥和元年（前8），梅福曾与匡衡（凿壁偷光者）联名上书“封孔子世为汤后”。梅福预见了汉朝外戚专权带来的危险而屡上表章，可惜皇帝根本不予采纳。梅福的奏章洋洋数千言，其中有“天下以言为戒，最国家之大患也”这样的警句，《资治通鉴》全文照录，说明了史学家司马光对梅福的重视。

三国（吴）名将周瑜墓

三国（吴）名将周瑜墓位于南昌县瑶湖东面的东樟山（今属麻丘镇）。山上有一封土堆，据旧《南昌县志》记载：原有坟砖露土外，每砖旁均镌有周瑜二字，字体非汉魏间，据此而传为周瑜墓。

周瑜（175—210），字公瑾，东汉末年庐江郡舒县（今安徽舒城县）人，三国时吴国名将。周瑜出身士族，长相俊雅，有姿仪，精通音乐，时人呼为周郎。周瑜与孙策同岁，两人惺惺相惜。建安三年（198），孙策授周瑜建威中郎将，带兵2000人，骑50匹，进军吴中，先后攻占皖、寻阳（今九江），击败刘勋，征讨江夏，定治豫章（今南昌）、庐陵郡（今吉安），后留镇巴丘（今峡江巴丘镇）。建安五年（200），孙策死，周瑜继续辅佐孙权。这时江夏太守黄祖遣将邓龙带兵数千人入柴桑（今九江县、德安县、庐山市等地均在其境，治今九江县荆林街附近，因柴桑山而名），周瑜追击生擒邓龙送吴，后一度驻军柴桑。建安十三年（208），周瑜任前部大都督，指挥东吴与刘备联军大破曹操兵于赤壁，为魏、蜀、吴三国鼎立之势奠定了基础。不久病卒。

驻军柴桑期间，周瑜在宫亭湖（今庐山市东鄱阳湖水域）大练水师。现今九江市督府巷即周瑜都督府所在地。今甘棠湖中烟水亭传说是周瑜练兵点将台所在（九江市城区亦有传说的点将台），小乔巷即因周瑜夫人小乔之名而起，梳妆楼系小乔梳妆之所。

三国（吴）名将吕蒙墓

旧《南昌县志》记载：“吕蒙墓位于广福孙姓村南昌县麻丘左的吕蒙岗（亦称吕墓岗），此墓已废。”

吕蒙（178—219，一说180—220），字子明，三国时期吴国名将，汝南富陂（今安徽阜南吕家岗）人。少年时依附姐夫邓当。邓当屡次随孙策征伐山越，吕蒙年仅十六岁，偷随邓当作战，后被邓当发现，大惊，厉声呵斥也无法阻止。作战归来，邓当将此事告诉吕母，吕母很生气，要处罚他，吕蒙说：“贫贱难可居，脱误有功，富贵可致。且不探虎穴，安得虎子？”母亲怜惜而饶恕了他。吕蒙虽年幼，以胆气著称，孙策见他确有过人之处，安排他在身边做事，累封别部司马。孙权统事后，吕蒙渐受重用，屡建战功。先随孙权破黄祖，封横野中郎将。从围曹仁于南郡，破朱光于皖城，累功拜庐江太守。后进占荆南三郡，计擒郝普，在逍遥津之战中奋勇抵抗张辽军追袭，并于濡须数御魏军，以功除左护军、虎威将军。吕蒙最大的功绩是以“白衣渡江”的计策暗袭荆州，迫使关羽败走麦城，击败了当时威震华夏的关羽，使东吴国土面积大增，立下大功，拜南郡太守，封孱陵侯，受勋殊隆。然而不久后病逝。

吕蒙不仅是位战功卓著的军事将领，他还发愤勤学，成了中国古代将勤补拙、笃志力学的代表。吕蒙因为出身贫苦，起初文化程度低，不通文墨，每上陈大事，都要靠别人代写或当面口述。吕蒙当权管事后，一天，孙权要求吕蒙加强学习，吕蒙却用军务繁忙推辞。孙权说：“我难道是要你研究儒家经学，学着当博士官吗？只是粗略阅读，了解历史罢了。你说你事务繁忙，能比得上我事情多吗？还比光武帝刘秀和曹操的事情多吗？当年光武帝面对繁忙军务，仍然手不释卷；看曹操转战南北，也是手不释卷。”于是吕蒙开始利用一切时间读书学习，读的书越来越多，甚至超越资深的儒者。210年，鲁肃代周瑜之职，前往陆口镇守。鲁肃是一名儒将，认为吕蒙是武夫出身而轻视他。在别人的建议下，鲁肃造访吕蒙。酒席之上，吕蒙分析政治形势，随即向鲁肃筹划五条对付名将关羽的秘策（或说吕蒙只陈三策），鲁肃大为惊佩，越席走到吕蒙身边，以手拊其背说：“我昔日以为大弟只懂得武略，但以今日的情况而言，大弟学识英博，已非当日的吴下阿蒙了。”吕蒙回答：“士别三日，即更刮目相待。”后世遂有“吴下阿蒙”和“士别三日”“刮目相看”等成语。

三国（吴）名将黄盖墓

三国（吴）名将黄盖墓位于南昌县麻丘镇，距吕蒙墓西约2.5千米，离周瑜墓西约1000米处，该地俗称黄盖嘴。

黄盖（生卒年不详），字公覆，零陵泉陵（今湖南省永州市零陵区）人。东汉末年三国时期吴国名将，历仕孙坚、孙策、孙权三任君主。早年为郡吏，后追随孙坚走南闯北。黄盖为人严肃，善于训练士卒，每每征讨，他的部队皆勇猛善战。而且为官决断，事无留滞。孙权即位时，山越诸部族不愿归附孙吴，每当某县有贼寇作乱，总是将黄盖作为那里的地方行政长官，他前后任九县县令，全都平安稳定。又升任丹杨都尉，抑豪强济贫弱，使山越诚心归附。东汉建安十三年（208）赤壁之战时，黄盖前往曹营诈降，并趁机以火攻大破曹操的军队，是赤壁之战主要功臣之一，以功拜武锋中郎将，他也因此事迹而被后人广为传颂，小说《三国演义》在刻画黄盖这一人物时描写了“苦肉计”的故事。建安二十四年（219），武陵发生蛮族叛乱，进攻城邑，黄盖被调驻为太守，当时郡中只有五百人，黄盖运用战术，大开城门引蛮兵入城，入兵一半时，立即发动攻击，斩杀数百人，并收复所失的城邑，擒杀其领袖，放了投降者。只用一个春天的时间，他就平定了所有的叛乱，当地各部落的头目都对他以礼相待。不久，他又平定长沙益阳县山贼，孙权加封他为偏将军，后病死于任内。及至孙权登上帝位，追论他平生功绩，赐予他的儿子黄柄爵为关内侯。

名人墓名录

永王李璘墓 唐代皇族墓葬。该墓位于南昌县广福镇板湖村吴家山缓丘上。其墓封土堆呈椭圆形，长16.7米，宽12米，高2.8米。圈护墓墙高1米，台基面积约200平方米。台基西3米处有一座墓碑，西北侧有一方碑记。1985年12月，南昌市政府公布其为市级文物保护单位。永王李璘（？—757），为唐玄宗李隆基第二十三子，曾封为荆州大都督，及领山南、江西、岭南、黔中四道节度使，被署郎官、御史。后因谋反，被其兄肃宗下诏所杀。

皇妃墓 南宋墓葬。该墓位于南昌县幽兰镇渡头村西，又名南渡宫人冢。墓坐北朝南，尚残存封土堆，高3～4米。南昌县政府公布为县级文物保护单位。据旧《南昌县志》记载："南渡宫人冢，在县东五十里跃潜渡皇恩塘北三十步。"跃潜渡皇恩塘即今渡头村附近。

明恭靖王朱奠堵墓 该墓位于南昌县小蓝经开区邓埠村前，封土无存。20世纪70年代初被人盗挖，后又填盖。墓室未被完全破坏，盗墓者破洞入内，墓内葬品皆被盗一空。恭靖王朱奠堵（？—1486），惠王第四子，明景泰二年（1451）以镇国将军加封。著名画家八大山人是朱奠堵的后裔。

明皇姑墓 该墓位于南昌县黄马乡白虎岭螺丝盘顶山的半山腰，此处又叫卧犬山。墓碑字迹已驳脱，墓顶有一大圆石覆盖，墓前有石人、石马、石桌、石凳、石香炉，造型、雕刻均极精细。相传明孝宗时，皇太后殇一女，太后极思之，因绘其像悬于各地，求一女与其同年、同月、同日生，相貌相似的为义女。果然于新建裘坊村求得，遂迎入宫为皇女，死后葬于此，因又名裘皇姑墓。

进 贤 县

北宋政治家吴居厚墓

北宋政治家吴居厚墓位于进贤县麻山。初诏令葬于钟陵北门金花园（进贤县麻山附近），后改葬今址。

吴居厚（1039—1114），字敦老，北宋洪州钟陵沆村（今进贤县张公镇）人，嘉祐二年（1057）进士，北宋政治家，官至尚书右丞。

吴居厚墓

宋神宗熙宁三年（1070），王安石拜相进行改革，任命吴居厚为武安节度推官，尽力奉行新法。吴居厚核准闲田荒地均给枚山的徭役耕种，取得成效，因功升任大理寺丞。元丰四年（1081），晋任京东路转运使，赴任后，办了三件大事：用盐铁赋税购置捐品，资助河东换马牧养；发大钱二十万缗，支援陕西边关军饷；招募牧民放养牧马，安置游民散夫。因政绩卓著，神宗赞："居厚于分职之外，恤及他路，非才智有余不能。"

绍圣元年（1094），吴居厚以集贤殿修撰起用为江、淮、荆、浙发运使，专掌东南六路漕运，兼管制茶、盐等事。因兴工疏浚，船舶通行，农田受益，为此召拜户部侍郎，进而升任尚书。绍圣二年（1095），晋龙图阁学士兼开封府尹，奉旨整修永泰陵，因久雨留滞，贻误工期，贬知和州。在和州期间，他创建将理院及医药设施，使病者有所归治。宋徽宗崇宁二年（1103），官拜尚书右丞。崇宁五年（1106），晋光禄大夫，以中书侍郎加门下侍郎。大观元年（1107），因年事高告退，以资政殿学士改任鸿庆宫提举。政和三年（1113），吴居厚以武康军节度使出知洪州（今南昌市），第二年病逝，终年七十五岁，追赠开府仪同三司，赐御葬于进贤麻山，魂归故里。著有《吴居厚集》100卷（《宋史·艺文志》）、《吴居厚奏疏》120卷，已佚。

明末宰辅傅冠墓

明末宰辅傅冠墓位于进贤县城南门外，山川坛仙人掌。

傅冠（1595—1646），字元范，号寄庵，进贤县城人。明万历三十四年

（1606），乡试第二名中举。天启二年（1622），殿试榜眼及第，授任翰林院编修。崇祯元年（1628），傅冠升侍读学士，会试充任校阅卷官。同年，崇祯登基封典百官，被荐任左春坊左中允，为崇祯讲授经史，记录其举止言行。崇祯十年（1637），调任实录副总裁，同年六月入阁，官拜礼部尚书兼东阁大学士，为崇祯帝辅政。第二年八月的一次御前会议上，傅冠误把大臣发送的奏章，当作内阁直达皇帝的文件，挥毫在奏章上签字，事后知其有误，当即惶恐认罪，崇祯念其性格简易，未过于追究责任，只削职放归。

清顺治二年（1645），封藩唐王朱聿键（明朝宗室）潜逃至福州称帝，改年号为隆武。诏旨傅冠，以尚书兼大学士督师江西，并赐尚方宝剑与清军抗衡。第二年江西失守，傅冠率军退入福建，由于清军攻势强劲，使之连吃败仗，最后不得已，隐寓门人汪亨龙家中。汪亨龙怕清军搜捕遭其连累，将傅冠绑献于清军。清军统帅李成栋非常敬重大学士傅冠，劝其剃发归顺清朝，允诺加以重用。傅冠义正词严，反驳道："自中华有冠裳以来，难道有髡头宰相吗？"李成栋再三劝说，傅冠坚持气节，执意不降，并慷慨陈词："你知道传诵千古的文天祥吗？那是我老乡啊！吾乡无髡头宰相，但有断头宰相耳！"顺治三年（1646）十一月，傅冠被清军处死于汀州（今福建长汀县）。据说傅冠被杀时，血溅一地，久而犹鲜，围观的群众都感叹他的忠义。清朝廷赐谥"忠烈"。顺治六年（1649），傅冠子赴汀州将其骸骨运回，重葬于进贤县城南门外山川坛。

临刑前，傅冠赋诗铭志：

幻影落红尘，倏忽成古今。
名义重如山，此身弃如土。
四顾环刀戟，展转不得死。
矢念终不移，皎日有如此。

名人墓名录

曾钧墓 该墓位于进贤县钦风乡（今泉岭乡）前溪桥。曾钧（1509—1571），进贤县泉岭乡人。官至南京刑部侍郎，病故后追赠刑部尚书。

陈栋墓 该墓位于进贤三十五都（今架桥乡）鹤塘溪上汇源山。陈栋（？—1572），字隆，嘉靖乙丑（1565）会试第一，廷试第三（探花），授编修，后任右赞善，因病去世。

江汇墓 该墓位于进贤十五都（今进贤县池溪乡）南阳洪源渡江家山。江汇，生卒年不详，字东，嘉靖丙戌（1526）进士，授兵部主事，历任湖广按察副使、浙江按察使，官至河南右布政使。

陈谟墓 该墓位于进贤八都（今七里乡）壶桂山。陈谟，生卒年不详，官至四川参政。

傅宏烈墓 该墓位于进贤六都北岭（今北岭林场），方圆28丈6尺，面积10亩。傅宏烈（1623—1679），字仲谋，进贤县池溪乡人。清顺治三年（1646）中举，官至广西巡抚兼抚蛮灭寇将军，于康熙十八年（1679）十二月在征讨吴三桂残部时被吴世璠（吴三桂之孙）杀害，康熙诏旨祭葬，并加赠太子太师、兵部尚书，谥忠毅。

安 义 县

名人墓名录

黄祺墓 该墓位于安义县黄洲镇黄洲村老屋后昌自然村。墓有封土堆，高0.6米，直径5.4米，面积16平方米。黄祺，生卒年不详，字惟德，明代建昌县（今安义县）人。正德九年（1514）进士。历任吏部考功司郎中、贵州按察使、云南布政使。

新 建 区

江西唯一的帝王陵海昏侯刘贺陵

江西唯一的帝王陵海昏侯刘贺陵位于南昌市新建区大塘坪观西村墎墩山的墎墩陵园内。东北面为汉代紫金城址和汉代昌邑城址；西面和南面为总面积约1.4平方千米的汉代贵族和平民墓葬区。海昏侯陵园总面积约4.6万平方米（约70亩）。陵园呈梯形，南北宽141～186米，东西长233～248米，垣墙宽约2米，有东门、北门，门外有阙，海昏侯和侯夫人两座主墓坐北朝南，平面为“甲”字形，封土高5米，呈覆斗形，封土下方有大型夯土基座，平面呈方形，与文献记载中的“堂坛”相印证。陵园内有祔葬墓7座、车马陪葬坑1处、水井3口，主墓前有冢堂（寝殿）、便殿、祠庙等。

海昏侯墓发掘前景观

海昏侯刘贺（前92—前59），汉朝的第9个皇帝，其父是武帝宠姬李夫人的儿子昌邑哀王刘髆，五岁袭父爵为昌邑王。汉昭帝病卒无后，霍光迎其继位，27天后被废黜，回故地巨野（今山东省巨野县）。到元康三年（前63）被废，贬为海昏侯，移居豫章郡（今江西南昌）海昏县，史称昌邑王或汉废帝。

海昏侯墓主墓椁室全景

刘贺的一生充满传奇色彩，史书对他的记载也让人生疑。他是汉朝历史上在位时间最短的皇帝。元平元年（前74），年仅二十一岁的汉昭帝因病卒于长安未央宫。因昭帝无后，群臣皆主张立武帝第六子广陵王刘胥为储君，但刘胥正值壮年，一旦称帝，必定会动摇霍光独揽大权的局面，这是霍光所不能容忍的。恰在此时，一位郎官上书朝廷：“周太王废太伯立王季，文王舍伯邑考立武王，唯在所宜，虽废长立少可也。广陵王不可以承宗庙。”此言正中霍光下怀，他力排众议，即命“制诏昌邑王，使行大鸿胪事少府乐成，宗正德、光禄大夫吉、中郎将利汉征王，乘七乘传诣长安邸”。霍光派遣的使者们深夜赶到昌邑王府，诏刘贺速赴长安主持葬礼，可刘贺到第二日中午才动身启程，且随行数百人，浩浩荡荡。直至定陶时，才在郎中令龚遂的劝谏下“令还郎谒者五十余人”。出发后又不惜民力，一路狂奔，仅三个时辰就已“行百三十五里，侍从者马死相望于道”。

即便如此疾驰，昌邑王刘贺仍然不忘纵情声色，车驾行至济阳（今河南兰考县东北）时，派人求得“长鸣鸡”；经过弘农（今河南灵宝县北），纵使恶奴劫掠美女，藏在装载衣物的“衣车”中。朝廷的使者闻知此事大为不快，责备昌邑相安乐，安乐告诉了郎中令龚遂，龚遂去问刘贺，刘贺竟然要赖矢口否认，为逃避罪责，洗清自己，最后不得不将为首的恶奴交给卫士长惩办。待刘贺一行赶到长安东都门外时，郎中令龚遂谏道，这里已是长安的东都门了，按照礼制，奔丧望见国都，就要放声大哭，以表哀思，但刘贺推说咽喉痛不能哭。行至内城门时，龚遂再次提醒刘贺，刘贺仍然不哭。直至行至未央宫东门时，在龚遂的再三劝谏下，刘贺才按礼伏地哭丧。

元平元年（前74）七月十八，刘贺黄袍加身。此时，昭帝的灵柩还停放在皇宫前殿，满朝哀声盈耳，但刘贺却命人取出乐器，让原昌邑王府的乐工们吹拉弹唱，饮酒作乐。脱下丧服，他便立即坐辇毂带着盛大的仪仗“驱驰东西”，斗虎豹。登基后，还没来得及举行祭祀天地宗庙的仪式，就急不可耐地写信加玺印派使者拿着旄节，以三份太牢之礼去祭祀昌邑哀王的陵庙。他还将原昌邑国的官属“皆征至长安，往往超擢拜官”，凡此种种，可见其日益骄奢，淫戏无度。据《汉书·霍光传》载，在刘贺做皇帝的 27 天里，他所做的荒唐事足有1127 起！

由于刘贺的荒淫无道、丧失帝王礼义和搅乱朝廷纲常，再加上大肆提拔昌邑国故臣，隐隐有去除霍光之势。元平元年（前74）八月十四日，大将军霍光最终废黜刘贺，另立汉武帝曾孙刘询为皇帝，是为汉宣帝。被废黜后的刘贺回到昌邑国，此时的昌邑国也已遭废除，改为山阳郡。地节二年（前68），霍光病死，汉宣帝亲政。元康三年（前63）春，汉宣帝念手足之情，下诏封刘贺为海昏侯，移居现在的江西省永修县一带，刘贺时年二十九岁。

刘贺被封侯，衣食无忧，可是，好景不长。不过几年，豫章一个叫孙万世的小吏，问及已被贬为海昏侯的刘贺：“前见废时，何不坚守毋出宫，斩大将军，而听人夺玺绶乎？”刘贺则答曰：“然，失之。”（意思是“是这样的，我失算了。”）此事很快便被扬州刺史柯某上报给了朝廷。汉宣帝得知此事后，担心刘贺日久生事，便削去了刘贺的三千食邑，仅留一千，让其艰难度日。不久，刘贺便在悲愤中去世，年仅三十三岁。

刘贺死后，封国被除。初元三年（前46），汉元帝刘奭又封刘贺的另一个儿子刘代宗为海昏侯，是为海昏釐侯，刘代宗传位给儿子刘保世，刘保世传位给儿子刘会邑。

初始元年（8）十二月，王莽代汉建立新朝时，海昏侯国被废除，刘保世被削藩贬为庶民。后来刘秀建立东汉王朝，恢复刘氏天下，刘会邑又被恢复为海昏侯。约到东汉永元十六年（104），海昏被分拆成建昌、海昏两个县。

从历史真实的角度来看，刘贺尽管不学无术，不务正业，甚至荒唐透顶，但也绝不可能在短短27天内做出1127件荒唐的事情来，这只能是政治斗争的结果。通过废立皇帝，西汉权臣霍光达到了削减皇权，继而进一步专权的政治目的。刘贺不过是霍光弄权的一个政治牺牲品而已，因为“及昌邑王废，光权益重”。

明宁献王朱权墓

明代王族墓葬位于新建区石埠镇璜源村缑岭，1958年10月由江西省文管会发掘。朱权墓坐西朝东，墓前原有南极长生宫，宫前有南极殿、醉仙亭和一对6.9米高的八棱形华表，上刻有道家符篆。宫左有泰元殿和冲霄楼，右有璇玑殿和凌江楼。1939年，南极长生宫毁于侵华日军的炮火，现在地面尚残存有墙基、柱础、琉璃瓦片和石符表一对。墓顶距封土堆表面5米。墓室系采用青砖砌成，卷顶、檐脊、斗拱、枋、柱悉为仿木结构，全长31.7米，宽21.45米，高4.5米，分前室、次前室、中室和后室4部分，有墓室6间。由厚重的青石板制成3道石门，大门为插板式，二门、三门均为双扉石门枢轴式。前室大门用自来石顶住，中室之后，有券门通后室。后室正中为棺台，左右墙上有壁龛，后墙正中有一壁龛，两旁用红石作八棱柱，柱下有础，础上有正心坊，坊上有斗拱，以支持出檐。墓穴规模宏大，结构复杂，犹如一座“地下宫殿”，至发掘时，为江南最大墓穴。朱权的棺木停放在后室棺台上，开棺时朱权尸体腐而未溃，手足直伸，仰身而卧，头戴漆制道冠，身穿金钱云纹道袍，口内含一金钱，头发上插有金簪，肋部有银挖耳器，右手扶一手杖，躯体下压大、小金钱两行，每行六枚。墓内出土的金钱、金簪、玉片、银器、锡器、铜器、铁器、木牌匾、木俑、瓷罐等文物130余件，其中，金银器16件、玉器20件、锡器43件、铜器23件、铁器16件、瓷器6件、圹志1盒。1957年，朱权墓被江西省政府公布为省级文物保护单位。2013年3月，朱权墓被国务院公布为第七批全国重点文物保护单位。

朱权墓内景

朱权（1378—1448），字癯仙，号涵虚子、丹丘先生，自号南极遐龄老人。死后谥“献”，故又称“宁献王”，明太祖朱元璋第十七子（钱谦益《列朝诗集小传》作第十六子）。洪武二十三年（1390），朱元璋为防御蒙古，封朱权于大宁（今属内蒙古自治区赤峰市宁城县），与燕王朱棣等王子节制沿边兵马，称宁王。建文元年（1399），燕王朱棣发动长达四年的“靖难之役”。朱棣起兵前，曾到达大宁胁迫朱权出兵相助，并许以攻下南京后，与他分天下而治。建文四年（1402）六月，燕王即位，是为明成祖。成祖即位后，只字不提分治天下之事。永乐元年（1403），改封宁王南昌,尽夺宁王兵权，朱权时年二十五岁。

朱权被改封南昌后，深感前途无望，即韬光养晦，托志冲举，多与文人学士往来，寄情于戏曲、游娱、著述、释道。结交道家第四十三代天师张宇初，拜为师，研习道典，弘扬道教义理。撰道教专著《天皇至道太清玉册》8卷，并在南昌郊外西山缑岭（今属南昌市）创建道观与陵墓，成祖朱棣赐额“南极长生宫”。朱权多才多艺，一生著述颇丰，有《汉唐秘史》等史著数十种。尤好戏曲，作有杂剧今知12种，现存《冲漠子独步大罗天》《卓文君私奔相如》2种；戏曲论著《太和正音谱》《务头集韵》《琼林雅韵》等，今存《太和正音谱》（中国现存最早杂剧曲谱，是中国戏曲史上重要的理论著作）。朱权善古琴，编有古琴曲集《神奇秘谱》，收琴曲63首，所制作得“中和”琴，号“飞瀑连珠”，是历史上有所记载的旷世宝琴，被称为“明代第一琴”。朱权游心清虚，精研茶道，将饮茶经验和体会写成《茶谱》，对中国茶文化颇具贡献，是明代道教学者、戏曲理论家、剧作家。

明乐安王墓

明乐安王墓位于新建区望城镇幸福村花坑自然村。乐安王墓总体建筑风格与朱权墓类似，平面呈“吕”字形，坐西朝东，用素面青砖砌成无梁卷拱式地宫，由通道、前室、后室构成，前后室中间有两道青石双扇枢轴式大门，室下部用红砂岩垒筑成“金刚墙”。墓室全长19.83米，前室宽3.49米，高3.27米；后室宽5.35米，深7.95米，高4.13米，通道宽2.15米，深6.11米，墓室总面积70余平方米。

明乐安王墓

乐安王墓于1972年2月被盗，后经抢救性发掘，墓中出土了金饰品、铜器、玉器、瓷器、锡器及彩绘陶俑等大量珍贵文物，其中有仿铜鎏金龙耳双环瓶陶器、金香囊黄金带钩金器、金帽饰金龙钩金器等，收藏在新建区博物馆。

乐安昭定王朱奠垒（1426—1488），系宁献王朱权之孙，宁惠王朱磐烒第三子，正统七年（1442）封镇国将军，景泰三年（1452）封乐安昭定王，因疾薨，享年六十二岁，葬于新建区望城镇幸福村花坑自然村，其娶妻十，生八子。

2013年3月，乐安王墓被国务院公布为第七批全国重点文物保护单位。

紫金城古城址与铁河古墓群

新建铁河古墓群

紫金城古城址与铁河古墓群包括汉紫金城遗址及陵园、铁河古墓群。

紫金城古城址位于南昌市新建区铁河乡陶家村西北约1千米处，为西汉古城遗址。城址分外城和内城，外城长约2037米，宽约1759米，总面积3.6平方千米；内城南北长500米，东西宽185米，总面积92500平方米。城墙高3米，底宽5米，断面呈梯形，现存有黄土堆积的城墙。城内是一片高低不等的农田和旱地，以及少数近代墓地。城址内文化层堆积厚度为0.2～0.6米，采集到夹砂印纹陶片、灰质陶片等标本，纹饰有方格纹、盆纹、网结纹、米字纹等，器形有双耳罐、陶盆、碗、缸和印着兽纹的灰陶瓦当。根据标本与实地勘察，该古城址为汉代古城，据当地墓碑记载，当时称“紫金城”。

紫金城陵园位于城址西侧，南北长2000米，宽1500米，总面积3平方千米，目前发现有墎墩陵园、邹家墎、双墎岬、花骨墎、祠堂岗等18个墓葬区。

铁河古墓群位于紫金城城址南侧，两地相距约1.5千米。古墓群分布在南北长300米、东西宽200米的山坡上。有大小古墓近百座，绝大部分是汉墓。古墓群四周由人工开挖的水沟环绕。古墓自高向低呈四级阶梯排列，层次分明，从外向内，从低到高墓葬规模逐渐增大，最高处为主墓，封丘直径超过30米以上的有3处。古墓群中墓体结构统一，墓葬中的汉砖制作工整，纹饰清晰，除通常可见的铜线纹、几何纹外，还有许多特殊的纹饰。从墓葬分布特点看，是有规划、有格局的汉代官宦家族墓地。因墎墩陵园被盗，2011年4月经国家文物局批准，对其进行抢救性考古发掘，经过调查及专家论证，确定铁河汉紫金城城址为汉代海昏侯国都，墎墩陵园为海昏候的陵墓区。墎墩陵园呈梯形，南北宽141～186米，东西长233～248米，垣墙宽约2米，有东门、北门，门外有阙，海昏侯和夫人两座主墓位于其中。紫金城城址及陵园、铁河古墓群总体轮廓清晰，是江西保存较好的汉代城址及墓地，为研究汉代侯国城址和墓葬提供了重要史料，具有极高的价值。1987年，铁河古墓群被列为江西省文物保护单位，2013年3月，国务院公布其为第七批全国重点文物保护单位。

西　湖　区

汉南州高士徐孺子墓

汉南州高士徐孺子墓位于南昌市西湖区十字街东侧，建墓时间不详。晋郦道元《水经注》记载：“赣水历白社西有徐孺子墓。”整墓用红石叠成13层，墓基呈八角形，墓顶有一红石圆柱，墓后有巨大石碑两块，墓前石刻篆书“汉南州高士徐孺子之墓”。三国吴嘉禾年间（232—238），太守徐熙曾在墓隧种松；晋永安（304）中，太守夏侯嵩于碑侧建思贤亭，世世修治，至拓跋魏时，此亭称为聘君亭；唐张九龄《曲江文集》载有《徐徵君墓碣铭》；南宋张敬之、明太守许方曾修理此墓；1927年，徐氏族人再次重修。后经日寇多年蹂躏，加之牛羊不断践踏，墓基损毁严重。自汉至唐，徐孺子墓号称“东南第一名墓”，历朝地方官员都曾对其进行修缮维护，“徐亭烟柳”也成为豫章十景之一。1957年，江西省政府曾拨款予以修整，同年7月1日，被江西省人民委员会公布为全省第一批文物保护单位，“文化大革命”期间被毁。1997年10月，西湖区政府先后拨款10万元，将散落在东坛巷453～455号百姓家的4块明、清时期的徐孺子墓碑迁至孺子亭公园内。

1997年纪念徐孺子诞生1900年暨成立徐孺子研究会时，为了弘扬民族文化精神，西湖区政府将一块高2.5米、宽1米、厚0.1米记述徐孺子平生的碑碣与一块清道光时期赞扬徐孺子高风亮节、先贤风范的碑碣（2米×1米×0.24米）分别移入孺子亭公园内孺子墓和孺子亭侧，于当年12月26日竣工。

《豫章遗韵》中徐孺子墓的旧照

徐稚（97—168），字孺子，号聘君，东汉豫章郡（今南昌市高新区北沥徐村）人。东汉隐士，江西历史上的著名布衣学者。他学识渊博，品节高尚，时称“南州高士”。

徐稚从小聪敏好思，九岁时与伙伴在月下玩耍嬉戏，大人问他：“如果月亮中没什么东西，是不是会更明亮些？”他回答说：“不是的，譬如人的眼睛里有了瞳孔才更明亮。”人们对他的聪慧和思维的敏捷非常惊奇。十五岁时，父亲徐俭让他去百里之外的槠山（今丰城白土镇株山）脚下，向著名学者唐檀求学。徐稚在唐檀处发愤苦读，加之其天资聪颖，深受唐檀器重，尽传其学。他还先后拜南阳樊英、江夏黄琼为师，学问、德业更加精进。徐稚除深谙经学外，对天文、哲学、算术、历法等都有较深的造诣。他待人诚恳谦逊，尚贤乐善，见利不争，有过不诿。《后汉书》称他“闾里服其德化”。在他的风范影响下，豫章民风为之淳厚，出现路不拾遗、夜不闭户的太平景象。东汉后期，恒帝备厚礼征召徐稚，他不满官场腐败、宦官专权，虽被“四察教廉，五辟宰府，三举茂材”，均辞谢不就，拒不为官，并劝友人隐退。他说：“大树将颠，非一绳所维，何为栖栖不遑宁处？与其混迹于朋党，争斗与恶浊世道之中，不如隐居，洁身自好。”他终生不愿为官，在家乡自食其力。

位于孺子亭公园内的徐孺子墓全景

徐稚平时虽不愿与官场人士接触，但他却敬重豫章太守陈蕃，认为陈蕃是守义廉洁、尊礼待贤之士，常相往来。陈蕃也非常敬佩徐稚的高风亮节。据《后汉书·徐稚传》记载：“陈蕃在郡不接宾客，唯稚来特设一榻，去则悬之。”此即唐代王勃《滕王阁序》“人杰地灵，徐孺下陈蕃之榻”典故的由来。

清代医圣喻嘉言墓

清代医圣喻嘉言墓位于南昌市十字街以东、东坛巷以北，与原徐孺子墓相距近百米。清雍正年间（1723—1735），南昌医界收其骸骨，筑墓以葬。清道光十年（1830）墓前立有石碑:“明先医喻嘉言先生肉身”，左右石碑刻：“奉邑从善乡弟子余绍珩沾恩敬立”“大清道光十年庚寅岁八月立”。1957年被江西省人民委员会公布为第一批江西省文物保护单位，由南昌市文化局重修，并立新碑。1959年，列入全省第二批文物保护单位。“文化大革命”时与徐孺子墓同被夷为平地。后由上级拨款，营葬其衣冠冢于新建西山万寿宫之西，供人瞻仰。

喻嘉言（1585—1664），名昌，字嘉言，新建县人，爱国儒士、名医。生活于明末清初，晚年客居常熟，因新建古称西昌，故号“西昌老人”，以示不忘故乡之意。他的挚友钱谦益在《绛云楼俊遇》中说：“嘉言本姓朱，明之宗室也。鼎革时，讳其姓，加朱以捺为余，后又易朱以则为俞，向往来于牧斋之门。”喻嘉言生性聪明潇

喻嘉言墓

洒，笃志力学，博通经史诸子百家之学。幼年能作文，成年立志业儒，治举学业，习制义八股文。他精力充沛过人，与临川陈际泰结交为知己，常结伴远行，云游四方。

喻嘉言有志于仕途，救国救民，但未如愿。崇祯三年（1630）四十五岁应江西乡试，只考中副贡生，便上燕京，入国子监读书，希望能有所作为。他屡次上书崇祯帝朱由检，要求“修治法治”，陈述安邦救国之道，因人微言轻，未被采纳，只有听从友人劝告，回家立志读书。

喻嘉言回家后，深感政治抱负不能实现，家庭又发生变故，意志消沉，五十八岁时削发为僧，遁入空门。在学习佛学的同时，也致力研究医学，刻苦攻读《黄帝内经》《伤寒论》等中医经典及历代中医名著。深感出家诵佛、普度众生只是一句空话。“不为良相，便为良医”，倒不如救死扶伤较为现实，便蓄发以行医为业，终老一生。

喻嘉言无兄弟，有一姐嫁靖安舒某，姐弟感情深厚。蓄发行医时，常往来于南昌、新建、靖安等地，更多的时间在靖安山村为人治病。《靖安县志》记载：“嘉言居靖安最久，治疗多奇中，户外之履常满焉。”喻嘉言厌恶旧礼教约束，喜好悬壶云游，足迹遍及江西、浙江、江苏、安徽一带。当他走到江苏常熟县时，无意中遇见老友、大文豪钱谦益，相见大快。因钱谦益再三挽留，遂定居于常熟县城北门外虞山下，建了一栋草庐医疗所，专为贫困群众治病。喻嘉言从此专精医术，冠绝当世。关于他的医术，传说不少。据传有一次喻嘉言在乡间水上行船，无意中见一在沙岸捣衣少女，他注视良久，发现少女异样，预料她潜伏着一种叫闷痘的疾病，即将暴发。这种病来势凶险，几乎无药可救。出于恻隐之心，他命人悄悄接近少女，突然从背后将她拦腰抱住，用这种类似“强暴”的行为激其发怒，以泄其肝火，削弱其病势，继之以药力托里排毒，促使痘疹透出。几经曲折，使少女化险为夷，挽救了性命。还有一次，他路遇一口可疑的滴血棺材，凭着医生丰富的经验和敏锐的观察力，他判断棺材里的“死人”未死，急施针术救活了难产假死的产妇母子，使夫妻团圆，化悲剧为喜剧。喻嘉言晚年感悟“吾执方以疗人，功在一时；吾著书以教人，功在万里”。除传授门徒外，集中主要精力著书立说。崇祯十六年（1643），喻嘉言撰成第一部医学著作《寓意草》，这是我国第一次记载人工种痘病案的一部书。喻嘉言待人甚为热情，无论何人，每当有事相求，他从不推辞。加上自己精于医术，深受当时医学界的推崇。一些公卿贵人，也慕名邀请他去做幕宾，甚至清政府亦屡下诏书征聘。但喻嘉言早已绝意仕途，不愿受世俗礼法的约束，更不愿为清廷效力，故均力辞不赴。不久，他又撰成《尚论篇》和《尚论后篇》共8卷，著有《医学法律》6卷、《瘟疫明辨》等，均受到医学界的推崇。这些著作集中体现了他的学术思想，奠定了他在中国医学史上的崇高地位，被称为清代三大名医之一，还被尊为“医圣”。

除著书外，喻嘉言还进行医学教学，传授医学知识。苏、浙、皖一带许多人前来受业听讲，培养了一批有成就的医学家，以徐忠可、程云来等尤著，著名哲学家、思想家陈瑚也特来受业。顺治十五年（1658），喻嘉言又开堂讲学，主要讲解对瘟疫学说的见解。是年8月，他突患中风症，舌卷昏迷，生命垂危达200余日，延至顺治十六年（1659）三月开始稍愈。他善弈围棋，康熙五年（1666）与围棋国手李兆元对弈三昼夜，不分胜负，局终收子时，溘然长逝，终年七十九岁。因无子女，由靖安外甥赴常熟，扶柩而归，停放于靖安萧寺。雍正时期（1723—1735），经医家曹必聘倡议，始由众医迎柩至南昌，安放于百福寺中。以后，僧人于寺旁建祠奉祀，并葬于徐孺子墓侧，其意以喻征士配徐高士，能相得益彰。铅山蒋仕铨客居南昌，撰有《喻嘉言先生改葬告词》。

青云谱区

八大山人墓

八大山人墓位于南昌南郊十五里处的梅湖定山桥畔青云谱八大山人纪念馆内，为八大山人衣冠冢。八大山人真墓地址至今难以确认，道光年间曾建立了衣冠冢。1959年发掘时未见遗骸葬物。现八大山人纪念馆内的墓为1963年所建，“文化大革命”期间被毁，1983年夏重修。八大山人墓四周风景优美。阳春红茶、桃花争奇斗艳，盛夏荷满十里，三秋桂子飘香，严冬寒梅竞放，四五百年的参天古木香樟、罗汉松、苦树随处可见，此墓是八大山人纪念馆文化遗迹之一。

八大山人纪念馆成立于1959年，是我国第一座古代画家纪念馆，全国重点文物保护单位。全馆占地约39亩，四面环水，形似“八大山人”笔下的游鱼，与西南面梅湖浑然一体，水陆相生，宛若“太极”天成。南面为青云谱道院，建筑风格古朴典雅，自然脱俗。青云谱是历史悠久、独具特色的江南园林，也是唯一保存完好的江西净明道教发源地。相传两千五百多年前，周灵王之子王子晋到此开基炼丹。西汉末年，南昌尉梅福曾弃官隐钓于此，后人建“梅仙祠”祀之。晋朝许逊治水至此，设坛讲道，建太极观。唐代大和五年（831），刺史周逊奏建太乙观。宋至和二年（1055），又易名为天宁观。清朝顺治十八年（1661），明太祖朱元璋十世孙朱耷（号“八大山人”）来此隐居，取“吕纯阳驾青云来降”之意，改名青云圃，后又寓意为青云传朱明家谱，改圃为谱。从此，青云谱便与八大山人的坎坷生涯及其书画艺术联系在一起。

八大山人（1626—1705），明末清初的杰出画家，江西南昌人。本名朱耷，字雪个，号人屋、驴屋驴、书年、驴汉等，又名道朗，号良月。八大山人是其稍晚的文号。明太祖朱元璋十七子宁王移封南昌后，其支派分化为八支，朱耷为宁王朱权的九世孙，弋阳王七世孙，袭封为辅国中尉。祖父朱多炡是诗人和画家。父亲朱谋觐长于山水画。叔父朱谋垔著有《画史会要》，是一部有名的著作。朱耷从小受到家庭文艺氛围的良好熏陶，八岁能作诗，十一岁可画青绿山水，儿时即能悬腕写米家小楷。崇祯十七年（1644），明朝灭亡，当时朱耷才十九岁。为逃避清朝对明宗室的迫害，朱耷与从弟牛道明（著名画家）不得不更改姓名，弃家遁入奉新山中，落发为僧。康熙初年（1662），清朝对明宗室的态度有所缓和，朱耷回到南昌，在南昌城郊创建青云谱道院，也因此成为道士。他与从弟在此隐居了二十多年。六十二岁后，隐居南昌城北的北兰寺以及寤歌草堂等处。

八大山人墓

康熙十七年（1678）胡亦堂为临川县令，此时朱耷名声已出，拜其为师者常达数百人。为笼络朱耷为清廷效力，胡亦堂延请朱耷至官舍长住一年多。朱耷假装癫狂，忽而大笑，忽整日痛哭。一天夜晚，他撕毁僧服并掷于火中焚烧，走回省城南昌。朱耷还曾故意戴布帽穿长袍，足蹬破鞋，手舞足蹈，穿行于市，围观者哗笑。

八大山人怀着国破家亡的痛苦为僧为道，有时装疯卖傻，不与家人来往。他的名字也很多。他常将“八大山人”四字连缀起来草写，如“哭之”“笑之”字样。他坚持民族气节，从不为清朝权贵画一草一石，而童僧寒士等普通百姓求画则常常如愿。一天，朱耷大书一“哑”字悬在门口，从此对人只笑不语。对其际遇与情怀，康熙年间曾与朱耷同住山寺剪灯夜谈的邵长蘅在《八大山人传》中说：“山人胸次汩渤郁结，别有不能自解之故，如巨石窒泉，如湿絮之遏火，无可如何。乃忽狂忽瘖，隐约玩世。”朱耷友人叶丹也曾作诗《八大山人》概括其生平：“一室寤歌处，萧萧满席尘。蓬蒿藏暗户，诗画入禅真。遗世逃名老，残山剩水身。青门旧业在，零落种瓜人。”郑板桥曾题诗赞曰：“横涂竖抹千千幅，墨点无多泪点多。”可见其“名满天下”。

八大山人在艺术上有独特的建树。他工书法，行楷学欧、黄，自成一家，狂草怪伟，尤以水墨写意画著称。他擅长花鸟画，喜画水墨芭蕉、怪石花竹、芦雁汀凫，超然脱俗，时人争相收藏。其画面构图缜密，意境空阔；其笔墨清脱纯净，淋漓酣畅；取物造形旨在意象，笔简意赅，形神兼备，体现出其孤傲落寞清空出世的思想情感。其书法善用淡墨秃笔，浑朴酣畅，含蓄内敛，圆浑醇厚，亦工篆刻。其诗文多为幽涩古雅。三百年来他饮誉画坛，清代“扬州八怪”、吴昌硕，近代齐白石、张大千、潘天寿、李苦禅等画家都不同程度地受其影响。1985年，“八大山人”被联合国教科文组织命名为中国古代十大文化名人之一。

牛石慧墓

牛石慧墓位于南昌市青云谱区八大山人纪念馆内。牛石慧即朱道明，朱耷从弟，为明朝宗室后裔。《净明忠孝宗谱》记载：“涵虚玄裔朱道明，字秋月，道号望云子，明宗室……卒葬牌楼山下。”1951年发掘该墓，当时青云谱道人将其遗骸迁葬于青云谱。现在青云谱区内牛石慧墓为1963年所建，“文化大革命”中被毁，1983年重修。

牛石慧（约1628—1707），南昌人，即朱道明，字秋月，系明太祖第十七子朱权后裔，八大山人朱耷从弟。明亡后，明朝宗室子孙多隐姓埋名，潜伏山林。牛石慧也随家避于新建、奉新等地。后在奉新山中入牛石庵（一说名柏馥寺）为僧。顺治末年回南昌，又由僧转而为道。据《净明忠孝宗谱》记载，他于康熙二年（1663）与朱道朗同时隐居南昌市郊青云谱，取道名朱道明，道号望云子。

牛石慧墓

牛石慧是明末清初杰出画家，牛石慧这个名字，除了他签署字画作品外，极少公开出现。他署名“牛石慧”三字草书，常写成“生不拜君”字样，可见他反抗清朝统治的情绪。牛石慧擅长花鸟，尤喜画人物山水，笔情画意充分表现了他的磊落不平之气。写花卉用墨有神，无俗气。他的书法艺术和八大山人相近，然笔墨则较八大山人要粗犷泼辣。牛石慧的传世作品不多，有《猫图》轴、《荷鸭图》轴，款署：“七四牛石慧写”，现藏于故宫博物院；《松鹰图》轴藏于上海博物馆；《鸡雏图》轴藏于日本墨友庄；《松鹿图》轴图录于《中国名画宝鉴》；《东瓜蕻头图》轴中自题："菩萨曾有言，无刹不现身。东瓜蕻头处，岂非观世音。七五老人牛石慧写"，藏于首都博物馆；康熙三十三年（1694）作的《富贵烟霞图》轴，上有诗题曰："擎拳竖指任拈花，墨影描来作梵槎。欲向枝头寻下落，分明泼墨似烟霞。甲戌春四月，画为蕴老道兄，牛石慧。"现藏于天津市艺术博物馆。南昌八大山人纪念馆内收藏有牛石慧的代表作品《猫》《鸡》等。

九江市

修 水 县

北宋文学家、书法家黄庭坚墓

北宋文学家、书法家黄庭坚墓位于修水县杭口镇双井村，东临茶园，西临水渠，南向修河，背靠杭山，东距县城6千米。宋大观三年（1109）春，黄庭坚遗体由其友人苏伯固、蒋伟护柩归葬修水双井祖茔之西。明弘治十六年（1503），由都御史林俊主持原基重修，并置祀田21.5亩。民国四年（1915），由修水县知事尹鏊主持重修，黄庭坚二十九世孙黄绍鲁（字菊阶，时任东乡县知事）撰《重修文节公墓志》。墓前为草坪，墓体坐北朝南，呈圆球状，高1.93米，直径2.76米。墓前竖四柱三碑，碑柱雕饰有紫藤花纹，嵌有青石板碑刻三通。中碑为“宋谥黄文节公之墓”，两边碑刻其传略。墓前有一照壁，照壁中刻黄庭坚自画像一幅，翁方钢所题像赞：“似僧有发，似俗无尘，做梦中梦，见身外身”。两边为一副黄体对联：“看黄庭有味，笑白发无闲”。墓左右为石块垒砌弧形护坟墙，有墓道四环。陵园面积约600平方米。1959年被列为省级重点文物保护单位，1982年作保护性修葺，砌筑围墙。2005年再次修缮，增高门宇，拆除照壁，改为黄庭坚石雕立像，修建大理石牌坊，双重飞檐，上书“山谷园”匾额，为中国书法家协会主席沈鹏所题。两边门柱为黄庭坚三十三世孙黄君撰文，并书对联“杭山拥翠碧水扬波此处诗魂称鼻祖，左史垂名右军揽胜先生笔法耀千秋”。

黄庭坚墓

黄庭坚（1045—1105），字鲁直，号山谷道人，晚年号涪翁、黔安居士、八桂老人，洪州府分宁县高乡三十六都（今修水县杭口镇双井村）人。北宋著名文学家、书法家，为江西诗派开山之祖，与杜甫、陈师道和陈与义素有“一祖三宗”（黄庭坚为其中一宗）之称。与张耒、晁补之、秦观游学于苏轼门下，合称为“苏门四学士”。生前与苏轼齐名，世称“苏黄”。黄庭坚出身书香门第，仕宦世家，五世祖黄赡在五代十国的南唐任分宁（今修水）知县，定居分宁。曾祖黄中理在分宁樱桃洞和芝台两地设立书馆，“聚书万卷，山中开书堂以教子孙，养四方游学者常数十百”（《豫章先生遗文·故给事中黄公行状》）。祖父黄湜进士出身，善书法。父黄庶，庆历二年（1042）进士，历任州府幕僚。母亲李夫人出身武宁仕宦门第。舅父李常官至户部尚书、御使中丞兼侍读。

黄庭坚故里——双井明月湾

黄庭坚自幼聪慧过人，五岁时诵《五经》，只需十天便能背诵出《春秋》，七岁时作《牧童》诗：“骑牛远远过前村，吹笛风斜隔岸闻。多少长安名利客，机关用尽不如君。”宋嘉祐八年（1063）以乡贡入京师。治平三年（1066）应乡试中举，翌年中第三甲进士，初任余干县主簿，后调河南叶县尉。熙宁五年（1072），黄庭坚县尉三年期满，赴京参加学官考试，名列优等，任国子监教授。元丰三年（1080）改任吉州泰和县令，在任时镌刻后蜀孟昶诗句“尔俸尔禄，民膏民脂；下民易虐，上天难欺”以自警，后由南宋高宗颁行天下。离任后，泰和人民感其恩德，建“山谷祠”以作纪念。元丰八年（1085）三月，被召入秘书省为校书郎。司马光看重其“好学有文”，推荐其参与校订《资治通鉴》。越二年，迁为著作佐郎，在史局任职。元祐四年（1089），任《神宗实录》检讨官，编写《神宗实录》，于元祐六年（1091）修成。他把实行新法的弊端直言不讳地录入《神宗实录》之中，因而有忤权贵，以“修实录不实”加罪，降为起居舍人，两年后被命为秘书丞，提点明道宫，兼国史编修官。绍圣初年，出知宣州（今安徽宣城），后改鄂州（今湖北武汉）。哲宗亲政后，黄庭坚因修史涉及熙宁变法的评述，被控为“隐没先朝良法美德，辄以微言含寓讽刺”，以“修实录不实”“诬毁先帝”加罪，于绍圣元年（1094）十二月，贬涪州（今四川涪陵）别驾、黔州（今四川彭水）安置。元符元年（1098），改放戎州（今四川宜宾东北），居州南一僧寺。元符三年（1100）初，黄庭坚被召复官宣德郎，监鄂州税，因政局不明，他上表请辞。后改任奉议郎，佥书宁国军（今安徽宣城）节度判官。建中靖国元年（1101）行至峡州（今湖北宜昌）时，接到改知舒州（今安徽潜山）任命，待到江陵（今湖北江陵）时，又接到赴京任吏部员外郎令。崇宁元年（1102），徽宗亲政，表示尊崇熙宁新法，追贬司马光等人官职。九月，朝廷下诏在各地立“元祐奸党”碑，黄庭坚被列其中。初贬管玉龙观，次年“除名羁管宜州”（今广西宜山），在宜州租住龙溪民房，后迁寺庙，均被官府刁难，最后住在小南门戍楼。崇宁四年（1105）九月病逝，享年六十岁。南宋绍兴元年（1131），高宗中兴，追赠其为直龙图阁学士，加太师，谥号文节。

黄庭坚为北宋著名诗人、书法家，江西诗派始祖。他突破唐诗规范，创宋一代新诗风，有人推其为“宋诗宗祖”，当时与苏东坡齐名，世人并称“苏黄”，传世诗作2000多首。其书法被称为宋代“四大家”（苏、黄、米、蔡）。他的草书最为有名，誉为继王羲之后的一代草圣，其晚年书法长卷《砥柱铭》，于2010年6月在北京保利拍卖公司以4.368亿元拍卖成交，创中国艺术品拍卖价之最。

黄庭坚原配夫人孙氏，江苏高邮人，其父为龙图阁学士孙觉莘，英年早逝。第二位夫人谢氏，南阳人，其父为朝散大夫、江南西道转运使谢景初，婚后不久病故。第三位夫人王氏，江西铜鼓县人，黄府侍女，与黄庭坚在泰和任上结为夫妻。孙、谢两位夫人均未生育，王氏生有一子一女，子生六孙。据修水黄氏家谱统计，黄庭坚直系后裔有20余万人，主要散布于江西、湖北、湖南、江苏、浙江、四川、广西等地。三十世孙黄绮，修水县杭口镇人，著名书法家，曾任中国书法家协会副主席。三十世孙黄蜚秋，修水县港口镇人，著名京剧表演艺术家、京剧教育家。三十三世孙黄君，修水县古市镇人，著名书法家，中国书法家协会学术委员，首届中国书法兰亭奖得主。

南宋江湖诗人戴复古墓

南宋江湖诗人戴复古墓位于修水县水源乡街口村九曲池，坐东朝西，宽6.4米，纵深7.5米，封土高1.4米。墓前竖六柱五排墓碑，高1.1米，中碑刻“宋兵部尚书戴公石屏之墓”。墓后有四柱三碑望山碑，高1.55米，宽2.4米。2007年9月，修水县政府批准其为修水县重点文物保护单位。

戴复古（1167—1248），字式之，浙江台州温岭塘下乡屏上村人。家居石屏山麓，有石如屏，故自号石屏、石屏樵隐。父戴敏，工诗善书，曾写过相当有名的《赋小园》诗，在当时的东南诗坛上颇有声誉。临终以戴复古尚在襁褓，担心“诗无传”为憾。戴复古成年后，誓继父志，从林景思、徐似道学诗，又登门求教于陆游，在一代大师的亲身教诲之下，“刻意精研”“诗益进”，达到了“自有清远之致”的境界（见《黄岩新志》）。戴复古不仅继承乃父对诗的热爱，也继承了乃父的风格，并发扬光大。在南宋小王朝偏安一隅、苟且求存的时代，戴复古终生不愿仕进，一生大半时间都在浪游江湖：“南游瓯闽，北窥吴越，上会稽，绝重江，浮彭蠡，泛峰，然后放于淮、泗，以归老于委羽（黄岩羽山）之下。”（《石屏集·序》），游迹遍及长江中、下游一带，涉足当时与金人处于拉锯状态的北方边界淮河流域，创作了大量江湖诗篇，终成著名江湖派诗人。部分作品指责当时统治者的苟且偷安，表现了收复中原的愿望，抒发爱国思想，反映人民疾苦，有《石屏诗集》《石屏词》传世。

黄龙宗开宗祖师慧南墓塔

黄龙宗开宗祖师慧南墓塔位于修水县黄龙乡黄龙村三塔咀，东距县城65千米，建于宋代。墓塔坐东朝西，为六角亭，麻石结构，边长5米，高3米，面积50平方米，为慧南禅师舍利子安葬地。塔正向放置慧南禅师牌位，塔前有扶栏。2007年修水县政府批准其为修水县重点文物保护单位。

慧南（1002—1069），俗姓章，江西玉山县人。中国佛教禅宗五家七宗之一的黄龙宗的开宗祖师。十一岁出家参禅，初投云门宗泐禅寺澄禅师门下，后得云峰寺悦禅师指点，往参临济宗第七世楚圆，悟得禅宗真谛，成为临济宗传人。治平二年（1065）为黄龙崇恩禅院第四代住持，大振临济宗风，以“三关”说法开创黄龙宗。法嗣甚众，以黄龙祖心、东林常总、宝峰克文最负盛名。祖心一系因日本僧人明庵荣西从黄龙宗第八世虚庵怀敞受法，传入日本，开禅宗东传先河。至今日本有妙心寺派、建长寺派、圆觉寺派等15个黄龙宗支派。熙宁二年（1069），慧南禅师于黄龙寺圆寂。

修水县慧南墓塔

渣津烈士陵园

渣津烈士陵园位于修水县渣津集镇罗汉矶，东距县城35千米。1952年由县政府主持修建烈士塔，1962年扩建为烈士陵园，1985年，1999年，2010年先后3次维修。陵园坐西朝东，面对渣津福星古石桥，园区占地1.4万平方米，公墓占地2148平方米，安葬了第二次国内革命战争时期牺牲的1004具革命先烈忠骨，是修水县规模最大，乃至全省少有的千人烈士公墓。

陵园前后建有“渣津烈士陵园”门楼。从前门进入有89级石阶。后门牌楼高12.8米，宽28米。门楼上方用楷体镶刻“渣津烈士陵园”6个镏金大字，背面刻有毛泽东题词“人民英雄永垂不朽”。进门竖有大理石碑，正面为“渣津烈士陵园”简介，背面铭刻渣津地区牺牲的1589名烈士的英名。陵园前后均与公路相连。

墓区有墓碑五通，中间书“革命烈士公墓”，两旁塑有毛泽东“为革命战争牺牲的先烈无上光荣”“革命烈士们永垂不朽”和“先烈流芳，永垂不朽”“生的伟大，死的光荣”等题词。公墓前有烈士塑像，三座凉亭，后有护围，旁有花坛。公墓主体呈半圆球形，高约5米，直径12米，内置张伯琴等1004位烈士的骸骨。

张伯琴（1896—1933），修水县渣津镇石门村人，出身石门瓷厂富绅之家。在武汉读书时受马列主义思想影响，1927年参加革命，化名王路，打入修水县警队内部，秘密发展党组织，策动县警队参加秋收起义。1928年红五军攻打修水县城时，作内应打开城门，配合红五军攻城。后加入彭德怀领导的红五军，在黄公略领导下，活跃在湘鄂赣边界。后调入红十六军，在台庄改编时担任纵队长。1930年参加“五月大暴动”，1933年不幸在三溪坳战役中牺牲，1950年被评为“革命烈士”。

烈士陵园中，陈列有修水县工运领袖徐光华、县苏维埃政府主席方幼梅、红十六军八师四团政委张仕昌、湘北特委书记陈秋光、县委宣传部部长郑波平、湘鄂赣军区中路指挥部副总指挥邓绍华、县政治保卫局局长匡永祥、区妇联主任方醒等烈士事迹。

修水县渣津烈士陵园内景

1991年，修水县人民政府确定渣津烈士陵园为革命烈士纪念建筑保护单位。1996年，命名其为爱国主义教育示范基地。

名人墓名录

徐禧衣冠冢 徐禧衣冠冢共有两座。一处位于修水县漫江乡尚丰村王家湾将军山东麓。内有墓志铭，阴刻“皇赠金紫光禄大夫吏部尚书谥忠愍徐公名禧”，墓志铭为吕惠卿撰，朱彦博书，谢景温篆。另一处位于修水县宁州镇安坪村梅岭西麓鹅形，紧靠县城的修河东侧。徐禧（1035—1082），字德占，洪州分宁（今江西省修水县）人，北宋变革派大臣，诗人徐俯之父，颇得王安石青睐。后奉宋神宗之命进攻西夏，战死。

莫将衣冠冢 该衣冠冢位于修水县漫江乡尚丰村，为莫将与其父莫援的合墓，葬于南宋绍兴二十年（1150），清乾隆五十六年（1791）重修。莫将（1080—1148），字少虚，谱名文砚。修水县漫江乡人，宋代名臣。终赠端明殿学士，葬于江西新建区五谏乡新城里，此处为衣冠冢。

章鉴墓 该墓位于修水县杭口镇下杭村佛塔垅。墓茔在元末为草寇刘三发毁败，后修复。“文化大革命”中墓碑又被毁，其后裔重修，属修水县重点文物保护单位。章鉴（1214—1294），字公秉，号杭山，修水县杭口镇杨坊村人。以别院省试及第，累官枢密院御史、中书台人、左侍郎，参知政事。宋度宗咸淳十年（1274），拜右丞相兼枢密院使。为官清廉，政事严谨，宽厚与人，忧国忧民。著有《杭山集》。

周期雍及车夫人墓 该墓位于修水县溪口镇北岸村大石口马鞍山，两座墓前各竖高2米、宽1米龟座碑。周期雍碑阴刻"明资政大夫刑部尚书周泉波公墓"。周期雍（1479—1551），字汝和，修水县西港镇人。明正德三年（1508）进士，历官刑部左、右侍郎，都察院右都御史，拜刑部尚书，掌院事兼大理寺印。有《无释言》40卷、《语文鸠异》4卷和《黄氏玉璧》20卷，多佚。

陈琢如墓 该墓位于修水县宁州镇芦塘村何家店，小地名枥坊塅，墓后立有3块青石质墓碑，碑文为广东巡抚郭嵩焘撰，南昌府太学生张步清书。墓茔原规模较大，1958年修建水库时遭到破坏。陈琢如（1798—1854），修水县宁州镇人。虽未入仕，但怀经世大志,曾组织团练与太平军作战长达数年。为陈宝箴父，陈三立祖父，陈寅恪曾祖。

从悦禅师墓塔 该墓塔位于修水县渣津镇龙安村蛇形。从悦禅师（1044—1091），江西赣州人，俗姓熊。为宝峰克文法嗣，黄龙宗三世。少年出家于普圆院，后住持长沙麓山寺和隆兴兜率院。张商英曾于其门下受法。宋元祐六年（1091）圆寂，追谥真寂大师。原葬于龙安山乳峰，清乾隆十年（1745）兜率法嗣将其移此。

蛤庵禅师墓塔 该墓塔位于修水县渣津镇兜率禅寺东侧。蛤庵禅师（1632—1685），名本圜，自云出身无姓，湖广人。清顺治年间（1644—1661）参著名国僧木通道斋门下为入室弟子，后又成大觉国师高足。康熙十二年（1673）住持渣津兜率寺，建幡幢，兴工役，兜率重兴，称"龙安报国堂"，蛤庵称"平阳国师"，后圆寂于兜率寺。

朱櫆墓 该墓位于修水县东港乡东港村西源来龙埂，建于元至元二十一年（1284），墓前竖青石碑刻六通，为县级重点文物保护单位。朱櫆（1229—1284），福建建阳人，朱熹玄孙。官至太常博士。致仕后定居修水县东港乡西源，是朱姓迁修始祖。

王国宝墓 该墓位于修水县宁州镇旌阳山。王国宝（771—843），祖籍浙江金华，唐大历年间任尚书左仆射，宪宗年间因与王恭、段仲湛不协，于元和八年（812）后迁居修水，隐居旌阳山。修水王姓尊为迁宁始祖。

余良墓 该墓位于修水县黄沙镇瑶村长茅，始建于宋，分墓茔、卧山碑两部分。墓茔镶嵌碑刻七块，有刑部尚书余恕诗句上下厥碑、墓志铭、长茅来源碑等。卧山碑建于墓茔后上方，镶嵌三块碑刻。西面70米处有乌龙墓，是余姓人为有恩于家族的一条黑色家犬所建。余良（885—966），字宁仲，原籍安徽歙州休宁，唐天祐四年（906）进士，后任分宁宰，升江州刺使，工部尚书，赐刑礼二部尚书。为修水余氏始祖。

武 宁 县

江西唯一的武榜眼张大鹏墓

江西唯一的武榜眼张大鹏墓位于武宁县鲁溪镇湖山村塘北山南麓，坐北朝南，总面积约120平方米。为张大鹏与原配黎夫人、倅傅夫人合葬墓。墓地屡遭盗墓者挖掘，导致墓冢与坡地平。墓碑中高2米，两边高1.5米，宽3米，正中墓碑刻有“原任广东潮州总镇张公松园墓表”“赐进士及第诰授光禄大夫□□阁大学士教习庶吉士兼刑部事务加三级王鼎拜手题；赐进士出身诰授□奉大夫兵部侍郎兼右副都御史巡抚安徽等处提督全省军务兼理粮饷加三级程懋采顿首撰文”[1]。墓碑前两边有弧形石栏，前部有外八字形条石护栏。

张大鹏墓

张大鹏（1773—1841），字蔚丛，一字松园，武宁县鲁溪镇人。清嘉庆六年（1802）武进士，殿试第二名，授二等侍卫。历署湖北抚标营中军、德安营参将、湖南永州镇右营游击、沅州协副将、广东潮州总兵。张大鹏力大无比，骁勇善战，屡立战功，官居二品，是江西历史上唯一的武榜眼。沅州、云贵交界，山高林莽，苗汉杂居，械斗之事经常发生，张大鹏前往整肃，采取“安缉”并举的策略，辑拿

[1] 本书中“□”符号表示墓碑因年代久远而无法辨析的字。

首犯，安抚民众，化解矛盾，保边境安宁。初任潮州时，地方遭受旱灾，官吏趁机抬高米价至数倍，从中渔利，"致民百钱不易一饱"，激怒万人，囚犯越狱，与饥民围攻府衙、县署。张大鹏率兵弹压，惩治贪官污吏，平抑米价，张榜告示，捉拿囚犯归狱，制止事态蔓延。张大鹏曾寻得唐代书法家颜真卿"元次山碑"，遂遍邀时贤会饮品鉴，官绅贤达纷纷唱和，于是刻《汙樽集》行世，并亲自作序。道光辛卯年（1831）因病乞休返回乡梓。道光辛丑年（1841）六月十七日逝于鲁溪，终年六十八岁。

李烈钧将军墓

李烈钧将军墓位于武宁县城豫宁公园西北侧半山腰（原称武宁烈士陵园），坐东朝西。1946年李烈钧在重庆病逝后，灵柩运回武宁，初葬箬溪"读书台"，墓碑上刻"国民党中央执行委员陆军上将李烈钧之墓"。1962年，因修建柘林水库迁葬武宁县城近郊飞凤山。1980年冬，经中央统战部批准再次迁葬，与夫人华世琦骨灰合葬烈士陵园。墓地长9米，宽7米。墓室呈长方形，为钢筋水泥结构。墓室四角立四柱，建墓亭。墓亭长2.86米，宽1.86米，高2.66米，上部为出檐平顶，前柱间镶水泥挡板，板中嵌青石墓碑，上刻"李烈钧将军、华世琦女士之墓"，其余三方均围有镂花半身栏杆，底部有两层台阶。墓地前面及后部两旁建有台阶供人上下，周围植苍松翠柏等长青树木。该墓为江西省重点文物保护单位。

李烈钧墓

李烈钧（1882—1946），原名烈训，字协和，别号侠黄，江西省武宁县罗溪乡人。1902年入江西武备学堂。1904年赴日本留学。1907年加入同盟会。1908年毕业回国后，曾因宣传反清思想遭拘捕。1909年到昆明，任云南讲武堂教官、陆军小学堂总办。辛亥革命爆发后，李烈钧被推任江西都督府参谋长、海陆军总司令，迫使北洋海军主要舰艇宣布起义。李烈钧后率舰队西上迎击清军。1912年，中华民国成立，李烈钧被孙中山任命为江西都督。1912年8月25日，同盟会联合其他四个政团组成国民党，孙中山在湖广会馆主持国民党成立大会，他出席大会，并与阎锡山、张继等一起被推举为参议。1913年1月12日，李烈钧在江西湖口成立讨袁军总司令部，就任总司令，率先打响二次革命的第一枪。8月失败后，流亡日本。1915年12月25日，李烈钧与唐继尧、蔡锷揭起护国讨袁旗帜，任护国军第二军总司令，出兵两广，一路势如破竹，留下“李烈钧三炮定韶关”之美谈。1917年后，两次任广州军政府总参谋长，辅佐孙中山打败陈炯明。1925年应冯玉祥之邀任国民军总参议，指导国民军与奉军作战。1927年初被蒋介石任命为江西省政府主席，任南京国民政府常委兼军事委员会常委。1931年“九一八事变”后，李烈钧致电蒋介石，主张尊重言论自由，改良政治，一致抗日。他把到了服兵役年龄的5个儿子送到军队，并赋诗壮行：“送我儿辈出乡关，杀尽倭寇方回还。埋骨何须桑梓地，人间到处有青山。”1946年2月20日，李烈钧因患心肌梗死在重庆逝世，终年六十四岁。中共领导人周恩来、董必武、邓颖超亲临吊唁。国民政府第九十二号文下达褒扬暨国葬令。蒋介石亲送挽联：“勋在共和辉国史，运回厄难慰英灵。”国民党中央赠送挽联：“湖口烽烟，珠江弹雨，滇池骏浪，燕塞征尘，当年砥柱中流全凭一旅；鲁连仗义，武乡用兵，高蛮英名，伏波韬略，屈指复兴元老几见斯人。”

李烈钧是中国民主革命斗争史上著名的资产阶级革命家和军事家，为推翻封建帝制，建立民主共和，促成南北统一以及民族抗日战争作出了重要贡献。李烈钧能文善诗，尤擅书法，庐山仙人洞所题“常乐我净”，石松之石上所题“纵览云飞”均是李烈钧的手笔。他的著作面世的有《孙大元帅戡乱记》《李烈钧将军自传》《李烈钧出巡记》《李烈钧言论集》《李烈钧、杨赓笙诗选》等。李烈钧生育十个子女，在李烈钧的影响和教育下，都事业有成。他们尽管身处欧亚美各大洲，但都致力于推动海内外交流，心系祖国和平统一。其最小的儿子（排行第十）李赣骝，曾任第八至十届全国政协常委，中国国民党革命委员会第六至十届中央副主席。

瑞 昌 市

三国吴大将程普墓

三国吴大将程普墓位于瑞昌市桂林街道桂林桥东南200米处河床台地草坪，原碑石无存，仅留墓地。1985年10月，瑞昌县人民政府公布其为县重点文物保护单位，并重修墓地，立程普墓碑，以纪念这位2世纪末、3世纪初对历史有影响的风云人物。

程普墓坐南朝北，整个墓地坐落在桂林畈的中心位置，正北面是桂林桥小集镇，西南面是田野和村庄，东面的瀼河川流不息流经瑞昌城区。这里方圆几里无山丘遮挡，视野空旷，环境宜人。

程普墓

程普（？—215），字德谋，东汉末年东吴的武将，历仕孙坚、孙策、孙权三任君主，一生东征西战，功勋卓著。因在东吴诸将中年岁最长，被人们尊称为“程公”。父名程奢，世居右北平土垠（今河北唐山市丰润区东）。

东汉末年，北方发生动乱，程氏阖族流徙中原，程奢在刘表手下为官。青年程普，居洛阳为郡吏，与吴郡司马孙坚以义相结。中平年间（184—189），随孙坚在河南南阳一带镇压黄巾军，又击破董卓军。初平三年（192），孙坚死，继续追随孙策经营江南，以功封吴郡都尉、丹阳都尉。一次，孙策攻祖郎被困，程普单骑救出重围，后封荡寇中郎将，领零陵太守。建安五年（200），孙策死，又辅佐孙权，征江夏，攻豫章，克乐安，并代太史慈备防海昏（今永修县）。建安十三年（208），赤壁大战前夕，任孙吴军右都督（周瑜为左都督），驻兵柴桑西隅（今瑞昌桂林桥一带）。十月，与周瑜各领兵一万，联合刘备，会战赤壁，大破曹军，后授裨将军，领江夏太守。待刘备占据荆州，程普仍回师柴桑，驻军赤乌镇（今瑞昌），后卒于军营，葬于驻军所在地桂林桥。

西晋永兴元年（305），程普孙程升（字桂林）任瑞昌牧，落籍瑞昌，子孙遂为桂林程氏。程升卒，葬程普墓右。南宋淳熙年间（1174—1189），程氏在洛阳的一支后裔、理学家程颐的重孙程幼学为瑞昌令，获悉程普墓已荒废，即行修理，新立墓碑，署“大汉荡寇将军亭侯程公普墓”，另建祠以祀。该墓葬位处河洲草坪，屡遭洪水冲没，明万历四十五年（1617）、清咸丰五年（1855），曾两次重修，复被毁。中华人民共和国成立后，该墓一度难寻踪迹，后查阅南宋绍定壬辰年（1232）程氏家谱，才确认其墓址。

名人墓名录

陈伯宣墓 该墓位于瑞昌市码头镇北岭村雷家坝眠儿洼。陈伯宣，生卒年不详，唐宜都王陈叔明之后，陈灌之子。其生于福建仙游，隐居庐山，注司马迁《史记》行于世，诏征不起，领著作郎，为江州义门陈始祖。

周勍墓 该墓位于瑞昌市南义镇幸福村东南方向910米处大泉山小泉垄伏虎地。周勍，生卒年不详，唐天祐元年（904），为江州军总管，升任御史中丞领尚书事。时群雄割据，因周勍镇守，无人敢窥江淮尺地。

黄绣球墓 该墓位于瑞昌市高丰镇铺头村港南方向900米处，地名大坟林。墓前置石碑三方，系清乾隆三十八年（1753）重立。黄绣球，生卒年不详，讳鉴，字大节，北宋黄庭坚后代。官至端明殿学士。其子黄满任溢浦令，居瑞昌水陆畈，为瑞昌黄氏始祖。

温仿桥墓 该墓位于瑞昌市横港镇繁荣村尖山温村屋场后山，1970年修建纪念碑，2014年扩建。温仿桥（1901—1930），革命烈士，瑞昌市横港镇尖山温村人，1926年加入中国共产党，曾任中共临时瑞昌县委委员、横港农民协会会长，1930年因叛徒告密被捕遇害。

胡子良墓 该墓位于瑞昌市高丰镇乐丰村磨塘胡村祠堂以北，2014年由磨塘胡村北1里路的石山下迁至此并重新建立纪念碑。胡子良（1902—1930），革命烈士，瑞昌市高丰镇乐丰村磨塘胡人。1928年加入中国共产党，曾任区委委员、农协会会长、游击队队长，1930年在瑞昌县城被敌杀害。

都 昌 县

宋抗金名将刘锜六世祖刘彦诚墓

宋抗金名将刘锜六世祖刘彦诚墓位于都昌县鸣山乡七里桥村。刘彦诚为北宋开国元勋，散骑常侍，光禄大夫，殁谥武忠，其六世孙就是与岳飞齐名的宋朝抗金名将刘锜。刘彦诚逝后赐葬于都昌县黄金乡二十都留先桥杏花园木瓜墩，立武忠公陵园。由于朝代更换，陵园荡然无存。1997年在原址重修陵园，占地360平方米。

刘锜（1098—1162），字信叔，宋南康军都昌县留志桥排门（今鸣山七里桥）人，自幼随父寓居秦州成纪（今甘肃天水市）、德顺军（今甘肃静宁县）等地。南宋抗金将领。在伐夏抗金的过程中屡立功勋，官至太尉、威武军节度使。刘锜死后，朝廷赐谥号“武穆”（一说谥号“武忠”）。宋孝宗追封其为吴王，加太子太保。民间尊其为神。

南宋政治家、教育家江万里墓

南宋政治家、教育家江万里墓位于都昌县土塘镇港东白石山西麓，坐东朝西。墓地为“飞鹅贴壁”形，周围成圈椅背形，直径约8米。墓前有半圆形平坦地坪，视野开阔。墓原用紫砖石砌成，早年被破坏，墓内石廓尚存。该墓为县级文物保护单位。

江万里墓

江万里（1198—1275），字子远，号古心，宋宁宗庆元四年（1198）生于南康军都昌县林塘村（今阳峰乡府前江家），南宋著名爱国丞相、民族英雄，南宋末年士林和文坛领袖，13世纪著名的政治家和教育家。与弟江万载、江万顷并称为江氏“三古”或江氏“三昆玉”。祖父江璘，教授乡里；父江烨，理宗时登进士第，官至大理司帅参。江万里幼从父学《易经》，稍长，受业白鹿洞，游学东湖书院，后又入太学上舍。宝庆二年（1226）登进士第，策论《郭子仪单骑见虏》表露出对郭子仪爱国情操的仰慕之情。宝庆六年（1230）以舍选出身，任池州教授。嘉熙四年（1240），出知吉州军兼提举江西常平茶盐。

淳祐元年（1241），于吉州州治庐陵县（今吉安县）创办白鹭洲书院，自为诸生讲授。第二年迁直秘阁、江西转运判官兼知隆兴府。任内，又亲创宗濂精舍，委知南安军林寿公于大庾创道源书院等两学府。因办学成绩卓著，不久迁考功郎官兼直秘阁，先后主持建康府崇禧观、绍兴府千秋鸿禧观。未几，又迁驾部郎官、尚右侍讲。淳祐五年（1245）三月，与理宗谈论诸事得失，曾说：“君子只知有是非，不知有利害。”十一月，上书弹劾林光迁等依权附势之徒。十二月，不顾主降派反对，苦劝理宗启用主战派将领赵葵主持兵事、陈炜主理财政，使主战派一度得以执掌朝政。淳祐六年（1246），他升迁监察御史兼侍讲，未几又升右正言、殿中侍御史。于是，更遭到主降派的妒忌和仇恨。次年二月，主降派借其母病故未能及时到家送终诽谤江万里，进谗言使其遭受酷罚，坐废八年，闲居同野（今都昌县土塘乡西）。

宝祐三年（1255），因陆德兴为其辩白，江万里复出为福州路转运使加资政殿学士。开庆元年（1259）十月，贾似道入相，万里同时入朝兼国子监祭酒、侍读。景定元年（1260），迁刑部侍郎，不久又升吏部尚书。次年八月，进迁端明殿学士、同签书枢密院事兼太子宾客。此时他已六十有余，刚正之性无改。贾似道自为理宗重用后，在朝中擅权，他在贾幕下最久，却临事不能无言，贾似道对其有厌恶。十二月，贾似道借光纯父弹劾，罢贬江万里为提举临安府洞霄宫。景定四年（1263），他才以原职出知建宁府兼权福建路转运使。十一月，度宗即位，诏求直言善谏之士。江万里得以从福建返回临安。

咸淳元年（1265）二月，受命知枢密院事。闰五月，进任参知政事。因贾似道专权，结党营私，奢侈腐化，江万里不能奈何，便奏请归田，皇帝不同意。其后，江万里与贾似道多次因政见相左，而被贾似道记恨。江万里不得已多次求退。历经湖南安抚使兼知潭州，知太平州兼提领江淮茶盐、江东转运使、湖南安抚使、参知政事，封南康郡公、左丞相兼枢密使等。咸淳九年（1273）四月，江万里奉旨再度出任湖南安抚大使兼知潭州。此时，白鹭洲书院门人文天祥任湖南提刑。同年夏天，文天祥去潭州拜会江万里，万里对其慨然道：“吾老矣，观天时人事当有变。吾阅人多矣，世道之责，其在君乎，君其勉之！”咸淳十年（1274）正月，江万里以年迈多病辞去湖南安状使，依旧以大学士提举洞霄宫。是年，元兵大举侵宋。江万里观大势已去，退居饶州芝山，凿池芝山后圃，名曰“止水”，表示将以身殉国。德祐元年（1275）二月，饶州被元军攻破，州守唐震殉难，通判万道同投降。江万里从容坐守以为民望，等元军到府邸，他才拉着门人陈伟器的手与之诀别，哭道：“大势不可支，余虽不在位，当与国为存亡。”言毕，偕子江镐及左右相继从容投水自戕，一时尸积如叠。

张世杰（南宋抗元将领）收复饶州后，得知此事，奏报朝廷。朝野震动，宋恭帝赠江万里太傅，谥国公，加赠太师，谥文忠，并辍视朝两日以示哀悼。文天祥祭文：“星折台衡地，斯文去矣休，湖光与天远，屈注沧江流。”

朱子门人——宋兵部尚书曹彦约墓

朱子门人——宋兵部尚书曹彦约墓位于都昌县蔡岭镇北炎村委会牌垅村龟山。墓冢坐东朝西，封土高约1.5米，宽约1.6米，占地约10平方米。2005年，该墓遭盗，因封土坚固，幸免于难。2008年，其族人重修该墓。

曹彦约（1157—1228），字简甫，号昌谷，都昌县蔡岭镇衙前村人。曹彦约是南宋时期著名的政治家、教育家、军事家。南宋淳熙八年（1181）进士，曾跟随朱熹讲学，为朱子门人。历任建平（今安徽郎溪）县尉，桂平军（今湖南桂阳）录事参军、司法参军，知乐平县，江西安抚司京湖宣抚司主管机宜文字，权知汉阳军事。开禧年间（1205—1207），金兵“重兵围安陆，游骑闯汉川”。而郡兵寡弱，形势危急。曹彦约登高一呼，积极组织地方武装，招募乡勇，加强水陆防御，制订周密作战计划。他先派赵观迎战金兵，在渔民的大力配合下，“斩其先锋，焚其战舰”，接着又遣党仲升偷袭金营，杀敌千余，老百姓得以安居。曹彦约也因救援安陆，大败金兵而升任汉阳知军。“开禧北伐”失败后，史弥远等主张与金议和，遭曹彦约坚决反对。但因孤掌难鸣，朝廷还是与金签订了《嘉定合约》。

嘉定二年（1209），曹彦约升为湖南转运判官，后改利州（今四川广元）转运判官兼知州。当时正值饥荒，粮食奇缺，饿殍遍地。他果断采取降价卖粮、减少徭役、加强通商、减免税赋等措施救灾，老百姓才得以生存。针对当时四川边境各司并列、兵权不一、互相推诿、不堪防卫的状况，曹彦约作《病夫议》上奏，历数各种弊端，痛陈医治良策。主张用人“求一贤者而尽付之兵权”，让其有施展空间，而不是相互掣肘。对军队和民勇，要进行整顿和训练，要正本固源。不久，曹彦约受命回江西，任安抚使兼知隆兴府（今南昌）。

宋理宗即位，曹彦约被提为兵部侍郎兼国史院修撰，不久迁礼部侍郎，宝谟阁学士兼侍读。理宗预授其兵部尚书，他以年高力辞，于是改宝章阁学士，知常德府。其时，国事日非，奸佞当道，曹彦约多次上书，“劝上讲学，防近习”“倚忠直如耆龟，去邪佞若蟊贼”。应该“谨定省以为长乐，开王社以笃天伦，孝友之行，宜足以取信于天下”。其言辞耿直激烈，不避嫌疑。庆元元年至三年（1195—1197），曹彦约常侍讲筵，以太祖、太宗、真宗三朝事迹为宝训，反复阐明，竭诚开导辅佐君王。他将所讲内容辑为《经幄管见》一书，共4卷，被收入《四库全书》史部史评类。曹彦约还有文学著作《昌谷集》22卷，收入《四库全书》集部别集类。还有著作《昌谷类稿》60卷，《舆地纲目》15卷，《星凤楼法贴》等。

曹彦约历官孝宗、光宗、宁宗、理宗四朝。历官户部侍郎、礼部侍郎、兵部侍郎、兵部尚书、大华阁大学士、赠少保。任上政绩显著，体恤民情，学问渊博，敢于直言，多谋善断。大凡政治、经济、军事、教育均有涉猎。《宋史》称他："可与建立事功。"

宋末元初理学家、教育家陈澔墓

宋末元初理学家、教育家陈澔墓位于都昌县蔡岭镇北炎村委会洞门村平岗山下（旧称跑马场），跃进水库西坝头。墓坐西北朝东南。墓冢呈覆斗状，封土高1米，宽2.8米，长6米，占地约12平方米。原有同治六年（1867）重立的墓碑，但已被村民拔走。2006年其族人重立墓碑。

陈澔墓石柱

陈澔（1260—1341），字可大，号云住，又号北山，世称经归先生，意为倡导"礼"经学的回归。都昌县清化乡马坡村（今蔡岭镇洞门洪家舍）人，宋末元初著名理学家、教育家。陈澔出生于"礼"学研究世家，祖辈世代注疏经书。祖父为淳祐四年（1224）进士，主要从事"礼"的研究；父亲为一代名儒，著有《尚书集传会通》，对"礼"有独到研究。父祖两代均好"礼"，这对其一生从事"礼"的研究有很大影响。陈澔则是著名理学家朱熹的第四代嫡传弟子（黄干—饶鲁—陈大猷—陈澔）。幼从父学，不求闻达，独治经术。南宋灭亡，元朝初创时，二十岁出头的他正是大有作为之际。元朝官员听说他满腹经纶，曾多次请他出山做官。他都婉拒了，一直隐居在都昌县城南山西北方向的无花山下，潜心习经。他从南宋亡国之中得出结论，认为"前圣继天立极之道，莫大于礼；后圣垂世立教之书，莫先于礼"，遂于教学之余，潜心注述《礼记集说》，并力求"以坦明之说，使初学读之即了其义"。元至治二年（1322），书成后，即为后世学子所推崇。从明朝永乐皇帝朱棣至清朝末期，陈澔所著《礼记集说》是明清两代学校、书院之御定标准教材和科举取士的必备范本。元至顺年间（1330—1332），晚年陈澔在无花山下创办云住书院，教授弟子，传播他的理学思想。还曾应郡守董某相请，在白鹿洞书院主讲两年，不少名门俊彦慕名就学，一时间书院学风大盛。元至正元年（1341），陈澔在家中去世，享年八十一岁。陈澔有5个儿子，三子师凯也是理学名家，著有《纂述书经蔡傅旁通》行世。为纪念陈澔在我国教育史上所作的贡献，明天顺年间（1457—1464），太常寺少卿兼侍讲刘定之奏请将陈澔从祀于先圣庙庭。明孝宗十七年（1504），江西巡抚、都御史张本，提举副使邵宝奏准其从祀白鹿洞书院宗儒祠，清代又从祠白鹿洞书院紫阳祠。清雍正二年（1724），诏命从祀孔庙，为先儒。在家乡都昌，明弘治十四年（1501），奏准修专祠（先贤祠）祭祀，颁祭品，祝文旌表。

2012年，陈澔后代在新一中开学前立陈澔石像。

明抗清英雄余应桂衣冠冢

明抗清英雄余应桂衣冠冢位于都昌县城西南约3千米的万茅山，面向南昌方向，距鄱阳湖100米。墓堆成圆形，高1.5米，直径3米，为衣冠冢。

余应桂像

余应桂（1585—1648），字孟玉，号二矶，都昌县春桥乡余二矶湾人，明万历四十三年（1615）中举，万历四十七年（1619）登进士榜，授浙江省武康县知县。

万历四十八年（1620）被吏部选任为武康（今浙江德清县）知县。在武康县任职半年（因父亡，余应桂遵制丁忧），离任时囊无长物，两袖清风，扶柩返乡。明熹宗天启三年（1623），余应桂刚为父服丧期满，母亲又因病辞世，他又在家为母服丧，前后近五年。天启六年（1626），余应桂丁忧期满，出任龙岩（今福建龙岩县）县令。明思宗崇祯元年正月（1628），工部给事中颜继祖（福建人）赞其“一清如水，慷慨任事”“区区岩邑不足尽其掀揭之才，宜调补海澄”，对他极力推荐。不久余应桂调任海澄知县。海澄县临靠大海，海寇猖獗，境内常遭烧杀抢掠，民不聊生，井邑萧条。余应桂到任后，把防御和消灭海寇作为一件大事来抓，三年修筑铳城二座，腰墙三里许，同时募兵、练兵，计谋杀敌，终于擒斩寇首李魁奇等，海犯基本平息。

崇祯四年（1631），因政绩突出，征授陕西道监察御史。余应桂的第一篇奏疏《条陈边务疏》，对布置用兵和用人选将提出了自己独特的见解。他还多次上疏弹劾周延儒、孙元化、杨鹤等贪鄙误国、罔上行私。全疏言辞激烈，满朝震动。当时，皇帝正信赖周延儒，余应桂反而受到斥责。不久，孙元化守登州失败被俘。余应桂又以孙元化贻祸封疆，皆周延儒庇护所致，再上奏疏弹劾。皇帝大怒，将其连降三级。余应桂只好以养病为由辞官归故里。

崇祯七年（1634），余应桂复出，巡按湖广（今湖北、湖南）。他到任后，筹集十余万两白银，招募壮士，勤加练兵，修筑城墙，修缮兵器，使反贼不敢来犯。皇帝嘉许，让其再巡按一年，他又筹资一万五千两白银，缓解卢象升抚治郧阳（湖北郧县）的军需，并上报朝廷。皇帝知悉原湖广巡抚王梦尹欺上瞒下，当面说余应桂忠诚。第二年，皇帝提拔余应桂任右佥都御史以代王梦尹巡抚之职。

崇祯十六年（1643），余应桂任免兵部左侍郎，主持总督陕西军务。当时，李自成已占据陕西、山西、河南的大部分地方，余应桂赴任无地。清顺治五年（1648）春正月，原左良玉部将金声桓、王得仁在江西反清复明。余应桂遂集石光龙旧部三千余众，练为水师，阻断鄱湖，响应金、王二人。四月，清固山额真谭泰率领的征南部队至赣北，九江、湖口、南康等地又被清军占领。星子生员吴江自称明巡抚，举兵与清军战于落星湖，余应桂从都昌率兵出援，因风势不利而大败。余应桂又拿出全部家资招募溃卒和征集兵员，礼聘德化帅师和孙明卿二人为中军，拥兵二千扼守都昌县城，声势复振。吴江则率残部退驻都昌县西南望仙等处，与余应桂互为犄角。八月，吴江军营兵变，清军谭泰派兵突袭都昌。余应桂死守，发炮石拒之，清军死伤惨重。但终因双方力量悬殊，加上城内邵传宋哗变降敌，是年十一月十五日，都昌县城失陷，余应桂被俘，与子余显临、中军帅师同关押于南昌谭泰营中。十二月二十二日被磔杀于南昌。

明初大将于光墓

明初大将于光墓位于都昌县狮山乡斗山村委会上坟峦，墓高1.5米，直径5米，原系青石堆砌而成，碑石正中刻有“明故怀远大将军之墓”，两边阴刻为“洪武四年三月上巳征戍将军怀远为南康府都昌县人，葬旧故里神岭之东”。该墓为县级重点文物保护单位。1990年重修。

于光墓

于光（1327—1369），字大用，号音修，狮山乡西边山村人，明朝将领。于光幼读诗书，深明大义，少怀大志。在其父亲影响下，他“勤习武，略明孙吴兵法”。元末，各地农民起义风起云涌，战火连年，民不聊生。饶州浮梁农民拥戴于光举旗反元，很快占据了浮梁县城。红巾军在湖北起义后，占领了武昌、九江等长江中游地区。于光率部归附红巾军，受封浮梁院判。元至正二十年（1360），陈友谅杀害红巾军首领徐寿辉，自立为王，引起徐旧部的不满。七月，于光与左丞余椿率部起兵饶州，把所辖领地全部归附朱元璋。朱元璋待于光甚厚，授为枢密院判。于光率部先后取得生擒张士诚和挫败陈友谅的辉煌战绩。几年来，战鄱阳，冲安庆，征九江，平浙西，降武昌，灭陈友谅军，又北上战山东，取汴梁，克陕洛，下潼关。并辅佐都督郭兴大败左丞李思齐部，为明朝的建立立下赫赫战功。明洪武元年（1368），于光奉命镇守西北战略要地巩昌（在今甘肃省）。当时，元河南王扩廓帖木儿率部屡犯边境，均被于光击退。洪武二年（1369）十一月，扩廓探得明大军将至，遂改围袭重镇兰州，又遇兰州指挥使张温坚守。于光闻讯后，立即率部前往救援，不幸于马兰滩遭元军伏击，战败被俘。元军把于光带到兰州城下，让其劝降张温。于光却大呼："公等但坚守，徐将军大军旦夕至矣!"并被残忍地碎头断手。城内守军听于将军呼喊，士气高涨，紧守城池。

朝廷闻报，非常震惊。针对将军的忠勇舍生壮举，谥封为"怀远大将军"。遣官祭奠，优诏旌忠。命配享鸡笼山忠臣庙，并赐金头银手，凑成全躯，葬归故里。洪武三年（1370）三月十六日，敕葬狮山八都神岭（今狮山乡斗山村委会上坟峦）。

大港烈士陵园

大港烈士陵园位于都昌县大港镇大港街西南约700米外的王家佬山。1957年元月，县政府建此陵园，并在山顶建立一座纪念碑，纪念在国内革命战争时期牺牲的新四军驻都昌办事处主任、都湖鄱彭中心县委书记田英等11名先烈，陵园占地55平方米。从山脚公路到纪念碑有二十多级台阶直通，周围有1米多高的护碑墙，正中矗立着高4米、宽2米的纪念碑。碑的底部有高70多厘米的台基衬托，碑略成扁形，正前面有毛泽东手写体"人民英雄永垂不朽"八个浮雕大字。

田英（1909—1938），原名黄万生，又名黄水泉，乐平县镇桥乡坑口黄家村人。五岁时与母亲一道被其父卖与邻村胡水仂，更名为胡万生。在胡家读私塾四年，后辍学随继父外出做工。1927年8月，田英加入中国共产党。

1928年，奉组织派遣，田英在乐平鸣山煤矿工人中秘密开展革命活动。1930年3月，田英参加鸣山煤矿暴动，当选为煤矿工会负责人。5月，选为乐平县总工会常委。8月，当选为赣东北特区筹备委员会委员。11月，又当选为赣东北特区雇农总工会委员长，并随红十军转移到葛源。不久，国民党第五师血洗乐平，其母亲及继父均遭杀害。1931年5月，田英当选为赣东北特区总工会常委青工部长，11月，又当选为赣东北苏维埃政府执行委员兼劳动部副部长。1934年1月，田英作为闽浙赣省苏维埃代表团成员，去瑞金出席了全国苏维埃代表大会，并当选为中华苏维埃共和国中央执行委员会委员。

1934年4月，田英与省委委员柳真吾等一道奉命到赣北开辟新苏区，6月，新苏区向彭泽和安徽东至方向发展，中共赣北特委决定将彭泽县委扩建为彭（泽）、湖（口）、都（昌）、鄱（阳）、东（流）、至（德）、望（江）七县中心县委，田英为县委委员兼少共中心县委书记。当月中共皖赣分区委和彭泽中心县委均遭破坏，田英根据省委指示在都湖鄱彭边境的武山一带——都昌县大港望晓源组织力量，开展游击斗争，建立中共都湖鄱彭中心县委，任书记兼工农红军都湖鄱彭游击大队政委。至1935年底，游击区扩展到鄱阳黄龙港、谢家滩、石门街，彭泽上十岭、严家山、定山，湖口棠山、刘泗桥，都昌徐埠、汪墩、三汊港、土塘、大树、新妙、春桥，东至上下蔓，将彭泽浩山、湖口剑山、鄱阳黄金山、都昌武山与阳储山连成一片，纵横200余里，以武山为中心。

都湖鄱彭游击大队在与敌人的斗争中，锻炼、壮大了队伍，至1937年，已由原来的50多人发展至160余人，武器装备也从缴获中得到改善。

1937年12月，为了抗击日寇，根据中央分局和皖赣特委的指示，田英率领150余名游击队员开赴瑶里参加改编。部队改编为新四军一支队二团三营七连后，奉陈毅和特委指示，田英又转到地方工作，负责抗日救国宣传队，分别在祁门、休宁、至德、婺源、浮梁等县进行宣传、发动工作，动员了200多名青壮年到瑶里参军抗日。1938年1月，田英经陈毅和皖浙赣省委书记李步新的安排，返回都昌于大港设立了新四军驻都昌办事处，并任办事处主任，党内仍为都湖鄱澎中心县委书记，继续领导四县的抗日活动。

田英在都昌组织武装斗争数年，曾根据人民的要求，处决了一些为非作歹、鱼肉乡里的土豪劣绅和反革命分子。因此，国民党当局的顽固派对他恨之入骨，表面上碍于国共合作大局，对他予以承认，暗中却千方百计置他于死地。因田英在胡家曾名胡万生，参加革命后改称为黄万生，到赣北后才化名田英，国共合作文件备案时，他认为没有必要再用化名，就用真名胡万生备案，但人们仍习惯称他为田英，这就给国民党顽固派钻了空子，他们制造谎言，诬告田英部仍在地方打土豪，破坏国共合作，国民党省政府即复电称新四军查无田英其人，意即将其所部歼灭。

1938年4月4日，国民党都昌县常备自卫大队驻大港街第一分队队长冯观涛，接到都昌县常备自卫大队李运辉“围剿”留守处的密令。冯观涛为了稳住田英，对田英比以前更亲热，当晚与田英形影不离。李运辉和湖口第三区长张旭辉率区分队，加上大港一个分队共300余人，相约连夜突袭新四军都昌办事处，分三层实施包围仅有7人的办事处。5日晨，伙夫郑玉太开门挑水，即被埋伏的自卫队捉去。发现敌情后，邵荣兴持枪冲出来，又被敌人开枪射杀。田英一听有动静，迅疾开枪把李运辉的传令兵打伤。这些当兵的都知道田英的枪法厉害，不敢冲进去。战斗持续两个多小时，僵持不下。田英等留守处人员在子弹打光后被俘。田英等6人被押送到敌一分队的碉堡里，李运辉当即将郑玉太、丁大倪、刘国均3人枪杀。6日，李运辉得知爱国民主人士李幼农将出面保释田英，于是抢在李幼农赶到之前，将田英、苏远全、陈光林押往大港后面的狮子山脚下杀害。临刑前，田英面对李运辉的枪口怒斥道："我死在火线上就服，死在你这狗骨头手里我就不服!"田英说完后身中数弹，壮烈牺牲，时年二十九岁。这伙刽子手为掩饰罪行，竟在上报文件上把杀害田英的时间改动，谎称是"剿匪"中打遭遇战杀死田英等人。田英等牺牲消息传到赣南新四军时，陈毅同志十分悲愤，说田英"往来于景德镇、都昌之间统战工作"，是"赣北鄱阳、湖口、彭泽、都昌一带的领袖"。中共中央机关报《新华日报》先后发出消息和社论，对国民党政府蓄意制造借口，破坏国共合作的行径表示严正的抗议。

名人墓名录

彭梅坡夫妇墓 该墓位于都昌县春桥乡十方村村委会。宋代墓葬，并列有墓冢2座，为彭梅坡与夫人陈氏之墓。墓坐西南朝东北，两块墓碑均为清乾隆三十七年（1772）重立，碑高1.2米，宽0.8米，石质为青石。墓碑正中刻"宋吏部尚书理学彭梅坡公墓"，其夫人墓碑刻有"宋赠一品夫人彭府陈氏墓"。封土堆均宽2米，长4米，厚1米。占地面积20平方米。彭蠡（1145—1200），字师范，号梅坡，曾任宋吏部尚书。朱熹知南康军时，彭蠡常慕名从游朱熹身侧。朱熹在白鹿洞书院建成后，聘彭蠡为经谕。二人结下了深厚的情谊。彭蠡与黄灏、冯椅、曹彦约并称为"朱门四友"。

伍知章墓 该墓位于都昌县北山乡芙蓉村委会伍家湾自然村。宋代墓葬，坐东朝西，碑高1.2米，墓后处有光绪三十二年（1906）立的基碑。墓长6米，宽6米，占地面积约36平方米。墓为火山石堆成，立碑"奉旨御葬宋故显祖翰林院侍讲伍公讳知章号敬堂老大人之墓"。伍知章（1073—？），都昌人，三十六岁考取进士，后被皇帝钦点为翰林院侍讲，曾教过太子。死后，皇帝念其教诲太子有功，敕赐御葬。

刘彦诚夫人墓 该墓位于都昌县鸣山乡七里村委会老君山自然村。宋代墓葬，为北宋彬国夫人刘姓始祖赵老太君之墓。坐西南朝东北，墓堆高1.7米，长5米，宽4米。占地面积20平方米。墓堆原为青石砌成，后被破坏。1999年刘氏后裔重修该墓，将封土堆用混凝土封存。赵老太君为刘彦诚夫人，刘彦诚为北宋开国元勋、散骑常侍、光禄大夫，殁谥武忠。

湖　口　县

湖口周姓始祖周念七夫妇合葬墓

湖口周姓始祖周念七夫妇合葬墓位于湖口县大垅乡花尖山下周胜田铺自然村西150米处的竹箕峦。花尖山为湖口八景之一，位于大垅集镇南面2.5千米处，东与彭泽县朱家山相接，西南与张青乡程山相连。东西走向，长4千米。主峰海拔378米，属武山余脉。同治版《湖口县志》记载："花尖山名丫髻峰，秀若芙蓉。"

周念七夫妇合葬墓

原墓毁于元至正壬辰（1352）之兵乱，数经修葺，最后一次修葺为2005年。墓坐西南朝东北，宽6米，深11米，占地面积66平方米。墓碑为花岗岩质，宽1.1米，高2.02米；通高3米，通宽3.6米；土冢长5米。碑文为"乌兔周氏第一开基显祖念七公赵氏孺人夫妇合葬墓"。两边配有对联"遇乌兔长居知制诰文事先圣，卜青山永息递传福德裕后昆"。左、右副碑分别为墓主传略和重修祖墓记略。

周念七（900—983），名礼，号达庵，安徽舒城人，三国东吴都督周瑜三十世孙，为湖口周姓始祖。后唐天成二年（927）博学宏词科进士，官翰林掌制诰，与潞王李从珂、驸马石敬瑭同事后唐明宗李嗣源。潞王与驸马交恶，周念七屡谏潞王不听，遂挂冠回乡。李从珂逼反石敬瑭，石敬瑭篡位后成立后晋。石敬瑭心腹大臣桑维翰推荐周念七入朝为官，周念七决意不就。彼时正处于五代十国之期，时局动荡，战事纷纭。后周与南唐在安徽交战，舒城处战场之中，民不聊生。后周显德三年（956），周念七率八子举家南迁。遇风水大师陈抟指点，遇乌兔则可安家。渡江南下至江西湖口大垅花尖山，果然看见一只乌兔自林间跃出。环视其地，景美而土肥，于是筑庐而居，垦荒种地，繁衍生息。

周念七定居湖口后，所率八子中，七人远迁无考，唯幼子周简随父居湖口。周简后裔不下十万之众，县内就达2.7万多人，为湖口第一大姓氏。迁都昌和安徽宿松两地各2万多人，还有远迁陕西、湖北、河南的。每年清明，来祭拜周念七的各地后裔络绎不绝，日高峰达2000多人。湖口自南唐设县以来，有记载的进士62人，其中周念七后裔10人。较著名的有周简，宋世宗时吏部尚书；周玙，宋真宗时殿干；周汝逵，明神宗时国子监助教、金华知府；周池，清世宗时翰林院编修，参与《四库全书》的编辑；周仁栋，清高宗时刑部陕西司主事；周厚辕，清高宗翰林院编修、上书房行走、监察御史；周仲墀，清仁宗时翰林院检讨、绍兴知府。

清末维新派大臣吴庭芝墓

清末维新派大臣吴庭芝墓位于湖口县城山镇南湖村叶家滩自然村东大凸山，南北港水产场有水泥公路直达叶家滩。原墓早期被盗，被破坏。1987年，其后裔重新立碑修墓。墓坐东朝西，高1.5，宽2.3米，长5米，占地面积11.5平方米。墓碑高0.83米，宽0.53米。祭祀台长1.1米，宽2.3米。墓碑为石灰岩质，碑边用砖砌成三角状，外抹水泥。

吴庭芝墓

吴庭芝（1855—1917），字重卿，号先梅，文桥乡二甲吴湾人。七岁入学，天资聪明，过目成诵，十三岁便能诗善对，人称神童。因家境贫寒，父亲让他辍学学篾工。私塾老师闻讯大惊，免费让他继续读书。十八岁时，他以第一名成绩考取县学。又受资助入白鹿洞书院深造。二十四岁时参加府试，为超等补廪秀才。三十岁时成为拔贡。三十一岁时朝考一等第三名，被钦点七品小京官，担任湖广司修补刑部主事。吴庭芝继续参加了光绪十七年（1891）顺天乡试中举，光绪二十年（1894）会试后取贡士、殿试二甲第六名，被赐进士出身、翰林院庶吉士、编修、国史馆协修。同年，光绪皇帝出于维新变革之需，派了一批学子出使日本，进行考察，吴庭芝即在内。戊戌变法失败后，是庭芝仕途受到影响。光绪二十九年（1903）调河北广平府任知府兼永年县知县。同年，因父亲逝世丁忧回籍，再未入仕。由于吴庭芝人品、学识名噪一方，又是白鹿洞书院毕业的高才生，当时书院掌事者在得知他辞官归来的消息，立即聘其为教师。他欣然应诺，回书院执教。吴庭芝以渊博的学识、严谨的教学，培养了一批出类拔萃的学生，如高肇琨、高巨轮、李郁荪等都成为国家人才。

吴庭芝为官勤勉、清廉，任广平知府时，审积案，兴学校，劝农耕。回乡时，仅书数十卷，别无长物。《吴庭芝墓表》中叹曰："呜呼，清之晚季，贪墨横行。若先生者，守令中一人而已！"吴庭芝精于诗文，尤擅书法。出使日本期间，索书法者甚众。其书法作品多散落于日本及国内民间。

"汉阳造"步枪之父——余庆鳌墓

"汉阳造"步枪之父——余庆鳌墓位于湖口县舜德乡屏峰村余爱峰湾自然村西北1.5千米西垅涧中山坡上。墓坐东北朝西南，长5.6米，宽5.2米，占地面积29.12平方米。碑高1.44米，宽1.2米，阴刻"故显考余公讳序琳字步升老大人之墓"。墓碑及碑框用石灰岩制成，碑框有浮雕图案，盖帽雕刻守墓官两个。两边对联为"三星罗水口，五曜护龙身"。墓四周砖砌粉水泥，外围用砖做成保护带，后中部有墓志，墓前有1.6米宽拜台和十级台阶。墓后有三棵樟树，墓前500米处即鄱阳湖。

余庆鳌墓

余庆鳌（1867—1925），又名序琳，字步升，湖口县舜德乡余爱峰湾自然村人。清末民初枪炮制造专家，被誉为"中国半自动步枪第一人"，是"汉阳造"步枪之父。余庆鳌自幼聪颖、灵敏。父亲余宏智在南京做木匠时将他带在身边，在他七岁时送入小学读书。毕业后又送他入金陵机器房学习机械绘图。其间他以学子身份被机器房推举参与金陵远航货轮制造等工程的设计和建造。四年后，他学业有成，技术娴熟，名声大噪，各局厂争相延聘。当时正处在帝国列强坚船利炮横行中国之时。作为火药发明国，兵器远远落后于西方，饱受欺辱。余庆鳌痛心疾首，下决心研究枪、炮制造技术，且心得颇深。1891年，余庆鳌受聘于安徽督造枪炮，次年调往江宁制造局。不久，受台湾兵工厂之聘，担任"匠目"一职。当时，父亲余宏智认为台湾乃边陲之地，且需越江渡海，不同意他前往。他慨然叹道："国家存亡危急之秋，七尺男儿不思报国而惜身苟且，将贻笑后世。"在台湾督办军工的一年多时间里，他做了大量工作。1893年，他得到朝廷"五品顶戴"的嘉奖。同年，湖广总督张之洞在湖北汉阳创办兵工厂，报清廷选调余庆鳌到枪弹厂任总办。数年后，汉阳兵工厂生产出第一批"汉阳造"枪支和子弹，余庆鳌被誉为"汉阳造"步枪之父。后来，他又带领技术人员研制出射程和稳定性不输外国的军火。从此余庆鳌名声大噪，被誉为汉阳兵工厂的

“匠王”。张之洞表奏其功，朝廷再次下旨褒奖。辛亥革命后，汉阳兵工厂转入民国政府手中，余庆鳌继续领导该厂生产。1914年，余庆鳌奉民国政府委派赴德国学习，其间考察了英国、法国、俄国的军事工业。每参观完一个工厂，他回到住处就凭记忆把图纸画在衣服的底衬上，以此方法做了大量的笔记。旅欧四年，他受益匪浅，绘制了大量枪炮兵器草图。1917年5月，他拒绝德国的优厚待遇，学成后一心回国效力，任汉阳兵工厂枪炮科科长，授陆军步兵少将衔，创立了汉阳炮厂、炮架厂。余庆鳌与人合作，共同研制成功白朗宁1917式机枪。该机枪在1921年得到推广，进行批量生产，被称为“三十节重机枪”。因在汉阳兵工厂的卓越贡献，国民政府授予其五等文虎勋章，1923年，又获四等文虎勋章，同年升为汉阳兵工厂会办。

汉阳兵工厂

他毕生好学不倦，五十多岁仍学外语，练毛笔字。1925年5月12日，余庆鳌病逝于武汉。同一年，灵柩运回家乡湖口安葬，沿途军民摆案设祭，表达对这位爱国专家的敬仰和哀悼。

周赓年烈士墓

周赓年烈士墓位于湖口县大垅乡花尖村周垅畈自然村西50米处的祖坟山上，左、右两侧为其母亲和弟弟的墓。坟山前50米为大垅至张青公路，右侧为大垅至阳垅细屋王自然村公路。原墓年久失修，墓碑已风化。2002年，县民政局拨款重修。墓坐西北朝东南，宽1.7米，高2.1米，深3.5米，占地面积5.95平方米。墓碑高1.45米，宽0.8米，有花岗岩石框保护。

周赓年烈士墓

周赓年（1901—1930），又名时林、进丰、连安，湖口县大垅乡人。幼时读过私塾，湖口高等小学毕业后，赴沙河农业学校和湖北政治讲习所深造，曾在永丰县烟酒局任过半年局长。1925年，前往广州参加革命，投奔广州北伐军，任国民革命军第三军某排排长。1926年11月，随北伐军进入南昌，旋即回湖口从事农民运动。1927年8月，遭国民党当局通缉。他隐瞒身份，离乡参加国民革命军第十三军。此时，军权已被国民党右派掌握。1928年5月，他毅然离开军队，前往鄱阳县寻找中共党组织，并加入中国共产党。6月，到弋横苏区方志敏处接受军事训练。1929年秋，他受组织委派再次回湖口工作，建立革命武装，发起武装暴动。9月15日，他率领48人袭击都昌汪家墩靖卫队，缴获步枪11支。9月28日，赣东北第一游击大队在湖口城山密庙成立，周赓年担任大队长。这支革命武装转战湖口、都昌、彭泽、鄱阳一带，打土豪，分田地。11月18日，他发动数百饥民到湖口马影大地主王祖璧家开仓平粜。王祖璧极力阻止，并大骂“共匪抢粮”。饥民怒不可遏，当场打死王祖璧。第二天，靖卫团抓走3名群众。周赓年闻讯后，带领游击队伏击靖卫团，救出被抓群众，缴获步枪1支。

1930年2月，九江特务队将苏区湖口四甲吴村7名农民抓至马影桥。周赓年率队攻打马影桥，救出群众，自己却不幸腹部中弹。4月13日夜，他枪伤未愈，奉命率部攻打驻都昌徐家埠陆士郊部。他带头冲入敌营，抢出9支步枪。当他再次返回敌营时，不幸中枪身亡，时年二十九岁，他为革命献出了年轻的生命。其间，他得知父亲去世，因革命任务繁重，无法亲自奔丧，写了一副挽联托人送回去。因“白色恐怖”，挽联未送至家中，一直寄存在都昌石庚友家，直到1949年9月，才送到他儿子周政家中。

邹觉民烈士墓

邹觉民烈士纪念碑

邹觉民烈士墓位于湖口县城山镇东港社区邹吉斋湾自然村东北山埂上。墓坐北朝南，通高2.5米，通宽2.2米，长3.1米，坟冢高0.6米，占地面积7平方米。墓碑高0.78米，宽0.63米。

邹觉民（1889—1930），城山镇邹吉斋湾人。父亲邹纯泽秉公仗义，耿直豪爽并颇有威望，对他走上革命道路影响很大。他自幼聪慧，八岁入私塾，《幼学启蒙》《千家诗》《三字经》倒背如流。1906年湖口高等小学毕业后，考入九江中学堂。其间，受当时进步人士教师杨赓笙、王恒进步思想的启蒙，开始发表进步文章，投身革命活动。毕业后，校长罗大佺保荐他到九江沙河镇高等小学堂当校长。他积极参与革命活动，协助罗大佺办开化阅报社，创办“青年书社”。1921年秋，在九江南伟烈大学读书时，结识方志敏，共同组织马克思主义研究小组，从事革命活动。1926年7月，他在湖口智区秘密组织国民党区党部，任执行委员。10月，参与组建湖口县农民自卫军，并率农民自卫军配合北伐军攻克湖口县城。11月，任国民党湖口县临时党部工人部部长、县农民协会筹备处委员。1927年2月，他到湖口陈火坦一带发展农民协会会员1400多人，领导农民向土豪劣绅进行斗争。大革命失败后，遭国民党当局通缉搜捕，仍坚持从事革命活动。1928年6月，在李新汉的介绍下加入中国共产党。7月，当选为中共湖口区委委员。12月，出席在湖口召开的中共江西省第二次代表大会。第二年4月，依靠藏匿的部分枪支组建了赣东北第一游击大队，并当选为赣东北革命委员会委员。在邹觉民、周赓年、刘肩三等人的领导下，湖口苏区以横山为中心迅速发展起来。1930年3月，赣东北革命委员会改称湖口县革命委员会，邹觉民任财政委员。4月29日，中共湖口县委根据上级指示，举行了“湖口暴动”，一举攻占县城，打开监狱救出赣东北特委书记黄光等20多人。国民党急调武装对湖口进行联合“围剿”，反动团总扬言：“捉到邹觉民，有罪者将功折罪，无罪者赏大洋一百。”中共湖口县委被迫转入地下。6月，因叛徒出卖，邹觉民被捕。面对敌人的酷刑折磨，邹觉民坚贞不屈、大义凛然，并对反动派进行无情的揭露和痛斥。临刑前，他对妻子李长英说：“共产党有开花必有结果，再过二十年老子还是一条好汉！”7月27日，敌人在湖口江桥桥头残忍地砍下了邹觉民的头颅，挂在城门示众。他牺牲时年仅四十一岁。

名人墓名录

蔡孔易墓 该墓位于湖口县流芳乡沙港村蔡上燕窝湾自然村前150米。蔡孔易，生卒年不详，又名蔡均圆，清乾隆乙卯年（1795）进士，历任湖南宝庆新庆县、常德县、原州麻阳县、芷江知县。

柳敕墓 该墓位于柳德昭湾南40米古彭泽城址上。1996年由其后裔重修。柳敕（1074—1144），字公涣，宋王安石侄女婿，宋元符三年（1101）进士。任河南参军，湖口柳姓始祖。原籍玉山县蛇子港。辞官后乘舟归里途中，经湖口访彭泽旧治而卜居陶渊明故址。

梅鼎墓 该墓位于湖口县文桥乡高塘村杨细屋湾自然村西南100米处。墓坐东朝西，宽2米，长3.5米，占地面积7平方米。原碑1968年被毁，1990年后人重立新碑。碑高0.86米，宽0.4米。梅鼎（1201—1263），字维重，号云塘，湖北黄梅人，宋宝庆乙酉科进士，南安刺史，湖口梅姓始祖。

彭嘉炯墓 该墓位于湖口县流泗镇金山村金墩嘴柳家自然村东北20米金墩嘴山上。墓坐北朝南，占地面积2.55平方米。彭嘉炯（1808—1850），字克衍，号霁帆，湖口人。道光廿七年（1847）进士，官至内阁中书。其为官政绩卓著，处事公正，同治《湖口县志》有传。

屈伸墓 该墓位于湖口县舜德乡灰山村屈大房湾自然村东400米屈家祖坟山。墓坐南朝北，宽2.2米，长3.4米，占地面积7.48平方米。屈伸，生卒年不详，字子清，明丙戌进士，任广西道、交趾道监察御史，转升云南考议。

夏让一墓 该墓位于湖口县文桥乡文联村杨家墩湾自然村东500米夏重金山西北。碑高0.64米，宽0.42 米。夏让一，生卒年不详，夏重金湾人，湖口农民起义领袖。被陈友谅杀害，朱元璋封其为嘉义大夫。

张道墓 该墓位于湖口县张青乡青垅村张大屋湾自然村后西北30米处。张道（1523—1581），字以忠，别字性泉。为秀才时，受聘邑侯沈龙洲，与副使段孟贤同修《湖口县志》。嘉靖乙丑年中进士，授余姚令，政绩有声，后升任四川道监察御史。

周文聪墓 该墓位于湖口县舜德乡石岭村周仲仁湾自然村西60米竹峦嘴。周文聪（1839—1904），清朝诰授广威将军骑都尉。

刘爵夫妇合葬墓 该墓始葬湖口县张青乡青龙村酬山。清光绪年间（1875—1908），族人连碑迁葬马影镇东塘村柳家舍湾自然村东北面300米庐塘坂。刘爵，字添锡，宋代进士。历任江东观察使、工部尚书。

彭 泽 县

清末民族英雄高善继衣冠冢

清末民族英雄高善继衣冠冢位于彭泽县黄花镇虎厂坞高村东北1000米的长岭岗上，紧靠彭（泽）杨（梓）公路。高善继是甲午海战中的爱国英雄，尸沉海底，该墓葬是清光绪皇帝谕赐衣冠葬。墓周围原石栏、祭坛等建筑，在抗日战争中遭到日军毁坏。目前只存墓丘和碑石。其碑文横幅："谕赐祭葬"，碑文左右有庆亲王亲自撰写的对联："旗常特表牙山色，冠服长留幽冢香"，碑上刻有《清史》本传。该墓2006年被列为江西省第五批文物保护单位，是彭泽县重要的爱国主义教育基地。

高善继（1854—1894），字次浦，彭泽县黄花乡虎厂坞高村人。父亲高梯，字云浦，清政府徐海兵备道，清廉有政声。高善继少年时，随着父亲在所任职的地方拜师读书，博览经史，天性淳厚，深得老师和学友的厚爱和赞许。清光绪元年

（1875）,举乙亥科孝廉方正，朝考县职，任弋阳县训导，后任天津县教谕。光绪十四年（1888），中戊子科举人，保举五品衔知县。

高善继衣冠冢

光绪二十年（1894），日本借口朝鲜东学党之乱，派兵攻占朝鲜，单方面破坏光绪十一年（1885）中日签订的共管朝鲜的协定，严重威胁了我国的安全。高善继感到国家处在多事之秋，正是男儿挺身卫国之时，便去天津见李鸿章，自请投笔从戎，为国效命。当时，李鸿章秉承慈禧太后的懿旨，希望保全和局，对日本存在幻想。高善继因言语不和愤然辞去，又转投直隶通永镇总兵吴育仁幕下，被吴育仁留为仁字军营务处帮办。其后，朝鲜形势日趋紧张，李鸿章决定派仁字等军五营增援朝鲜。吴育仁派遣翼长（总兵之下，营官之上，相当于现在的团长）江自康带队赴朝。高善继见为国效力的时机已至，便“慷慨陈词，请赴前敌”。吴育仁为高善继的爱国热情所感动，命他同江自康共同带仁字军3个营赴朝鲜。

仁字军3个营分两批出发：第一批由江自康自带一营，分乘英小商轮“爱仁号”“飞鲸号”，先于7月21日启航。第二批由高善继与营官骆佩德、吴某带两营，乘英轮高升号于7月23日启航。7月25日上午9时左右，当“高升号”与另一同行的“操江号”驶至黄海牙山附近海面时，适遇日本“吉野”“浪速”“秋津洲”三舰与中国“济远号”迎面而来，操江管带（船上统兵官）王永发转航西逃，日舰“秋津洲号”尾随追击，王永发贪生怕死，悬白旗乞降。上午9时半，日舰“浪速号”直冲“高升号”，发出“下锚停驶”的信号，并放空炮两响，英国船长高惠悌（译音）立即遵行。浪速号驶近距高升号400多米处停下，将舰上所有大炮全露出来，用右舷炮对准“高升号”船腹，并挂出第二次信号——“原地不动！不然，承担一切后果”。这时，高善继异常镇静，鼓励将士说：“我辈自请杀敌而来，岂可贪生怕死，今日之事，有死而已！”骆、吴二营官也齐表决心：“公死，我等岂可独生！”此时情况愈益紧迫，“浪速号”又挂出第三次信号“立即斩断绳缆，或者起锚，随我前进”。将士们看到信号，愤怒万分，全船骚动。高善继凛然无畏，以仁字军帮带身份，奔向船长，提出严重抗议。因语言不通，临时由乘客德国人汉纳根（译音）上尉担任翻译，将中国官兵的决心告知高惠悌：“宁愿死！决不屈从日本人的命令，誓不投降！”往返交涉，历3个小时之久，以高善继为代表的中国官兵不怕威胁，勇对强敌，使日本方面妄图迫降的梦想归于幻灭。日本“浪速号”舰长东乡平八郎见诡计难施，招降被拒，决定对中国官兵狠下毒手。12时半，先向“高升号”发射鱼雷，继以6门右舷炮猛击，据东乡平八郎在日记中记载：“清兵有意与我为敌，决定进行炮击，破坏该船，经发射两次右舷炮后，该船后部开始倾斜，旋告沉没，共历时30分钟。”在此生死关头，高善继镇定自若，指挥官兵。仅凭手中步枪，英勇还击，即在“高升号”垂沉之际，依然视死如归，奋力搏斗，直到船身完全沉没。高善继与骆、吴二营官及千余官兵，除少数为外轮救起及凫水获救者外，全部壮烈牺牲。事后，清光绪帝谕赐祭葬，光绪二十一年（1895）追赠道衔，世袭罔替五品云骑尉，赐恤银并祭葬银两，入祀本籍府城昭忠祠，清史立传。忠骸没入海中，村民将他的衣冠葬于虎厂坞高村长岭岗（今彭泽县黄花镇亲民村），墓前石碑刻有殉国事迹，至今仍巍然屹立，供人凭吊景仰。

永　修　县

明大臣魏源墓

明大臣魏源墓位于永修县柘林镇易家河村。该墓为石构单室券棚式，墓前有石翁仲、石马和汉白玉神道碑。墓穴早年被盗，仅发现瓷烛台、瓷瓶和瓷碟等少量遗物。该墓“文化大革命”时曾被破坏，现仅存封土堆、石马等地面遗迹。《清代建昌府志》载有魏源事迹。20世纪五六十年代，江西省博物馆曾对该墓进行考古发掘，出土了一批影青瓷器。其中，豆青釉雕狮烛台于1966年出土，烛台为明正统年间制，通高23厘米，底径11.5厘米，现收藏于江西省博物馆。魏源墓对于考证魏源生平及明代殉葬制度具有重要价值。

魏源墓前石马

魏源（1382—1444），字文渊，号爱竹，明南康府建昌（今永修县）人。自幼勤学好问，喜读书。崇尚礼仪，才华出众，十三岁时便能赋诗作文。永乐三年（1405），魏源通过乡试，次年考中进士。因当时魏源年仅十五岁。皇帝考虑他年幼，专门下旨让他进士荣归，读书候用。历任福建、广西、贵州等地监察御史，浙江按察副使、陕西巡抚、刑部尚书、监察御史。魏源任监察御史时克己尽职，廉洁奉公，百姓称颂。时松江知府黄子威被诬陷，难以自白。后经魏源审理此案，详细查实后，定为冤案，给予洗冤；浙东沿海渔民困于渔税，魏源上疏朝廷，给予削减。

他出任陕西巡抚期间，正逢西安发生流行性传染病，需要救治的人很多，魏源督责官吏调集医生诊治，百姓得救者甚众。他专门上奏说：陕西各地方政府共有积存的粮食大概1900万石，足够支持十年，现在这里发生大的流行疫病，影响农民正常耕种，请求同意农民用大明宝钞来代替交纳夏、秋两税（明制：每年分夏、秋两次征收，夏税限6月纳清，秋税限11月纳清，故称“两税”。亦有一说因其分为户税、地税两项。大明宝钞为明代为缓解缺铜而发行的纸币，但是因为滥发，且质量极差，连明朝官方都不允许用来交税，成为变形的掠夺财富的手段）。朝廷批准，同意按魏源的上奏执行，此举挽救无数陕西灾民的性命。凉州当地少数民族准备叛乱，他马上采取措施应对，致使叛乱平息。为宦期间魏源两次遇到家中亲人去世，按当时的传统，魏源需辞职回家，但都因为公事繁重，难以离开而坚持职守。

魏源在刑部工作时间很长，他经手的案件，一般都非常宽厚，对于不合理的地方，经常调整。当时陕西佥事对他说，他在处罚武臣、一般犯人的时候，按现行规定，这样的人一般只发一半的生活费，并且要到最远的地方去谪边。魏源听了，觉得这样不好，专门上奏，把这个规定废除。郎中林厚提议禁止那些专门告刁状的讼师参与诉讼，提出严禁诬告、判官回避、定重罪讲证据、严禁用刑四条建议，魏源觉得好，对此大力支持。因为魏源的坚持，这些合理的措施得以实行。

正统二年（1437），魏源被朝廷任命去处理大同、宣府边镇防务事宜，被允许便宜行事。于是魏源派都督李谦、杨洪守卫独石，调万全卫指挥杜衡守卫广西。并向朝廷奏明治边五事。指挥杜衡怠慢军令，被魏源弹劾处死，将士肃然不敢稍懈。他从天成抵朔州，一路视察防务，凡险要地段均命诸将防守，并呈请朝廷建议增修、加固、加高开丰城池和龙门城池；自独石抵宣府之间，宜增置墩堠；开丰、龙门并力拒敌；凡各大城堡均应准备神铳火药，严阵以待。朝廷一律准奏，并嘉奖魏源治边有方。

正统八年（1443）二月，因多年劳累，魏源请求解职归养。明英宗下诏，赐钱钞3000贯，允许他退休回家，一年后病逝，终年六十二岁。明英宗闻讯，遣官赐祭，谥号文忠，并命有司治理丧事，葬甘泉黎家山之麓，距县城涂家埠40千米。吏部尚书泰和王直撰写《御葬神道碑记》。

云居山塔林

云居山塔林位于永修县云居山，为全国重点文物保护单位。有唐至现代僧塔近百座，广泛散布于云居山上、山下，分布面积300余平方千米，是全国佛教名山中保存名僧僧塔数量较多的一处。云居山塔林为中国僧塔建筑设计的一个典范，僧塔选址大多围绕真如寺，坐落在环境优雅的丛林中。采用坚硬的花岗石为材料，中部为墓塔，四周为栏杆或半封闭院墙，塔前有祭拜供台，整个塔由塔墓、塔身、宝盖顶构成。塔林总体布局合理，石雕工艺高超，图案精美细腻，历史、艺术、科学价值极高。经对所有墓塔勘察，现存历代名僧墓塔近百座，大多因风化或其他原因导致损坏，其中有40余座已经修复。塔墓大多集中于真如禅寺附近。已知的有颛愚塔、燕雷塔、道容塔、佩璋塔、心印塔、将军塔、朗耀塔、海灯塔、虚云塔、海会塔、悟源塔、一木塔、道膺塔、日本平山钝木和尚塔等。上方庵西南侧有10余座僧塔相聚而建，成一塔林。2000年经修葺，貌复原状，蔚为壮观。其中：将军塔又名心空塔，为纪念战国时楚将欧岌而建，全塔由花岗岩雕形砌就，严丝合缝，钩心斗角，堪称古建筑之珍；颛愚塔为明末颛愚伞居和尚的墓塔，高5米，宏大精巧，造型美观；虚云塔是为纪念近代高僧——原中国佛教协会名誉会长虚云而建，塔为全花岗岩石体建筑，分上、下两层，上层为虚云舍利安放处，下层密室则为安放佛教界高僧骨灰的殿堂。

云居山塔林

虚云和尚（1840—1959），俗姓萧，名古岩，字德清，湖南湘乡人，生于福建泉州。出身于地方官吏家庭，父为泉州幕府。

虚云从小随庶母素食，喜读佛书，日久萌生出家之念。十七岁时，父母逼其成婚。虚云不改向佛之心，十九岁时遂潜往福州鼓山涌泉寺师从常开法师，披剃出家。后依妙莲和尚受具足戒并受衣钵，为临济宗第四十三代法嗣。曾在鼓山隐居岩洞多年，冬夏一衲，常以野菜充饥。三十一岁离开鼓山云游，四处拜师学禅。为报父母养育之恩，用三年时间三步一拜地从普陀山一直拜到五台山。又曾从西藏到印度、斯里兰卡、缅甸朝礼佛迹。据说一次开水溅出，茶杯坠地，一声破碎，遂悟透禅关。

清光绪二十六年（1900），北上参禅，途经北京，适逢“庚子事变”，随清廷逃至陕西，途中结识许多王公大臣。第二年，他在西安终南山结茅潜修，自号虚云，别号幻游。

虚云塔

清朝末年，中国佛教渐趋衰落，各地丛林屡屡被毁。虚云遂立志重修庙宇，振兴佛教。光绪二十九年（1903），被邀至云南佛教圣地鸡足山迎祥寺任住持。他四处筹款，将该寺建成十方丛林。次年，又前往泰国、南洋群岛讲经募捐，迎请玉佛回寺供养，使迎祥寺名气大增。时值滇省兴办新政，遍提寺产。他遂于光绪三十二年（1906）赴京请愿，得权贵帮助，终获上谕："凡有大小寺院及一切僧众产业，一律由地方官保护。"

清廷颁赐《龙藏》及诸佛教用具予鸡足山，并敕迎祥寺为护国祝圣禅寺，赐虚云"佛慈洪法大师"称号，成为全国佛教界瞩目的人物。

民国二十三年（1934），应李汉魂邀请，前往曹溪主持重兴南华寺。得林森等资助，将破败不堪的六祖道场修葺一新，开佛学院招揽各地僧侣，且办义学收教贫民子弟，从学皈依者甚众。南华寺也再度成为四方僧众朝拜的胜地，宗风日盛，声名远扬。

抗日战争期间，他动员全寺僧众节约粮食，支援前线。民国三十年（1941），粤北饥荒，他捐赠20余万元赈济灾民，受到当局与民众好评。次年，应国民政府邀请，赴重庆主持"护国息灾法会"，所募资金皆用于修建寺庙。民国三十一年（1942），因见云门宗发源地——粤北乳源云门山大觉禅寺受战事破坏，残屋颓垣，有意重兴该寺，复振宗风。于是他移住云门，因地规划，兴建殿堂楼阁，新塑佛像，恢复云门道场。

中华人民共和国成立后，虚云应在京弟子所请，于1952年入京协商筹组中国佛教协会。恰逢北京市佛教界在广济寺举行祝愿世界和平法会，遂被邀出席主持。次年，中国佛教协会成立，虚云被推举为名誉会长。他号召全国佛教徒恪守戒律清规，自力更生，维护佛门，加强团结和学习，与大众一道走社会主义道路。

1953年6月来到江西庐山大林寺养病。数月后，虚云以百岁高龄主持真如寺的重建工作。不久，四方衲子近百人闻讯而至。次年，为弘扬百丈家风，虚云主持成立真如禅寺僧伽农场，将僧众分为农林与建筑两队。农林队开春即事开垦，辟出水田数十亩，旱地十余亩，当即下种，秋天收获稻谷数百担，旱地所种红薯也获丰收。建筑队挖土烧砖，具炉铸铁瓦，年内二层楼铁瓦砖木结构的藏经楼竣工。在此悬挂沩仰宗钟板，每日早晚上殿，坐香习禅。此后，真如寺僧众如法修持，农禅并重，种地栽禾，修建寺宇，年复一年，日继一日，到1957年，真如禅寺重建修复工程大体完成。1959年初，虚云自感身体日渐衰弱，应继安排有关事务，命香港大居士岑学吕重修出版《云居山志》，并亲自为之作序。1959年10月13日，圆寂于真如禅寺，世寿一百一十九岁，戒腊101年。

虚云曾当选为第二届全国政协委员。著有《虚云和尚法汇》和《虚云和尚法汇续编》传世。

德安县

北宋名臣夏竦墓

夏竦墓有两处：遗体葬于许州阳翟县三村乡，今河南省禹县；衣冠冢在德安县车桥镇小昆仑麒麟峰下夏竦故里对面，无碑志。民国知县吴宝炬《谒英国公夏竦衣冠墓》诗："前代勋名隔代知，英雄出处类如斯。功高何必文诔墓，万古不磨有口碑。"

夏竦（985—1051），字子乔，江西德安白水乡（今车桥镇）人。北宋名臣，古文字学家。宋真宗时，因父亲夏承皓战死，荫为润州丹阳县主簿，后历任光禄寺丞、台州通判、国史编修官、黄州知州、邓州知州、襄州知州。宋仁宗时，先知寿州、安州、洪州，后为枢密副使、参知政事、兵部侍郎、兵部尚书左丞、刑部尚书、户部尚书、陕西四路经略、宰相等职。仁宗皇祐三年（1051），夏竦奉命监修黄河堤决，亲自冒着大雨参加，因生病返回京城，不久病逝，赠太师中书令兼尚书令，赐谥号"文庄"。夏竦以文学起家，自经史、百家、阴阳、律历至佛老之书，无不通晓。朝廷大典策也多出自其手。他著文集百篇、《策论》13卷、《古文四声韵》5卷、《声韵图》1卷，其中，《文庄集》36卷等收录《四库全书》。他的事迹在《宋史》《江西省志》《九江府志》《德安县志》及秘书堂《夏氏宗谱·文庄公年谱》中均有记载。上海版《辞海》、台湾版《大辞典》均有"夏竦"词条。

革命烈士杨超墓

革命烈士杨超墓位于德安县宝塔乡木环梅桥村马家垅山腰处。1997年7月1日，德安县委、县政府重修杨超墓，立碑"革命烈士杨超之墓"。

杨超（1904—1927），祖籍河南省新县，幼年随父迁居德安木环垅孙家榨。他天资聪颖，喜好吟咏。八岁入学读书，先后就读于木环垅陈氏私塾和德安郭氏私立沈毅小学高等班。

1921年，杨超入南昌心远中学求学，与方志敏一起参加了江西最早的革命团体——改造社，并成为骨干分子。1923年4月，被学校开除学籍。其间，其父想让他继承全部家业，他极力反对家庭对他的束缚，写下《述怀》诗："莫教桑麻困后人，浮云富贵不如贫。男儿志在安天下，破旧河山再造新。"以此表达自己远大的志向和对革命事业的无限向往之情。为继续求学，杨超转入东南大学附中。10月，由宛希俨介绍加入中国社会主义青年团，进入南京地方团执行委员会。1924年，南京地方团组织改组地方执行委员会，杨超任出版委员、宣传委员等职。1925年，"五卅"运动爆发，他勇敢地站在斗争前列，结识了恽代英、萧楚女等共产党人，并加入了中国共产党。随后，他考入北京大学预科。在北京大学读书时，他一面参加工人、学生运动，一面利用寒暑假回家乡办"农民夜校"，成立"柴炭工会"，宣传和发动农民、工人革命投身大革命洪流，同贪官污吏和军阀作斗争。

杨超烈士墓墓碑

1926年7月9日，国民革命军北伐，杨超根据党的指示，离开北京大学回江西工作，出任中共江西地方委员会委员，专门从事革命工作。7月底，杨超召集在各地读书回乡过暑假的共产党员，在木环垅重新建立中共德安支部，杨超任支部书记。11月，北伐军再次攻克德安县城后，杨超在林伯渠的帮助下，成立德安县公署及国共两党县级组织——国民党德安县党部，任监察委员。1927年3月，召开中共德安县第一次代表大会，成立中共德安县委，杨超任书记。4月，蒋介石发动反革命政变，杨超根据省委指示，及时领导德安人民开展反蒋武装斗争。他组织的德安煤炭工人革命，在赣西北地区影响极大。7月21日，杨超出席中共江西省第一次代表大会，当选为省委委员。10月，杨超奉党组织之命到河南开展工作，参与组织领导革命斗争。12月，自武汉参加党的会议回赣时，于23日晚在九江招商码头被捕。

反革命分子见杨超在电刑和火烙下仍坚贞不屈，诱降、迫降都无希望。27日，将杨超枪杀于南昌德胜门外下沙窝。临刑前，杨超视死如归，高声朗诵："满天风雪满天愁，革命何须怕断头。留得子胥豪气在，三年归报楚王仇。"

名人墓名录

郑善果墓 该墓位于德安县葛洪山，距县城北22.5千米处，今德安县吴山乡境内。郑善果（569—629），郑州荥泽人，历任隋朝沂州刺史、鲁郡太守。到了唐朝，迁检校大理寺卿兼民部尚书，正身奉法，甚有善绩。历任礼部、刑部尚书。唐太宗贞观年间（627—649）初任岐州刺史，又改任江州刺史，在任中去世。

陈旺墓 该墓位于德安县太平乡永清村东皋岭山（今车桥镇义门陈村东边500米旺公山），今存清朝立碑，上刻“江州始祖唐赠晋国公陈旺之墓”。陈旺，生卒年不详，字天相，陈蕴圭之次子，随兄兼至江州。唐玄宗开元十九年（731），因兄升官别任，陈旺迁至九江郡浔阳县太平乡常乐里永清村（今德安县车桥镇义门陈村）,开基建庄，成了江州义门始祖。

周振墓 该墓位于德安县宝塔乡木环垄蔡家铺北面御史洼周家塘尾中山咀。墓前有明朝墓碑和石羊。周振，生卒年不详，字道兴，为《德安县志》创修人。原名黄振，因祖元善游学德安，入赘石桥黄氏家，从母姓。明永乐十三年（1415）中进士后复姓周，将黄振改为周振。任监察御史，按治河南、山东、四川、浙江、福建、直隶、太平诸郡。其间，体察民情，惩治贪墨，慨然有澄清之志。九年任期届满，升任广东佥事。多次上书谏言民情风化，受赐玺书奖赏。仕途任满，荣归故里，创修《德安县志》，于正统八年（1443）捐资付梓。他去世后，入乡贤祠。

共青城市

耀邦陵园

耀邦陵园位于共青城富华山顶，海拔高度42.7米，坐西朝东。1989年4月15日，中共中央总书记胡耀邦猝然辞世。1990年12月5日，胡耀邦的骨灰由家属以及时任中共中央办公厅主任的温家宝护送，悄然埋葬在这里。

陵园初期占地面积0.04平方千米，建筑面积5200平方米，其中，管理用房360平方米，服务用房510平方米，首期投资1500万元人民币。1994—1997年，陵园管理处总面积2万余亩，其中，有森林、竹林、橘园、鱼塘、山地等。1997年3月，共青林果业公司成立，陵园绝大部分经济林、果园、鱼塘等都划归林果业公司，仅剩几百亩面积。2005年5月，耀邦事迹陈列馆、共青城创业史陈列馆以及多功能会场建成投入使用，面积5000平方米，主体建筑2000平方米，总投资350万元。陈列馆陈列了280余件珍贵的史料和照片，展示胡耀邦光辉的一生和共青城50余年艰苦创业的历程。2006年5月1日，耀邦陵园（富华山景区）大门、景区大型停车场以及配套设施建成投入使用，共投资165万元人民币。2006年10月，共青城开发区党委、管委会批准成立共青城富华山景区管理处，与富华山陵园管理处实行“两块牌子、一套人马”合署办公。至2010年底，耀邦陵园（富华山景区）投资超过2000万元。

经过20年的发展建设，耀邦陵园（富华山景区）绿地面积达到45.80万平方米，草坪面积1.54万平方米，绿化覆盖率为86%，植物品种数超过70种。陵园内青山碧水，钟灵毓秀，成为共青城的植物园，形成了“春有花赏，夏有荫凉，秋有硕果，冬有绿装”的优美景观。

墓园设计由江西省城建雕塑创作室和江西省美术家协会负责，桑任新主持。由于胡耀邦逝世时是73岁，陵园的设计者便处处突出“73”这个数字。例如：墓碑重达73吨，喷泉的眼有73个，从陵园入口处到墓碑前，有两条弯绕的墓道，均铺有73级石阶，象征着胡耀邦73年人生的曲折道路。墓碑周围摆放着12块大小不等的碣石，其中一块背面刻写着胡耀邦夫人李昭题写的“光明磊落，无私无愧”八个大字。

墓碑碑石是一座三角形的白色花岗岩巨碑，胡耀邦的骨灰就安葬在这块碑石下。碑石由3块0.8米厚的白花岗岩拼成直角三角形，顶端高4.5米，底长10米。碑石正面的右方是胡耀邦的浮雕像，清癯而刚毅；左上方自上而下排列着共产党党徽、共青团团徽、少先队队徽，概括了一个“红小鬼”成长为马克思主义者的光辉历程；左下方是“胡耀邦1915—1989”的镏金大字。主碑前是用6块墨晶花岗岩拼成的铭文碑，上面镌刻着中共中央撰写的“胡耀邦生平事迹”。

胡耀邦墓碑碑石

胡耀邦与共青城有着不解之缘。过去的共青城是鄱阳湖边的一块沼泽涂地，1955年11月29日，胡耀邦时任团中央书记，他在江西考察时得知有一批知识青年在这里垦荒，特地来到他们中间问候、致意，并用山竹夹着棉团写下“共青社”。回到北京后，胡耀邦用稿费买了一些书籍、乐器，连同一封语重心长的信寄给这批拓荒者，赞扬他们坚韧不拔、艰苦创业的精神。1978年，胡耀邦又欣然题写了“共青垦殖场”。1984年12月12日，担任中共中央总书记的胡耀邦再次来到这里，此时的共青城已是现代化的大型农场，胡耀邦高兴地挥毫题下“共青城”。1985年10月15日，正值共青城30周年纪念之际，胡耀邦给共青城的建设者发了一封贺信，勉励创业者们继续奋发进取，建功立业。1989年4月15日，胡耀邦在北京病逝后，其夫人李昭向党中央报告了其生前遗愿：“我死之后，埋在青山绿水间，地点就是共青城。”后来李昭携子胡德平来共青城踏点，当走到富华山顶时，原本阴阴的天突然放晴，太阳穿过云层斜射在鄱阳湖上，波光粼粼，李昭说：“就是这里了。”于是，共青城富华山成为胡耀邦安息之地，人们络绎不绝地来到这个著名陵园瞻仰。

庐 山 市

明代恭乾禅师塔

明代恭乾禅师塔位于庐山风景名胜区山体南麓的金竹坪，东靠九奇峰，西倚上霄峰，北望天王峰，南为仰天坪。西侧下百余米为庐山林场职工宿舍，向北数百米为环山公路。该塔院占地228平方米，坐北朝南。以塔为主体，塔院内有碑亭两座，五级六边形石塔一座，墓门四柱三开间，上覆莲盖顶。周围建有雕花石坊、花饰栏杆、碑亭和坚固围墙，拜庭宽敞，雕刻精美。墓塔共三级，由八大石构件组成，高3.5米，基座直径1.3米。基座上有一六角石墩，墩上用仰覆莲承托六角石柱。柱六面刻有“皇图巩固，帝道遐昌，法轮常转，佛国增辉，阿弥陀佛”等佛语。柱上托以石檐，檐上立一葫芦形宝顶。此塔集经幢与喇嘛塔的特点于一身，较为少见，是庐山现存最大的一座僧塔，也是庐山目前保存最为完好的明代古墓葬之一。恭乾禅师塔铭碑共两通，塔铭由明代四大名僧之一的憨山德清撰写。立于塔墓前拜庭内，左右各一，碑上覆单开石亭，碑首无饰，平座，碑高1.5米，宽1米，青石，碑名“恭乾禅师塔铭”，字径12厘米。正文阴刻楷书直列，字径3厘米。塔左有一天然巨石，上镌“卧碑”二字，旁刻“明恭乾禅师塔”六个大字。卧石上方有一巨石，形如船，故名石船，船头处立一座三级六面石塔。佛塔建于明万历二十八年（1600），万历四十六年（1618）重修塔院。从围栏考证，清代曾修造过。因塔多次出现坍塌，1986年经江西省民政厅拨专款全面修缮后，文物管理部门一直定期进行维护。1957年由江西省政府公布为省级文物保护单位，并于1987年江西省政府重新公布。

恭乾禅师塔

恭乾禅师（1540—1591），名仁敬，别号幻识，湖北襄阳人。少年时就有出家之志，到伏牛山福田寺跟高庵和尚参礼，披剃受戒，听讲经论，日夜不怠，禅学精进，深受高庵喜爱。不久，就被推荐到京师拜谒高僧名释依从学法，并尽得真意。随即隐居十余年，发奋参悟西来旨义。之后，携一身佛学云游四方，增广见闻，求印证道。到金陵（今南京），拜晤“最为一时推重”的高僧守心禅师。守心见之大奇，恳请一起闭关坐禅，相互切磋。仁敬以禅义深奥无穷，预觅山终隐，尽穷玄意而拒绝之。明万历七年（1579），仁敬到庐山金竹坪开基建寺。其时，金竹坪荒僻无人，但他坚忍苦行，辟地开荒，“饭蔬饮水，绝迹屏居”三年，怡然自得，无意人世。他的宏愿苦行得到僧俗的普遍钦敬。万历八年（1580），高僧达观真可大师专程到金竹坪游访，由衷感叹：“公安能心寂寞如此，此其所操进当不可量。”因此停憩盘桓月余，与之切磋佛学，结成莫逆之交。

仁敬在庐山幽居三年，潜心于贤首宗宗义的研究传承，为贤首宗在庐山建立根基，为宗风振起作出了贡献，成为名副其实的贤首宗第二十六代嫡系传人。

“一见心寒”墓

“一见心寒”墓位于庐山市温泉镇东山村，是日军入侵时犯下罪恶的见证。1938年，日军集中杀害了下山找粮的30多名手无寸铁的村民，其中包括一名不满周岁

“一见心寒”墓

的婴儿。后来，人们将他们的尸骨合葬在一起，取“一见心寒”之意。1987年该墓被列为省级文物保护单位。自立碑以来，每年都有许多群众自愿来此接受革命传统教育和爱国主义教育。只要有人来参观，老人们就会放下手中的活计，主动为其进行讲解。

1937年7月7日，“卢沟桥事变”标志着日本帝国主义开始全面侵华，也是中华民族进行全面抗战的起点。1938年日本大举进攻中国各地。8月，日军进犯星子境内，中国军队薛岳二十五兵团一九〇师、五十师、一六〇师与日军一〇一师团佐藤支队在东牯岭、西牯山激战一月有余，中国军队凭借高地易守难攻的地理优势，使日军损失惨重。后因汉奸桂文策出卖，带领日军从水路绕牛展墩包抄中国军队固守阵地，并释放大量毒气，导致中国军队一九〇师、五十师全军覆没。而一六〇师师长冷欣无奈率余部退守庐山金轮峰。日军趁势追击至金轮峰深谷，不料落入中国军队在金轮峰塔顶的埋伏。中国军队的机枪朝深谷猛烈扫射，日军被打得落花流水，惨败而归。日军恼羞成怒，多次在庐山进行扫荡。当地的老百姓被迫背井离乡，躲避在平峰寺，由于山上粮食出现短缺，有30多人自发下山运粮，不料在半途遇到搜山的日军，运粮队被带至平峰寺大垅。日军假意对他们发放一些香烟，哄骗他们进入树林，随之在树林用预先架好的机枪进行扫射，30多名同胞倒在血泊中。有一位不满周岁的小女孩，没有中弹，在血泊中爬行了一丈远，日军见还有活口，便走过去用刺刀刺了下去，小女孩最终死在了日军的尖刀下。后来，本村的村民将死难者遗体都收在一个木桶内，合葬于此，称为“一见心寒”墓，意在提醒后人要牢记历史，不忘国耻，奋发图强。

日军在温泉地区烧杀抢掠，无恶不作，许多百姓家破人亡。据不完全统计，当时日寇共杀害876人，烧毁房屋400余栋，杀死耕牛200余头，导致温泉地区田地荒芜，颗粒无收，人民饥寒交迫。

三老墓

庐山植物园松柏区水杉林内，从左至右长眠着三位庐山植物园创始人：中国著名植物学家秦仁昌；曾任南京高等师范学校、东南大学、北京大学、北京师范大学教授，以及中正大学首任校长、著名植物学家胡先骕；中国著名植物园专家、植物分类学家陈封怀，合称“三老墓”。墓地枕山面湖，环境幽静，群山环拱，下瞰鄱湖，清溪一道，终年不干。风和日丽时，凭栏四顾，只见山色如黛，波纹如绫；山容水意，满溢清芬。一年四季，繁花照眼，锦绣满园，都有醉人的翠绿和炫目的花木。

秦仁昌（1898—1986），又名子农，江苏武进县人，中国著名植物学家。他少年时受江苏省第一甲种农业学校校长陈嵘、教授钱崇澍的影响，立志学习植物分类学。在东南大学教学过程中，他发现对中国蕨类植物进行研究的都是外国学者、专家，涉及中国蕨类植物研究的文章全是外文，模式标本也全都分散在国外。中国学校连腊叶标本都没有。受国内研究条件的限制，他决定去欧洲进修考察。其间，足迹遍布丹麦、英国、德国、法国、瑞典、奥地利等国，他还经常与美国、瑞士等国的蕨类植物学家交流、联系。1932年回国后，他曾任北平静生生物调查所研究员、庐山森林植物园第一任主任、云南大学教授。中华人民共和国成立后，任中国科学院植物研究所所长，当选为中国科学院生物学部委员。他从1927年开始从事蕨类植物的研究，是我国蕨类植物学的开拓者和奠基人。1934年，创办庐山植物园。主要著作《水龙骨科的自然分类》，解决了当时世界蕨类植物系统分类中的最大难题，获当年荷印隆福氏生物学奖，成为后来国际上通用的“秦仁昌系统”，填补了中国对蕨类植物系统分类方面的空白。发表论文150余篇，共500万字，与人合著有《中国蕨类植物图谱》，主编《中国植物志·蕨类植物卷》。代表作为《中国蕨类植物科属系统排列和历史来源》，1995年被评为中国第六次全国自然科学奖唯一的一等奖。因他对蕨类植物系统学的卓越贡献，被称为中国的“蕨类学之父”。

从左至右依次为陈封怀、胡先骕、秦仁昌墓碑

作为一个杰出的植物学家，秦仁昌在庐山不仅投身植物科学的学术研究，而且十分关注庐山森林的保护和庐山的社会命运。1936年，他以一种充满科学精神的先知先见，向庐山管理局提交一篇《保护庐山森林意见》，首先，指出由于牯岭的开辟、人类的破坏，庐山原始森林岌岌可危甚至将不复存在的严重情况；其次，对庐山森林保护的紧迫与意义作了充分说明；同时，对庐山寺庙林的管理提出了严厉的批评。为此，秦仁昌对“地方主管官署”提出了依据《森林法》保护庐山森林的7条方法，主要为制定森林区划、规定森林砍伐的树种，并列出了《具有重要森林价值者》《具有重要观赏价值者》2个树种目录。秦仁昌的这些洞察、见解和预言，显示出了强烈的科学精神和强大的历史贯穿力，无论是过去、现在还是将来，对庐山自然生态环境的保

胡先骕《水杉歌》及陈毅后记碑

护、管理工作，都具有非常珍贵的借鉴意义和警示作用。

胡先骕（1894—1968），字步曾，号忏庵，江西新建区联圩乡鸬鸡口治平洲中胡村人，中国著名植物学家。曾任南京高等师范学校、东南大学、北京大学、北京师范大学教授，以及中正大学首任校长，曾创办中国科学院生物研究所和北平静生生物调查所。

他自幼受到良好的家庭教育，1912年留学美国，四年后以优秀成绩获农学学士学位。1917年，应江西实业局之聘，任庐山森林局副局长，兼任技术员。在此期间，他对庐山植物资源进行了较全面的考察，奠定了日后在庐山建立植物科研地的想法。1933年冬，胡先骕提出在庐山创办植物园的设想、建议。1934年春，经省政府批准，同意由北平静生生物调查所与江西农业院共同创办“庐山森林植物园”，为发展中国动植物分类学创造了条件。中华人民共和国成立后，胡先骕任中国科学院植物研究所研究员，从事植物分类学、古植物学和经济植物学的研究，曾发表有关水杉、秤锤树、木瓜红等新属和新种的论文100余篇，提出被子植物出自多元的分类系统，主持编辑《静生生物调查汇报》，主要著作有《中国植物图谱》（与陈焕镛合著）、《中国蕨类植物图谱》（与秦仁昌合著）、《经济植物学》《经济植物手册》等。

在创办庐山森林植物园之前，胡先骕对庐山植物进行过详尽的考察、研究。1933年，他应吴宗慈的邀请，为《庐山志・植物》部分撰写《庐山之植物社会》和《庐山重要植物志略》2篇著作。在《庐山之植物社会》中，他以严谨的科学态度，既肯定了庐山“卉木蓊郁、多琪花瑶草，春夏艳发，至为美观”，又对庐山森林资源遭受的人为破坏表示强烈的谴责。在《庐山重要植物志》中首次将庐山重要植物进行科学的分类阐述。

胡先骕的庐山植物研究，既是对庐山植物与庐山生态环境之间关系的科学揭示，从社会学的意义上来说，也是对人类与自然和谐相处关系的孜孜追求。1968年，胡先骕受林彪反党集团迫害含冤去世。1979年5月，中国科学院为其平反并举行公祭。1983年，其骨灰迁葬于庐山植物园，作为永久纪念。

陈封怀（1900—1993），字时雅，修水县桃里乡竹塅村人。陈宝箴曾孙，陈三立之孙，陈衡恪次子；我国著名植物园专家、植物分类学家。1927年，陈封怀毕业于东南大学农学院。1931年任北平静生生物调查所研究员。1934年，参加庐山森林植物园的创办，陈封怀被植物园特派到英国爱丁堡皇家植物园学习，专习植物园建设管理及高山花卉报春分类。留学期间，他还赴英国的邱园以及德国、法国、奥地利等国的各大标本馆做短期研究工作。1936年，被聘任为庐山植物园园艺技师。从此以后，他全身心投入庐山植物园的建设之中。在与同事们的共同努力下，短短几年时间，庐山植物园已初具规模；探索并确定了该园以引种松、柏类植物为主要方向。庐山植物园仅裸子植物便引种栽培了11科、37属、270余种，成为国内裸子植物最集中、最丰富的植物园。其主编的《庐山植物园栽培植物手册》一书，总结了20余年的引种驯化成果，记载1250余种栽培植物的原产地、生长习性、栽培繁殖方法、经济用途及引种后的生长情况。1950年，庐山植物园划归中国科学院，陈封怀继续任主任。1953年后，他参与和创建了杭州、南京中山、武汉、华南等植物园，相继担任南京中山植物园副主任、武汉植物园主任、华南植物园主任、华南植物研究所所长，还兼任广东省植物学会名誉理事长、中国建筑学会、园林学会顾问，发表重要论著《中国湖菜属之研究四》《庐山及其邻近卫矛科植物之研究》《菊花探源》《中国报春花植物系统研究》《新中国植物园之发展》等30多篇，为中国的植物园建设作出了杰出的贡献，被人们称为“中国植物园之父”。

陈封怀夫妇生有两子，长子贻松，幼殇；次子贻竹，在植物生理方面颇有研究，曾任华南植物研究所生理研究室主任、农业与资源研究中心主任、研究员、博士生导师、华南所学术委员会委员、学位委员会委员，多次在国家学术刊物上发表论文。

近代国学大师陈寅恪墓

近代国学大师陈寅恪墓位于庐山植物园内的景寅山，墓地内群山环拱，环境幽静。6块未经雕琢的砾石并立在一起，砾石顶部离地面1890厘米，寓意陈寅恪生于1890年；砾石长113厘米，寓意立碑当年是其诞辰113年。一块较高的柱石正面镌刻“陈寅恪、唐筼夫妇永眠于此”，背面刻立碑人“庐山植物园陈流求、陈小彭、陈美延敬立”以及“二〇〇三年六月十六日”；另一横向砾石上刻“独立之精神，自由之思想”以及“后学湖人黄永玉敬书”。

陈寅恪（1890—1969），字鹤寿，义宁州（今修水县）人，陈三立的第三子，出生于湖南长沙。中国现代著名的历史学家、古典文学研究家、语言学家。陈寅恪十二岁就随兄陈衡恪赴日留学，直到三十五岁被清华国学研究院聘为导师，与王国维、梁启超、赵元任并称为“四大导师”。他精通英、法、德、俄、日、希腊、拉丁、梵文等近20种语言，在语言学、史学、佛学等多个领域都有极高的造诣。他开创了“以诗证史、诗史互证”的史学研究新途径。1939年春，英国牛津大学聘请他为汉学教授，并授予英国皇家学会研究员职称，是该校第一位受聘的中国汉语言学教授。中华人民共和国成立后，他先后担任中国科学院社会科学部委员、第三

陈寅恪夫妇墓

届全国政协常务委员、中山大学教授等职。毛泽东、周恩来等中共中央领导人都亲自看望或关心过他。在“文化大革命”初期，受到严重冲击，身心受到极大的摧残，于1969年在广州逝世，终年七十九岁。

陈寅恪在庐山的时间不长，但不影响他与庐山的渊源关系。据王永兴1979年10月，在《怀念陈寅恪先生》一文中的表述：“党和国家对寅恪先生十分关怀。广州解放不久，周恩来总理派一位同志到广州看望寅恪先生。这位同志转达了总理对他的关怀和期望：希望他不要离开中国大陆，不要离开社会主义祖国；他居住的地方由自己选定，在广州、北京、庐山都可以，如果他愿意住在庐山，政府可以把他老家在牯岭的旧居加以修理……”陈寅恪逝世34年后，终于魂归故里，2003年4月30日安葬于庐山植物园。

陈寅恪平生著作极多，专著举其大者有《隋唐制度渊源略论稿》《唐代政治史述论稿》《元白诗笺证稿》《述东晋王导之功业》等。其生平著作，经复旦大学中文系教授蒋天枢整理、校勘，一套2卷，200万字的《陈寅恪文集》于1979年编纂成册，由上海古籍出版社出版。

名人墓名录

但贵无墓 该墓位于庐山市海会镇彭山村汪家涧湖北岸50米处，墓曾被盗。但贵无，生卒年、籍贯不详，明嘉靖年间任兵、工二部尚书。

普同塔墓 该墓位于庐山风景名胜区山体南麓的金竹坪。墓前设拜台、五级六面石塔和祭庭，祭庭四周由雕花石栏围护。明代恭乾禅师来庐山开创贤首宗千佛寺后，此塔为集中存放一般和尚骨灰的塔墓，千佛寺毁后，此塔保留至今，是庐山目前保存较为完好的明代和尚骨灰塔之一。2007年由庐山风景名胜区管理局公布为县级文物保护单位。

柴 桑 区

陶渊明墓

陶渊明墓

陶渊明墓位于九江县马回岭镇马头村面阳山南坡，墓前有3.5米×5.2米的拜台，拜台边缘有“凹”形石栏；墓周有四棵直径0.7米的苍松，从山脚至墓区有石铺台阶，弯曲而上。墓冢坐北朝南，纵7.9米，宽4.1米，封土高1.62米。椭圆拱顶，砖石结构。碑三门牌坊式，额横刻“清风高节”，中碑直刻“晋徵士陶公靖节先生之墓”，左刻墓志和《五柳先生传》，右刻《归去来兮辞》及勒碑人姓氏、年月。元末兵乱墓毁，墓山遭他姓窃葬。明正德八年（1513）重整坟茔，恢复墓地附属建筑。清乾隆元年（1736）、道光九年（1829）、民国十年（1921）和中华人民共和国成立后该墓均有较大维修。1959年11月30日，江西省人民委员会批准其为省级文物保护单位。2003年维修时，墓两边又立两碑，左碑高1.5米，宽1米，刻《桃花源记》；右碑高1.5米，宽1米，刻“陶靖节（渊明）墓简介”。目前墓冢保存完好。

陶渊明（365—427），字元亮，或名潜，字渊明，自号五柳先生，私谥“靖节”，寻阳柴桑（今江西九江县）人。他出身于没落的官僚地主家庭，少怀大济苍生之志。初为州祭酒，因不习惯官场生活，几天后自解归。后经叔陶夔推荐，出任彭泽县令，但在位仅80余日，因不满朝廷腐败，“不为五斗米折腰”，即辞官而归，并赋《归去来兮辞》，从此绝意仕进。陶渊明回归故里后躬耕自资，致力文学创作，留下诗歌120余首，散文和辞赋10余篇，其诗文在中外文学史上享有崇高地位，是中国田园诗派创始人。他的田园诗数量最多，成就最高。陶渊明也是中国文学史上第一个大量写饮酒诗的诗人。陶渊明墓之所以选址在这里，是根据他的“遗愿”选定的。他在临终之年的《挽歌》中说：“严霜九月中，送我出远郊。四面无人居，高坟正焦尧。马为仰天鸣，风为自萧条。”面阳山正符合“远离城郊，荒无人烟”的境况，“葬于中野”“足以安魂”。每年菊月来临，黄花遍野；墟里的依依烟幕，笼罩着黄龙山，既满足了他“居止次城邑，逍遥自闲止”的意愿，又呈现出“采菊东篱下，悠然见南山”的情致。

陶渊明隐居躬耕，安贫守贱，不慕荣利，不与世俗同流合污的高尚情操，世人代代敬仰。

岳飞母亲姚太夫人墓

岳飞母亲姚太夫人墓位于九江县沙河经济技术开发区天波村陈家垅屋场后侧。株岭山最北端，民间称此地为“卧虎舔尾”。墓坐东南朝西北，墓地纵9.1米，宽3.2米，封土高1.7米。外廓圆形拱顶，石灰石结构，碑面直刻“宋岳忠武王姚太夫人之墓”。墓后山原有岳飞亲建的叠翠亭，早废。墓前下方原有明正德十二年（1517）九江知府汪颖建岳母祠，后被侵华日军炸毁，裔孙继善等重修草屋三间奉祀，又被国民党军拆去修工事，一度沦为废墟。前有拜台和石祭器，两侧刻有1962年《重修岳母墓碑记》。拜台下有40级石阶接祠基。墓周边新建仿古文物点有叠翠亭、孝庐、祠堂等。1996年，九江县政府投资百余万元，重新修复叠翠亭、岳母祠等纪念设施。增建“仪门”“精忠报国”照壁、石翁仲等。

岳飞母亲姚太夫人墓

岳飞母亲姚太夫人，古代四大贤母之一，在国家危亡之际，她励子从戎，教子尽忠报国，成为母教典范和妇女楷模，“岳母刺字”被传为千古佳话，世尊贤母。据传说，岳母随岳飞军中，时时不忘教儿尽忠报国。岳飞曾多次在新任元帅杜充面前拱手汇报敌情，请求出战，杜充则一再推脱，令其退下。后几次岳飞请战，都被卫士拦阻。岳飞常仰天长叹“天不助我灭贼也！”灭贼不成，思母之心顿起，岳飞一次回家为母请安，告知老元帅宗泽已故，新任元帅刚愎自用，无智无才。自己赋闲军帐，不如辞归，奉母行孝。姚太夫人闻言，正色道：“儿差矣！自古道，君辱臣死。如今徽、钦二帝被掳，国家危难。儿既出任朝廷，自当舍命勤王，以身报国。”她担心自己风烛残年，不能教儿一世，就提出在儿背上刺字，让儿永怀报国之志。于是岳母摆上香案，秉烛焚香，用银簪蘸墨在岳飞背上刺“精忠报国”4个字。

南宋绍兴元年（1136），姚太夫人病逝于鄂州（今湖北武昌）。宋高宗拨银、帛安葬于此地。岳飞亲扶灵柩回江州，下葬时钟鼓齐鸣，旌旗蔽日，山间若市，百姓自发为岳母送行。

1959年，江西省人民委员会批准此墓为省级文物保护单位。

岳飞妻李氏夫人墓

岳飞妻李氏夫人墓

岳飞妻李氏夫人墓位于九江县狮子镇三桥村太阳山南坡，当地民间称此地为“飞燕投河”。墓冢坐北朝南，纵3.75米，直径1.5米，封土高1.7米，外廓圆形拱顶，石灰石结构。碑面直刻“宋岳忠武王夫人李氏之墓”。墓前原有拜台，旁有岳王祠，均早废。墓区原有清乾隆五年（1740）巡道李根云、知府施廷翰、知县景师毅合刻“声叙”“封禁”二碑。前者刊载夫人墓山因陈姓窃葬引起聚讼和勘复始末，后者为禁刍牧者立。乾隆十年（1745），因部分村民违禁，知府施廷翰重申再示，后均被日军毁碎。1962年和1984年两度修复，坟墓现保存完好，并复立“声叙碑”和“封禁碑”，加砌护墙，绿化墓地，请当地村民护看。

岳飞妻姓李名娃（1100—1175），字孝娥，是岳飞第二任妻子，也是唯一与岳飞“执子之手，与子偕老”的女子。南宋建炎年间（1127—1130）与岳飞结婚于宜兴，两人感情和睦，前后共生育三子，分别是岳霖、岳震、岳霭（岳霆）。后李夫人随军侍母徙居江、鄂间，岳母去世后，居丧株岭。李夫人是位非凡的女人，既能事姑至孝，又能筹理军事。每当岳飞率军出征，她必至诸将家中，以恩遇安抚家属，得到众将真心拥戴。一次岳飞奉召离军，某个部下阴谋叛乱，李夫人暗中得到消息，却不动声色。直到布置妥当才齐集诸将，当众宣布调查结果，将毫无防范的叛将捉住斩首，举众肃然。在岳飞遭“莫须有”罪名遇害后，李夫人被流放岭南，她仍坚持将儿孙抚养长大。隆兴年初（1163），岳飞冤狱昭雪后，李夫人还居江州，终年七十五岁。李夫人生前遗嘱：“终后葬庐山，陪伴岳母姚太夫人。”可见她的孝道。李夫人逝后，宋孝宗赐葬江州太阳山，与岳母姚太夫人墓仅隔千米，以成其孝母之心。1959年，该墓被江西省人民委员会批准为省级文物保护单位。

安国郡主妙善墓

安国郡主妙善墓

安国郡主妙善墓位于九江县狮子镇三桥村熊家大屋西头栎树林，占地面积115.5平方米，墓坐西朝东，碑三门四柱式，侧碑为八字形，主碑刻“大明皇室安国郡主熊母朱老妙善之墓”。墓高2米，纵4.5米，宽2.5米。此墓为后人重修，封土以水泥包砌，马蹄形拱顶。两侧碑高2米，分刻“碑记”。墓前有拜坛5级，立香炉1尊。墓后建万钧亭，亭高5米，庑顶，宽8米，上方分嵌“郡”“主”“墓”，刻额三方。据熊氏宗谱记载，墓、亭系墓主的四个儿子建于明正统四年（1439）。因战乱破坏和自然侵蚀，亭毁碑残，文字漫漶。2002年，族人集资复原。

墓主妙善（1375—1439），她有两个名字：妙善、允君，系明太祖朱元璋孙女，皇太子朱标三女，建文帝朱允炆胞妹。其夫熊均寿，州祭酒，官阶四品。其时，皇室争权，兵戎相见，建文四年（1402）朱棣夺得皇位，次年改元永乐。永乐二年（1404）诸王再次改封。郡主妙善携子随宁王、辽王卫队由南京迁南昌，寄身临江府清江县建安乡，后徙江州德化县白鹤乡虎踏石定居，成为今九江县狮子镇及周边熊姓始母。

20世纪90年代，九江熊氏编修家谱，追本溯源，熊氏1.5万红丁，居然有1.2万人是妙善之后。熊氏人才辈出，历代在省府州县为官和高科技领域的人才比比皆是，为邑内三大姓之一。

赵光抃墓

赵光抃墓位于九江县新合镇小石村小石山。墓丘东南向，墓前原有石碑、石狮、神道和牌坊。“文化大革命”时期因“破四旧”而荡为平地。1983年文物普查时，墓穴位置终被寻获。原碑断残，字迹难辨。1986年，赵氏宗亲集资重立墓碑。碑高1.58米，宽1.28米，厚0.6米，正面刻“明兵部右侍郎高祖赵公光抃之墓”。

赵光抃（1595—1643），字彦清，号石谷，明九江府德化县（今九江县）人。天启四年（1624）乡试中举，五年联捷进士。崇祯元年（1628），赵光抃为工部都水主事，继任淮安清江提举司副提举，兵部职方司员外郎与郎中、太仆寺少卿等职。他为官清正，秉公办事，喜谈兵，才气雄豪，出语无忌，光明磊落，为大司马杨昌龄所赏识，屡荐举。崇祯十年（1637）秋，被派往蓟辽巡察边务，周历数千里，尽得边塞形势和战守机宜，并择要上奏十二条良策。次年，出任密云巡抚，到职不久，便告发密云监军邓希诏奸谋通敌。朝廷召还邓希诏，派太监孙茂霖核查，不料茂霖与邓希诏向有私交，谎报“查无实据”，光抃反坐罪，充军广东。崇祯十五年（1642），边境战事又起，廷臣力荐赵光抃。赵光抃受召，迅即返里变卖田产，毁家纾难，携白银万两以充军资，授兵部右侍郎兼右佥都御史，总督蓟州、永平、山海关、通州、天津诸军务。光抃治军严谨，作战骁勇，临危不惧，指挥若定。然而清军气势凶猛，赵光抃援南闯北，力不从心，河间以南皆失守，廷臣交相弹劾，崇祯帝令其立功自赎。崇祯十六年（1643）初夏，在截击清军归路的螺山战役中，明军将领各保实力，互不协同作战，所部被敌军各个击破，赵光抃无法挽回败局，加之仇家攻讦，权臣索重贿不得，故被夺职候勘，系狱数月。崇祯十六年（1643）十一月，赵光抃被诬屈杀于北京西市。南明福王时，太仆少卿万元吉、给事中熊维典等为赵光抃申辩。弘光帝遂下诏平反昭雪，复其官位，遗骨迁葬故里。崇祯十七年（1644）春移柩九江故里。明弘光元年（1645）正月安葬。

赵光抃墓

白鹿洞书院主洞骆应炳墓

骆应炳墓

白鹿洞书院主洞骆应炳墓位于九江县城门乡金兰村骆家嘴祖坟山。其妻黄氏与之合墓。墓坐东南朝西北，茔地纵5.2米，宽3.45米，封土高1.4米、外廓鹅卵石护砌。墓碑四柱三门，牌坊式，面宽3.45米，中碑和栓枋完好，碑面年久缺失。

骆应炳（1764—1848），字国光，号蔚亭，清九江府德化县（今九江县）人。据《九江县志》记载：应炳幼英敏，五岁过目能诵，初学八股文，下笔惊长老。然而，骆应炳科场上并不顺利。他二十二岁就考取秀才，乡试却屡屡不第。他边教书边赶考，二十余年的屡败屡试，直至嘉庆九年（1804）才如愿以偿高中秋科，成为江西乡试第二名举人。不过这时他已到了不惑之年，一个过目成诵的神童已两鬓染霜了。嘉庆十年（1805）乙丑科会试，骆应炳高中第八十二名，为秋春大比两试联捷成进士。从此步入仕途，当即分发山东以知县见用，历任长山、郓城、东阿等县知县。在任期间，为官清廉，爱民惜才，名盈齐鲁，但仕途曲折。十余年，除嘉庆帝赏赐两道“封典”的虚衔外，未予重用。他深知宦海莫测，乃以疾引退，可囊空不敷还乡旅费，只得羁留省城济南设馆授徒，收取学俸，以助还乡旅费。道光十年（1830），巡道祝云溪重学，延请骆应炳主白鹿洞书院讲席。骆应炳主洞四年，谆谆训诲，学高望重，士林钦服。道光十四年（1834），骆应炳年逾古稀，以老辞归，临别时撰写《春风楼记》，后人镌刻于石碑，至今仍立于春风楼前。《春风楼记》短小精悍，写景状物，说理抒情，一气呵成，是一篇古文佳作。

骆应炳不仅古文功底深厚，且善书法兼及丹青，并自成一家。回籍后，骆应炳闭门不出，筑山房教孙辈读书之余，常以诗画自娱。有《余庆堂诗文集》存世。

刘为泗、田文灼烈士合墓

刘为泗墓、田文灼烈士合墓

刘为泗、田文灼烈士合墓位于九江县岷山乡春华村杨湾山。墓地呈六角形，对角9.3米，墓冢坐西朝东，砖石混凝土结构；长方形，分两层，低层4.8米×3.1米×0.7米，上层3.5米×1.5米×0.7米。墓碑单门式，额首“山”字形，碑刻“刘为泗、田文灼烈士之墓”。左前侧附建纪念碑，刊载刘为泗、田文灼二位烈士的生平事迹。正前方有供祭扫用双层平台，平台前有水泥甬道接大黄公路。该墓初在岷山洼里陈村，即刘为泗、田文灼遇害之地。1949年迁至刘为泗老家黄老门破塘刘村。1951年又迁至黄老门火车站北侧，1956年立碑，1979年迁至杨湾山。至今保存完好。

刘为泗（1908—1939），九江县岷山乡黄老门破塘刘村人。佃农出身，十一岁丧父，生活无依，受尽压榨和虐待，他疾恶如仇，性格倔强。1926年参加农民协会活动，1927年加入中国共产党。先后在岷山等地恢复创办赣北革命根据地，与喻照光、吕家桂、田文灼等在黄老门、岷山、戴凌等地恢复一批忠实可靠的老党员党籍，发展新党员60余人。先后任赣北红军游击队第一大队队长，中共黄金中心区委书记，抗日战争爆发后，任抗日游击大队队长。

田文灼（1909—1939），出生于河南光山县贫苦农民家庭。十四岁随父乞讨至江西德安县山湾程村租地谋生。1929年加入中国共产党。1933年与吕家桂、刘为泗组建岷山赣北工作委员会，任工委组织部长，德安夏铺区委书记。同时建立赣北红军游击队，是一名优秀的军事指挥员。

1939年2月24日，国民党保安十八团司令钟石盘指挥其部下以国共合作抗日为名，在岷山金盘洼里陈村阴谋杀害了刘为泗、田文灼等赣北游击队领导。

濂 溪 区

周敦颐墓

周敦颐墓又名濂溪墓，位于九江市濂溪区莲花镇东城村周家湾栗树岭（旧称三起山），建于宋熙宁四年（1071）。其址负阴抱阳，背倚栗树岭，左右两山夹持。墓前数十米,淙淙濂溪长流不息；放眼南望，崎岖的莲花峰层峦叠嶂，山水一色。整个墓区地势爽垲，视野开阔，绿树成荫，占地面积4300平方米。

周敦颐墓

周敦颐（1017—1073）,湖南道州人，字茂权，号濂溪，中国古代著名哲学家、教育家、文学家，被尊为理学开山祖。他的《太极图说》《通书》等著作，“明天理之根源，究万物之始终”,创立了新的宇宙观及人生观。其文“文简而意博”，对后世影响很大。他的理学经朱熹的发扬，成为封建统治的官方哲学，经久不衰。周敦颐还酷爱雅丽端庄、清幽玉洁的莲花，曾在庐山北麓建濂溪书堂，凿池种莲。在这里，他写下传世散文《爱莲说》，其中描写莲花品质高洁的“出淤泥而不染，濯清涟而不妖”成为千古名句。

宋熙宁四年（1071），周敦颐任南康（今庐山市）知军，同时将母亲之墓从江苏

九江濂溪墓

丹徒迁葬到庐山北麓之三起山。后辞职，定居濂溪书堂。熙宁六年（1073）十一月周敦颐病逝，其子遵嘱，将周敦颐葬于其母郑太君墓右侧，后其妻陆氏、续配蒲氏亦葬于此，濂溪墓实为合葬群墓。宋宁宗嘉定十三年（1220），赐谥“元”。淳祐元年（1241），诏从祀庙庭，濂溪墓得以修葺。明英宗正统元年（1436），诏修祠墓，优恤子孙，始对墓进行大规模修复。弘治三年（1490），九江知府童潮修墓建祠，并置民田山塘47亩，作为祀事之费。经明代多次修葺，濂溪墓颇具规模，有祠有田，有池有莲。墓前2500米外辟墓道，两旁建墓道亭，亭内覆碑，碑题“濂溪周先生墓道”，过小桥流水，拾级而上便是濂溪祠及爱莲堂若干间，堂前凿池种莲花。墓冢后侧有《太极图碑》《像碑》，童潮撰《周濂溪墓记碑》，罗洪先题濂溪墓碑，李得阳题诗碑。嘉靖三十八年（1559），巡抚何迁檄，知府朱曰藩修葺墓碑。濂溪古墓为明江州十景之一。王阳明、李梦阳、邵宝等曾祀扫墓地，歌咏寄情。

清代修复以明代为基础，建祠建堂，凿池种莲，祠外修桥，此外，还建六角亭和石牌坊。墓前立碑5块，中间一块为周母，右为周濂溪本人，第三块为周敦颐画像，左为周妻墓碑及金童玉女雕像。墓后分立彭玉麟、曹耀庆记述周敦颐的传记文字及《太极图说》碑。每年都有地方官吏来此致祭“崇祀兀立”，哲学家熊十力到此，题写“濂溪而后我重来”，对周敦颐敬仰有加。

1934年，曾以钢筋混凝土将墓加高、加大。中华人民共和国成立后，墓地保护完好，为九江文化景点之一，周围垒石成墙，合抱古树达数百株，掩蔽墓区，景致优美。“文化大革命”中，地被炸，古树被伐，古碑被毁，只存遗址。1989年由周氏后裔重立墓碑，将周敦颐像碑残石（乃光绪癸未年所修）嵌入地下，甚为简陋。1998年在香港周氏宗亲总会资助下，完成墓区第一期修复工程。2005年，该墓被列为江西省文物保护单位，同年全面修葺、复原工程动工。现已新建大门、爱莲堂、濂溪祠（内设濂溪铜像）、4个亭子、莲池、状元桥、三级拜台、57层花岗石台阶等，墙内镶嵌30块石碑，载名人名言。“爱莲堂”和“爱莲亭”的匾额采用的是周恩来的题字。墓外大门口处建有3座小拱桥；进入墓区，建有水泥马路及笔架型牌坊（下马墩），匹配模拟文人墨盘形状的池塘——莲池，富有寓意。濂溪祠中，所陈“周氏后裔名人介绍”表明，周敦颐是当代周树人（鲁迅）、周作人等名人的先祖。有资料称，周恩来也是其后人。濂溪墓再度以其巨大的魅力，成为人们弘扬周敦颐精深的思想和怀念其高洁人品与洒落风范之所。

九江市烈士陵园

1958年，九江市政府在九江城郊南湖公园西南夏家咀处征地53亩，修建九江市烈士陵园。1979年重建，先后将第二次国内革命战争中牺牲的彭江等11名烈士骸骨，与在抗美援朝战争中负伤，经治疗未愈而牺牲的34名烈士的骨灰移葬陵园内。1986年，市民政局拨款5万元，在陵园内新建长200米、宽4米的麻石登山路1条。1990年，民国讨袁志士徐秀钧墓由山川岭迁至烈士陵园。1993年6月，九江市烈士陵园迁至庐山区十里乡（今十里街道办事处）螺子山。至2010年，整个陵园占地1.5公顷，陵园分烈士墓区、老红军墓区两个墓区，有单个烈士墓15座，400多名烈士合墓；老红军墓区有老红军墓60座。陵园安葬有革命战争年代牺牲的彭江、熊好生烈士等，有社会主义建设时期为保卫人民生命财产而献身的朱勇、刘洪锋、谭守文、许俊谷景等烈士。陵园门楼上方“九江市革命烈士陵园”是已故上将张爱萍题写的。

九江市烈士陵园大门

其中部分烈士生平简介如下：

徐秀钧（1880—1913），九江市浔阳区人。清光绪二十八年（1902）在日本早稻田大学攻读政治经济科。1912年，任国民政府总统府军事秘书，后任江西省财政顾问兼民国银行总理。1913年被推选为众议院议员，力主武力讨伐袁世凯。9月，袁世凯以“乱党”“逆谋”等罪名，在北京密令逮捕徐秀钧并押解至九江杀害。1916年经国会通过，追认徐秀钧为烈士，予以表彰。

彭江（1900—1927），湖北黄陂县人，早年加入中国共产党，1926年到江西从事工人运动。历任九江地委工人部部长、九江总工会委员长、九江市委工人部部长、全国总工会候补执行委员。1927年7月被国民党九江警备司令部逮捕，8月9日，年仅二十七岁的彭江等26名九江革命志士在九江城东门大校场被反动当局集体枪杀。

熊好生（1904—1927），祖籍九江县马回岭熊村，后迁德安县城。1925年7月加入中国共产党。历任中共德安支部宣传委员、南浔铁路特别支书记、南浔铁路总工会委员长。1927年8月4日被九江的国民党反动派逮捕，8月9日于九江大校场慷慨就义。

朱勇（1964—1985），九江市浔阳区十里街道人。1981年考入中国人民解放军南昌陆军学院，在校期间加入中国共产党，1984年7月毕业后，他坚决要求参加对越自卫还击作战。历次战斗中，朱勇共歼敌19名，摧毁敌火力点8个，先后立一等功、二等功各一次。在1985年1月15日战斗中，为掩护战友、吸引敌人火力，不幸牺牲。所在部队授予其“当代王成式英雄”称号，昆明军区授予其“智勇双全炮兵排长”称号。

刘洪锋（1972—1993），河北省涿鹿县人。1990年3月应征入伍，1992年3月加入中国共产党。1993年1月15日下午，主动到部队驻地九江渡口的共建点维持秩序，当1辆面包车因刹车失灵冲入江中之际，他将落水的6名旅客托出水面，而刘洪锋终因浪大流急、体力耗尽无力浮出水面而英勇献身。同年2月，海军党委授予他“雷锋式的好战士”称号。

谭守文（1982—2004），湖南省芷江侗族自治县人。2002年12月应征入伍。2004年3月9日，在星子县温泉镇森林灭火的战斗中，由于火场风向突变，被大火烧伤，因伤势过重而牺牲，年仅二十二岁。3月14日，武警江西总队追记一等功，追认为中国共产党员。3月17日，武警总队授予其“忠诚卫士”荣誉称号，共青团江西省委追授其“五四杰出青年”称号。

许俊谷景（1975—2008），维吾尔族，出生于江西省九江市。1991年参加工作，爱岗敬业，恪尽职守，热心公益，帮危扶困。2008年3月10日在九江市区，为保护群众财产安全，只身勇斗6名偷车窃贼，终因寡不敌众，被歹徒刺中要害，不幸牺牲，年仅三十三岁。同年4月，民政部批准其为革命烈士。

黄远生墓

原墓位于九江经济开发区梅山村桂家垅。墓体土坡形，墓碑由碑首、碑身、碑座3部分组成，高1.2米，宽0.91米，内框高1米，宽0.6米。碑面正中直刻“故先孝黄公远庸府君之墓”及生平、后嗣等情况。据黄远生长子黄席群介绍，墓中有李盛铎撰墓志铭。该墓1986年被列为九江市级文物保护单位。2004年10月，迁至九江市濂溪区姑塘镇贺嘉山陵园名人园。

黄远生墓

黄远生（1885—1915），原名为基，字远庸，远生系笔名，清末九江府德化县（今九江县新合镇涌塘村）人。著名新闻记者和政论家，被尊为“中国第一个真正现代意义上的记者”。黄远生出生于九江的一个书香世家，自幼受到良好的家庭熏陶。清光绪二十九年（1903），黄远生经县试考取秀才，同年秋继应江西乡试中举，翌年联捷成清代末科进士，并“以一等大挑知县即用”。同榜进士中有沈钧儒、谭延闿、叶恭绰等知名人士。他不愿为官，清廷改以新进士资格派往日本留学，入中央大学攻读法律，兼习日文、英文，亦留心时事。宣统元年（1909）秋学成回国，先后授邮传部员外郎，派参议厅行走兼编译局纂修官。在同邑前辈李盛铎的启迪下，向往新闻撰述事业。

辛亥革命后，他决意不做官，投身报界，兼营律师业务。1912年，他和张君劢、蓝公武发起创办《少年中国周刊》，以示“发挥真理，表著民德，鼓舞国魂”。他们3人亦被并称“新中国三少年”。自后，黄远生又陆续编辑《庸言》月刊，担任上海《时报》《申报》《东方日报》和北京《亚细亚报》特约记者，为《东方杂志》《论衡》杂志、《国民公报》撰稿，声誉斐然，与刘少少、丁佛言（一说徐彬彬）同称民初“新闻界三杰”。尤以他所撰“北京通讯”，开印象派纪事之风，成为中国新闻通讯创始人。他的报道文章多为国人关心的重大政治新闻，同时采用访问、文件转述、调查统计等形式，内容真实、可靠，剖析犀利，行文流畅、风趣，深得读者信任与青睐，被奉为“后世报告文学之鼻祖”。他还主张舆论机关应“为民生社会请命”，记者要“敢于指责权贵”，报道必须“真实、客观、公正，评价、议论亦应恰如其分”等，在新闻理论上取得“超越前人的重大发展”。

黄远生处于“有黑幕而无明幕”的混乱时期，曾对袁世凯抱有幻想，但时日一长，逐渐看透其狼子野心，便撰写大量文章揭露和剖析其专制独裁、误国病民的行径，并暗示袁世凯如一意孤行，妄图称帝，必将归于失败。1915年8月，袁氏复辟活动进入高潮，极想利用黄远生之笔撰文赞成帝制，一再派人催促。黄远生虽非所愿，却亦不敢显拒，不得不写些“不痛不痒”的文章以搪塞。袁氏看后大为不满，旋即施以高压，兼以重金、高官为诱饵，在这“人格上争死活”的关键时刻，黄远生“始终不肯迁就”，终于9月30日逃往上海。抵沪后，黄远生立即向京沪各报发表声明，表示与鼓吹帝制的御用报纸划清界限，脱离关系，公开宣布与袁氏决裂，并致函章士钊，对此前所写的违心文章表示忏悔。11月中旬，黄远生东渡日本，转赴美国旧金山游历。不料被中华革命党驻美总部误认为“帝制派”，于1915年12月25日在唐人街遇刺身亡。次年，遗骸运回上海，各界人士隆重悼念。著有《远生遗著》4卷行世。

徐宝璜墓

徐宝璜墓位于九江市濂溪区虞家河乡鲁板村象山葫芦咀，为徐宝璜与其夫人蔡尚文合墓。墓体坐北朝南，正面宽3.5米，高1.5米，长4.5米。1990年，在墓前立石狮1对、石碑1块。墓区两旁是葱茏的常青松柏，烘托墓地幽静而肃穆的气氛。1998年7月，该墓被列为区级文物保护单位；2004年，被列为九江市级文物保护单位。1999年清明节，在墓前立“徐宝璜先生纪念碑”。 碑高1.8米，宽1.1米，碑文由中国新闻史学会会长方汉奇撰写。

徐宝璜墓

徐宝璜（1894—1930），字伯轩，九江人，著名新闻教育家。少年时代曾在九江文化学堂学习，1912年毕业于北京大学并考取公费留学，在美国密歇根大学专攻经济学及新闻学。1916年回国，在“北京晨报”担任编辑，1917年应北京大学校长蔡元培之聘，到该校任经济学教授兼校长室秘书，同年起在北京大学文科各系主讲新闻学课程，开中国新闻教育之先河。1918年中国第一个新闻学研究团体北京大学新闻学研究会成立，徐宝璜任副会长兼导师，并代会长蔡元培主持会务。他先后在该会讲学达两年之久，深为会员毛泽东、高君宇、罗昌龙、谭平山等所爱重，成为中国新闻学研究之滥觞，所写有关新闻学的讲义，后辑为《新闻学》一书，于1919年公开出版，是中国历史上的第一部新闻学专著。1920后，徐宝璜代蔡元培兼任民国大学校长，并先后兼任北平朝阳、中国平民等大学教授，盐务京华等专科学校校长及平民大学新闻系主任。1930年5月29日，徐宝璜在北京大学讲课时因脑出血倒在讲堂上，两天后的6月1日，在协和医院溘然长逝，年仅三十六岁。

徐宝璜是中国著名的教育家、经济学家和新闻学家，在新闻教育和新闻学研究上作出过突出贡献，被推为中国新闻学界之开山祖，所著《新闻学》一书被誉为中国新闻学“破天荒”之作，他的业绩已载入史册，将永远地受到后人的景仰和怀念。他的夫人蔡尚文与他同庚，曾任九江县女子中小学校长，大革命时期一度担任中共领导的九江县妇女协会主席，1944年逝世，与徐宝璜合葬于此。

陈礼江墓

陈礼江墓位于九江市濂溪区新港镇桃花村桃花中学东侧约100米处，为与夫人曾氏合墓。墓区坐西朝东，为陈氏家族墓地。2006年，时任国内贸易部部长的陈邦柱为该墓题 “光照千秋”四个大字，刻石立于墓前，极为醒目。砖砌墓围环绕墓冢并向左右延伸。

陈礼江（1896—1984），号逸民，清德化县（今九江市濂溪区新港镇荷塘村）人，现代教育家。早年毕业于九江南伟烈大学，后留学美国普尔度大学、芝加哥大学攻读教育学和心理学，获硕士学位。1924年回国，任武昌师范大学教育系教授。1927年任江西省教育厅厅长，期间发表多篇教育学论文。为解决教育经费独立问题，陈礼江请求批准从盐税项中每月拨支教育经费，使全省大、中、小学教师及其他教育工作人员工资得以按月发放。致力推广小学四二制，中学三三制，将公立中学改为省立，创办省立乡村师范5所。在教育厅内增设编审处，延聘名家，编译新教材，附设智力测量所，实行全省中小学生智力测验。为筹办江西大学，聘请吴有训、胡先骕等专家组成筹备委员会。1930年，任广东中山大学教授，翻译斯特尔《普遍教学法》。1932年，任江苏省立教育学院教务长兼教授，创设成人学习心理研究所，著有《民众教育》《普通心理学》《教育心理学》等，并译有《成人学习兴趣》，均先后由商务印书馆出版。江苏省立教育学院还为其编辑出版《陈礼江民众教育论文集》。1936年，任教育部社会教育司司长兼参事，大力推行电化教育与扫盲教育。经其请准，教育部及各省始设立社会教育督导员。他还创办督导员训练班，加强对社会教育检查与督促；主持并颁布大、中、小学兼办社会教育规程，促使多方出力，兴办社会教育；主编《教育通讯》，报道、交流、研讨各地抗战时期教育概况、经验与问题。1940年，陈礼江在重庆创立国立社会教育学院，任院长，设立教育行政系、社会教育行政系、图书博物馆系、新闻学系、电化教育系科、社会艺术教育系科、国语专修科等系科；延揽许德珩等名师授课，并设立研究部、社会教育实验区、国民教育实验区、实验社会教育工作站、教育电影编辑委员会及推广委员会，把教学与研究、实践结合起来，使该校成为当时国内唯一完备的成人教育最高学府。中华人民共和国成立前夕，国民党政府密令教育学院迁台，陈礼江拒不接受，完整地把该校保存下来，交予人民。中华人民共和国成立后，由于受“左”倾思想影响，陈礼江一度蒙受不公正待遇，但他仍本着爱国爱民之心，在家乡从事英语教学。中共十一届三中全会后得以彻底平反，当选为九江市政协委员。1984年逝世，终年八十八岁。《中国教育大辞典》等多种教育工具书载有其传略业绩和学术成果。

哑行者蒋彝墓

原墓在九江市马宿岭公墓区，为与其妻曾芸合墓。1992年迁至位于庐山西北麓、濂溪区赛阳镇东林村境的庐山华裔陵园。墓体坐东朝西，正面基宽3.4米，高1.5米，长3.7米，外有弧形水泥、石砌墓围，左侧立有蒋彝墓志石碑。

蒋彝（1903—1977），名仁全，字仲雅，笔名哑行者，九江市人。著名学者、画家、诗人、作家、书法家。足迹遍及五大洲80多个国家。先后被选为英国皇家艺术学会会员、美国艺术科学院院士、美国哥伦比亚大学终身教授、夏威夷大学东西文化中心高级专家，世界多所著名大学授予其文学和艺术博士学位。著作有英文版25种，中文诗集有《蒋重雅诗》《重哑绝句》《蒋彝诗集》等。据说，“可口可乐”四字就是请当时在哥伦比亚大学教书的蒋彝翻译的。他的创作实践和成果，跨越时空和地域、

蒋彝墓

意识形态、语言文化的限制，促进了东西方民族之间的交流和了解。

蒋彝幼时随父学画，稍长，拜江州名画家孙墨千为师，深得器重。十五岁时，始帮人画罗汉观音，远近寺庙的僧人常慕名求画。青年时，就读于省立九江第三中学。1922年考入国立南京东南大学化学系。1926年毕业，曾任教于九江光华中学。是年底，蒋彝投笔从戎，改名蒋怒铁。1928年任安徽芜湖县县长，后改任当涂县县长。1930年5月调任九江县县长兼任庐山管理局局长。期间，他曾拟定整顿社会秩序，实行禁烟、禁赌、禁娼，改革赋税，重新丈量土地等改革方案。

1933年赴英国留学，欲“观摩西方政治为将来之用”。后起笔名“哑行者”，不仅暗喻对官场的痛恨、失望，还表示在异国他乡语言不通的苦境。1934年，出任伦敦大学东方学院中文教师，1935年始用英文教书，同年11月出版《中国绘画》，向西方介绍中国艺术。1938年10月出版《中国书法》（原名《八法南针》），先后被英国、美国、日本等国一些大学列为讲授中国书法的教科书，至今仍然沿用。

蒋彝在文学艺术上的成就，在西方获得了很高声誉。继1937年出版《湖滨画记》大获成功后，他又陆续出版《约克郡画记》《伦敦画记》《巴黎画记》《日本画记》等12本之多，合称“哑行者丛书”。蒋彝的“画记”系列丛书持续在欧美销售三四十年，读者遍及五大洲，“画记”甚至一度成为圣诞礼物的首选。西方读者反映：“蒋彝用中国人的眼光，观察西方的芸芸众生相和生活细节，帮助我们重新认识自己。”但也有人带着成见说中国人写不出像“画记”这样的好书，断言他是日本人。蒋彝十分气愤，特意编写一本《儿时琐忆》，记述自己童年时代在九江生活以及九江的地理环境、生活习俗、风土人情、节日情况等，显示自己是中国人。同时，利用讲演、宴会等各种公开场合，宣称“我是中国人”。有时还穿起中国式的长袍、马褂，戴上瓜皮帽，昂首挺胸地在大街上行走，表明自己是正宗的中国人；并在《日本画记》中上野公园插图上写道：“朝朝多少游春者，我是唐人知不知？”表达自己作为炎黄子孙的自豪。

蒋彝是第一个通过绘画向世界介绍中国珍贵动物——大熊猫的画家。他一生中画过熊猫画1000多幅，每幅均写上“熊猫为吾华特产”，以表达对祖国的深情。他的熊猫画，英伦三岛妇孺皆知，称他“熊猫先生”。他在伦敦举办首次个人画展时，英国女王与王储均出席首展仪式。

1939年4月，蒋彝一度任英国情报局翻译。1940年9月至10月，他在伦敦的公寓楼遭到德国飞机轰炸，其大量书画、衣物均焚烧一空。

1955年，他应聘任美国哥伦比亚大学中国语言教授，并加入美国国籍。1971年6月在哥伦比亚大学退休，被授予终身教授荣衔。1972年先后任香港中文大学和澳大利亚堪培拉大学客座教授。1975年4月，回到阔别40年的祖国与妻儿团聚。在国内期间，蒋彝参观游览了大江南北的许多城市、乡村和工厂。回到美国后，写出《重访祖国》和《哑行者访华归来话今昔》等文章，热情歌颂新中国的成就。

1977年秋，他第二次回国访问，欲写《中国画记》，补充已起草的《中国艺术史》。为此，他在两个月内走访了11个省市，参观龙门石窟、宋陵、秦始皇陵、马王堆和殷墟、大汝（汶口）、仰韶文化遗址等古迹。由于年老体弱，加之劳累过度，不幸结肠癌复发，经医治无效，于1977年10月17日在首都医院逝世，终年七十四岁。10月26日，在北京八宝山公墓举行追悼会。《人民日报》刊登其逝世消息。遵其遗嘱，骨灰葬于庐山脚下的马宿岭公墓，以遂其“树高千丈，叶落归根”夙愿。1982年，已故全国人大常委会副委员长许德珩在《邑人蒋彝八十冥寿画展志感》一诗中，对他的一生做了全面评价。诗云：“浔阳江上多奇士，愤世嫉俗为蒋君。遨游世界哑行者，能诗善画书法勤。不忘故里雄心在，年已七五归国欣。欣然归国南北游，山山水水记情殷。欲写中国山和水，时不兴兮竟离群。今逢冥寿八十载，忆君风度似飞云。” 蒋彝的传记已载入《世界名人大辞典》《美国名人传》《九江市志》《九江县志》等著作。

名人墓名录

刘瑞祺墓 该墓位于九江市濂溪区新港镇芳兰村木马垅阡立子山。刘瑞祺（1833—1891），籍贯不详。官至河南布政使、山西巡抚，清封“光禄大夫”“振威将军”，其续室李氏夫人与他合墓。此墓于1988年12月至1989年5月3次被盗，现修复。

俞德生墓 该墓位于九江市濂溪区十里街道办事处黄土岭村，九莲路东侧吴家浪（地名）俞氏山庄遗址内。俞德生（1866—1919），浙江宁波人。曾任九江招商码头经理，资助蔡公时、林森、吴铁城、李烈钧等人在九江从事推翻清封建帝制活动，并与林森成为挚友。俞德生故去后，林森书“俞德生先生之墓”“誉永千秋”；李烈钧题“黄花媲烈，碧血长馨”。

俞兴根墓 该墓位于九江市濂溪区十里街道办事处黄土岭村，九莲路东侧吴家浪（地名）俞氏山庄遗址内。俞兴根（1888—1913），浙江宁波人。辛亥革命前，在林森组织的“浔阳阅书报社”内佐理社务，广州黄花岗起义后，协助林森、吴铁城等策划九江革命武装力量——商团，并与林森、李烈钧等在九江进行起义活动。俞兴根牺牲后，李烈钧书“俞兴根烈士墓”碑文。

许鸿模墓 该墓位于九江市濂溪区莲花镇王家垅。许鸿模（1880—1939），九江市人，1971年创办九江映庐电灯公司，为九江最早的电业创办人，1939年客死赣南。

李凤高墓 该墓位于九江市濂溪区赛阳镇东林村汪家畈山涧北岸。李凤高（？—1944），湖北汉阳人。民国初年学者，调任彭泽县县长，镌“彭泽令”三字印章却不上任，而寄隐庐山。抗日战争始，乃避地赣东南城。1944年无疾而终，1945年遗骸火化，葬于此。2004年该墓被列为九江市级文物保护单位。

徐母万氏墓 该墓位于九江市濂溪区新港镇长岭村孙家山。万氏（1880—1942），九江人。其子徐树南为国民党20军政治部主任兼副军长、少将，民国末任九江专员。国民政府主席蒋介石为此墓题词“淑训犹存”刻于石上，至今保存完好。

景德镇市

乐平市

九林彩色壁画墓

九林彩色壁画墓（王刚中夫妇合葬墓）位于江西省景德镇市乐平市礼林镇铺里村石榴花兴山北麓，坐落在礼林镇东南面约7500米的九林村山对面“风争落地”处。坐西朝东，偏东15度。四周松柏环抱，群山起舞。九林村地处丘陵盆地，墓前紧依100米地带的勤俭水库，勤俭水库建于九林村南，水库以东为乐回公路。古昔村内原有一座古刹、一座古董寺，寺内曾立书院。王刚中少时曾来院中求学。相传该书院曾出贤人多名，故有“九林古董寺，走马踏金鞍”之传说。王刚中之所以葬于此，据说是其生前遗嘱。

王刚中（1103—1165），字时亨，乐平洄田府前村人，是南宋著名的文学家。南宋绍兴十五年（1145）赴京应考，提出革除时弊的对策，深得宋高宗器重，被点为进士第二名（榜眼），任左宣义郎之职。据史料记载，王刚中入仕后，正值金宋交兵之时，面对主战、主和两派严重对立，他选择了“主战”，坚决抗金，时时不忘收复中原。入仕后的前十年，王刚中因不愿阿附秦桧，受到秦桧排挤，被贬为洪州教授。绍兴二十五年（1155），秦桧死，擢秘书校省书郎。因其博学多才，为官清正，后历任龙图待制知成都知府，端明殿学士，礼部尚书，乾道元年（1165年）擢为枢密院事（枢密副使）。为官期间，王刚中始终以读书著文为乐，著有《易说》《春秋道义》《仙源圣纪》《经史辩》《汉语史要览》《天人修应条》《东溪集》《应斋笔条》等名篇，均载入《宋史》，并行于世。

九林彩色壁画墓

1987年4月盗墓者发现王刚中墓，系夫妇合葬。同年4月和12月，先后两次由省、市考古人员一同进行了清理。该墓男右女左，墓中出土了一批珍贵文物，是一座不可多见的宋代彩色壁画夫妻合葬墓。男主人墓室长3.2米，宽1.4米，高1.15米。女主人墓室长2.75米，宽0.9米，高0.9米。两室共一坟仓，两墓室之中用麻石分开，其中间留有窗洞。墓周壁绘有彩色壁画并用油脂多色，粗线条构成了仪座、导卫、侍女等。墓四周用厚砖叠砌，砖长1～2米，宽0.31米，高0.29米。墓四周之外又有平砖横砌，呈半弧圆形，弧的直径为10.9米，并用方形麻石铺成该墓的拜堂，拜堂前有斜坡神道，神道两侧摆设四穹堂建筑，墓道砖石铺成，墓顶以长条麻石横铺结成平顶，墓底板均用长0.41米、宽0.09米、厚0.07米的“T”形砖铺成。

男主人墓室三壁有画，两侧壁男性武将文侍10人，各有执侍；后壁中央陈一扇屏风和太师椅，两旁站立手持宫扇侍女。男主人墓室中置大型方柜云头足屏风一扇，柜施黯色，上绘绿叶红牡丹，富丽华贵，屏风高1.11米，宽0.74米。前有三段典型搭脑，竖网雕花靠背折叠式交椅一把，俗称“太师椅”。椅身由两方框件交合而成，可以向内折叠，坐垫用丝网织成。坐卧舒适，启合随意，是宋代流行的贵重家具。两侧各站一名侍女，双手持长柄椭圆形宫扇，上缀朱红锦，面带微笑，内着红衫，上穿素装，外负披肩，下着漫足罗裙，上织线红菱格，腰系绸带，结花围裙前腹，体态丰满，身高0.74米。男主人墓室左壁由西向东分立5人，西起第一人为武官，头戴玄色硬脚幞帽，身着大红圆领紫袖袍衫，双手全持节杖，左腰悬一柄义刀，脚蹬皮鞋，呈侍候状，身高1.13米。第二人为文侍，头戴直脚幞帽，五官端正，双手护笏，身着大红朝袍，腰系革带，脚穿皂鞋，作恭身凝视状，身高1.11米。第三人为侍从，头戴玄色软脚幞头，嘴角三绺小须，身着绿青色官袖蟒袍，腰系帛带，双手捧一腰形香盘，脚穿软屐，身高1.14米。第四人为年轻侍者，头戴皂幞，五官端正，表情忠厚，身着圆领窄袖绛色绚衫，腰系帛带，双手捧一褐色卷轴，身高1.12米。第五人为年轻侍者，头戴幞帽，身着青灰袖袍，腰系帛带，脚穿素屐，双手斜抱一花口大洗，身高1.12米。

左壁由西至东也分五人对称，西起一人为武官，状貌端正，身高1.14米。第二人为文侍，双手捧笏，身高1.14米。第三人为侍者，双手捧一方厚砚，身高1.19米。第四人为侍者，双手端一雕花筒形圆盒，身高1.16米。第五人为年轻侍者，双手捧一大红封仓，纽结处书有“封”字，应为一方封印，身高1.17米。经过清理发现男主人墓室棺盖一块，长2.65米，宽1.0米，厚0.3米。两层厚漆，内红外黑，尸骨被扰乱。在此出土了“祥符通宝”“元丰通宝”“政和通宝”铜钱各一枚。墓室南端出土高尖顶锡质花口瓶一对。棺木内有许多晶莹的水银珠滴。

女主人墓室四壁有画，前壁一方桌，桌面上花瓶1对；后壁上布垂幔，中设花床，下铺地毯；两侧壁女性武将文侍8人，执侍有异。女室墓四壁分别绘有闺榻、侍女和桌案花瓶，由于麻石风化，左壁二侍女褪落不清，其余皆鲜艳如初。墓室内上方绘闺榻图，中置一花柜方榻，上罩绸绣花帐，八字分开，榻下饰斜方格纹，画宽2.74米，高0.9米。帐前绘一方桌，桌面下垂布复围，红底兰团花，桌上置一对玉壶春瓶，瓶内各插一枝绿叶陪衬的盛开的红牡丹，右壁由西至东分立四人：西起一、二人为侍女，上身脱落不清。第三人为侍女，头梳云髻，饰有金花，面部丰满，五官端正，上着红花紧袖衫，下着漫足花罗裙，身高0.88米。第四人为侍女，头梳蝴蝶发髻，上穿白花紫袖衫，下着漫足大红罗裙，双肩帛带垂至下腹，系蝴蝶结于前腹，双手捧胸前，呈侍候状，身高0.9米。左壁由西至东也分四人，西起一人为侍女，头饰云髻，面带笑容，双手拱胸前，呈侍候状，身高0.85米。第二人为侍女，头饰高发髻，双手作拱揖状，身高0.86米。第三人为侍女，头饰蝴蝶发髻，面带微笑，双手捧一茶盘，盘中是一茶盅，呈献茶状，身高0.93米。第四人为侍女，双手斜捧长流锡酒壶一把，身高0.85米。女墓室墓壁两层麻石上横下竖。棺木四周以石灰砂浆充填、封固结实。女主人墓室棺木全烂，但人骨架完整，长1.62米，出土影青瓷粉盒两个，瓷粉罐一个，内存香粉及发钗一根。铜镜半块，陶佩一块上刻“长命富贵”四字阴文，铁剪刀一把，北宋至南宋绍兴铜钱19枚。

从该墓的结构、遗物、壁画的手法来看，属宋代彩色壁画墓。壁画均以铁线勾勒，再随类赋彩，手法洗练，形神兼备。全画布局规整，比例准确，是不可多得的宋人手笔。1988年11月公布为乐平市第三批文物保护单位，并进行了修复，设立专人保护，对外开放，且已在《江西画报》1987年第五期刊登介绍。

宋末元初历史学家马端临墓

马端临墓

宋末元初历史学家马端临墓位于乐平市城东南20千米凤凰山垦殖场石里村，墓向坐北朝南，高出地面12米，墓前60米即为乐安江，两翼低土岗相对，整个地形似“飞燕投河”。

该墓在20世纪60年代已被挖掘，存一残坑。残坑位于“马氏岵”西南端上方坡面上，坐北朝南，面临江水。坑中遗物荡然无存，杂草丛生。坑的最深处约1.6米，最宽处约6米，呈两条平行直线延伸山下。残坑的整体平面呈长方形。1983年公布其为乐平市文物保护单位。2004年该墓予以修复。

马端临塑像

马端临（1254—1323），字贵与，号竹村，南宋末右丞相马廷鸾的次子，乐平楼前村（今属众埠镇）人。中国古代宋元之际著名的历史学家，著有《文献通考》《大学集注》《多识录》。马端临自幼天资聪慧，且有良好的家学条件,很小就在母亲的指导下读经书，七岁即能诵读四书五经。稍大时愈发勤奋好学，长期仿效南北朝著名文学家袁峻读抄经史的做法，每天坚持抄书50张，天天如数完成，没有完成，决不休息。十余年间，他遍读了宋以前历代正史、稗官记录、私家文征和唐宋两代名臣奏疏、名儒评论，还从名师曹泾研习程朱理学。其父马廷鸾曾任南宋国史院编修官与实录院检讨官，博学多才，藏书甚富。马端临受父亲的影响，并且接触到很多的资料，这为他日后撰写《文献通考》打下了深厚基础。马端临淡泊功名，无意仕途，关心后代，热心教育，望重乡梓，是一位学识渊博、专心著述、治学严谨的历史学家。他一生最大的社会贡献在于编写了一部《文献通考》。在潜心研究历史的过程中，他发现自班固的《汉书》至司马光的《资治通鉴》等断代史和通史，都详于理乱兴衰的记载，而略于典章制度的记述。他认为“理乱兴衰”史对于后世固然有很大的借鉴作用，然而“典章制度”的置废对社会兴衰的影响和作用也是不容忽视的。带着这一观点，他反复、深入地研究中国每一部典章制度专史，从中领悟到：历代典章制度不尽相同，亦不迥然相异，它们之间有明显的承袭关系。后世典章制度的变革是在承袭前朝乃至古代典章制度的基础上进行的。潜心研究的心得使马端临立志编写了一部自上古至南宋的典章制度专史——《文献通考》。

《文献通考》收有24个门类，共348卷。书中详细记述了自古迄宋25个朝代各种典章制度的兴废沿革和利弊得失，每个门类和每卷之后都有文字精约的按语，阐述各个时期各种典章制度的兴废对社会经济发展和政治兴衰的影响。全书叙事条分缕析，评述精审透彻，资料丰富翔实，是一部古往今来极有参考价值的历史名著。它与唐朝杜祐的《通典》、南宋郑樵的《通志》两部历史名著合称“三通”。“三通”是旧时应科举考试者必读之书，至今仍是研究古代历史者案头必备之籍。《文献通考》是“三通”中内容最丰富、记述时限最长、考证最精深的一部，因此被历代史学家举为“三通”之首。《文献通考》作为一部记叙中国历代典章制度的专著，与司马光的《资治通鉴》起到了相辅相成的作用。人们说，读《资治通鉴》而不读《文献通考》，就好比读“纪、传”而不读“志、表”，只知一代的人物事迹，而不知一代的典章制度。相反，如只读《文献通考》而不读《资治通鉴》，犹如知“志、表”而不知“纪、传”。所以，只有两部书结合起来读，才会对我国上下几千年的历史有较全面的认识。《文献通考》在中国浩渺的史籍中占有很重要的地位，而马端临的卓越贡献，亦为世代所敬仰。

名人墓名录

马廷鸾墓 该墓位于乐平、德兴两县交界处，众埠楼前村莲花形山，墓今尚存。该墓早年被盗，遭到破坏，存残破墓志铭一块，现存于乐平市博物馆。20世纪90年代初，全球马氏宗亲会出资，已作大规模修复，2001年公布为乐平市文物保护单位。马廷鸾（1222—1289），字翔仲，今乐平众埠楼前村（今属众埠镇）人，南宋右丞相。淳祐七年（1247）举进士第。次子马端临。

郑冕墓 该墓位于乐平城北面65千米的科山垦殖场月山村2里的油榨麓。墓向坐西朝东，醒目开阔，墓前两翼立有石牛、石马、石羊、石鱼之类石雕。该墓于20世纪60年代被盗，后出土墓志铭一块，现存月山分场，随葬物品无法追回。郑冕（1418—1467），字且端，号元殷，乐平月山人。明景泰辛未年（1452）进士，授文林郎，拜河南道监察御史，天顺年间，因弹劾石亨，谪为衡山县令，后石亨事败，升衡州知府。卒于任上，归葬故里月山顶家园，与夫人戴氏同穴。

汪道诚墓 该墓位于乐平市北8千米马家良种场窑前山上。墓向坐北朝南，北靠安邦村，南对乐景公路，东临前屋山村，西对程家坞。墓前神道两侧有石翁仲、石马、石座、石柱、石碑、石供桌各一对，分别相对列于神道内侧。“文化大革命”中，神道两侧石雕遭到严重破坏，现只存三块石碑，其中一块下刻“同治丁卯仲冬月”。汪道诚（1783—1865），字勉旃，号砺轩，乐平市乐港里汪人。自幼苦练骑射，有“射无不中”之功力。嘉庆十二年（1807）赴乡试武科，中榜首；十四年（1809）应京考，又中榜首，得一甲一名，成武状元。

浮梁县

南宋理学家朱克己夫妇墓

南宋理学家朱克己夫妇墓位于浮梁县勒功乡沧溪村后山坡下。墓堆呈圆形，墓前两侧有护墙，墓碑嵌于正中，上书“宋朱克己先生夫妇合葬之墓”。碑上刻有其生平事迹以及朱克己先生像，墓前有80平方米的祭拜场，通道用鹅卵石铺成，该墓为明成化十二年（1476）重修。

朱克己夫妇墓

朱宏（1130—1210），字元礼，著名理学家，南宋浮梁长安都沧溪（今勒功乡沧溪村）人，沧溪朱氏十三世祖，人称“克己先生”。朱克己年少时聪明颖悟，读书求理解大义，作诗文以理为主旨。长大后放弃科举考试，毕生授教乡里，人们又称他为“乡先生”。他励志圣贤，独尊儒学，因听说国子司业计衡学术渊博，便同弟负笈前往求教。他善于思考，重于实践，对于生死、道德观，无不穷根索源。而“以道为己任”，地方名士、重臣，交章荐举，他坚辞不受。

婺源与浮梁山水相连，习俗相近。朱宏非常推崇婺源朱熹，两人志向相投，交往甚密，常常聚首一处，切磋交流。朱熹认为他“高识笃行，鲜与伦比”，并题其所居住的地方为“克己堂”，学者也称他为“克己先生”。朱克己平生严肃、坚毅，对自己要求很严，平时在家也要冠带，对于儒学之外的则视为异端，严格防范。他讲解《孝经》“庶人”章时说“佛经无益于身心”，对佛学的一些观点反复进行驳斥，“惟恐学者陷溺其中”。至于阴阳巫占之说，则概排斥。在他的影响下，村里风俗淳雅，人们勤俭守礼。四方学士，敬其品学，来者甚众，可谓桃李满天下，贤名远扬。时任南京刑部尚书、文林郎知宁海曾赞曰：“性资教悟，孝友谦恭，不回不执不依，此其赋予天者也。日记数千年，洞彻子史，出入百家，精研义理，其排方外有回澜。”

宋绍兴年间（1131—1161），朱宏隐居家乡，一边教授村童，一边著书立说。著有《礼编》《四书图考》《六经义》《惠绥集》《有信论异》《迥涧集》等，可惜被毁于元末兵燹。

宋宁宗嘉定三年（1210），朱宏病危之时告诫其子：“我死安葬，祭礼按规定礼节去办，不要听从世俗迷信。”说完，正襟端坐而逝。后世学者称赞他说：像朱克己这样信道笃、崇礼严，真是浮梁的“灭明”。

名人墓名录

朱韶墓 该墓位于浮梁县勒功乡沧溪村后山，坐北朝南，建于明朝。整个墓规模宏大，气势宏伟，石刻精细，记载了朱韶的生平事迹及品德。墓前有20平方米的祭拜地，目前，该墓保存完好。朱韶（1481—1538），字菊泉，号毕峰，浮梁沧溪人。自幼聪明，明弘治丁巳年（1497）进士，官至安徽贵池县推官，后任安徽池州知府，为官清廉，颇有声望。正德十五年（1520）衣锦还乡时，请资德大夫、枢密使邑人（浮梁县人）戴珊撰写《乡先生祠增祀朱克己公记》一文，铭刻于石，立于沧溪村内，并为朱宏建造蜚英坊。2012年，该墓被公布为浮梁县文物保护单位。

程奖念墓 该墓位于景德镇市浮梁县兴田乡锦里村，是一座典型的明代墓葬。基本由圆形祭拜亭、墓碑、墓茔三部分组成，面积约120平方米，是明代万历年间墓葬，对研究明代贵族墓葬有一定的价值。程奖念，生平事迹不详。

昌江区

名人墓名录

史桂芳墓 该墓位于昌江区丽阳镇古田村，建于明万历二十八年（1600）。史桂芳（1518—1598），号惺堂，丽阳镇人，明嘉靖癸丑年进士，官至两浙盐运使，是明晚期较有影响的学者、诗人、古文家。著《英风纪异》收入《四库全书》，《惺堂文集》亦存目。

余祐墓 该墓位于昌江区丽阳镇。余祐（1465—1528），字子积，号讱斋，明弘治年间进士。历官南京刑部员外郎、山东副使、云南布政使，转吏部侍郎。精研理学，编著《性书》《文公经世大训》《游艺至论》等，为其师胡居仁编有《居业录》《敬斋集》等。

萍乡市

安 源 区

辛亥革命烈士黄钟杰墓

黄钟杰烈士雕像

辛亥革命烈士黄钟杰墓位于萍乡市南门外铁路旁。墓区面积180平方米，墓冢四周由水泥栅栏围护。墓前有一座石牌坊，正面上方镌刻“黄烈士钟杰之墓”，两侧有内、外挽联各一副。外联是：“一死结成新世纪，万山罗拜此英魂”。内联是：“为祖国捐躯，倡义先声垂宇宙；择名山葬骨，稽勋旷典炳旗常”。背面横匾为“气壮山河”四个大字。内、外联和横匾均为中国同盟会和辛亥革命的二号人物、国民党三元首之一的黄兴（国民党建党初期三元首——孙中山、黄兴、宋教仁）亲笔题写。在辛亥革命胜利后的1912年冬，黄兴乘专列来萍乡，在安源煤矿张赞宸家（即现张公祠）主持召开黄钟杰烈士追悼会，并当场挥毫为墓碑题词。墓区内有一座由广西著名雕塑家蒋昌松先生捐建的黄钟杰烈士像，烈士像高6.8米，远远望去，身着军装的黄钟杰拳头紧握，昂首向前，体现出辛亥革命志士大无畏的勇气和誓死推翻封建制度的精神。中华人民共和国成立后，党和政府追认黄钟杰为革命烈士。1982年萍乡市对该墓进行了修整。1984年10月该墓被市政府列为市级重点保护文物。

黄钟杰（1882—1910），又名载生、直生、黄骥等，生于萍乡市湘东区湘东镇黄堂村谷皮冲，辛亥革命烈士。1910年2月在湖南浏阳被捕，同年4月8日被清政府杀害，年仅二十八岁。不久，故乡人为纪念他的英勇事迹，特意在萍乡城南修建了烈士墓。黄钟杰自懂事起，就目睹晚清列强入侵、经济衰败、民生艰难的现实，对清朝政府十分憎恨，决心投身“反叛”之路，救劳苦大众于水火之中。1900年，八国联军攻陷北京，一路烧杀奸掠，而清朝当局竟与列强签订了丧权辱国的《辛丑条约》，割地赔款，置民于水火，且与列强共同镇压曾一度“扶清灭洋”的义和团运动。消息传到黄钟杰就学的萍乡中学，他义愤填膺，夜不成寐，组织进步同学举行活动，坚决反对当局签订《辛丑条约》，遭到学校当局开除。不得已，黄钟杰又前往袁州中学（现宜春中学）就读，在那里他又继续组织进步社团，秘密从事反清的革命活动，不久被袁州府当局发现，派军警搜索，黄钟杰冒死冲出重围，直奔长沙，寻找华兴会领导人黄兴。黄兴对黄钟杰十分欣赏，留他在华兴会工作。此后，黄钟杰一直与黄兴一道并肩战斗，直到华兴会与兴中会、光复会、日知会等联合组成中国同盟会。

黄钟杰随华兴会一同参加中国同盟会后，被任命为中国同盟会湘赣外务部员。从此，他接受中国同盟会和孙中山先生派遣，辗转萍乡、浏阳、醴陵一带积极开展革命工作，四处发动群众，播撒革命火种，散发同盟会主编的报刊——《民报》。他常深入煤矿和醴陵清军营中，与那些同情革命的工人、士兵促膝谈心，发展同盟会员100多人，壮大了革命阵营。

清政府为维护其统治，大肆屠杀革命党人和进步群众。黄钟杰的三叔害怕株连九族，多次苦劝他终止革命活动。黄钟杰断然谢绝了三叔的劝告，毅然说：“头可断，血可流，革命事业不可不为。”因此，清政府将他视为眼中钉、肉中刺，到处张榜通缉他。

1910年2月，正在从事革命组织宣传工作的黄钟杰在浏市街头不幸被捕，当局“如获至宝”，清政府军机处于3月5日专电江西巡抚冯汝夔,着令江西巡抚从黄钟杰口中“撬出”同盟会成员名单，妄图将革命者一网打尽。

在狱中，黄钟杰视死如归，大义凛然。当局为使他供出同盟会的其他同志，软硬兼施，酷刑用尽，但一无所获。黄钟杰被折磨得一次次昏死过去，又一次次被冷水浇醒，当局叫他供出“同党”，黄钟杰冷笑着回答：“睁开眼睛一个没有，闭着眼睛尽是！”气得当局无可奈何。

黄钟杰自知来日无多，在狱中，他挥毫叙志，表明自己“驱除鞑虏，恢复中华”和为大众福祉不惜献身的革命决心：

其一

无端风雨荡残舟，黄汉衣冠作楚囚。
我欲鞭露重起露，好教割破一方秋。

其二

久将身世付尘埃，生死原来只刹那。
大好头颅向天掷，血中溅出自由花。

1910年4月8日，黄钟杰高呼口号，慷慨就义。黄钟杰喊出的“大好头颅向天掷，血中溅出自由花”悲壮诗句，被后人赞为可与维新变法中英勇就义的谭嗣同《狱中题壁》的“我自横刀向天笑，去留肝胆两昆仑”相映生辉。烈士的鲜血没有白流，就在黄钟杰就义后的一年半，血中终于溅出自由花，武昌起义成功，结束了两百多年的清王朝封建统治和中国两千多年君主专制政权。

萍乡革命烈士陵园

萍乡革命烈士纪念碑

萍乡革命烈士陵园是江西省重点文物保护单位，萍乡红色旅游的重要景点，位于江西省萍乡市安源区安源镇安源路矿工人运动纪念馆西侧山坡，距萍乡市城区约5千米。

陵园占地面积20余亩，大门宽20米，纪念碑高6.8米，为花岗岩三门牌坊，中国传统牌坊风格建筑，4根立柱镌有毛泽东手迹条幅：“发扬革命传统，争取更大光荣”“为有牺牲多壮志，敢教日月换新天”。内柱上端横梁阴刻有烈士陵园字样，两端横梁有安源路矿工人俱乐部部徽，两侧围墙装有镂空式桃花、荷花、菊花、梅花图案，进门后为步阶吊唁场，可容纳500余人。烈士纪念碑高13米，碑座碑身为长方形，碑座正面为3个石雕花圈，背面为碑文。

“萍乡革命烈士纪念碑”字样采用刘少奇手迹。碑头是由四组白水泥的群雕组成。墓室为圆形，安葬着部分烈士的遗骸。

名人墓名录

黄静源烈士殉难处纪念碑　该纪念碑位于安源路矿工人俱乐部广场。碑文由株萍铁路总工会委员长朱少连撰写。黄静源（1900—1925），字家足，号执谦，湖南彬县人、安源工人运动领袖。1925年10月16日，被以“传播赤化，扰害治安”的罪名，枪杀于安源路矿工人俱乐部广场。黄静源牺牲后，安源工人不畏强暴，在这里举行了追悼会。并于次日将烈士遗体秘密抬至醴陵，隆重装殓，再用火车将灵柩运往长沙，安葬在岳麓山。

宋寿林烈士墓　该墓位于安源区五陂镇大田村乌龙山，坐南朝北。整座墓封土堆直径1.2米,高1米，占地面积约10平方米。宋寿林（？—1930），萍乡五陂人，民国十七年（1928）参加革命并加入中国共产党，在五陂下、南坑等地为红军探听情报并负责与各区的联络工作，后病逝于长丰。

芦　溪　县

清末哥老会首领罗凤冈墓

清末哥老会首领罗凤冈墓位于芦溪县新泉乡颜家坊村。罗凤冈（1856—1892），名翔，字洪熙，芦溪县新泉乡檀树下村人，清末萍乡哥老会重要首领之一。1892年9月18日，哥老会在大安里起义时任总办粮台，封平南王。起义震惊了清王朝，清政府派重兵会剿，起义最终失败。10月7日，罗凤冈被捕；18日，被解往南昌杀害。数日后家人将尸首运回家乡下葬，因罗凤冈起义被清廷视为乱党，家人不敢在墓碑上刻其姓名，乃刻一凤鸟落在山冈之上，意为“一凤落山冈”（暗喻罗凤冈名），凤属鸟中之王，又暗喻罗凤冈为起义军首领。墓碑右上首还刻有祥云一朵与菊花二枝，祥云喻其义薄云天，菊花代表罗凤冈被害时间是秋季。

北伐名将易简烈士陵园

易简烈士墓碑

北伐名将易简烈士陵园位于芦溪县宣风镇虹桥村黄土塝组。该墓初建于1926年，原有蒋介石对易简的题词石碑，“文化大革命”中被毁。2008年扩建成总占地面积22亩的陵园。改造后的易简烈士陵园庄严、典雅，墓碑和林廊设施完备。陵园绿化面积达19亩，占总面积的85%；墓碑主体建筑占地面积650平方米；陵园广场占地面积3100平方米；陵园内硬化路面800平方米，还建有300平方米的停车场等附属设施。

陵园墓碑似一把挺立的钢枪直插云霄，象征着烈士的凛然正气永驻人间。墓碑高9.99米，象征着易简烈士为国为民的壮举久留在人民心中。墓碑中间刻有“易简烈士之墓”六个鎏金大字，由中国当代书法家李远实先生题写。墓碑基座正面刻有易简烈士的墓志。易简烈士的灵柩安葬在墓碑的正后方。墓体采用混凝土材料建成，为半圆形。墓碑的左方是用黄山栾树和白玉兰栽种成代表太阳的图形，右方是樱花、香樟树、常青小灌木构成的代表月亮的图形。这种“日月同辉”的巧妙设计，蕴含着两层含义：一是易简烈士虽然已牺牲80多年，但是他永远活在人民心中与日月同在；二是易简烈士的英雄事迹与日月同辉。步下台阶，与墓碑正面相对的是小灌木围成的花坛，象征着人们向烈士敬献的“永不凋谢的花圈”。陵园内盛开着红杜鹃、南天竺，象征无数革命烈士用鲜血和生命为我们铺就自由与幸福的道路。陵园的绿化主要采用龙柏，毛竹为主，配以香樟、雪杉、桂花、白玉兰、冬青、樱花、栾树等。陵园内绿树常青，素花点缀，显得庄重而肃穆。

易简（1889—1926），字卫权。宣风镇竹垣村人，中华民国早期国民革命军陆军中将，北伐战争名将。易简自幼聪颖，好文爱武，七岁入宣风镇廷宣小学读书，成绩超群，毕业后考入江西陆军小学，后以优异成绩进入南京陆军中学。陆军中学毕业后，即先后进入湖北武昌军官预备学校、河北讲武堂和保定军官学校学习。二十二岁时毕业于保定军官学校第二期。武昌起义爆发后，易简投奔李烈钧领导的赣军，历任见习排长、排长、连长、营长、团长、师参谋长等职，率部转战于粤、桂、赣、闽等省，参加了孙中山领导的护法战争。1924年，国共两党合作后，易简参加了创建广东革命根据地的多次战役。1925年任国民革命军第十四军一师师长，1926年参加北伐战争。同年10月18日，易简率部猛攻抚州，他身先士卒，指挥若定，经过三天激战，终于克敌制胜，夺取了坚固的抚州城。然而，10月20日，易简在攻占抚州的文昌桥战斗中身先士卒，亲临一线指挥，不幸中弹牺牲，时年三十七岁。易简战功卓著，牺牲后国民政府追授国民革命军陆军中将军衔。1984年，经江西省政府批准，追认其为革命烈士。

卢德铭烈士墓

卢德铭烈士墓位于芦溪县上埠镇山口岩村，距县城32千米，占地面积45平方米。1983年始建，2007年投资1000万元进行了扩建。烈士墓碑高6.4米，碑身正面刻原中国人民解放军总参谋长杨得志题写的“卢德铭烈士纪念碑”八个大字，背面刻“卢德铭烈士纪念碑碑文”，详细记载了烈士生平。整个墓区由秋收起义纪念碑、浮雕文化墙、秋收起义名人雕塑园、秋收起义纪念馆四个部分组成。烈士墓东南边为山口岩国家水利枢纽工程，西南面为山地，北边为农田、民居。墓地三面建有水泥护栏，山坡上植有数米高的松柏树。

1984年，卢德铭烈士墓被列为市级文物保护单位；1987年，成为全省重点烈士纪念建筑物保护单位；2004年，被评为江西省爱国主义教育基地先进单位。2009年6月，被列为全国重点烈士纪念建筑物保护单位。现在，卢德铭烈士墓已成为青少年爱国主义教育重要基地。

卢德铭烈士墓正门

卢德铭烈士雕像

卢德铭（1905—1927），字邦鼎，号又新，四川宜宾人，是优秀的无产阶级先锋战士，人民军队早期出色的军事指挥员。他英勇善战，在部队中享有很高的威望。1921年，卢德铭考入成都公学，1924年破格考入黄埔军校，同年加入中国共产党。在校期间，他学习刻苦，品学兼优，受到孙中山“全校学生要以德铭为学习楷模”的表彰。1925年2月，任东征学生军侦探长，率学生军60人参加讨伐陈炯明的战斗；11月，任叶挺独立团二营四连连长。1926年参加北伐战争，在平江、汀泗桥、贺胜桥等战斗中，指挥果断，身先士卒，屡建战功，晋升为第一营营长。有诗赞道：“血战两桥敌胆惊，四连直捣武昌城。铁军个个英雄汉，多次冲锋有德铭。”攻克武昌后，独立团改编为第73团，卢德铭任参谋长。1927年6月，国民革命军第二方面军总指挥部在武昌成立警卫团（即武汉国民政府警卫团），卢德铭担任第二方面军总指挥部警卫团团长。此时，湖南发生“马日事变”，大批共产党员和革命群众遭到屠杀。为了保存革命力量，卢德铭利用职务之便，将宛希先、何挺颖、何长工等人安排在警卫团担任各级干部，加强了中国共产党对这支部队的领导。

1927年8月，卢德铭率警卫团参加南昌起义。9月，率领警卫团参加毛泽东领导的湘赣边界秋收起义，任工农革命军第一军第一师师长、中共湖南省委前敌委员会委员和秋收起义总指挥。起义部队原计划夺取长沙，后因敌强我弱、力量悬殊，各起义部队先后遭到挫折。为保存革命实力，卢德铭坚决支持毛泽东改变攻打长沙的作战计划和向罗霄山脉中段进军的正确主张，积极支持起义部队上井冈山，对于会议统一思想、最后通过毛泽东的正确主张起了重要作用。9月23日，起义部队在芦溪山口岩遭到国民党军队的袭击，为掩护部队前进，卢德铭挺身而出，毅然从前队折回，带领一个连抢占路旁高地阻击敌人，同时指挥被打散的第3团官兵迅速向前卫部队靠拢，不幸中弹壮烈牺牲，年仅二十二岁。毛泽东痛惜不已，叹道：“还我卢德铭！给我3个师也不换。”2009年9月14日，卢德铭被评为“100位为新中国成立作出突出贡献的英雄模范”之一。

林瑞笙烈士墓

林瑞笙烈士墓位于芦溪县芦溪镇林家坊村。原墓在他的牺牲地——万龙山乡南岭白术坳，1952年，林家坊村将林瑞笙烈士遗骸迁葬于此。2011年11月，林瑞笙烈士墓被列为县级文物保护单位。

林瑞笙（1906—1936），字焕然，号一新、益醒，芦溪县芦溪镇林家坊村人，中共中央局巡视员、中共湘鄂赣省委书记。林瑞笙早年在萍乡县立中学读书，参加学生爱国运动。1923年，他在安源加入社会主义青年团。自此，他放弃学业，到安源煤矿修理厂做工。由于林瑞笙文化基础较好，不久即被安源路矿工人俱乐部选调到工人夜校任教员。1925年参加安源工人运动，同年加入中国共产党。是年冬，林瑞笙考入国民党举办的广州国民政治讲习班。在这里他听取了毛泽东、恽代英、邓中夏、萧楚女等共产党著名人物讲授的课程，并接受了系统的军事训练。1926年5月，政治讲习班结业，林瑞笙被分配到国民革命军第二军第四师政治部工作。7月，参加北伐战争。

北伐军进入湖南茶陵后，林瑞笙到处张贴标语，召开群众大会并登台演讲，给茶陵民众留下了深刻印象。根据地方党部请求，林瑞笙留在茶陵工作，被湖南党部委任为驻茶陵的工人运动特派员。林瑞笙在茶陵参与组建中共茶陵特别支部，担任支部宣传委员。他还在当地工人中建立工会组织，创办工人夜校，自编教材，亲自授课，培养了一批工运骨干，在工人中建立了较高的威信。1926年11月，林瑞笙当选为湖南全省第一次工农代表大会代表。这时部队来信招他归队，大会结束后，林瑞笙即离湘归队。

林瑞笙烈士墓

1927年，林瑞笙参加南昌起义，后被派赴苏联学习。1930年，林瑞笙从苏联回国后，被中共中央委任为中央局巡视员，派往苏区工作。同年7月，任中共湘赣临时省委组织部部长、政治保卫局局长。1931年10月，出席在莲花县花塘村召开的中共湘赣省第一次代表大会，他向大会做组织工作报告，并在会上当选为中共湘赣省委常委兼组织部部长、党报委员会委员。11月初，国民党集中10个师连同地主武装共8万人，向湘赣革命根据地发动围剿。林瑞笙亲自率湘赣红军独立第三师进至莲花附近，袭扰敌罗林第七十七师，并消灭正在升坊骚扰的一营敌军。12月初，敌周至柔第十四师一个营进犯澧田，妄图摧毁湘赣省委机关。林瑞笙又率湘赣红军独立第三师从莲花赶回，埋伏诱敌，全歼敌兵，使湘赣省委机关安全转移。

1932年3月，在中共湘鄂赣省第一届二次执委扩大会上，林瑞笙当选为湘鄂赣临时省委书记。同年9月，在中共湘鄂赣第二次代表大会上当选为湘鄂赣省委书记。1934年调回中共萍乡县委工作。此时，中央红军已离开江西长征北上，在艰难困苦的环境中，林瑞笙和萍乡县委的同志带领游击队，在武功山区青龙山一带与敌人周旋，开展游击斗争。1935年春，林瑞笙和萍乡县委被敌人包围，为掩护其他同志撤退，林瑞笙在青龙山白术坳不幸中弹牺牲，终年三十岁。

名人墓名录

欧阳琮墓 该墓位于芦溪镇温埠村狮子岩，墓额刻有“天下第一墓”字样。清乾隆二十七年（1762）欧阳氏子孙对墓进行了维修，立石狮一对于墓左右。1984年10月被列为市级文物保护单位。欧阳琮，生卒年不详，潭州临湘人，唐天宝元年（742）任吉州（今江西吉安）刺史，其间经过芦溪，见狮子岩奇石蹲踞，地藏仙气，逐相中为日后寿藏之地，后人遵其嘱将其葬于此。

上 栗 县

乘广禅师塔

乘广禅师塔

乘广禅师塔位于上栗县杨岐普通寺内，为乘广禅师舍利石塔。唐德宗贞元十四年（798），乘广禅师圆寂，其徒甄叔禅师率众于广利寺右侧20米处为师建塔。清乾隆十七年（1752）了道和尚重修。该塔仿古代木构建筑风格，面宽4.6米，进深8.7米，塔高2.7米，塔为八角亭式，全麻石雕刻垒砌而成，周围是麻石罗围，后加护栏。四面有浮雕佛像、力士、怪兽等，塔檐厚实，出檐深远。塔前有著名文学家刘禹锡于唐元和二年（807）为乘广禅师撰写的碑文。清道光丙戌年（1826）此碑被山洪冲倒，遂搬入寺中，于次年并碑座一起嵌入寺正面坐向右侧处墙内。该碑高2.8米，宽6.9米，碑文25行，每行54字。碑额圆首，锈刻螭龙图案，中间二行篆字“乘广禅师碑铭”，碑下是龟趺座，龟座与碑均系花岗岩雕刻而成，碑石系青遂石。1957年7月1日，乘广禅师塔与碑被江西省政府列为省级重点文物保护单位。2013年5月，与甄叔禅师塔一起被列为国家重点文物保护单位。

乘广禅师，生卒年不详，为唐代高僧，容州（今广西容县）人，俗姓张，十三岁出家，初至衡阳，依天主想公。三十岁，至洛阳从菏泽会公受法，后到萍乡杨岐山传教，始创“广利禅寺”。广利禅寺是我国佛教禅宗五家七宗之一的杨岐禅宗发祥地，是杨岐禅宗祖庭。唐贞元十四年（798），乘广禅师圆寂后，由甄叔禅师任住持，在广利禅寺之右侧修建舍利石塔，保存至今。

乘广禅师碑铭

甄叔禅师塔

甄叔禅师塔

甄叔禅师塔位于上栗县杨岐山普通寺左的田边。唐宪宗元和十五年（820），甄叔禅师圆寂后，荼毗（指僧人火葬）获舍利七百粒，其徒众于寺东30米处为师建塔安放灵骨。塔为四方形亭式，上部因倒塌残至半截，只剩塔顶。塔每边宽0.88米，残高1.78米。因塔形似当时方形的油盐罐，故又称“油盐塔”，当地群众以讹传讹，流传着“油盐塔出油盐”的神话故事。塔左原有唐大和六年（832）沙门至闲撰、僧元幽书《大唐袁州萍乡杨岐山故甄叔大师塔铭并序》碑，琅琊王周古篆额，后因年久失修倒在田中，清道光丁酉年（1837）嵌入寺前左墙内。该碑铭连额，龟座高2.83米，宽0.95米。碑座为大石龟，其形状同乘广碑座一样，在碑额上，同样刻有雕龙图案，中间一行篆字“甄叔禅师碑铭”。甄叔禅师塔及碑铭属唐代风格，清乾隆十五年（1750）八月曾经修理，1993年维修塔顶，恢复罗围。2013年5月与乘广禅师塔一起被列为国家重点文物保护单位。

甄叔禅师，生卒年不详，乘广禅师的得意弟子，继承乘广禅师其法，传教四十余年，为唐代佛教一代宗师。他于唐大历年间新建法堂、僧舍，扩大广利禅寺规模，是杨岐山广利禅寺第二任住持。

近代维新派思想家文廷式墓

近代维新派思想家文廷式墓位于上栗县杨岐山普通寺后50米的山上，墓葬面积50平方米，墓堆长4米，高1.8米，坐西朝东。墓堆前立有望柱两根，上刻有《卜兆取兹方故实未湮皇览从今当补记》《表轩终有待乡贤如接泷冈吉日更题辞》，后有墓碑，高2米，宽1米，墓碑用正楷字刻“诰授中宪大夫晋封资政大夫曰讲起居注官翰林侍读学士显考文公讳廷式府君之墓”。墓碑两旁是当时南昌知府沈曾植撰书的对联：“青简尚新，宿草将列；鸱鸮东徙，松槚成行。”

文廷式（1856—1904），字芸阁，又字道希，江西萍乡人，近代词人、学者、维新派思想家。先祖是大名鼎鼎的民族英雄文天祥。文廷式出生于广东潮州，少长岭南，为番禺学者陈澧入室弟子。清光绪己丑年（1889）钦取内阁中书第一名，庚寅恩

文廷式墓

科进士，复试一等第一名，殿试一甲第二名，授翰林院编修，旋充国史馆协修会典馆纂修，江南乡试副主考官。甲午御试一等第一名，升授翰林院侍读学士兼日讲起居注官，署大理寺正卿。曾做过珍妃、瑾妃的老师。文廷式志在救世，遇事敢言，与黄绍箕、盛昱等列名“清流”，与汪鸣銮、张謇等被称为“翁（同龢）门六子”。中日甲午战争北洋水师全军覆没，文廷式不畏权贵，不避利害,上书弹劾李鸿章，斥责李鸿章“昏庸骄蹇、丧心误国”，谏阻和议，以为李鸿章“辱国病民，莫此为甚”。文廷式又联名上奏章，反对挪用海军经费修建颐和园为慈禧太后庆祝六十大寿，应重视武备以抗外侮。文廷式还赞同光绪皇帝亲政，支持康有为在北京倡立强学会，深为慈禧太后所嫉恨。光绪二十二年（1896）二月，文廷式被慈禧借故革职，驱逐出京。“百日维新”后，清廷密电访拿，遂出走日本。光绪二十六年（1900）夏回国，与容闳、严复、章太炎等沪上名流，参加唐才常在张园召开的“国会”。唐才常的自立军起义失败后，清廷复下令“严拿”。此后数年，文廷式往来萍乡与上海、南京、长沙之间，沉伤憔悴，寄情文酒，以佛学自遣，同时从事著述。后病逝于家中。

文廷式是晚清著名学者、词人，一生著述丰富，有《补晋书艺文志》《云起轩词钞》《纯常子枝语》《知过轩文稿》《闻尘偶记》等著作传世。他十五岁学词，词集有门人徐乃昌刊本《云起轩词钞》和江宁王氏娱生轩影印家藏手稿本，另有散见者。现存文廷式词150余首，大部分是其中年以后的作品，感时忧世，沉痛悲哀。如《蝶恋花》：

九十韶光如梦里。寸寸关河，寸寸销魂地。落日野田黄蝶起，古槐丛荻摇深翠。惆怅玉箫催别意。

蕙些兰骚，未是伤心事。重叠泪痕缄锦字，人生只有情难死。

其《高阳台·灵鹊填河》《风流子·倦书抛短枕》等，于慨叹国势衰颓中，还流露出对慈禧专权的不满，对当道大臣误国的愤慨。如《木兰花慢·听秦淮落叶》抒写男儿请缨、挥剑龙庭的壮怀，《翠楼吟·闻德占胶州湾而作》以三国时的陈登自比，寄托其报国救世之志，激荡着爱国的豪情。晚期词作，飘零之感与忧时之情交织，出尘避世的情绪日趋明显。

莲 花 县

宋末民族英雄吴希奭墓

吴希奭墓

宋末民族英雄吴希奭墓位于莲花县六市乡下山背村南面山坡上，坐南朝北，占地面积约150平方米。清乾隆二十五年（1760）莲花厅同知李其昌重修勤王台和墓地，此后碑刻如林。墓冢为椭圆柱体，高1.1米，直径3米。中竖墓碑，正中刻文“宋湖广招讨使忠勇元帅大祖吴公希奭、宋诰封夫人吴母文氏墓”；左边刻“龙飞道光三年癸未立”。墓前左正面竖刻钱塘孔兴源吊诗一首《题宋忠烈吴公希奭墓诗》，文曰：“誓师人去古台空，埋没尘亟泣剑雄。雪窖同归华表冷，鹃魂到处怨啼红。”右正面墓表刻清吉安府莲花厅知事李其昌《吊宋勤王台吴希奭元帅墓诗》，文曰：“怅望桥山剑舄空，只凭台畔吊英雄。摩挲断壁荒烟里，暮草当年溅血红。”

墓前5米处，台中矗立一石碑，高1.5米，宽0.87米，厚0.28米，正面上端刻“勤王台”三字，中刻安福县令孔兴源作的《勤王台赋》；背面上首刻有“鞠躬尽瘁”四字，中刻厅同知李其昌《勤王台吊歌》等诗文，字迹清晰，供后人凭吊瞻仰。李其昌在诗中赞美吴希奭：“仰天中矢神不变，拊膺受创血徒溅。一门殉节死兵戈，留得高台枕青甸。台乎台乎有尽时，乾坤正气永不泯。俎豆中村荐白萍，千秋凭吊生悲愍。”1984年，莲花县政府将吴希奭墓及勤王台列为县级重点文物保护单位，2008年在墓地建“忠烈亭”。2004年，吴希奭墓被公布为萍乡市文物保护单位。

吴希奭（1237—1279），字定高，号休甫，莲花县六市乡中村人，曾任庐陵主簿，宋末民族英雄。吴希奭出身于富裕之家，从小研习诗文和谋略，为以后的抗元斗争奠定了基础。宋景炎元年（1276），文天祥奉诏起兵勤王，时任庐陵主簿的吴希奭带头联名上书枢密院，他在书中慷慨陈词：“今主上危难，岂能苟且偷生？惟舍资募勇，忠忠烈烈，一死以报国。”随后他回到故乡，与陈子全、王应梦（史称“庐陵三忠”）倾家荡产招募勇士数千人，组成勤王之师。在家乡附近的山头上，吴希奭立“勤王台”誓师勤王，同时派使者联通当时四川和广西的勤王部队，又与毗邻的醴陵、攸县的抗元勇士相约，互为声援，互相策应，以壮大抗元力量。吴希奭带兵有方，注重整肃军队，严格军法，鼓励将士誓死收复宋朝山河。起兵初期收复了袁州、萍乡、醴陵等多处失地，南宋王朝授吴希奭为湖南招讨使。文天祥自福建引师出江西，吴希奭命令二子（官、节）统兵协助，不幸败于空坑（今永丰县境）。文天祥兵败被俘，南宋江山基本沦陷，吴希奭坚持“一死以报国”，抗元壮志毫不动摇，继续浴血奋战。宋景炎三年（1278）冬，元调精兵围攻吴希奭等部，吴希奭率军血战，激战十五昼夜，身受十余伤，终因寡不敌众，全军覆没，全家30余人亦同时殉难。人们将他的尸首埋葬在勤王台旁，并建祠、立碑、修墓于勤王台。

名人墓名录

安成侯刘苍墓 该墓位于莲花县升坊镇麻石村罗汉山，是一座带墓道的大型土坑竖穴墓，坐西朝东。墓室长10.9米，宽8.9米，在二层台内有一层积炭木，积炭木宽0.4米。墓底部铺有0.2米厚的积炭木。墓底及墓室中部前部有排水沟，沟宽0.3米，深0.2米。出土随葬品有陶器、青瓷器、金器、玉器、铜器、铁器等，有5个铁鼎，1枚泥质印章，文为“刘行信记”；1枚金质印章，文为“安成侯印”。此墓发现于2007年，经江西省考古所发掘清理和考证，墓主人为西汉安成侯刘苍。

新余市

分 宜 县

东晋史学家习凿齿墓

习凿齿墓全景

东晋史学家习凿齿墓位于分宜县东北洞村乡早（枣）木山村，距县城约30千米，历届《袁州府志》和《分宜县志》均有记载。枣（早）木山位于白梅村西南7千米处，四周峰峦绵延起伏，山势高耸陡峭，树木葱郁。进入枣（早）木山的海螺坑，登上一个海拔570米左右的峰顶，便是东晋时期文学家、史学家习凿齿墓所在地。墓区占地面积200余平方米。陵墓坐北朝南，为圆形土堆，墓封土底径4米，从墓基到墓顶约1.5米。建于东晋时期的习氏华表位于墓正前方，上刻“习氏华表”四字。墓碑由一块青石凿成，中间镌刻“始祖东晋荥阳侯习凿齿老爷罗氏夫人墓”；右上款刻“乾隆四十六年子月冬至吉日”；左下款为“四十四世孙玉梅、塘西习一本同孙合族重立”。其款中的“玉梅”和“塘西”，就是新余市之白梅村和分宜县之塘西村（由白梅迁出）。由墓碑刻字可认定此墓为习凿齿和其夫人罗氏之合葬墓，与“配罗氏女，生咸康乙未岁（335）四月初八日子时，殁未详，葬枣木山亥山巳向”之记载相吻合（明修《白梅习氏族谱》）。

由于年代久远或时局动荡所致，习凿齿墓曾几经损毁，如清乾隆四十六年

（1781），“习一本同孙合族重立”其墓，2006年再修，便是“因损重修”的例证。

习凿齿（328—412），字彦威，号半山，湖北襄阳人，东晋著名史学家、文学家，是魏晋精神的一个重要代表人物。为东汉襄阳侯习郁后人，世代为荆楚豪族。习凿齿少有志气，博学洽闻，以文笔著称，尤其史学才能非凡，其《汉晋春秋》是一部影响深远的史学名著。因一部《汉晋春秋》和提出“晋宜越魏继汉”，《晋书》明文记载其“声盖习姓先贤，名高当时才俊”。习凿齿尊蜀汉为正统的史学观，在中国历史上一直绵延了数百年，至《三国演义》里达到了一个巅峰。对中国史学和文化界产生了深远的影响。据《襄阳人物》记载，习凿齿一生诗文并茂，著作颇丰，除《汉晋春秋》54卷外，还著有《襄阳耆旧志》5卷、《逸人高士传》8卷、《习凿齿集》5卷和《魏武帝本纪》4卷等，其《襄阳耆旧志》为中国历史上最早的人物志之一。

他曾为东晋大将、荆州刺史桓温幕僚，任职主簿，累迁别驾，“温征出伐，凿齿或从或守，所在任职，每处机要”（《晋书·习凿齿传》）。但随着桓温权势越来越大，便有图谋篡夺帝位的野心，习凿齿遂与之政见不合，开始受桓温排斥，继而出任荥阳太守。后以脚疾为由，辞职返归襄阳，并隐寓襄阳谷隐山。晋太元四年（379），前秦王苻坚寇晋。苻坚攻占襄阳后，视习凿齿为不可多得的人才，曾说：“朕以十万师取襄阳，唯得一人半耳，安公一人，习凿齿半人。”（《高僧传·卷五》），意思是苻坚以十万之师攻取襄阳后，最大的收获是得到了释道安和习凿齿两位高士大才。所谓“习凿齿半人”，是指习凿齿此时患有脚疾，瘸着一条腿走路，并非指习凿齿才华不及释道安。

苻坚因慕习凿齿的才学与名望，屡屡致书“征辟”习凿齿，并派车马将他请去，许以高官厚禄，意欲为己所用。面对外强入侵，习凿齿以脚疾为由，始终不肯从召，“鄙之”而“不仕”，并不辞而去。为此，他不计长途跋涉之苦，以老弱之躯，携妻带子，背井离乡，向东南一路漂来，远觅避秦之所。习凿齿先是隐寓于江西万载西境山麓之书堂山，在此辟地授徒，后途经江西新余西北方一个叫缑山的地方，正值隆冬季节，放眼四周，但见白雪皑皑，银装素裹，并“见有早梅一树，洁白芬芳，逾月不卸，因而喜曰：即此老梅乃吾宜家之兆也。花可以报春魁，实足以调鼎鼐，舍此其奚适哉！爰是经之营之，携妻及子隐于斯，且遇梅而赏其清洁，号曰‘白梅’”（《习氏族谱》）。

淝水之战苻坚大败，在东晋收复襄阳后，朝廷曾重新征召习凿齿出仕，想让他编撰国史，但习凿齿此时隐姓埋名远避外地（白梅）已久，且当时通信落后，消息闭塞，因而朝廷寻找未果，加上习凿齿年事已高，故最终未能返籍赴任。但在临终前，习凿齿还是给当朝皇帝上疏《越魏继汉统论》，字里行间，充分表达了其追求国家统一、心系天下苍生的拳拳之心。

在白梅隐居后，习凿齿竹篱茅舍，粗茶淡饭，一边躬耕田园，一边著书立说，兴办教育。据考证，现欧里镇白梅小学，就建在原习凿齿创办的“半山学舍”遗址上。至今，白梅村的习氏族人只要一提及习凿齿，均尊称其为“发祖公”。每年的清明节，江西境内的习姓人氏无论远近，均会以村、族集体组织形式，自发到位于分宜的早（枣）木山，神情肃穆地为发祖公习凿齿扫墓，这已成为清明节前后几天分宜早（枣）木山上的一大风景。

习凿齿携妻儿定居白梅后，子孙绵延，弥久益昌，其奠定的良好家风、族风，形成了优秀的家族传统，后裔人才辈出。随着人丁的繁衍和事业的发展，以白梅为根基，习氏族人不断向外辐射流播，经考证厘清，现江西新余之观巢南峰、鹄山窝里、下村南元、高山，分宜之塘西，吉水之八都，抚州之乐安，吉安之桥墟，上高之田心，峡江之湖州，新干之塘头，以及河南邓州之习营村，陕西富平之习家庄等习姓村庄，均渊源于新余之白梅村。

“胶漆之交”——陈重、雷义合葬墓

“胶漆之交”——陈重、雷义合葬墓位于分宜县洞村乡霞贡村礼堂南面200米处。此墓原址在早木山村牛角形里，清道光七年（1827）迁葬于此，封土堆底径4米，宽4米，高3.5米，碑文为“霞黄应显立汉尚书陈雷二公之墓”，落款清道光丁亥七年，字迹清晰可见。1984年被列为县级文物保护单位。

陈重、雷义合葬墓

陈重，字景公，生卒年不详，分宜县洞村乡人。雷义，鄱阳人，生卒年不详。两人均为东汉时名士，是江西彪炳国史的代表人物。

陈重少年时与雷义一起在豫章（今南昌市）学习《鲁诗》《颜氏春秋》，两人结下了深厚的友谊。由于品学兼优，当时的豫章太守张云为国家选拔人才，推举陈重为孝廉。陈重推让，欲把名额让给雷义，于是给张云太守写了十多封书信推荐雷义，但张云太守没有答应。雷义在第二年亦举为孝廉，二人又同在郎署为官。陈重为人厚道。有一个同署的人，负债数十万，债主用各种手段逼债，陈重就悄悄地代他偿还。欠债人知道后，千恩万谢。陈重却说：“不是我做的，可能是与我同姓名人做的。”有一个同宿舍的人，奔丧回家，误将邻床人的裤子拿走了。失者怀疑陈重拿了，陈重也不申辩，买了一条裤子赔他。后来奔丧人把拿错的裤子还给了失主，大家才知道陈重被冤枉了。

陈重与雷义后来一起官拜尚书郎。雷义代人受过，被免官黜退。陈重见雷义走了，也以病求免。后来陈重与雷义先后被推荐为茂才。陈重受命为细阳县令，任满考核，因政绩显著，推举为优等，本来应当升迁会稽太守。可这时陈重的姐姐去世，陈重只得停职回家。处理完姐姐的丧事后，陈重为司徒所征召，受命为侍御史。

陈重与雷义晚归林下后，一起定居于陈重的家乡宜春县陈家园（今分宜县洞村乡霞贡村），并相约死后同穴安葬。在两位好友去世后，陈重的女婿黄圭遵从岳父的遗愿，将两位前辈一起下葬，从而成就了一段旷世佳话。

由于历史久远，除了《后汉书》中有陈重的传记外，无法获得陈重生平的其他资料。

陈重和雷义在《后汉书》中列“独行”，说明他们主要是以特立独行的高尚行为而垂范于后世。陈重的品德受到历代儒家文人的称赞和推重，认为是温、良、恭、俭、让的典范，必将受到今人和后人的崇尚和推重。后流传于世的“陈雷之谊”“胶漆之交”（后演变为“如胶似漆”）就来源于此，成为历代推崇的经典成语。

唐岭南节度使李宪墓

李宪墓碑

唐岭南节度使李宪墓位于江西省分宜县钤山镇冶元村红花仰猿猴攀果形，砖石墓，坐北朝南，封土堆长3米，高2.5米，宽1米。李宪墓1984年被列为县级文物保护单位。

李宪（762—829），字章武，生于唐宝应壬寅年（762），是唐时著名将领，西平忠武王李晟的第十个儿子。祖籍甘肃临洮县，精通儒家经典著作和古代历史，以礼法修整起家，遂调任太原府参军，醴泉县尉。于颟镇守襄阳时，征聘李宪为从事。当时吴少诚割据淮西，甚是嚣张，唯独惧怕于颟这一方的强大势力，人们都认为这种威力原是李宪的谋略所构成的。元和八年（813）魏博节度使田弘正奉命征李宪为幕府从事，授他为卫州刺史，升迁光禄卿，因政绩称誉调绛州。其时，河中府的军粮仰绛州供应。绛州每年本可以从汾水地区运进河渭地区的岁租十万石，却因敖保山之阻，民运十牛不胜一车。李宪为此亲临汾水地区察看地形，当费二百万就地另建新仓，并请求留垣县粮食粜给河南，以钱还籴绛州之粟，这样既能免负运输之苦，又可收其赢利以建成新仓，使绛人大得其利。进而入朝为宗正少卿。唐穆宗李恒即位（821），太和公主出嫁回鹘，李宪奉命担任护送副使，回来后，献给皇上一本《入蕃道里记》，遂升检校左散骑兼太府卿。后南下任洪州刺史，江西观察使，大（太）和二年（828）转兼岭南节度使。李宪出身将门，本身也有卓越建树。他凭才能和品德做官，官无败事；尤精律学，详决冤狱，救活无罪者数百人。所历履官职，政绩播闻于朝野。穆宗皇帝御赞他为“将门英杰、相国威风”的文武全才。

李宪有李游 、李焕、李锴、李楷、李埴、李欲、李绳七个儿子，他们都有功名，荣贵显达。其中，长子李游为长庆四年（824）进士，任江西袁州刺史时，安家于宜春沙子巷，李宪也以此为归，晚年解官后就养于此。大（太）和三年（829）八月十三日李宪病逝于宜春，享年六十七岁。长子李游奉唐文宗李昂之钦旨引父柩安葬于红花仰。红花仰今属分宜县钤山镇冶源村辖地。

李宪在职时，先于招贤乡登龙里的白芒（今为分宜县钤山镇白芒村）作庄置产，辟地为庐，引流种树，为游观之乐，名曰“西平庄”，匾额为“太白坊”。因观太平双峰之胜，流水九曲之奇，认为可以世居，遂徙家焉。李宪逝世后，西平庄交由第三子李锴为父守墓之居所。现分宜和宜春李姓居民，多为其后裔。

唐江西节度使邓璠墓

唐江西节度使邓璠墓位于分宜县钤山镇白芒村蟠龙形，坐北朝南，墓基面积9.7平方米，墓高3米。清乾隆三十三年（1768）袁州郡守葛德溥为其封禁题碑。璠夫人李氏，诰封韩国夫人，亦葬白芒蟠龙形。

邓璠墓全景

邓璠（822—893），字韫玉，原籍筠州（高安），唐懿宗咸通六年（865）进士，以才能和道德并优选任，官至尚书。唐僖宗中和元年（881），由尚书特授江西节度使，权知袁州（军、州）事。在任兴办学舍，振兴教育，感化民众，有奉职循理之风。任袁州刺史6年，诏敕复任。时遇王仙芝、黄巢农民起义，政局动荡，社会难以治理。唯独邓璠用自己的聪明才智，善治袁州，获得“更待皇恩酬善政，拥篲贲临郡齐迎”的极高声誉，因赣东北战乱，邓璠携家安居袁郡宜春（今分宜）白芒，成为今分宜白芒邓家始祖。邓璠有二子：长子邓霖，字光瑞，荫授从事郎，任湖北黄州知事，享年七十岁，葬白芒蟠龙形；次子邓霁，字光岚，任福建建宁刺史，在任而卒，未详其后。邓璠第六代孙梅魁从白芒迁居安福瓜畲，其后在吉安庐陵等地繁衍生息。1924年修纂的安福县《枫田邓氏族谱》清楚地记载了邓氏世族的来龙去脉。

明四川右布政使严孟衡墓

严孟衡墓

明四川右布政使严孟衡墓位于分宜县分宜镇介桥村西南石塘坑虎形里，坐落在平缓的坡地上，坐西向东，偏北20度，封土堆底径7.05米，高1米。周围树木环绕，墓高1米，土坑墓，砖石结构，有长1.6米、宽0.67米、厚0.15米墓碑一块，上刻“明四川右布政使严公墓”，为其第五代孙严嵩任南京礼部尚书时所立，质地为汉白玉。1984年被列为县级文物保护单位。

严孟衡（1385—1446），号平庵，字衡中，分宜镇介桥村人。明永乐九年（1411）中举，十三年中进士。初授行人司行人，随授山西道监察御史。他一身正气，按律办事，对一些朝廷官员的贪赃渎职行为，敢于上疏弹劾，故不轨官吏有所收敛，正派官员则慕其风采。后升为浙江按察司副使。在他到任的第一天晚上，衙门内发生火灾造成重大损失，官吏们通过种种关系，逃避罪责，而严孟衡却站出来甘愿承担责任，以致他到任不久便被撤职，从而归家闲居。一年后，有抱不平者出来替他呈诉冤情，最后宣宗朱瞻基给他平了反，官复原职，调任四川按察司副使。

明成祖朱棣是个非常凶暴的君主，嗜杀戮，凡对他的旨意有所违背者，或杀头，或关入监狱，因此，当时法网密布，受冤枉关进牢房的人不少。京城如此，地方亦然，故严孟衡到四川任按察司副使时，牢狱很多囚犯。其时朱棣已死多年，正处于所谓“仁宣之治”的好时期，严孟衡大刀阔斧，认真清理冤案，有时一个案子便给数十人平了反。他在按察副使任职九年，明英宗朱祁镇念其司职得力，又将他升为四川右布政使。

严孟衡做官三十年，积蓄很少，每餐以青菜佐餐，人称“严青菜”。明正统十一年（1446），卒于四川任上。归葬时，因行李很少，致船摇晃不已，船夫只好抬一块大石头放在船上以镇风浪。船只从四川顺长江而下，入鄱阳湖，进赣江，转袁河，至新余时才将石头卸在河的左岸上。后来当地人将石砌在溪坎上，称这块石头为“布政石”“清官石”。为纪念这位清官，有人在石上刻字题诗，称赞他“扁舟羽驶，是作满赢，沛淮仗信，庸蜀著清”。

严孟衡有五个儿子，分家时，每人只分得十二亩田地。他的侄子严瑛，在家乡租别人的田耕作，在明成化丁西乡试时考取第一名，赴考前，还持锄头在田间收芋田水。严孟衡一家的事迹，家乡人至今仍在传颂。

渝 水 区

名人墓名录

张固墓 该墓位于渝水区观巢镇享堂下村（原地名枣山）。明代天顺元年（1457）葬。墓地坐北偏西，向南偏东，呈圆形，直径5.5米，封土高1.2米，墓表原为花岗石垒砌，四层，呈宝塔状。附属建设有大型石龟1只，石犬、石羊、石狮各1对，墓志石2块，现已散失。张固（1395—1457），字公正，号南坡，观巢镇上汾人。明宣德八年（1433）进士，累官至“大理寺左少卿”，卒后赠“中宪大夫”，谥“文惠”，著有《南坡集》，1984年张固墓被列入市文物保护单位。

简适斋、妻黎氏孺人合葬墓 该墓位于渝水区水北镇官陂村南50米处，墓坐东向西，封土高1.5米，直径8米，用糯米浆、桐油拌三合土材料凝结，非常坚固，墓碑（上半截已毁）1块，石人、石马各一对。简适斋，生卒年不详，明诰封山西道监察御史。

简霄墓 该墓位于渝水区水北镇胡家村东南方向200米的禁山脚下，明嘉靖十八年（1539）葬，坐东向西。封土堆直径5米，墓前有石质铺砌祭坛，直径10米，四周有围墙，周长50米，用三合土筑成，墙已毁，仅剩墙脚。墓前原有石翁仲、石马，“文化大革命”“破四旧”时毁坏散失。简霄（？—1539），字腾芳，号一溪，水北镇排江人，明正德九年（1514）进士，累官南京副都御史、提督操江、兵部右侍郎，卒赠兵部尚书，著有《历官奏议》《政要》《蓉泉漫稿》等。

晏斯盛墓 该墓位于渝水区水北镇潭江村的狮子山。清乾隆十七年（1752）葬，墓葬位于半山腰，坐北朝南，占地面积约300平方米。墓地分为两部分，上半部为墓区，圆形分布，直径6米，上半圆内有三个封土堆，呈“品”字形，均为三合土糯米拌桐油胶结构，封土堆长2米，宽0.90～1.00米，高0.50～1.00米；下半圆为祭台，直径3米，下半部呈椭圆形，直径15米，内立有石翁仲、石马、碑等，均已散失，上下两部外围三合土墙，残高0.60～1.50米，平面呈葫芦形。晏斯盛（1689—1752），字虞际，号一斋，新余浒江晏家（今上高县蒙山乡）人，清康熙五十九年（1720）江西乡试解元，次年考中进士，累官至鸿胪寺少卿，特授安徽布政使、山东巡抚、湖北巡抚、户部侍郎。著有《楚蒙山房易经解》《禹贡解》《诗集》《江南水利》等。

张春发暨夫人魏氏合厝墓 该墓位于渝水区罗坊镇堆上村横土张氏祖茔，坐西北朝东南，张春发墓碑文为“清授建威将军历任广东湖北云南提督张公讳春发号兰阶五府君之墓”，魏氏碑文为“清封正一品夫人张母魏太夫人之墓”，碑文还有夫妻个人生卒年月及个人简历、评价等内容，立碑时间为1916年8月，现墓已毁，仅存墓碑及墓志铭。张春发（1843—1915），字兰阶，罗坊镇堆上村人，十三岁参加太平天国军，十八岁参加湘军。多年南征北战，随左宗棠收复新疆，参加了越南的抗法战争，累官至广东、湖北、云南提督，封正一品建威将军，是渝水区品阶最高的武职官员。

鹰潭市

贵 溪 市

龙虎山崖墓

龙虎山风光秀丽，龙虎山的崖墓更因数量之多、位置之险、造型之奇特而成为中国一绝，乃至世界文化史上的一大奇观。2001年6月，龙虎山仙水岩崖墓被评为全国重点文物保护单位。

崖墓葬是古越、僚人特有的一种丧葬形式，也是我国多种葬法中最古老、最特别的一种丧葬形式。

古人饱受战争和灾害之苦，梦寐以求的就是宁静和太平。当时的人们坚信："弥高者以为至孝，高葬者必有好报。"于是，他们就把祖先的棺椁抬上溪流边陡峭的绝壁，放置在几乎与水面垂直的天然岩洞中，让祖先在一个青山环抱、碧水环绕、宁静幽美的环境中得到安息。久而久之，就形成了独特的悬棺景观。贵溪龙虎山悬棺是武夷山地区悬棺葬的代表，所处年代为3000年以前的春秋晚期，是当时生活在彭蠡泽东部水系的干越人的古老葬俗，且是流行于中国长江以南许多省区以及台湾和一些太平洋岛屿悬葬的起源。这里悬棺数量多，随葬品丰富，科学研究价值巨大，素为海内外学者瞩目。

龙虎山崖墓

龙虎山崖墓群是中国最早的崖墓群，是中国崖墓的发源地。数以百计的崖墓，全部镶嵌在仙水岩一带的悬崖峭壁上，高低不等，大小不一，随着洞穴的变化而变化，犹如一幅巨大画卷，极具神话色彩。仙水岩诸峰峭拔陡险，岩壁光滑平展，岩脚下便是泸溪河，临水悬崖绝壁上布满了各式各样的岩洞，独特的地理环境是龙虎山崖墓的基本成因。从泸溪河舟中或地面眺望，隐约望见一个个岩洞口或钉木桩，或封木板，“藏一棺而暴其半者”多处可见。这些崖墓大多是春秋战国时期古越人的悬棺，距今已有2600多年。其葬位一般离水面20～50米，高的达300余米。因这些洞穴陡峭难攀，无人入内，其中所藏之物为何？洞穴中棺木是用什么办法放置进去的？古越人为何要将先人安放于洞穴之中？什么人才能享受此种殊荣？这些一直是未解之谜。

考古专家研究龙虎山崖墓出土文物

直到1978年，江西省考古工作者第一次对仙水岩崖墓悬棺进行了考古发掘。江西考古工作者利用吊篮和云梯进洞，才将这个谜解开。考古工作者入洞后，对悬棺葬进行了科学清理，出土了大批遗物，其葬制盛行崖洞合葬和群葬。在水岩、仙岩、仙女岩、谷子岩等处，每处都有十几座到数十座不等的崖洞墓。这崖洞墓中，有单洞单葬、单洞群葬和联洞群葬等几种类型。其中有一墓，洞宽50余米，墓室规模巨大，内置十副棺木，显然是大家族几代人的聚葬之所。悬棺棺具形制有扁圆形、圆筒形、长方形、顶盖式和屋脊形等几种，多用巨木刳割挖空而成。木料多为楠木。随葬品多用仿铜礼器、兵器、陶器、竹木、骨玉和石器等。忌用金属器皿。

1979年，江西省博物馆考古队和贵溪县文物陈列室再次对仙水岩崖墓群进行了规模较大的联合发掘工作。在这次发掘中，共清理了18处鹰岩墓，发掘了棺木37具，发现较完好的人骨架16副，其中有一副至今仍完整无损的干尸。其毛发皮肉和连接骨骼的盘腱均已消失，脱了节的骨头像大小珍珠似地镶嵌在一起，形成了一个人的完整骨架。出土了陶器、原始的瓷器、骨器、玉器、竹木器、纺织品、纺织具、乐器等220件珍贵文物，其中陶器就有124件。这些陶器做工精细，不仅反映了当时高超的手工工艺水平，而且根据其造型和陶纹已能准确地判断其所属年代。

玄教创始人张留孙墓

玄教创始人张留孙墓位于贵溪市彭湾乡溪源村南山组以南0.5千米处南山罐半山腰。该墓建于元至治元年（1321）后，明崇祯年间（1631）进行扩建，墓地规模扩大后更显气派。墓地坐南朝北，三面环山，青山掩映，翠竹环抱。顺着山路上墓地，沿途灌木丛中可见石墩、石马、石羊、石翁仲等石雕，有的还保存完好。石制品均为汉白玉制

张留孙墓残存的石鳌

成，坚硬沉重，最长的达2米有余。张留孙墓被挖开后，其中埋一石棺，长3米，内宽1.2米，板石厚0.4米。石料上刻有“大元至治”“张府玄教大宗师达观堂塈”“大明崇祯四年八月辛未吉旦”等字样。

张留孙（1248—1321），字师汉，贵溪人，元朝龙虎宗支派玄教创始人。他幼时随伯父张闻诗学道于龙虎山上清宫，师从李宗老。后游学江淮间。至元十三年（1276），三十六代天师张宗演应元世祖忽必烈之诏去大都，张留孙从行。次年，张宗演返回龙虎山，张留孙留在大都，忽必烈授予其江南诸路道教都提点之职。张留孙后又经历成宗、武宗、仁宗、英宗四朝，领导玄教四十余年，备受宠遇，故其所得头衔长达四十三字，为“开府仪同三司、特进上卿、辅成赞化保运玄教大宗师、志道弘教冲玄仁靖大真人、知集贤院事、领诸路道教事”。此头衔既有勋号，又有实际职掌，可见张留孙政治地位之高、道教权力之大，居当时道教诸派首领之冠。张留孙自己则称：“天师有世嗣，臣不可称天师。”于是，乃以宗师为天师别号。元英宗至治元年（1321），张留孙去世，皇帝为他大办丧事，将其遗体送回龙虎山（今彭湾乡溪源村）安葬。《道园学古录》卷二十五《河图仙坛之碑》载：“自京师至其乡，水陆数千里，所过郡县，迎送设奠，不约而集。此葬，四方吊问之使交至。自王公以下，治丧致客，未有若此盛者。”天历二年（1329），又加封“辅成赞化保运神德真君”。

夏润珍烈士墓

夏润珍烈士墓位于贵溪市老革命招待所东侧（贵溪市民政局后），为水泥墓基。墓地长23.7米，宽8.9米，墓底直径3.2米，墓前碑塔高5米，正面书写“夏润珍同志之墓”。进入墓地须迎小坡拾级而上。

夏润珍（1909—1955）,贵溪文坊人。二十岁投身革命。1932年任文坊岭西村苏维埃主席，同年6月加入中国共产党，9月起在闽北红军五十八团、闵北独立师团任事务长、党支部书记。1934年第五次反围剿后，夏润珍奉命留守贵南进行游击战。他英勇善战，多次化装侦察，带领队伍在岭西、文坊、花桥、塘湾等地打击土豪劣绅。夜行百里奇袭花桥，灭敌一个民团；攻打饶桥大获全胜；巧取文坊乡公所，缴获大量枪支弹药、现金布匹；攻打塘湾天堡墟，没收恶霸地主大量物资。国民党第三战区司令长官顾祝同曾悬赏捉拿夏润珍。1935—1938年，任建松政（建阳、松溪、政和）特委

夏润珍烈士墓

供给部长兼第三纵队总支书记。1940—1942年，任中共福建省委管理科长、省委总务队政委兼机关总支书记。1943—1945年，任中共闽北特委委员兼管军事、经济工作。1943年8月，夏润珍与左丰美率队伍到岭西，不久被发现，国民党政府以闽浙赣边区总指挥官李维群为首合围过来，妄图一网打尽。游击队得到消息后，主力部队由左丰美率领转移，夏润珍则带少数战士留下牵制敌人。11月上旬，夏润珍和汪铁崽隐藏在联宋村屋背大山上，这里山高林密，周围是悬崖，只有一条小路上山。山上衣、米、盐等奇缺，夏润珍便叫表弟李炳禄拿缴来的戒指换些米、盐、鞋等物上山，不料李炳禄赌博把钱输光，还向敌人告密。1944年2月初，李炳禄引数十敌人上山捉夏润珍和汪铁崽。他俩见山路已被封堵，宁死不屈，舍身跳下悬崖，摔伤后被香菇客所救。俩人伤愈后，化装潜回福建省委，后在南古瓯工作。1949年1月，夏润珍随闽浙赣游击纵队从南古瓯根据地向浙赣线进发；5月5日，游击队与二野陈赓兵团一〇三师一一〇团在贵溪城会师。

1946年至1948年7月，夏润珍任中共闽西北地委委员，兼民运工作。1948年7月起任中共南古瓯（南平、古田、建瓯）中心县委书记。1949年4月任中共贵溪地委委员兼民运部长。1949年9月至1953年3月，任中共上饶地委委员兼贵溪县委书记。他一直保持战争年代的艰苦作风，严于律己，廉洁奉公。他的两个弟弟原想进城当干部，夏润珍不同意，并耐心劝说，后两弟一直在岭西家乡务农。长期的游击战争和艰苦生活，致夏润珍身体受损严重，可他带病坚持工作，积极参加剿匪反霸斗争，组织生产建设。在贵溪西溪坝水利工程建设中，他因操劳过度，有一次竟昏倒在工地现场。

1953年至1955年3月，夏润珍任上饶地委城工部长。1955年3月27日，夏润珍终因积劳成疾病逝。1962年，夏润珍被江西省政府追认为革命烈士。

名人墓名录

高明墓 该墓位于贵溪市罗河镇童源村高家东首，距城7千米。碑高2.4米，宽0.92米，其中碑头高0.8米，上刻“二龙戏珠”图案。碑两面直行刻字，碑文录示高明一生事迹和功劳。高明（1422—1485），字上达，贵溪人。明景泰二年（1451）进士及第，曾任御史、巡按、大理寺丞、南京右佥都御史，平定扬州盐民起义和上杭农民起义。后称病回乡，乡人以其进退有据，称他为“高五宜”。

余 江 县

马荃烈士墓

马荃烈士墓

马荃烈士墓位于余江县锦江镇的余江县革命烈士陵园内，墓冢坐北朝南，内用红石逐层累砌，外用水泥依外墙磨面，共6层。墓冢外观呈长方体，长3米，宽1.7米，高1.6米。

马荃（1929—1949），黑龙江省嫩江县人，贫农家庭出身。1946年参加革命，1947年加入中国共产党。在剿匪反霸、减租减息等运动中表现积极，曾先后任民兵队长、土改工作队员、区民政助理员、区委委员等职。1949年3月，他随军南下，到达江西后在丰城县从事支前工作，8月，出任余江第二区（洪崖）副区长。马荃对革命工作忠诚勤恳，作风踏实，知难而进，不辞艰苦。他参加革命时是个半文盲，入伍之日起以惊人的毅力学习知识，很快达到初中文化水平。南下时，组织上照顾他体弱多病，要留他在东北工作，但马荃坚决要求南下为解放全国贡献一份力量。他到余江后就主动请求到最艰苦、最复杂的二区去工作。

1949年9月21日深夜，盘踞金溪山区的国民党溃散军官向理安纠集该县残留的反动保警大队，突然袭击本县第二区政府，当时，马荃因病卧床不起。他得知有紧急情报，一跃而起，和区委书记赵新民一起组织全体干部进行自卫反击，接连打退敌人多次冲锋。他往返奔跑各个固守据点之间，指挥并协同作战，不幸在一次巡逡行动中被敌人密集的机枪火力射中多处要害，英勇牺牲，殉职时年仅二十岁。

为纪念马荃烈士，1951年春，经报上级部门批准，中共余江县委研究决定，将二区政府所在地洪岩乡改名为马荃乡（今为马荃镇），其乡名一直延续至今。

赣州市

章　贡　区

名人墓名录

阳孝本墓　该墓位于章贡区通天岩翠微岩山坡上，是石穴墓。曾迁出，南宋淳熙六年（1179），再次迁葬阳孝本遗骸于旧墓。有摩崖石刻记述此事。阳孝本（1039—1122），字行先，上犹县安和乡莲花井村人。二十九岁游学汴京（今河南开封）上庠，被左丞蒲宗孟聘为西席（教师），不久便辞职还乡，到通天岩隐居终老，号称玉岩居士。苏东坡被贬路过赣州时，曾与阳孝本交游唱和。

赣　县　区

西堂智藏大法师墓（大宝光塔）

西堂智藏大法师墓位于赣县田村镇宝华寺中。智藏大法师归寂后，僧众于唐元和十五年（820）用玉石为其建塔，并将其舍利置于塔内，为塔题名“大宝光塔”。江西观察使薛仿主其事，李渤撰塔铭 。唐宪宗李纯谥“大宣教禅师”，唐穆宗谥“大觉禅师”。唐咸通五年（864），法孙法通就原址重建，唐技据前碑重撰塔铭，权德舆丹书。按邵启贤《赣石录》：“宋沙门觉是唐技大宝光塔碑铭”，“咸通五年（864）八月八日建，元丰二年（1097）七月十五日住持传法沙门释觉显重书”。此塔现存宝华寺大觉殿内，整座塔由红褐色的云南大理石雕成，共7层高。塔内正中还有座小佛像。塔身有释觉显的《信心铭》，共21行，每行35字。额篆“信心铭”3字，字径5寸。1957年7月1日，大宝光塔被列为江西省第一批重点文物保护单位；2006年5月25日，又被国务院列为第六批全国重点文物保护单位。

宝华寺大觉殿

大宝光塔

西堂智藏大法师（738—817），俗姓廖，宁都县田埠乡人，唐代著名禅师。幼时有看相的说他：“骨气非凡，当为法王在这辅佐也。”智藏八岁出家，二十五岁受具足戒，后投入道一禅师门下修学。马祖曾经派他向南阳慧忠国师问学，他也曾参礼牛头宗径山法钦。他与百丈怀海、南泉普愿，合称“马祖门下三大士”，其中又以智藏在道一门下时间最长，也最得道一信任，得到道一禅师亲付袈裟，担任西堂和尚，在僧团中的地位极高，人称“西堂智藏”。在道一过世后，由智藏继续领导僧团。

马祖在世时，一天晚上，智藏、怀海、普愿陪同马祖在外赏月。马祖问：“正恁么时如何？”智藏曰：“正好供养。”怀海曰：“正好修行。”普愿指袖便行。马祖随即说：“经入藏，禅归海，唯有普愿超然法外。”

唐大历八年（773），西堂智藏跟随马祖隶名于钟陵开元寺（今南昌佑民寺）。贞元四年（788），马祖圆寂后，众请智藏继席开元寺。三年后，即贞元七年（791），智藏又受众请，重回龚公山宝华寺住持，居西堂。时李尚书曾问一僧人：“马大师有什么言教？”僧人答：“大师或说即心即佛，或说非心非佛。”李尚书又问智藏："马大师有什么言教？"智藏即呼李翱，李应诺。智藏曰："鼓角动也。"

西堂智藏在主持宝华寺的数十年中，法灯长明，法筵大开，宗风大盛。正如马祖生前预言的那样："子末年必兴于世。"时有新罗（今韩国）僧道义、慧彻和洪陟先后参学座下。他们学成回国后，分别开法迦智山、实相山和桐里山，成为新罗佛教史上极其重要之人。

智藏于唐元和十二年（817）四月初八在宝华寺圆寂，享年七十九岁。

理学名臣曾慥墓

理学名臣曾慥墓位于赣县三溪乡枫田洞口，坐东朝西，黎婆木鸥鹅形，乙山辛向。坟前自然形成鹅盆一只，形似"鹅形（大雁）"。堪舆家认为该地具有"鲲鹏展翅九万里"之势，是一块风水宝地。

曾慥古墓

坟面由红紫石砌成，宽2.1米，高1.7米。坟牌坊为一块呈正方形红紫石板，中间浮刻"开基"，过扛条形红紫石浮刻"南宋杨梅开基始祖佳城"墓碑。右柱长方形红紫石阴刻"舜日横空官贡水"，左柱长方形红紫石阴刻"文星鼎峙祖梅溪"。该墓由曾慥历代后裔管理。

2014年3月，曾慥后裔组织重修坟面，拓宽坟前平台，并主修道路，修通了一条长72米、宽1.8米的青砖路，从山脚延伸至坟前。

曾慥（1098—1188），字端伯，派名舜文，号至游子，祖籍福建泉州，两宋之际道教学者、诗人，北宋大臣曾公亮裔孙。晚年定居赣县田村。曾官至尚书郎、中奉大夫、直秘阁修撰。南宋绍兴九年（1139）为户部员外郎，绍兴十一年（1141）擢大府正卿，总领湖广、江西财赋，京、湖军马钱粮。绍兴十七年（1147），任虔州郡守。绍兴二十八年（1158）告老还乡，定居田村杨梅，潜心修道，主张"学道以清净为宗，内观为本"，被列为理学名臣，辞世后进祀乡贤祠。

曾慥继刘向《列仙传》、葛洪《神仙传》、沈汾《续仙传》之后，采前辈所录神仙事迹，并加入所闻见，于绍兴二十一年（1151）编纂《集神仙传》（简称《集仙传》）。其编列顺序为："异代之事得于碑碣者，以其世冠于卷首；其年不可考者次之，其著见于宋朝者又次之；至于亡其姓名者，皆附于卷末。"他还将神仙分为炼形、气、神而成的轻举仙，坐脱立亡的尸解仙，植有宿根的火解仙，炼丹功成的住世仙以及不假修为的缘分仙（即遇至人，饵丹药得要诀者）等不同类别。

为了研究和进行养生修道，曾慥从众多道书中选录大量修道养生术资料，包括义理、阴符、黄庭、太极、服气、大丹、炼精、胎息、金碧龙虎、铅汞五行等，编成《道枢》42卷，共108篇（一篇分上、中、下篇或上、下篇者，均作一篇计）。一般都辑录原文，加以串写，定以篇名。又在每篇篇名下，以四言四句，提示该篇内容要点或传授原委，直接或间接阐述自己的观点和心得体会。

如《玄轴》篇提要曰："心劳神疲，与道背驰，冥心湛然，乃道之几。"表明其以安心养神为道教修炼之主旨；又如《内德》篇提要曰："三业七情，既澄其源，五神守脏，三一永存。"表明其佛道结合的思想；再如《碎金》篇提要曰："漆园之玄，竺乾之空，均乎正心，与儒同功。"反映其三教合一的思想。

据史料记载，曾慥在虔州任职期间，建有"望阙台"和城墙，发明了中国最早的军粮压缩饼干——"黄元米果"。生有四子：曾良卿、曾浩卿、曾朝卿、曾尚卿。南宋淳熙十五年（1188）辞世，享年九十岁。

名人墓名录

官村南朝齐墓群 该墓群位于赣县白鹭乡官村一带，旧志中没有记载。1980年在官村后背垅山麓发现南朝纪年花纹砖墓葬群。已发掘4座。各墓相隔4米许，向南排列在一条直线上。墓群早在清代营建民房挖基时已发现，后来墓被盗。据赣州市博物馆鉴定，墓葬群可能是南朝时官村方姓世族墓地。此墓群于1983年被列为县级第一批保护文物。

南北朝古墓 1989年，赣县夏浒村发现一座古墓，经发掘，古墓坐西朝东，墓穴长12米，宽1.5米，高1.65米，用重约8公斤的长方形青砖砌成。穴内有树叶、鲤鱼和古钱币花纹，每两米处有对称青砖半方柱立于两壁，穴内里端处设有祭台，祭台左下角放有青鼬盘口壶一只，右下角有一只青釉钵，呈圆形。此陪葬物由赣县博物馆收藏，经文物专家鉴定此墓为南北朝时期的墓葬。

红金岭窝唐代墓葬 1982年11月11日，赣县梅林镇红金村岭窝组农民温远顺在挖屋基时，发现一座唐代花纹砖券顶墓。墓向朝南偏东，墓顶券拱早已塌陷，墓长3米，宽0.86米，墓墙残高0.6米。墓铺地砖长30厘米，宽13厘米，厚6厘米，为素面"人"字形铺砌；墓墙砖长35厘米，宽18厘米，厚6厘米，一面有矩形和对顶三角形的组合花纹。面砖叠砌。券顶砖为楔形大头，厚6厘米，小头厚3厘米，小头一面有平行线和"S"形组成的花纹。整个墓室内壁形成带有图案的装饰面。经清理的铁钉有6枚，开元宝钱6枚，青瓷杯5只，铜刮1件，铁剪1把，铁刀1把，铜盆1只，铜镜1面，金钗1枚。据专家考证，墓主人生前家境殷实，可能从事缝纫类职业。

南　康　区

陈赞贤烈士墓

陈赞贤烈士墓

陈赞贤烈士墓位于南康区东山公园内。占地面积160平方米，建筑面积50平方米，水泥地面，西、南两边立有花岗岩护栏。墓呈六角亭形，亭子直径3.8米，亭高4.2米，由花岗岩打磨制作而成。石柱为金钱石材质，亭顶面为青石料。墓亭对联："鞠躬尽瘁千秋仰，取义成仁万载传"。亭内中心墓碑正面书："陈赞贤烈士墓（1896—1927），二〇〇三年七月"，碑下稍后即是墓室。亭右边立"全省重点烈士纪念建筑物保护单位"标志碑，碑中书："全省重点烈士纪念建筑物保护单位，陈赞贤烈士墓，江西省人民政府，一九八七年三月二十五日"，左边立"陈赞贤烈士生平简介"碑。陈赞贤烈士墓原址在东山街道南水村马塔下组垇背岭上（1927年5月建，墓由青砖砌成，高1.3米，宽2.5米）。因新建南康中学，2003年6月，经江西省民政厅批准，7月迁至东山公园内。

陈赞贤（1896—1927），字子襄，号兰赞，化名陈博珍，南康县东山陀圳人。我国早期工人运动的先驱者，是南康县和赣南共产党的创始人之一。

陈赞贤生于农民家庭，高等小学毕业后入江西陆军讲武堂学习。之后回家乡当小学教员，创办了东山小学，任校长。1919年"五四运动"爆发后，领导南康学生和民众游行示威，开展爱国运动。1921年考入南昌省立第一师范学校。1922年春，曾赴广西参加孙中山领导的北伐军队，任少校书记，随军入江西，后因病回家医治。其间，阅读大量进步书刊，接受了马列主义。1925年组织各界人士集会，声援五卅运动，后到广东南雄参加工农运动。1926年春，陈赞贤在中共南雄县委书记傅恕介绍下加入中国共产党，任南雄总工会委员长。7月，赴广州向中华全国总工会秘书长刘少奇汇报工作，后以全总特派员身份回江西工作。8月，陈赞贤回赣州和朱由铿（曾任中共赣州特别支部第一任书记）一起，发展党员，在大新开路黄家祠创建中共赣州特别支部。随后，被中共党组织派往国民革命军第二军第五师政治部任宣传科科长。9月，北伐军进入赣州，陈赞贤奉命回南康任行政委员长（县长），秘密发展一批共产党员，建立第一个中共南康支部，任支部书记。同时，他还大刀阔斧地改革旧政，废除苛捐杂税，雷厉风行地禁烟、禁赌、禁娼，使社会风气为之一新。南康人民特为他挂匾，称赞他："德在民生"，并誉称陈赞贤是"铁面县长"。10月，陈赞贤调任中共赣州特别支部书记、赣南党务及十七县工农运动指导员，以便于加强和领导赣南工农革命运动的开展。11月，领导成立赣州总工会，当选为委员长。同年底，发动组织以钱业工人为首的罢工，开展以增加工资、改善待遇、实行八小时工作制为中心内容的斗争并取得了胜利。赣州的工人运动在全国也颇有影响，获得了"一广州二赣州"的赞誉。他还创办赣南工农干部训练班，培训了一批工农运动骨干，组织"青年干社"，培训青年积极分子。在他领导下，赣南地区的党组织得到很大发展，工农运动发展得轰轰烈烈，坚决抵制了国民党新右派的阻挠，破坏。

正当赣州工人运功风起云涌之际，坐镇南昌的蒋介石却命令国民革命军新编第一师进驻赣州，派出了新编第一师党代表倪弼、赣县县长郭巩等人，充当其破坏赣州工人运动的急先锋。1927年1月26日，倪弼派兵包围和搜查了赣州总工会，妄图逮捕陈赞贤。就在当晚，中共赣州特支召开紧急会议，决定派陈赞贤出席江西省第一次工人代表大会。第二天拂晓，陈赞贤乔装成伙夫，走出赣州城，奔赴南昌，参加了省首届工人代表大会，当选为省总工会执行委员。会议刚结束，他就决定返回赣州，继续领导赣州工人运动。省领导李富春考虑到赣州形势险恶，劝其暂留南昌。陈赞贤坦然地说："革命应有牺牲精神，个人生死不足为惧，我陈赞贤死了，还有第二个陈赞贤。"他就这样不顾个人安危回到乌云密布、杀机四伏的赣州。

3月6日晚，陈赞贤正在赣州总工会召开筹备纪念孙中山逝世两周年的会议，倪弼派新一师军官胡启儒用欺骗手段请各团体负责人到赣县县政府出席筹备召开纪念孙中山逝世会议，将陈赞贤绑架。倪弼限令陈赞贤签字解散赣州总工会，停止工农运动。陈赞贤斩钉截铁地说："头可断，血可流，解散工会的字我不签！""我从事工农运动，何罪之有？你们镇压民众，破坏革命，才是大罪弥天！"敌人同时向他开枪射击，陈赞贤在身中18弹的情况下，仍高呼："打倒新军阀！""工会万岁！""中国共产党万岁！"后壮烈牺牲，时年三十一岁。这就是历史上的"三六"惨案，是蒋介石公开叛变革命打出的反共反革命的第一枪，是"四一二大屠杀"的前奏。

陈赞贤的被害震动全国，赣州人民举行公祭三天，武汉举行了40万人追悼会，全国各地工农革命团体纷纷通电哀悼，称赞他是为革命英勇牺牲的工人领袖。

赖传湘烈士墓

赖传湘烈士墓侧照

赖传湘烈士墓位于蓉江街道旭山公园“南康革命烈士纪念碑”东侧，建于1946年。墓为圆形，水泥结构。2005年被批准为南康市第二批文物保护单位。

赖传湘（1903—1941），号镇元，生于南康县东山乡马草村，黄埔军校第四期毕业。1926年12月参加北伐，曾任北伐军总司令部交际科长、国民革命军九十二师政治部中校科长。1937年7月7日卢沟桥事变后，赖传湘随部参加淞沪会战。1938年7月晋升上校团长。1939年6月参加通山与崇阳等处战役，晋升为陆军三师少将旅长。1941年9月参加保卫长沙、抗击日寇的湘北第二次会战，代理师长职务，在此次会战中壮烈牺牲。他是中日战争期间阵亡的高级将领之一。

赖传湘家中兄弟四人，他排行第三。父母务农，家境贫寒。四子中只有赖传湘勤奋好学，成绩名列前茅。因而，父母就仅让赖传湘一人继续学业。陈赞贤（我国早期工人运动先驱）也是东山乡人，创办了东山高等小学。陈赞贤当年很喜欢这个贫农的儿子。赖传湘小学毕业后，因家境困难，无法到南昌去上中学。校长陈赞贤知道后，马上赠他一笔路费。赖传湘不负厚望，以优异成绩考进了省立第一中学。听说黄埔军校第四期在上海招生，他就约了两位志同道合的同学，赶到上海投考军校，并被录取，入军校炮科学生队。1926年10月，军校毕业，被分配在国民革命军第一补充师第三团见习。12月参加北伐。在战争中英勇果敢，多次立下战功，被晋升为该团上尉政治指导员。1927年1月，司令部调升其为交际科长。3月，又委任东路先遣军第一团中校党代表。7月，再调任东路先遣军司令部副官。8月，又调任第九十二师政治部中校科长。因赖传湘坚持要求，上级将其调任独师特务营少校副营长。1930年1月，原部队改编为陆军第三师九旅。11月出发广东东江，讨伐汪精卫。经过5个多月的苦战，打败了汪的部队。不到一年，又奉命征伐石友三和任应岐，束鹿一战打败石、任，获得全胜。因赖传湘战功卓著，升为该营少校营长。1932年7月，入庐山军官教育团受训数月后，又奉命回部队。1934年，传湘自认才浅，要求深造。经上级批准，在中央高等教育班学习两年。1936年7月毕业归队。卢沟桥事变后，日寇进攻上海。赖传湘所在师奉命开赴前线，参加淞沪战役，部队与日寇浴血奋战了三天三夜。淞沪战役后，该师又奉命开赴九江阻击日寇。同年10月又奉命开赴武宁，阻击日寇两个多月，敌蛰伏不敢蠢动。1939年3月，赖传湘部奉令他调，日寇乘隙猛击友军，赖传湘部奉令驰援，以一团兵力，与日寇正面抗衡周旋一个多月，将敌击溃，并乘胜追击之。后来靖安陷落，友军撤走，赖传湘部腹背受敌，遂奉令撤退，于1939年5月开抵修水县山口镇整训。在武宁保卫战中，赖传湘率部英勇击败日寇，由于战功卓著，被记大功一次，并于1939年5月24日，被授予陆海空甲种一等奖章一枚。6月，又奉命开赴鄂南参加通山与崇阳等处战役，又建战功，晋升为陆军第三师少将旅长。1940年1月，第三师奉令进驻通城、大沙坪、桂口市待命。同年3月全师又开到修水补充训练。4月，因浙东战事紧张，奉命开赴浙江，5月到达金华。之后再调安徽歙县改编新军制，旅部撤销，调师部任少将指挥官。

1941年8月上旬，所在部队开赴湘北待命。9月上旬，战斗一开始就异常激烈残酷。敌人出动了飞机、坦克，派了伪装的便衣特务，并且第一次使用空降兵部队配合作战。因师长朱岳抗日不力，赖传湘奉命代理师长。于9月8日壮烈牺牲。

由于他英勇抗日，国民政府追赠其为陆军中将。1984年5月，中华人民共和国民政部追认他为“革命烈士”。

大 余 县

刘伯坚烈士墓

刘伯坚烈士墓位于大余县金莲山革命烈士陵园的革命烈士纪念墓左侧，建于1964年10月，坐东朝西。墓面呈牌坊式样，6柱5面，长12米，中高7米，边高6米，水泥砖石结构。正中为水磨石墓碑，墓碑上竖书“刘伯坚烈士之墓”，碑的左右两侧镌刻有“生的伟大，死的光荣”和“革命烈士永垂不朽”题词。墓冢为长圆丘状，长5.13米，宽5.45米，丘顶高1.54米，沿墓冢有一条宽约1米的护墓通道。1992年1月，大余县政府在陵园墓区前坪正中建刘伯坚烈士纪念碑，上塑刘伯坚烈士半身铜像。纪念碑高2.85米，宽1.4米，铜像高1.5米。纪念碑正面为时任国务院总理李

刘伯坚烈士墓

鹏的亲笔题词“刘伯坚烈士永垂不朽”，背面为刘伯坚生平简介，两侧碑刻有刘伯坚的《带镣行》《移狱》诗篇。

刘伯坚烈士铜像

刘伯坚（1895—1935），原名刘永福，又名刘永田，字永锢，号铁侠，四川省平昌县龙岗镇人。1920年赴法国、比利时等国勤工俭学。1921年初，参加由赵世炎、李立三组织的劳动学会，与周恩来、赵世炎、蔡和森、李富春等领导了以争生存、求学权为主要内容的“二八”运动和6月的“抗拒中法大借款”、9月的“占领里昂中法大学”等重大政治斗争。1922年，与周恩来、赵世炎等共同组建了“少年共产党”（后改名为旅欧共青团），随即转为共产党员。同年11月，赴苏联莫斯科入东方劳动者大学学习。1926年春回国，被派任为由冯玉祥领导的国民党西北军总政治部副部长。第一次国内革命战争失败后，赴上海做地下工作，再次到苏联军政大学和伏龙芝军事学院学习。1930年回国，先到上海，翌年到江西中央革命根据地，任中革军委秘书长、红军党校政治部主任。1931年11月，当选为中华苏维埃中央执行委员，12月与王稼祥、左权等组织策划宁都起义并任红五军团政治部主任。后任中华苏维埃中央革命军事委员会总政治部宣传部副部长。

1934年10月，红军主力离开江西长征，刘伯坚被留在赣南中央苏区坚持斗争，任赣南省军区政治部主任。他积极组织留守部队，在于都河多处架桥，为主力部队做好后勤保障工作，护送中央红军主力渡河长征。中华人民共和国成立后，叶剑英同志曾赋诗怀念当年与刘伯坚于都河惜别之情：“红军抗日事长征，夜渡鄄都溅溅鸣。梁上伯坚来击筑，荆卿豪气渐离情。”

1935年3月初，遵照中共中央指示，留守中央苏区的红军在项英、陈毅率领下开始分路突围。3月3日下午，赣南省党政军机关和独立六团从于都南部的仁风山区向赣粤边突围。3月4日，赣南省军区政治部主任刘伯坚带领部队突围到安远县塘村的鸭婆坑山上时，与敌军激战，刘伯坚的左腿被敌军子弹击中，身受重伤，被敌抓俘。先是关押在信丰县的小汾，3月9日，转押至国民党粤军第一军军部所在地的大余监狱。

从被俘的那一刻起，刘伯坚即抱定了“一死以殉主义并为中国民族解放流血”的坚定信念。3月11日，敌人将刘伯坚从监狱押至国民党第六绥靖区司令余汉谋的绥靖公署审讯，尽管移狱的路程很短，但为了从精神上瓦解刘伯坚，并借此进行反共宣传，敌人故意押解着戴着沉重铁镣的刘伯坚从当时最为繁华的县城青菜街（今水城建桂街）走过。但刘伯坚正气凛然地拖着铁镣从大街上从容走过。当晚，他在狱中挥笔写下了气贯长虹的不朽诗篇《带镣行》。之后，刘伯坚在与敌人进行审讯斗争的同时，又写下了《移狱》《狱中月夜》等革命诗篇。他在遗书中将自己的一生总结为“生是为中国，死是为中国”，并以“我为中国作楚囚”自豪。敌人使尽一切手段都无法让刘伯坚屈服，也问不到一点共产党和红军游击队的情况。3月21日，蒋介石来电，示“不降就地处决”。

临刑前，刘伯坚写了最后两封信，他预言：“不久的将来，中国民族必能得到解放”，他的“鲜血不是空流了的”；信中谆谆叮嘱亲人：“最重要的，诸儿要继续我的志向，为中国民族的解放努力流血，继续我未完成的光荣事业。”3月21日，刘伯坚在大余县城北郊的金莲山上英勇就义，为革命事业献出了宝贵的生命。时年刚满四十岁。

刘伯坚烈士的诗作有《带镣行》《移狱》《狱中月夜》等。

带镣行

带镣长街行，蹒跚复蹒跚。
市人争瞩目，我心无愧怍。
带镣长街行，镣声何铿锵。
市人皆惊讶，我心自安详。
带镣长街行，志气愈轩昂。
拼作阶下囚，工农齐解放。

移狱

大庾狱中将两日，移来绥署候审室。
室长八尺宽四尺，一榻填满剩门隙。
五副脚镣响锒铛，匍匐膝行上下床。
狱门咫尺隔万里，守者持枪长相望。
狱中静寂日如年，囚伴等吃饭两餐。
都说欲睡睡不得，白日睡多夜难眠。
檐角瓦雀鸣啁啾，镇日啼跃不肯休。
瓦雀生意何盎然，我为中国作楚囚。
夜来五人共小被，脚镣颠倒声清脆。
饥鼠跳梁声啧啧，门灯如豆生阴翳。
夜雨阵阵过瓦檐，风送计可到梅关。
南国春事不须问，万里芳信无由传。

狱中月夜

空负梅关团圆月，囚门深锁窥不得。
夜半皎皎上东墙，反影铁窗皆虚白。

崇 义 县

王尔琢烈士墓

王尔琢烈士墓位于崇义县思顺圩外的虎形岭上,面积约300平方米。正面筑有门楼,门楼的横梁上有谢振华少将题写的："王尔琢烈士陵园"。阶梯后50米是王尔琢烈士墓。民国十七年（1928）8月25日，中国工农红军第四军参谋长兼第二十八团团长王尔琢，因追击叛徒袁崇全，牺牲于思顺圩。当时其遗体葬于思顺圩背虎形岭上。1969年，由崇义县政府在思顺乡虎形岭上第一次简易修建了王尔琢烈士墓。1983年、2006年两次重修陵墓。墓碑上刻有萧克将军题写的"王尔琢烈士之墓"七个大字。墓碑后面有一石棺，安放着烈士忠骨。墓前为一平台，下又有一小平台，上、下两平台间隔46级台阶，两旁松柏环绕，四季常青。该墓现为江西省文物保护单位。

王尔琢烈士陵园

王尔琢烈士墓

王尔琢（1903—1928），字蕴璞， 湖南省石门县官桥村人。中国工农红军优秀指挥员。1920年考入长沙省立甲种工业学校，参加过进步学生运动。1924年考入黄埔军校第一期，同年秋加入中国共产党。毕业后任学生队分队长、营长，参加了平定广州商团叛乱和讨伐军阀陈炯明的两次东征。1926年参与国民革命军第三师的改编工作，任东路先遣军党代表，参加北伐战争。参与指挥东路先遣军挺进江西，进军浙江，攻入上海。蒋介石派亲信以军长职位拉拢王尔琢，遭到他严词拒绝后，遂密令逮捕东路先遣军中的共产党员。在东路先遣军司令李明扬的帮助下，该军的中共党员得以安全离开。王尔琢脱险后，在中共上海区委领导下从事工人运动。

1927年7月，王尔琢任国民革命军第四军第二十五师第七十四团参谋长。8月，率该团重机枪连参加南昌起义。起义后任第七十四团团长，随部队南下广东。10月底，南昌起义军余部在江西大庾整编成一个纵队，王尔琢任参谋长，与朱德、陈毅等率部转战闽粤赣湘边，坚持武装斗争。1928年1月，王尔琢参加领导湘南起义，任工农革命军第一师参谋长。同年4月，工农革命军第一师与湘南各县的农军向井冈山转移，下旬在江西宁冈县砻市与毛泽东领导的湘赣边秋收起义部队会师，成立工农革命军第四军（后改称工农红军第四军），王尔琢任参谋长兼第二十八团团长，协助毛泽东、朱德指挥红四军取得草市坳、龙源口等战斗的胜利，粉碎了国民党军队发动的两次大规模“进剿”。

5月中旬，国民党军队五个团对井冈山革命根据地发动第三次“进剿”。王尔琢率第二十八团和第三十一团1个营奔袭永新，在草市坳与敌1个团遭遇，经2个小时激战，将敌全歼。然后一鼓作气攻进永新，再歼敌军1个师部，击伤师长杨如轩。6月下旬，国民党又调集5个团，以第九师师长杨池生为总指挥，对井冈山革命根据地进行第四次“进剿”，在占领永新后，以主力3个团分左、右两路进犯宁冈。王尔琢率第二十八团向进占老七溪岭制高点的国民党军右路2个团多次发起猛攻，将其击溃。随即直插龙源口，切断了左路国民党军的退路，并协同第二十九团等部将其1个团歼灭于龙源口地区。王尔琢率第二十八团英勇作战，成为纵横井冈山的一员骁将，为保卫和发展井冈山革命根据地作出了重大贡献。

8月中旬，王尔琢率第二十八团由湘南地区回师井冈山。25日，担任前卫第2营营长的袁崇全，胁迫、欺骗1个步兵连和1个迫击炮连叛逃。王尔琢闻讯后立即率警卫排追赶。当追至江西崇义思顺圩时，王尔琢努力做叛逃官兵的工作，两个连的官兵又回到了革命队伍中。而王尔琢却遭袁崇全开枪射击，英勇牺牲，年仅二十五岁。

在为王尔琢举行的追悼会上，毛泽东、朱德高度评价了王尔琢为革命作出的贡献。会场上悬挂着由毛泽东拟稿、陈毅书写的挽联：“一哭尔琢，二哭尔琢，尔琢今已矣！留却重任谁承受？生为阶级，死为阶级，阶级后如何？得到胜利始方休！”

2009年9月10日，在由中央宣传部、中央组织部、中央统战部、中央文献研究室、中央党史研究室、民政部、人力资源社会保障部、全国总工会、共青团中央、全国妇联、解放军总政治部等11个部门联合组织的“100位为新中国成立作出突出贡献的英雄模范人物和100位新中国成立以来感动中国人物”评选活动中，王尔琢被评为“100位为新中国成立作出突出贡献的英雄模范人物”。

安 远 县

名人墓名录

杨晃将军墓 该墓位于安远县城南45千米的鹤仔镇阳佳村下山半山腰处。墓封土高约1米，占地面积6平方米，没有墓膛。存有墓碑一块，高1.07米，宽0.65米，厚0.15米，正中铭文:“伪吴检校工部尚书杨将军杨晃之神墓碑”。为乾隆三十一年（1766）十一月安远县知县陈文豫所立。杨晃（929年前后在世），龙泉堡人。五代末期率义兵保卫乡井，寇不敢犯，被杨吴政权授予检校工部尚书衔。宋端平年间（1234—1236），被追赠为千牛卫将军。杨晃将军墓在龙泉堡阳嘉寨。乡人追念其功，塑像立庙祀之（庙早已坍塌）。

全 南 县

名人墓名录

唐国忠墓 该墓位于全南县大吉山镇马安村坪山村小组的小山坡上。始建于南宋绍兴三年（1133）。曾经5次维修。墓长5.30米，宽2.7米，封土高存2.5米，占地面积为14.31平方米。封土堆采用青石砌筑，并刻有花纹。罗围除墓碑青石质外，其他地方用砖块垒砌。墓碑高2.5米，宽2.7米，刻有“宋进士国子监祭酒唐国忠”碑文。

谭庄（谭垣）墓 该墓位于全南县南迳镇中切村桅杆下组的南边，在村落与农田中间，东面前8米与南面5米均为水塘。墓坐北朝南，占地10平方米左右。墓门为青石砌筑，墓冢与周边环境组合成蜘蛛形状，墓门顶上刻有“蜘蛛出洋”四个字，寓意谭庄在清乾隆年间（1736—1795）曾两度跨海出任台湾地区凤山县令。后升上洋通判、福州知府兼摄清军同知。

兴 国 县

名人墓名录

良村烈士纪念园 该纪念园位于兴国县良村镇，原红军反“围剿”作战的厚村狭口故战场。2014年1月，值纪念中央红军长征出发80周年之际，兴国县政府为加强零散烈士墓抢救保护工作，投资近180万元，兴建占地面积0.8公顷的良村烈士纪念园。将散葬于全镇的202座烈士墓，遵照烈士遗嘱，集中迁葬，以弘扬苏区精神，告慰先烈英灵，发扬革命传统，争取更大光荣。纪念园含停车场、门坊、祭奠广场、烈士墓区、纪念塔和英名墙等，于2014年6月底竣工。

宁 都 县

孙中山客家始祖孙誗墓

孙中山客家始祖孙誗墓位于宁都城南马家坑（亦称马架坑），坐北朝南，居高临下，两山夹峙，背依群山，左面梅江，右临国道。周围山脉连绵，形肖“将军策马”，堪舆家认为“金戈铁马，气吞万里”，此乃风水宝地，子孙必有显贵者。

此墓发现于1982年。当时，宁都县地名办邱常松在收集地名志资料中发现了孙中山先生的祖籍家谱，按谱记载寻找到孙誗墓。随后，民革江西省委、江西大学民革支部、江西大学历史系和宁都县政府组成联合调查组，根据原中山大学罗香林教授所著《国父家世源流考》[民国三十一年（1942）商务印书馆重庆初版]得出的“江西宁都乃孙中山先祖发祥之地”的结论，反复对照宁都的地方志和《雩邑孙氏族谱》[民国十八年（1929）八修谱]、《宁都富春孙氏伯房十二修族谱》[民国三十八年（1949）修]等孙氏家谱，证实孙誗是孙氏南迁始祖，即孙中山先生的客家始祖。在此基础上，为考证孙誗墓的真伪，1986年2月下旬，江西省文物考古队、赣州地区博物馆和宁都县博物馆组成联合考察组，在实地进行了为期四天的考察，请地理先生用罗盘按宁都几种孙氏族谱记载的孙誗墓图坐落方位寻找到了墓穴和金骨，并挖掘到唐、宋、清代的砖、石，最后认定此墓。此墓始建于北宋，曾于宋代，元代，明嘉靖、隆庆、万历，清康熙年间等多次维修，是孙誗墓无疑。之后，又在距孙誗墓西100米处发现了孙誗元配陈氏夫人墓，并寻找到一块刻于清嘉庆十九年（1814）《唐敕封东平侯孙公讳誗元配陈氏夫人墓志铭》的墓碑。

1986年5月，为纪念孙中山先生120周年诞辰，江西省财政厅拨款4万元重修孙誗墓。重修后的孙誗墓，格局参照唐封侯墓葬形制，古朴庄重，结构严谨。墓前山脚下竖立一座高4米、面阔6米的混凝土仿石牌坊，横楣嵌贴“孙誗墓”阴刻青碑石。穿过牌坊，顺山势而上，铺设120级花岗岩台阶直达山腰，台阶尽头辟一坪台，面积约30平方米，此即孙誗墓葬所在地。墓为坎癸山午坐向，圆形墓垛由红石垒成，直径2.8米，高1.2米，墓垛前及东、西两侧各竖青石碑阴刻一方，规格均为2米×1米，墓前碑上刻“唐敕封东平侯孙誗墓”，东侧碑上刻《重修唐故东平侯孙誗墓记》，西侧碑上刻《孙誗画像及苏东坡诗赞》。孙誗墓修复后被列为县级文物保护单位，由宁都县博物馆管理。

据史料记载，孙誗，生卒年不详，是唐中书舍人孙拙之子，原居汴州陈留（今河南开封）。唐僖宗中和三年（883），为镇压黄巢起义，孙誗被朝廷以武才选为百将。次年，充任承宣使，受命领兵游击于闽越江右间（今赣南、闽西、粤东三角地带），后因功敕封为东平侯。黄巢起义平定后，因其统兵有方，体恤民力，又能保境安民，民众纷纷请留，遂定居虔化县（今宁都县）。孙誗由此成为客家孙氏的始祖，其后裔繁衍营迁赣、湘、闽、粤等地，其中一支由江西宁都迁福建长汀河田，复迁广东紫金忠坝，又迁广东增城，再迁广东香山涌口、翠亨，在翠亨诞生了中国民主革命的先行者孙中山先生，自孙誗起，为第三十五代。

宁都起义领导人赵博生烈士陵园

宁都起义领导人赵博生烈士陵园位于宁都县城中心的蔚背岭（又称龟背岭），坐西向东，东西长28米，南北宽18米，中铺花岗岩通道，通道两旁间植松柏、丹桂，四周砖砌围墙加盖琉璃瓦，东开铁制大门正对县文化广场，大门前设6级台阶。陵园内建筑分前后两部分，前为赵博生泥塑像，高3米，像座朝墓面嵌汉白玉碑石，上竖刻《赵博生传略》；后为赵博生墓，呈圆顶六边形，墓基长、宽各约10米，墓前镶墓碑，碑文为“中国工农红军第五军团副总指挥兼参谋长赵博生之墓”，围墓设宽约1米的瞻仰通道，通道外侧环砌0.6米高的护墙。陵园现属省级革命烈士纪念建筑重点保护单位，由宁都县民政局管理。

赵博生（1897—1933），1933年1月8日牺牲，根据中华苏维埃临时中央政府命令，同月葬于宁都县城老衙门内（今文化城处）。1934年10月，中央红军主力长征后，宁都人民恐赵博生遗骸遭破坏，秘密将赵博生迁葬于县城南郊。1952年8月，宁都县政府又将赵博生改葬现址。1976年12月重修，2013年11再修。

赵博生是河北省黄骅县人，中国共产党的优秀党员，宁都起义的领导人。1924年保定陆军军官学校毕业后，受孙中山新三民主义影响，入西北军冯玉祥部供职，历任见习排长、团部副官、团副、团参谋处长、旅参谋长、特种兵旅长、军参谋长等职。1926年结识时任国民党联军总政治部部长的共产党员刘伯坚，开始受共产党的影响，后参加北伐。大革命失败后，他对蒋介石背叛革命的行为不满，曾作《革命精神之歌》，在官兵中教唱。1930年8月，率领所部500多人在西安起义。起义失败后，入孙连仲的国民党第二十六路军总指挥部任参谋长。1931年随二十六路军前往江西“剿共”。来到江西后，他积极寻找中共组织，同年10月，经党中央批准，成为中共党员。入党后，他在国民党第二十六路军中积极慎重地开展统战与兵运工作。同年12月14日，他与董振堂、季振同、黄中岳率领第二十六路军官兵17000多人举行了震惊中外的宁都起义。起义部队后编为红五军团，赵博生初任红五军团参谋长兼十四军军长，后任红五军团副总指挥兼参谋长。他和董振堂等人率领红五军团英勇战斗，为保卫和巩固中央苏区作出了重大贡献。1933年1月8日，为粉碎蒋介石对中央苏区发动的第四次“围剿”，赵博生率部配合红一、三军团，在金溪县黄狮渡长源庙（今属南城县）阵地阻击敌4个余师的进攻，他亲临前线指挥，不幸中弹牺牲，年仅三十六岁。为表彰和纪念他，当时中华苏维埃临时中央政府和中革军委在瑞金叶坪建立“博生堡”，并下令将赵博生遗体运回宁都安葬，同时改宁都县为博生县。

于 都 县

书法家王鸿墓

书法家王鸿墓位于于都县贡江镇永红村柿坑里。墓坐西北朝东南，青砖砌筑，墓高3.3米，宽5.8米，长9米，墓前设直径2.3米的半圆形明堂。墓面正中镶一块高0.55米、宽0.34米的青石碑，中书“始祖宋乡贤王公讳鸿字翼道府君 婆郭老孺人之墓”，墓建于北宋神宗八年（1075），曾于清雍正二十年（1742）、道光十七年（1837）、光绪三十二年（1906）三次重修。

王鸿（1023—1075），字翼道，王羲之第二十四世孙，博学善草书，北宋书法家和理学家。宋皇祐年间（1049—1054）被推荐进入京城太学，后参加乡试，名列榜首。只因应试文章中错将“沚”字写成“沼”字而被除名，从此绝意仕途，在县城南40里的香台山隐居。香台山的半山腰有一天然大岩洞，岩洞石壁上王鸿手书石刻“木樨岩”三字至今清晰可见。过木樨岩沿小路而上有香台寺（需岩寺）。寺庙主殿大门有一楹联：“古刹重光洞隐山腰衔日月，需岩览胜壁悬翠竹牧春云”。王鸿因此自题居地之洞为“需岩”，并以需岩自号。郡守刘彝聘请他主管郡校教学，他不出任，刘彝作诗颂扬他。邑令张宗谔请他出来做官，他又不出任，之后张宗谔在城西建“望需亭”，以示景仰。赣州通判周敦颐，曾游需岩与王鸿谈先天之学，两人十分投契，周作诗赠王鸿，鸿答诗有“临别溪头承诲嘱，此心当为圣贤求”句。侍郎张颉将王鸿事迹上报朝廷请求表彰，没有答复。王鸿以隐居著书终生，所撰《大元经》《困铭》等，散佚失传。《中国人名大词典》中有王鸿条目。

巡按应天佥都御史李涞墓

巡按应天佥都御史李涞墓位于于都梓山固院的三塔坑，现已无迹可寻。

李涞（1538—1602），字源甫，号养愚，于都梓山人，明代著名文学家。隆庆元年（1567）中举人，隆庆五年（1571）登进士，初授宝应县令。万历五年（1577），调山东任佥事，任内曾向穆宗上《治河疏》，深得穆宗赏识，再调任广西参议，多有建树，后提升为都察院长官（中丞），巡抚江南十郡。他禁止设宴迎送，力除奢侈浪费、贪赃枉法，不谋一钞一物。一些下级官员意欲替他盖栋住房，他说：“年岁不丰稔，还谈不上做私房。”在江南5年，他的粗布衣帽和被帐都是旧的。贵州巡抚郭子章说：“如今天下称清廉的人不多，但真正名实相符始终如一者，只有李中丞一人。”后因母亲年事已高，李涞上疏请求退职，获准归家。在家除孝敬母亲外，每月召集县里读书人讲解理学，培养后代。万历二十三年（1595），李涞纂修《雩都县志》，并亲自撰写序言，阐明“方志属史类”。此外，他还撰写了《明觉寺来归常住田记》《重修罗田岩濂溪阁记》《重光塔记》《蜚英塔记》《勤政楼记》《诸书记》《濂溪阳明善山三先生祠田记 》诸文，并著有《经赋书》、奏议、文集、语录多卷。

名人墓名录

杨筠松墓 该墓位于于都县宽田乡的杨公坝（古称药口）河岸边，因多次遭遇水毁，今墓无存，石碑现保存在于都县博物馆内。杨筠松（834—904），名益，字叔茂，号筠松，唐代窦州（今广东信宜市）人。唐僖宗朝国师，官至金紫光禄大夫，掌灵台地理事。别号亦玄，世称“救贫先生”，古代著名风水宗师。著有《疑龙经》《撼龙经》《天玉经》《都天宝照经》《龙脉经》等风水学专著。后卒于赣州。

罗威千墓 该墓位于于都曲洋圩西面500米处。墓坐北朝南，红石青砖结构。墓堂呈圆形，直径2米，墓面宽2米，高1.5米，中间嵌墓碑一方，上刻于都武举人谢文经撰写之墓志铭。现保存完好。罗威千，生卒年不详，于都曲洋人，清代例赠武略骑尉。

瑞 金 市

理学家罗台山墓

理学家罗台山墓位于瑞金市九堡镇密溪村东北向7000米的大坑子马山岗，是迁葬墓。台山墓建于清嘉庆六年（1801），坐西朝东，砖石结构，高1.6米，宽2.45米，总面积12平方米。墓碑5块，墓碑高0.18米，宽0.48米，碑文载录清嘉庆六年（1801）台山友人赠资买山安葬罗台山事迹，为宁都直隶州事黄永纶所写，江西承宣布政使邵洪题“孝廉罗台山之墓”墓额。

罗台山（1733—1779），名有高，字台山，自号天目山人，瑞金县（今瑞金市）人，清代知名理学家、散文家。他自幼勤奋好学，工古文辞，好交游；喜武术，能拳术，精剑术。十六岁补县学生，乾隆二十七年（1762）进太学学习，乾隆三十年（1765）考中举人。他猎习广泛，除习文之外，坚持练武，并研习军事知识，希望日后能成为一个文武双全之人，以身报国；潜心理学研究，将程颢、陆九渊、琮仁等理学名家主张视为终生信条；专心儒学，深研程明道、陆象山、王阳明及罗会庵之学；苦研佛学，沉迷于《华严经》《上乘经》等佛学经典，坚信佛学信仰，并坚持吃长斋，号尊闻居士；注重游历，丰富学识，曾遍游江西、浙江、福建、广东、北京等地，考察和研究中国佛学和儒学；重视讲学，1766年，乡试中举回乡后，他召集本族弟子，在凤凰山讲学，既讲儒学经典，又论佛释之学，在当地影响巨大。

罗台山的文学造诣颇深，且以散文见长，其散文注重内容与形式的统一，由博返约，独树一帜。当朝内阁学士、总理各国事务衙门大臣洪钧[江苏吴县（今苏州）人，清末外交家]曾肯定其自成特色。他作品颇丰，影响深远，主要传世作品《尊闻居世集》8卷（包括诗60首，散文100篇，八股文10篇），是一部诗文与理学、宗教学研究的重要文献。国务院古籍整理小组将其列入第一批整理项目。

毛泽覃烈士陵园

毛泽覃烈士墓

毛泽覃烈士陵园位于瑞金市泽覃乡黄鳝口张屋坪。1935年4月，由瑞金地下党秘密修建，2008年12月，经瑞金市委宣传部批准，瑞金市政府拨款3万元，群众捐资数万元进行修缮。陵园坐南朝北，占地面积460余平方米，陵园内有毛泽覃烈士陵墓、纪念亭和纪念碑等建筑物。1985年，经中央批准，中共江西省委决定在瑞金革命烈士纪念馆兴建毛泽覃同志纪念碑。1985年6月破土动工，1986年4月竣工落成。纪念碑坐落在瑞金革命烈士纪念馆右前方，坐东南朝西北。毛泽覃同志全身青铜塑像，高3米，安放在2.4米高的大理石碑座上，碑的正面镶嵌着邓小平同志题写的碑名“毛泽覃同志纪念碑”八个大字，背面刻有中共瑞金县委、瑞金县政府撰写的碑文。纪念碑建筑面积272平方米，四周采用花岗石柱和铜管栏杆。1987年，该碑被江西省政府公布为江西省文物保护单位、江西省重点革命烈士纪念建筑物。

毛泽覃（1905—1935），字润菊，湖南省湘潭县韶山冲人。1922年加入中国社会主义青年团。1923年到湖南水口山开展工人运动，任工人俱乐部教育股委员。同年十月加入中国共产党。1925年秋，在黄埔军校政治部工作。1927年到武汉，在国民革命军第四军政治部工作。参加了“八一”南昌起义和创建井冈山革命根据地的斗争，在转战赣南、闽西和巩固发展中央革命根据地的斗争中，曾任中国工农革命委员会驻吉安办事处主任和后方委员会书记、永（丰）吉（安）泰（和）特委书记、红三军政治部主任、公略中心县委书记、苏区中央局秘书长等职。他坚决拥护以毛泽东为代表的正确路线，反对和抵制王明的“左”倾路线。1934年10月，中央红军长征后，毛泽覃留在中央苏区任中共中央分局委员，坚持游击战争，转战闽赣边界、武夷山区。1935年4月26日，率部从长汀四都突围到瑞金红林山区，被敌包围，在瑞金安治乡步权村黄狗窝纸槽激战中壮烈牺牲，时年三十岁。

毛泽覃烈士纪念碑及雕像

毛泽覃是中国共产党的优秀党员、中国工农红军的优秀指挥员、坚强的共产主义战士，也是“八一”南昌起义的重要追随者、井冈山会师的重要联络人，为创建井冈山革命根据地作出了重要贡献。参加了五次“反围剿”，战功卓著，获中央军委颁发的二等红星奖章，为党和人民的革命事业建立了不朽功勋。为纪念毛泽覃烈士，1961年1月，经江西省政府批准，将烈士牺牲所在地安治乡改名为泽覃乡，黄鳝口改名为泽覃村。

会 昌 县

乡贤胡夷简墓

乡贤胡夷简墓位于会昌县庄埠乡庄埠村的车田坝。墓坐西北朝东南，背倚青山，清碧如玉带似的濂江环绕而过。墓由瓷器粉、碎石、糯米、石灰搅拌凝结而成，坚硬如铁。墓面堂皇，造型别具一格，保存完好。墓的四周有栏杆、围墙，高0.7米，厚0.3米。墓堂为一大圆堂，可容六台桌席。墓面底部有三级平整的台阶，沿阶而上便是平列的三块墓碑，中碑正中阴刻“明敕授文林郎升宾川知州奉直

胡夷简墓

大夫金池胡公府君。封孺人胡母李氏老宜人之墓”，碑左刻“万历丙申春二月吉旦，四十二年甲寅三月吉日合葬”。碑右刻“孝男克从、克顺、克相及孙……曾孙……立”。左右嵌着两块素面石碑相配。墓碑两侧是有浮雕，左鹿右马，形态生动。墓面两旁有厢廊，雕饰花卉，艺术精美。墓碑上端横贯三层长条石。往后是墓室顶，状如古代的帽顶，其直径0.5米，中开一洞约0.07米。墓室顶左、中、右三面又设一内栏杆，高0.3米，与外栏杆平行，形成一条0.7米宽的通道。外栏杆正中镶嵌一块墓志素碑，正楷阴刻“明奉直大夫宾川知州金池胡公墓志”。墓志文字内容清晰，为前知县迁庆远府同知刁梦麟所撰，记述了胡夷简的生平事迹。墓面正中高1.9米，到墓志碑顶高3.9米，墓前圆堂长9米，墓身长8.1米，墓背填土长8.1米，从墓堂到墓背填土总长为25.2米，平均宽度9米，墓地占地总面积为226.8平方米。

胡夷简（1529—1593），字近道，号金池，为明代会昌县著名乡宦，一生致力于把王阳明（名守仁，字伯安，浙江余姚人，明代哲学家、理学家）的“致良知”之学运用到乡村治理实践中。早年师从江西知名理学家王阳明嫡传弟子何廷仁（初名泰，字性之，于都人，著名理学家）和黄弘纲（字正之，号洛村，于都人）两人，后又被状元理学家罗洪先（字达夫，号念庵，吉水人）收为弟子。他追求“平等兼爱”的平民思想，主张重学行实，把理学思想运用到治理乡村民间社会，一生不改初衷，成为当地人所推崇的乡贤名宦。

明隆庆三年（1569），四十岁的胡夷简终于获得选贡，万历五年（1577），被授浙江嘉善县（今嘉兴）县丞。两年后，擢升为惠州府长乐（今广东五华县）知县。曾任会昌知县、后升广西庆远府同知的刁梦麟对胡夷简在长乐任职的七年作了精辟的评价：“夙夜供职，兴水利、抚峒寇；劝富绅出粟以赈贫民，而流贼不敢入境；清丈裹粮以随，毫不扰民；及两任而仕，而俸薪之外，一无所取。”万历十三年（1585），时年五十六岁的胡夷简因政绩突出，再一次擢升为云南宾川知州。然由于自觉年老体弱，辞官归里。

胡夷简还乡后，积极推行“致良知”之学以教化村民，立族约、施善、拓义田、建义塾、严家训、赈饥荒、修水利，进行了一系列有益于社会的各种活动，都是当时行政官员很难管理或触及的事物。为了鼓励胡氏族内的弟子投身科举，胡夷简还专门设置了义田和义学，并制订了对参加科举者的奖励措施。同时，他还十分注重对子女的言传身教。自其创立并实施家族教育发展的措施后，胡氏后裔在明晚期至清代，取得科名者连绵不绝，尤其以明经（贡生）居多。胡夷简晚年十分注重崇尚节俭，积极倡导节俭之风。他以自身人格魅力和成就成为当时会昌县影响力最大的“乡饮大宾”。

寻 乌 县

兵部尚书潘任夫妇墓

兵部尚书潘任夫妇墓位于寻乌县吉潭镇上车村乌石岗。潘任夫妇卒于元初，先按客家风俗寄葬。元末明初，由其孙辈迁葬于乌石岗现址。清乾隆二十八年（1763），后裔合议重修，碑文为："大宋兵部尚书潘任字肩宏妣陈氏之佳城。清乾隆二十八年癸未岁季冬月吉旦，男十三郎，孙序、法明、崇三，曾孙省、琴、瑟，玄孙海六、仲六、念六立。点穴孙西"。碑联为："金藏燕泊第，石筑鹿鸣轩"。1993年做了简单维修。

潘任夫妇墓全景

坟墓依山坡而筑，未见明显封土，正中墓碑由十三块打制石件组成，前面及两边用河石砌成半圆形坟池，前低后高，左右合拢，呈典型座椅地堂式。墓坐北朝南，背靠鹁鸪岽、五子嶂、锅子嶂诸峰，山势雄浑。左右有丘峦拱卫，前面是平坦的农田及河滩，自北而南的寻乌河在此环绕而去，又有金冈山隔河相望。视野开阔，风景优美。

现今墓葬保持良好，附近有潘任母亲邱氏、儿子十三郎坟茔。村头还有始建于清康熙四十六年（1707）的潘忠节公祠。1994年9月，潘任夫妇墓被列为第三批寻乌县文物保护单位。2006年12月，被列为第五批江西省文物保护单位。

潘任（？—1279），字肩宏，号五郎，原籍福建长汀三州。祖父潘仝为宋理宗淳祐四年（1244）进士，曾任安远县尉、广州观察推官等职。父亲潘毅为禁军武官，随小皇帝赵昺战死于江门崖山。

德祐元年（1275），文天祥在南剑州（今福建南平）设立督府，奉召勤王。潘任闻讯后，在汀州募兵响应，辅佐文天祥治理闽西。德祐二年（1276）四月，帝昰立，授潘任为行都招讨使。景炎二年（1277）正月，汀州失陷，潘任随文天祥移师漳州。同年四月，又移师梅州。五月，文天祥率主力挺进会昌，命潘任留守安远县腰古保（今寻乌县圳下村一带）。六月，文天祥率部驻兴国，遣将分兵治理赣南。不久，元将李恒突袭兴国，文天祥大败，退逃到循州（今龙川）。潘任闻讯，率部入粤策应。景炎三年（1278）四月，帝昺立，晋升潘任为兵部尚书。同年十二月，文天祥兵败潮阳，被元将张弘范所虏。潘任率部入潮州，计划保卫帝昺，但此时帝昺已移舟崖山。潘任于是辗转至硇州（今广东吴川境内），才得知崖山战役，南宋朝廷已经覆亡。此时，潘任还想恢复宋室，曾前往安南（今越南境内）寻觅赵氏后裔。但没有找到，只好绕道回到赣南，解散部属，与儿子十三郎隐居于安远县项山保之留坑（今寻乌县项山乡）。

洪武十五年（1382）二月，明太祖朱元璋表彰南宋忠臣，追赠潘任以“忠节”的谥号。今寻乌《潘氏族谱》卷一录有《晋行都招讨使潘任兵部尚书制》[南宋祥兴元年（1278）四月十八日]和《赠宋兵部尚书潘任谥册》[明洪武十五年（1382）二月十九日]。

朱元璋赐潘任“忠节”牌匾

潘任为寻乌潘氏之始祖，子孙繁衍成为寻乌望族，并播迁于闽粤赣乃至世界各地。相传当地大营岗村、王别村均因文天祥、潘任驻军于此而得名。今吉潭镇圳下村大营岗，为宋末文天祥、潘任当年驻军扎营地。《潘氏族谱》卷一记载：清咸丰年间，翼王石达开由粤赴湘，驻扎大营冈，有感于文天祥、潘任故事，作诗云：“一点孤忠惟灭鞑，二公仗节独勤王。萧萧故垒今安在，古木寒鸦噪夕阳。”乾隆时长宁知县李廷辉也有《大营冈怀古诗》：“信国流离肃队行，大营扎处剩平冈。丧师汀境奔漳邑，振旅梅州复会昌。忠赤一腔惟报主，山河四裂独勤王。祇今广袤周原在，凭吊寒鸦几夕阳。”

王别村是吉潭镇至项山乡半途中的一个村庄，传说文天祥率部离开大营岗前往会昌时，潘任送别于此。后人尊文天祥、潘任为“二王”，遂称此地为“王别”。

古柏烈士陵园

古柏烈士陵园位于寻乌县革命烈士纪念馆内，园中建有古柏烈士纪念碑、寻乌“三二五”暴动场景浮雕等。古柏烈士纪念碑于1986年10月22日落成，坐西朝东，分古柏烈士雕像和基座两部分。烈士雕像用玻璃钢铸成，采用古柏在中央苏区任红一方面军总前委秘书时的形像，高4.7米，重1.8吨。基座用花岗岩砌成，正面镶刻时任中央顾问委员会主任、中央军委主席邓小平同志的亲笔题字“古柏烈士纪念碑”，题字时间为1984年7月4日。背面为古柏烈士生平介绍。1987年3月，该纪念碑经江西省政府批准为全省重点烈士纪念建筑物保护单位。

古柏烈士纪念碑

古柏（1906—1936），字劲生，家名显裘，寻乌县篁乡塘背村（今晨光镇沁园春村）人，现代革命家、军事家。1922年起，就读于广东省梅县广益中学，积极参加和领导梅县地区爱国学生运动。1925年12月，加入中国共产党。随后倡导成立了“寻乌留粤校友会”和“寻乌县平民合作”等进步组织，创办了《石溪新潮》和《犁头周刊》等刊物，宣传革命思想，开展革命活动。1927年大革命失败后，回家乡与共产党员刘维炉等创建寻邬（今寻乌）第一个中共支部，任委员，领导全县人民开展武装斗争。1928年3月，领导和发动寻乌“三二五”农民暴动。暴动失败后，转移至广州梅县，任县委宣传部部长。5月，不顾敌人多次悬赏通缉，秘密返回寻乌，组织游击队。1929年1月，中国工农红军第四军主力来到寻邬，组建中国工农红军第二十一纵队，古柏任政治委员。随后，担任中共寻邬县委书记兼县苏维埃政府主席。1930年5月，协助毛泽东同志进行著名的“寻乌调查”。此后，古柏便在毛泽东身边工作，历任红四军前委秘书长、红一方面军总前委秘书长、江西省苏维埃政府委员、党团书记等职。在支持毛泽东正确主张、坚持真理、抵制王明“左”倾错误斗争中，他与邓小平、毛泽覃、谢唯俊一起受到错误批判。1934年10月，中央红军主力长征后，奉命留在中央苏区闽粤赣边领导游击战争。1935年3月6日，由于叛徒出卖，在广东省龙川上坪鸳鸯坑被国民党军包围，在与敌激战中不幸中弹，英勇牺牲，时年三十岁。噩耗传到延安，毛泽东在回复古柏兄弟来信时亲笔题词：“吾友古柏，英俊奋发，为国捐躯，殊堪悲悼。愿古氏同胞，继其遗志，共达自由解放之目的。”

1938年10月，毛泽东在党的六届六中全会扩大会议上，亲自为在江西中央苏区被“左”倾机会主义错误打击迫害的邓小平、毛泽覃、谢唯俊、古柏四位同志予以彻底平反，恢复名誉。

1984年7月，中共中央军委主席、中央顾问委员会主任邓小平为古柏烈士纪念碑题字：“古柏烈士，永垂不朽”。

名人墓名录

吴之章墓 该墓位于寻乌晨光镇司城村枫山里。墓建于乾隆十三年（1748），坐北朝南，封土高2.5米，底径3.1米，墓碑保存较好，字迹清楚，上书“大清逸民之章字松若吴公墓”。吴之章（1661—1733），字松若，清代文坛名士，长宁县篁乡堡（今属江西省寻乌县晨光镇），著有《泛梗集》，为当时赣府名流“贞堂九子”之首。中年归故里后，因家道衰落及科场失意，寄情于名山大川，足迹遍及大江南北。晚年看破红尘，皈依佛门，隐居晨光灵山，过着清贫淡泊的生活，每日与诗书绘画为伴作乐。2012年8月公布为县级文物保护单位。

刘德熙墓 该墓位于寻乌县晨光镇龙图村下村大坪里。墓坐西朝东，墓碑用红砂岩石砌成，碑刻字迹清楚，碑高1.7米，宽0.95米，封土高2.5米，直径10米，河石、三合土夯筑。刘德熙（？—1849），字穆士，清道光十三年（1833）获钦点翰林院庶吉士、七品正堂，奉命留朝整理、补抄《四库全书》，朝廷赐其为进士，例授文林郎，曾任湖南临湘、耒阳知县，并钦加同知衔直隶州。2012年8月公布为县级文物保护单位。

邱上峰墓 该墓位于寻乌县文峰乡图合村南山下。墓坐南朝北，为二次葬墓，民国四年（1915）重修，系条石和三合土夯筑砌成。封土堆存高1.25米，直径1.75米，主碑高0.7米，宽0.5米。邱上峰，生卒年不详，字眉三，号簬村，文峰乡图合村人，清雍正二年（1724）进士，曾任直隶清丰县、鸡泽县知县。邱上峰为官清廉，能诗善赋，著有《簬村诗》20卷，文集十册，其诗不仅韵律和谐，而且意境深远，对寻乌的山水、宝塔、寺庙均有诗赞。

曾自柏墓 该墓位于寻乌县留车镇黄姜村委会西侧200米南留公路旁，清嘉庆十五年（1810）重修。墓高3.2米，面宽10.7米，墓碑用花岗岩雕成，封土周围设花岗岩围栏，墓顶置一石质葫芦状物，墓前有石狮两对，石马、石羊、石鼓各一对，墓碑残断，字迹清晰可辨，内容完整，是寻乌规模最大和形制结构较为独特的古墓葬之一。该墓曾被盗。曾自柏，生卒年不详，字新甫，芳田村湖坰人，监生，援例以府经历分配至四川，借补为西昌县县丞，以功劳升任大竹县知县，加知州衔，后任华阳县知县。曾自柏的父亲曾宗发在湖南做过知府，他的兄弟子侄多人为官，是一个典型的以杂途入仕的官僚家族。

石 城 县

北伐名将赖世璜墓

北伐名将赖世璜墓位于石城县屏山乡页背村李坑组。墓长8.1米，宽5.5米，占地44.6平方米，封土高2.5米。该墓为红条石砌筑，山字形墓脑石，青石墓碑，碑文详细记载了赖世璜的生平事迹。整座坟墓规制中正，不事张扬。

赖世璜（1889—1927），字肇周，石城县屏山长溪人，为北伐名将。十九岁考入江西陆军小学堂，毕业后升入南京陆军中学。清宣统三年（1911）秋，武昌起义爆发，赖世璜毅然返回九江响应号召，任九江要塞司令部参谋及炮台官等职。南北和议后，江西都督李烈钧开办讲武堂，任命赖世璜为区队长。不久调任第二师军事教练所长、步兵连长。民国二年（1913）六月，李烈钧在湖口起义讨袁（世凯）。赖世璜率部与袁军战于德安、沙河间。讨袁失败后，赖世璜遭袁世凯通缉，于是改名席珍，任余江县警察所长。民国三年（1914）冬，考入保定军官学校。毕业后派往东三省任事。当时袁世凯称帝，蔡锷、李烈钧等在云南组织护国军讨袁。赖世璜南下参加护国军，任营长。帝制推翻后，随李烈钧赴粤投奔孙中山，转战两广、闽南，讨伐龙济光、陈光远、莫荣新、沈鸿英等军阀，因功升任支队长、旅长、支团长等职。民国十一年（1922），随孙中山北伐，发韶关，入大余，下赣州，偏师达宜黄、崇仁，前锋几达南昌。因陈炯明叛变，退还广东。第二年春天，改任中央直辖第四师师长。不久，率部驻闽南。民国十三年（1924），随谭延闿再度北伐，任赣军独立军军长兼赣东绥靖使。后谭部战败，退返广东。赖世璜部内困赣南，不得已接受北军赣督方本仁收编，改称江西第四师，驻宁都、瑞金、石城、会昌、寻乌、于都一带。民国十五年（1926），国共合作，赖世璜再度兴师北伐。七月，赖世璜部改编为国民革命军第一军独立第一师。八月，再改为国民革命军第十四军，赖世璜任军长。旋即誓师北伐，破赣州，下吉安。另一部分入闽协助何应钦。赖世璜亲率主攻力克抚州，夺取高安，助攻南昌，进入省城。不久移师入闽，江西和福建都被北伐军控制。民国十四年（1927）春天，率军攻入江苏，横截沪宁水陆交通。不久兼任无锡市戒严司令。值无锡工人罢工、请愿、游行示威，赖世璜指使商团、警察和一些流氓攻打总工会。结果总工会被捣，工会委员长秦起等30余人被杀，不久，赖世璜发布了“制止城乡暴动”的命令，依法令查封了市总工会及农民协会。六月，奉命渡江追击孙传芳部，经海州（连云港）进山东，攻临沂。忽报徐州失利，北伐军总指挥白崇禧拨第十四军一部往援。赖世璜势孤不支，奉命殿后，还驻无锡。

赖世璜书“齐眉衍庆”

九月，赖世璜前往上海治病，29日晚在火车站遭刘峙绑架。几天后，当局以“克扣军饷、畏缩不前”之名宣布逮捕。后押解南京，监禁于陆军第一监狱。1927年12月30日晚，白崇禧下令将其杀害，时年三十八岁。

名人墓名录

“圣旨节妇”墓 该墓位于石城县琴江镇温坊村老虎坑组。墓坐东朝西，四柱三门，红条石砌筑，明堂长2.1米，宽2.43米，封土成椭圆形，长5.6米，宽3.5米，高2.3米。山字形墓脑石中间阴刻楷书“圣旨节妇”四字，青石墓碑，碑文为明节妇赖氏闫太老安人的生平事迹。闫老太（1577—1649），为明朝出使高丽的使臣赖嘉谋之妻。二十余岁开始守节，一生知书达礼，教养子女、勤俭治家，颁制家训，为后人所敬仰。据清乾隆十年（1745）版《石城县志》记载，闫老太生有二子，长子赖一衡，字六持。闫老太长期患病，家中较为贫寒，赖一衡典当家产延请医生，并且亲尝其母亲痰涎帮助医生识辨病症。对待二弟也非常关爱、庇护，人人称道。次子赖一振，也以侍母尽孝道出名。为人崇仁重义，常援手他人于危难之际。清顺治九年（1652），石城遭受匪患，赖一振倾尽家产招募人员，保家卫民。

温革墓 该墓位于石城县高田镇湖坑村。原为条石结构，颇具规模，“文化大革命”中墓面被毁，1981年以青砖条石修复。墓碑系清康熙年间重修时所刻，字迹清晰。温革（996—1073），字廷斌，北宋柏中里堂下（今属石城县高田镇）人。因屡试不第，遂立志办学。北宋仁宗宝元年间（1038—1040），捐家资兴义学。凡国子监所藏之书，市上有售者，尽购以还。在柏中里建藏书楼，开办柏林讲学堂。远近求学者源源不绝，广达闽、粤诸省。他热心教育之举及深博的学识为世人推崇，声闻朝野，被敕封为大儒。当朝大学问家李觏亲自撰文赞扬温革，称其“陶化遐迩，躬蹈力趋。讲经明道，先哲莫逾。素云求内，吻契典模”。同时还为其藏书楼赠联：“照榻有嫦娥，齐问天香消息；登楼无俗客，共谈花样文章”。温革捐家资兴办义学之举载入《大明一统志》《江西通志》等志书。

陈敏墓 该墓位于石城县琴江镇花园村陂子脑。旧志载“浮桴坝”，即指此处。原墓颇宏大，有地下墓室，墓面高大，结构精致。“文化大革命”中被毁坏，1980年，其后裔在墓西南面重建青砖小墓，立石题名：“颍川祖封南康郡侯官御前太尉陈公敏字元功老大人之坟墓”。陈敏（1113—1173），字元功，石城县丰山乡石田村人。他富有韬略，精于骑射，戎马一生，历树战功。好贤礼士，抚军恤民，人皆乐为所用。南宋乾道九年（1173），陈敏卒于楚州。宋孝宗念惜其忠义勇敢，钦命护送灵柩归葬故里，并赐五百缗钱及五百匹绢作为安葬费用。其事迹载《宋史·功臣传》。

巫双瑞夫妇合葬墓 该墓位于石城县大由乡大由村黄泥塘小猪婆嵊。墓面高大，20世纪50年代为大由小学建校舍时所拆，仅存龟背条石数块。当地群众确指为巫双瑞夫妇合葬墓，称墓石镌有“国宾”二字。1991年由石城城北黄氏重修。巫双瑞，生卒年不详，字祥卿，号云岩，南宋时县城郭头街人，登理宗淳祐十年（1250）庚戌科方逢辰榜进士第三名，探花及第，为内宫监院驸马。官拜光禄寺上卿、统理诸州都督。后因病，敕赐归石城原籍。南宋覆灭，巫双瑞夫妇悲痛欲绝，双双投缳自尽。元兵至石城，追缉其子孙，其后裔遂易姓为黄。今县城北外黄姓，即其后裔。

赣州经济技术开发区

毛泽东、毛泽覃岳父——贺焕文烈士墓

贺焕文烈士墓位于赣州开发区湖边镇岗边村岗边中边排三宝经堂后面的小山包上，墓地由青色砖石筑成，上方刻有“革命先烈”4个大字，墓碑上刻有“民国三十年清明日，永新县，故处士贺焕文先生之墓，同乡公立”等字样。

贺焕文，1938年2月病故，享年六十七岁。贺焕文逝世时，当地党组织商定，暂不安葬，在经堂背后树下筑了一个囤寮，将棺木安放于内。一年后，才埋葬在三宝经堂后面的小山包上，起了坟堆，当时只竖一块无名条石作记号。民国三十年（1941）

贺焕文烈士墓

清明日，修墓立红石碑。

贺焕文（1871—1938），祖籍江西永新县烟阁乡黄竹岭村，曾捐做举人，当过安福县县长，因官司牵连入狱，家道中落。贺焕文娶杜秀，生有三男三女：三子为贺敏学、贺敏仁、贺敏振；三女为贺桂圆（贺子珍）、贺银圆（贺怡）、贺先圆。贺子珍1928年与毛泽东结为戎马伴侣。

1934年10月14日至1938年3月期间，贺焕文和妻子杜秀、儿子贺敏学、女儿贺怡、女婿毛泽覃转移至赣州。刘少奇安排时任中央苦力运输工会委员长的赣州水西（与石人前相接地）人王贤选对贺氏一家进行安置。王贤选通过武阳党支部书记刘家发便条联络弟弟王木生和时任赣州水西党支部书记的何三苟、时任赣州七里党支部书记的钟崇洪，将贺氏三口（贺焕文、杜秀、贺怡）安顿在红军多次攻打不下的白区中心城市——赣州的石人前（现湖边镇湖边村石人前）。

1936年12月，王贤选、何三苟将贺家人转移至与赣州邻接的赣县陈坑（现赣州开发区湖边镇官田村石灰山）王贤选表嫂的娘家家中。1937年2月，王贤选被捕。何三苟将贺氏一家转移到岗边中边排（现赣州湖边镇岗边村中边排），因贺氏吃斋就以做斋公为掩护，住在三宝经堂。生活上由河西党组织派王贤选、何三苟、钟元吉、李盛洪等供给米油菜蔬。因钟元吉住在经堂附近，委托他每日为其挑生活用水。1937年卢沟桥事变后，国共合作，气氛缓和。9月20日，项英、陈毅到赣州，贺焕文、杜秀支持贺怡归队继续革命，后与兄贺敏学重逢。贺焕文、杜秀仍留在岗边中边排。中央知情后，准备接贺焕文、杜秀去延安。临行前几天贺焕文突发重病，不治长逝，由时任岗边中边排支部书记的李声洪安排安葬在岗边中边排。为了不泄露真情，落款也未署真名，只刻“同仁共立”四字。正在信丰油山打游击的项英、陈毅、杨尚奎等得知贺焕文病故噩耗，因公务不能前去吊唁，他们凑了银洋一百元，派人送往赣州，以作安葬费用。贺焕文之子贺敏学，当时在大余县池江任红四军办事处主任，专程来赣州与地方党组织安排了殡葬事宜。

中华人民共和国成立后，人们才知道贺焕文是贺敏学、贺子珍、贺怡的亲生父亲，毛泽东、毛泽覃的岳父，以及他一生经历和对革命所做的工作。1955年，贺焕文被追认为革命烈士。1983年，赣州市政府为了缅怀先烈，特将贺焕文迁葬在附近的黄土坡上，墓冢宽敞，风光秀丽，并把原石碑镶回墓门，墓门上方加立横匾石牌，上刻“革命先烈”四个大字。1997年，贺焕文墓于被列为赣州市文物保护单位。

宜春市

袁州区

仰山墓塔群

仰山墓塔群位于袁州区洪江乡东南村殿上仰山集云峰下，是唐禅宗“五家七叶”之一沩仰宗的发祥地。这里群峰叠起，青山聚秀，呈“莲花盆”地形的四周，有用花岗岩建造的唐代至清代大大小小的禅师塔100余座，世人统称为“仰山墓塔群”。1983年文物普查时被发现，分布在集云峰、塔窝里、塔背冲、虎形里、网形里、人形里、猪形里、上庵、木坪、太平山、龙布头、古庙、蟠龙、丹溪等方圆近20平方千米的密林翠嶂中。这些墓塔分属沩仰、临济、曹洞三宗。

仰山墓塔群

仰山墓塔群保护碑

唐代起，就有僧人在仰山修行，逐渐让此地成为一处佛门圣地。南禅沩仰宗创始人慧寂禅师就在仰山开基建寺，慧寂圆寂后，又迁灵骨归仰山集云峰下。后来沩仰宗衰微，临济、曹洞两宗相继在此弘扬佛法。到清代，同治版《宜春县志》记载的寺庵就有多座。后来，因各种原因墓塔遭到严重损毁。遗存至今的有慧寂禅师塔、妙觉和尚塔、佚名塔、闲云定禅师塔、志朗和尚塔、文山因修和尚塔、常元和尚塔、契兴禅师塔等。1987年12月28日，仰山墓塔群被江西省政府公布为重点文物保护单位。

仰山慧寂禅师塔，也称为仰山智通禅师妙光之塔，坐落在仰山栖隐禅寺东北塔坪里，是仰山墓塔群中最具有代表性的一座墓塔。慧寂禅师（?—883）,俗姓叶，韶州怀化（今广东怀集）人。广州和安寺出家，对禅理很有见地。唐会昌元年（841），慧寂禅师来宜春仰山创建栖隐寺，一时成为远近闻名的沩仰宗发祥地。晚年归居家乡韶州东平山，唐中和三年（883）圆寂。法嗣光涌禅师迁灵骨归仰山，建舍利塔。大顺二年（891），敕谥“通智大师”，塔名“妙光之塔”。塔体在1973年改土造田时被拆除，仅留六角形金刚宝座，地宫尚存。2004年8月，重建舍利塔及塔院。塔通高4.8米，塔亭通高11.8米，塔院占地4000平方米。塔面碑文“仰山慧寂大通禅师舍利之塔”。

宋代佚名禅师塔，在塔窝里。塔为六角形须弥座，上下枋雕饰莲瓣纹，束腰素面。塔身圆柱状，正面为壶门，周身环饰乳钉四列，计49枚，残高1.46米。拜亭为花岗石四方形，通高4.14米。

闲云定禅师塔，在网形里。塔呈六角三层重檐亭阁式，通高2.88米。塔前立圆首方趺石碑一通，刊刻：“中兴仰山第二代传临济正宗三十五世上闲下云定禅师之塔位”。左为“皇清康熙庚午岁次仲夏月吉旦”，右为“两序披剃徒、徒孙、曾孙”等23名僧侣的法号与辈分文字。

志朗和尚塔

志朗和尚塔，在网形里。塔作六角形。塔身正面设假壶门于仰莲纹上，门额书刻“极乐国”。背面及左右封板分别雕刻犀牛望月、奔月等图案。宝盖六角高脊，冠以六角形霞、露盘和凸字形顶，通高1.58米。志朗和尚，生卒年不详，为仰山太平兴国寺住持，圆寂后于乾隆四十五年（1780）建塔立铭，碑文为其同门临济三十八世僧人、原南泉山慈化寺方丈达拳所撰。

虎形里塔林，位于塔窝里东北1.5千米虎形山嘴上。原为晚唐慧寂法嗣三塔坟地，坟塔毁。现有清雍乾年间（1723—1795）完整的亭台式坟塔一组（9

座），故名塔林。塔林坐北朝南，外有一半圆形罗围，全为乱石垒砌，高1.9米，周长16.5米，直径8.8米，占地面积30.4平方米。

网形里塔林，位于塔窝里西南半里网形里的山嘴上，坐西朝东，背靠仰山。用乱石块垒成三个阶梯，长22.5米，宽16.5米，占地面积37.13平方米。共19座坟塔，除2个楼阁式外，余为亭台式。其中10座较为完整。

此外，还有木坪塔林（一个大坟塔，10个小和尚塔）；猪形里塔林（现有三塔一墓，占地40平方米）；伴山的契兴老禅师坟塔；秀江的在习老禅师坟塔；松岩的彻碧禅师坟塔，塘家山西北向的普同塔；绛桥村蟠龙山上的和光禅师坟塔等。

仰山墓塔群为整理仰山沩仰、临济和曹洞三宗的发展轨迹提供了宝贵的历史材料。

樟 树 市

吴平古墓群

吴平古墓群位于樟树市中州乡门楼村（故吴平县城）北1000米的九子科山，东距蒙河500米。1975年，该墓群由江西省樟树市博物馆调查发现。现有古墓约102座，残存封土堆高1～7米，直径5～20米，墓地占地面积4.5平方千米。1976年和1980年曾清理四座墓，均为长方形竖穴坑墓，出土了陶和原始瓷质的鼎、盒、壶、罐、碗及铁刀等随葬品。考古发掘与古文献记录和考古调查资料相一致，是一处从东汉中平二年（185）建汉县，至三国改为吴平县，直到隋开皇十一年（591）撤吴平县为止，405年间原县城官吏和城区贵族的公共墓地。对研究汉至隋代的樟树市政治、经济、文化具有重要的科学价值。

1987年12月28日，江西省政府公布其为第三批省级文物保护单位，2013年5月，被列入第七批全国重点文物保护单位。

丰 城 市

爱国将军邓子龙墓

邓子龙墓保护碑

爱国将军邓子龙墓位于丰城市杜市镇茂溪狮子邓家村前“落星桥”地，即邓子龙世居故里，墓前有塔水通过。墓葬为砖石垒砌，水泥铺盖而成，高2.5米，长8米，宽6米，墓前树立“爱国将军邓子龙”墓碑、大理石保护标志及青石刻说明牌，上刻邓子龙将军生平事迹简介和保护范围说明文字。1998年，江西省政府公布为省级重点文物保护单位，确定墓围外延30米为建设控制保护带，邓子龙墓已成为爱国主义教育基地。

邓子龙（1531—1598），一说（1528—1598），字武桥，号大千，别号虎冠道人，丰城市杜市镇狮子邓家村人。明代抗倭名将、军事家、民族英雄。祖父、父亲皆为风水师，故邓子龙早年以看风水为业，游走四方，历览山川之胜。明嘉靖八年（1529），在丰城东门白云寺遇著名学者罗洪先，向其学习诗文、兵法，技艺大有长进。在罗洪先的帮助下，嘉靖三十七年（1558）中武举。随后邓子龙毅然投身抗倭斗争中，率领江西官兵入闽抗倭，先后转战泉州、漳州沿海地带，屡建战功。嘉靖四十二年（1563）后，福建倭寇转到广东，邓子龙又驰赴广东新会、新宁（台山），大小数百战，击退倭寇袭扰，英勇抗击倭寇十余年。长期的抗倭斗争，使邓子龙由一名下级军官成长为具有丰富实践经验的将领，他的许多军事思想和理论也在这一时期形成。

万历二年（1574），抗倭战争基本结束后，邓子龙被调回江西，先后任抚州把总、鄱阳守备，并在江西铜鼓一带成功平定了李大銮起事。在巡抚潘季驯的举荐下，邓子龙由铜鼓营守备升任浙江参将，巡视宁波一带海防。万历九年（1581），邓子龙奉命入黔任武靖参将，一举平定了“五开兵变”，威名大振。万历十一年（1583），云南陇川宣抚司记室岳凤勾结缅甸东吁王朝莽应里叛乱，不断侵袭中国云南边境，占领滇西重镇，永昌（今保山）、大理告急，昆明震动。在云南巡抚刘世曾和巡按董裕的极力荐举下，明神宗命邓子龙率军3000驰援云南，击溃缅军。随后配合名将刘綎，越国境攻占缅甸副都阿瓦，收复全部沦陷国土，沉重打击了缅甸侵略者的气焰。邓子龙升任云南副总兵。邓子龙在云南戍边10余年，巡历修筑8处关隘，布置防御体系，使缅军不敢大举再犯。邓子龙还帮助当地少数民族发展生产，率军开垦屯田，向当地人民传授先进耕作方法，改良生产工具，受到当地人民爱戴。

万历二十六年（1598），明朝派兵抵御日本发动的侵朝战争，启用已解甲归田5年的老将邓子龙出任水师副总兵。中朝两国水师迅速进军，在露梁津海峡（今韩国庆尚南道丽水市境内）设伏决战。同年11月19日凌晨，在露梁津大海战中，两国将士奋勇杀敌，击毁日船450艘，杀死日军万余人，击毙日将36名，取得最后的胜利。而年近古稀的老将邓子龙与朝鲜民族英雄、水师统制使李舜臣则不幸阵亡。战争结束后，邓子龙遗骨归葬丰城，朝鲜国王亲自参加丧礼，并为其修建庙宇，世代祭祀。

邓子龙著有兵书《阵法直指》、地理书《风水说》传世。他喜吟咏，善书法，有《横戈集》。在福建、广东、江西、湖南、贵州、云南及韩国均有其大量石刻遗迹，不少地方和著名品牌均以邓子龙命名。

靖 安 县

郑家坳新石器时代晚期墓葬

郑家坳新石器时代晚期墓葬位于靖安县水口乡来堡村郑家组。遗址地处南潦河流域两条支流交汇的三角形地带山坡高地上，岗顶平坦，高出稻田2～4米，面积约3500平方米，属一处台地类型的新石器时代晚期墓葬。

1983年春，靖安县文物普查队发现该墓地。因历年烧制砖瓦取土，墓地南半部遭破坏。同年5月，江西省文物工作队对墓地南区进行抢救性发掘清理，历时15天，揭露面积70平方米，清理土坑竖穴墓10座（包括4座残墓）。1990年12月，江西省考古所会同相关部门对该墓地进行第二次发掘，历时31天，揭露面积180平方米，清理墓葬24座，灰坑1个。二次发掘共出土石器、玉器和陶器200余件。郑家坳墓葬群第一次发掘

郑家坳新石器时代晚期的土坑墓

清理报告发表于南京博物院主办的《东南文化》（1989年4、5期），第二次发掘清理报告发表于陕西考古研究所主办的《考古与文物》（1994年第2期）。

《江西通史1·先秦卷》第三章“新石器时代晚期农业氏族聚落文化”第一节“文化类型”郑家坳文化载：“考古学者根据出土器物演变，将该批墓葬分为一、二、三期，它们之间是持续发展的一支文化，并无文化属性之差异。陶器组合为鼎、豆、壶和罐。陶质多为泥质黑衣（或磨光）陶、泥质灰陶，只有少量夹砂红陶。器类有罐形鼎、盆形鼎、带把壶形鼎、钵形鼎、细把豆、带棱座豆、高圈足壶、矮圈足壶、长颈折腹平底罐以及小平底盆、圈足尊、带把杯等。器足以扁管形为多，且以过度外撇为特色，此外，有扁凿形、侧扁形、鱼鳍形等10余种。”

学者们认为这是分布在赣北及赣江中下游地区的一种新石器时代晚期文化类型——郑家坳文化，距今5030年（误差约110年）至4500年。江西地区发现郑家坳文化遗存较少，目前在九江沙河大王岭遗址下层和新余拾年山遗址中发现它的二、三期文化。郑家坳遗存有如下文化特征：第一，石质生产工具，锛类以扁平常型锛和有段锛为多，还有弓背锛。石刀多对钻单孔、双孔，有的甚至三孔，还有马鞍形刀。武器有矛、流星和多种形式的镞。石钺为扁薄体，还有肩石钺。第二，陶质以泥质灰陶为主，但施黑衣或磨光特别盛行，夹砂红陶很少。第三，三足器、圈足器特别盛行，尤以盆形、钵形鼎为多，豆类器以敛口钵形盘或粗细喇叭状带棱圈足豆为多，兼有镂孔和弦纹、凸棱等装饰。第四，盛行长方形土坑竖穴墓葬，行一次葬，随葬品组合为鼎、豆、壶；晚期流行长方形土坑竖穴墓、无圹穴墓和瓮罐葬等，多行二次葬，墓壁盛行火烤壁做法。

郑家坳文化在长江北岸的安徽潜山薛家岗文化中找到同类型者，有的学者将其划属薛家岗文化范畴，至少是江北薛家岗文化在长江南岸的一个类型。以安徽潜山薛家岗遗址为代表的薛家岗文化，其大致分布范围为：西至大别山以东和湖北广济、黄梅县境，东达巢湖和庐江县境，北至肥西县，南达长江的江淮西南部广阔地区。郑家坳文化的发现，表明薛家岗文化已越过大江，对赣江鄱阳湖流域史前文化产生了深刻影响。在四五千年前，江北薛家岗文化的原始居民，也许由于部落间征战或瘟疫或洪水等原因，举族越过长江进入赣鄱地区，当见到适合其生存发展的台地山冈时就分别定居下来。这就是郑家坳文化遗存呈星星点穿插状分布于赣江中下洲地区的缘故。

李洲坳东周墓葬

李洲坳东周墓葬清理现场

李洲坳东周墓葬位于靖安县万黄线公路西侧，距县城8千米的水口乡水口村李洲坳东面缓坡上。占地面积1100平方米。由封土形成的小山包植被繁茂，高约12米。2008年4月，该墓葬被评为“2007年度全国十大考古新发现”。

2006年12月30日，靖安县博物馆工作人员发现李洲坳一座古墓被盗，于是上报。经国家文物局批准，2007年1月6日，江西省考古所、靖安县博物馆开始联合对古墓进行抢救性发掘。4月25日，江西省文物局专家通过出土文物和墓室结构分析确定，该墓属距今2500～2600年春秋晚期的东周墓葬。6月，国家文物局听取古墓发掘和保护情况汇报后高度重视，提出“边发掘、边保护”的原则，指派国内在漆器保护、丝绸保护、古人类学、林业和水文地质等5个领域的一流专家参与古墓现场发掘工作。

墓穴南北长14.5米，东西宽11.3～11.7米，墓口至底部深约3.5米。墓室东边近南壁有一斜坡墓道，宽约3.2米，残长5米。坑中依次排列有47具棺木，除主棺较大外，其他棺木大小基本一致。墓中的尸体普遍用丝织品或竹席直接包裹，且有不同的等级，即用丝织品的棺木不见竹席，有竹席的则无丝织品。出土文物650余件，包括竹木器144件，漆器12件，玉器13件，青铜器30件，原始青瓷器7件，金器1件，金属器5件，纺织品300余件，其中多件被列为国宝级文物。此外，还出土了大量的人类遗骸。47具棺木中，28具保存相对完好，其中有19具发现人体骨骼或脑髓组织，12具骨骼中发现有绿色的结晶体。棺内死者多为侧身屈肢，少数为仰身直肢。一些头骨还保留着完美的秀发和清晰的发髻，以及捆扎头发的发带。主要随葬品组合有小型手工加工工具，如刀、削、凿等，以及木质纺织工具，如绕线框、梭、打纬刀、陶纺轮、漆勺等。在保存较好的棺木中，至少有11具棺木中出土了100多粒完整的香瓜籽，籽子出土时还呈白色。还有大量的花椒、果核、苇叶等。

《江西通史1・先秦卷》记载：李洲坳特殊的同穴多棺的埋葬方式，是目前中国考古发现年代较早、合葬棺木数量最多的一坑多棺墓。众多的出土物和现象是前所未见的，具有非常重要的学术价值。如纺织品种类多，尤其是那件锦缎密度每平方厘米高达240×10根的朱砂双色织锦，虽经两千多年的浸泡和泥沙的腐蚀，但至今仍纹理分明，色彩鲜艳，反映了当时的缫丝、印染、织造技术均已达到很高的水平。出土的竹木漆器有竹席、竹扇、竹笥、竹梳、竹刀、竹勺、木梳、木篦、木剑、漆盒等，其中一件竹扇，用精细的竹篾编成“人”字形花纹，保存十分完好，是目前中国发现的年代最久、保留最完整的扇类实物证据。在主棺上发现的圆形金箔饰物，直径达30厘米，表面用錾刻技法装饰出三圈龙形纹饰；外围环以双层陶制装饰品，其上刻精美的云雷纹。这一饰物造型独特，工艺考究，是目前国内发现的同期最大的金器饰物，为其他墓葬所罕见。墓葬中发现的保存最早的人脑髓组织和头骨、头发等，这一发现，开创了中国南方地区先秦人类遗骸研究的先河。

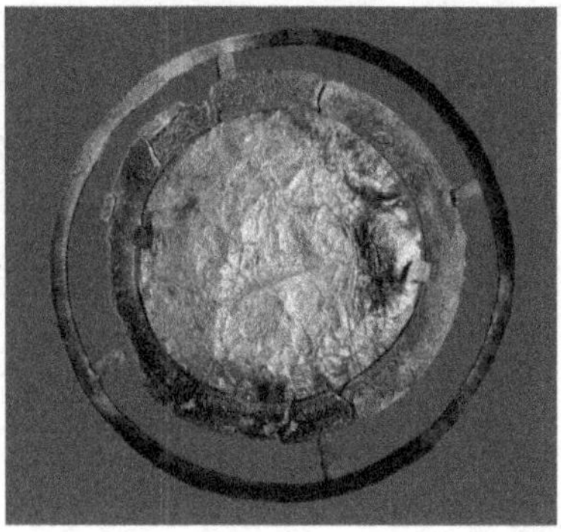

李洲坳墓出土的金饰和文物

人类遗骸的相关研究由吉林大学边疆考古研究中心承担，结果表明，22具遗骸中能够检测的个体都是女性，年龄为15～25岁。武汉大学和北京大学对出土的人骨结晶物质进行初步分析，结果表明，这类绿色结晶物质主要是磷酸铁盐类物质。确定脑髓组织是中国南方酸性土壤先秦墓葬中的首次发现，绿色结晶体是科技考古界极其罕见的发现。

担任织物清理、保护的中国社会科学院和首都博物馆纺织品保护中心研究员王亚蓉介绍说：“墓葬中出土的纺织品品类多，密度高，纹理分明，色彩鲜艳，反映了当时缫丝、印染、织造均达到很高的水平。在纺织考古上，这次发掘成果应算是空前重大的，中国纺织织造史也要重新改写了。”

先后两次来到靖安李洲坳东周墓葬考察的著名考古学家、中国夏商周断代工程首席科学家李伯谦说：“无论文献记载还是以前出土的墓葬都没有出现过这种情况，这是我国南方地区青铜文化的又一次重要发现。”

2007年7月29日，国家文物局专家组成员黄景略、徐苹芳、张忠培、徐光翼，同机抵达李洲坳实地指导。张忠培说：“这次我看到了很多具有越人风格的文物，太震撼了！”专家们指出：这个墓不是孤立存在的，还要对周边开展调查，寻找更高等级的城址、宫殿和墓葬。

根据考古调查和1979年李家村出土的三件青铜器表明，这里也可能是历史上延续时间最长的王国——徐国遗民的最后归处，然而，墓主是谁尚无定论。为进一步探明该墓的属性，考古发掘队接着对其周边10多平方千米范围内进行深入调查，发现有80余处商周时期人类文化遗址，有的还属于有相当等级的部落中心。

盛唐诗人刘慎虚墓

盛唐诗人刘慎虚墓位于靖安县水口乡桃源村庙庄坪对面云山垴的土坡上，距县城16千米。墓坐西向东，南西北三面均为山地，花草含芳，松杉成林，东面距墓地20余米，青山公路沿山脚向外延伸，一条清溪则在不远处悠悠流淌。

1982年3月，靖安县文物普查时发现该墓；1987年，被列为省级文物保护单位。墓建有石碑道口，未起墓堆。虽经多次盗挖，但石框墓碑尚保存完好。现存刘慎虚墓为清同治十二年（1873）重立墓，为小型道口墓，上为马蹄形墓道，下为“一”字形碑石道口。占地面积约16平方米，墓碑高0.76米，宽0.52米。墓碑上方横刻“崇祀乡贤”四字，正中竖刻“唐进士刘讳慎虚，字全乙，号易轩大人（靠右写母项氏）墓”，此墓应是刘慎虚与夫人合葬墓。右边刻有晚唐礼部侍郎刘允章写的“题赞”，文曰：“公登黄甲，博学宏词；盛唐乐府，先生倡之；杰立江表，谪仙并驰，前有长卿，共祖相知。后有梦得，奉以为师。桃源高卧，身世巢羲。德配项氏，巾帼贤姬。宾文旅文，二美争奇。于戏先生，千载芳垂。”左边刻有“男宾文，旅文后裔蕃衍不及备载，由腾空、长岗、上䄂支裔孙重立。卜葬桃源云山垴未丑向，大清同治十二年癸酉岁寒食日公立”等字样。

另据康熙版《奉新县志》载，刘慎虚葬奉新会埠东源村越王山左坪之桃花洞。诸版《奉新县志》还载：邑人慎虚之孙刘麒、刘麟举唐会昌四年（844）进士。刘麒官翰林侍读,刘麟官国子监博士。

刘慎虚，生卒年不详，字全乙，号易轩，盛唐著名诗人。建昌桃源乡即今靖安县人（一说为新吴即今奉新县人）。他自幼聪颖，姿容秀朗。开元二十一年（733）进士，但仕途失意。壮年辞官南归，游历于休宁、安庆、浔阳、庐山、洪州等地。与孟浩然、王昌龄、高适等往来酬唱，互赠诗章。晚年定居于江南西道洪州建昌县桃源里（今靖安县水口乡桃源村），在此辟有深柳读书堂授课教书，著书自娱。其交游多文人士子、山僧道侣。《唐诗三百首》

靖安县档案局编《盛唐诗人刘慎虚》

上载的首句“道由白云尽”诗即写于此时此地，此诗原题为《归桃源乡》。其卒后葬在该村云山垴，墓茔尚存。

在现存的十几首诗中，《阙题》（原题为《归桃源乡》）为其代表作：“道由白云尽，春与青溪长。时有落花至，远随流水香。闲门向山路，深柳读书堂。幽映每日白，清辉照衣裳。”这首诗是其归乡后所作，如一幅浓淡相宜的水墨画，重笔勾勒的是山溪、书屋；淡墨湮染的是白云、清辉……超然物外，神思邈远。他著有《鹡鸰集》5卷，可惜已失传。《全唐诗》存其诗15首。《靖安县志·艺文志》[清道光五年（1825）版]收存12首。《唐才子传》评綦毋潜善写方外之情；评刘慎虚善为方外之言，他们的作品在风格上都可归为王维、孟浩然的山水田园诗派。他遗存的作品不多，在诗坛是屈指可数的大家，可与李白齐名，刘禹锡也奉之为师。唐代名士殷璠盛赞刘慎虚的诗：“情幽兴远、思苦语奇，忽有所得，便惊众听。顷东南高唱者数人，然声律宛态无出其右，唯气骨不逮诸公。”

舒邦佐墓

舒邦佐墓

舒邦佐墓位于靖安县水口乡灌洲村沙港野鹿衔花地。现存墓茔为2000年仿原样修复墓葬。据《邦佐公墓重修记》载：“邦佐公墓，始建于宋嘉定八年（1215）。因特殊原因，墓地被毁，柴草丛生，墓碑墓石荡然无存，致使后裔无法祭祀。1999年族人发起重修。”原墓登99级台阶而上，陵墓为邦佐公与闵宜人合墓，圆形，前拜场，正面碑牌，两旁八字摆手。后三面花岗岩箩围道口，防外围泥土内泄。墓后方正中树墓志铭碑，详记公生平。箩围道口内侧鹅卵石铺成甬道，供子孙祭拜绕陵。墓顶花岗岩铺盖，墓前立两根望柱。

现墓坐东朝西，左有高山，右有清河，民间称左青龙，右白虎，面对莲花山。墓规模宏大，面积为50余平方米，由墓碑与墓塚组成。八字道口，墓碑高约2.5米，顶部雕刻“野鹿衔花”图案，嵌邦佐公及夫人闵宜人画像，碑正中竖刻“先祖宋通直郎（诰封宜人）舒公邦佐（母闵氏）墓”，左小刻“公元二千年岁次庚长清明重修”，右小刻“舒氏双峰后裔立”。碑左右石碑分别刻“邦佐公生平简介”“邦佐公墓重修记”，道口两侧花边石刻“西江望族”“双峰垂范”。墓前设拜场及舒氏祖墓香火炉。

据传，野鹿衔花地有“野鹿衔花水朝西，儿孙后代穿朝衣”之说，原为邦佐公替家父准备的墓地，后其父他葬。邦佐公做六十大寿时，地仙算其要造生坟，选定野鹿衔花，要求平地升高九十九级，金井落穴九丈九尺深，九十九口衣冠冢，意高高在上，又根深蒂固，子孙兴旺发达。

舒邦佐，字辅国，更字平叔，号双峰。宋绍兴七年（1137）生，靖安县城衙背舒家第四世。淳熙八年（1181）中进士，先后任鄂州授蒲圻、潭州善化主簿、衡州录军参军，1202年授通直郎。他为官一任，造福一方，深受百姓爱戴，衡州石鼓书院为其塑像祭祀。告老还乡后，买田设义庄，置地构筑双峰堂，在堂前凿“天泽池”（后名衙背塘），池中建“望烟楼”。每日晨夕登楼眺望，见未起烟者即周济钱米。他在《双峰堂记》提出过“退为进基，静为动主”的见解，为当时理学家朱熹所赞赏。著有《双峰猥稿》，时文人李恭甫赞其文章“有横放者，有缜密者，有精巧者”。

舒邦佐生子四，分伯、仲、叔、季四大支，子孙繁衍，靖安素有“舒姓舒半边”之说。《乾隆巳酉族谱序》载：知县许翌曰“甫下车，披邑志，其中树功勋衍科第克尽忠孝节烈于不朽者，舒族居半焉。及接见绅士，类皆英，多磊落，卓有古风。嗣是稽户口，编靖之半……询其由，始知舒氏之源远流长，簪缨世及，族衍人蕃，良有以也”。舒氏家族宋至清代共举进士9人。清嘉庆年间，舒懋官之子舒恭受与叔叔舒懋修同榜登科，与父同为进士。相传道光帝曾赠舒氏一匾：叔登科，侄登科，叔侄同登科；父进士，子进士，父子皆进士。《白香词谱》编纂者舒梦兰，与清官况钟同祀并传苏州知府舒化民，浙江衢州府鄞县知县、抗英爱国志士舒恭受，靖安县首位共产党员舒味三，曾任省委书记舒惠国，今国家信访局局长舒晓琴等，均为衙背舒氏后裔。

靖安衙背舒氏血脉、文脉双重显赫，尤以舒姓家族历代修志成为全国方志界首例，载入国家《方志百科全书》并在中国方志发展史中展出，成为方志界的一段佳话。据明代至民国历代版本《靖安县志》载，靖安舒姓家族七代先后有12人纂修志书10种。《靖安县志》现存最早版本明嘉靖四十四年（1565）志书，为舒姓家族第十七世舒光远的《舒卷纂修》，共6卷。其后舒姓家族修志蔚然成风，第十九世舒其琯、舒铣，二十二世舒亮友，二十四世舒化民，二十五世舒懋官、舒孔恂、舒懋颐，二十六世舒恭行、舒恭受，二十八世舒信宝，先后在清康熙、乾隆、道光、同治年间及民国时期纂修或续修县志。其余历代一般参与修志家人多达数十人。

逢清明时节，舒氏后裔集体祭扫祖墓约定俗成。除本县外，外县、外省舒氏后裔前往祭祖，宗亲凭吊者多达千余人。届时读祭文，敬献花篮、花圈，燃烛上香，烧纸祭拜。

名人墓名录

宋寒婆坟 该坟位于靖安县中源乡白沙坪与修水县交界处。墓长约7米，宽约4米，占地面积28平方米。墓基用砖眠砌环绕，墓隆起，过往行人拾石块放于寒婆坟上，以示对寒婆敬重。拾几级台阶而上，墓碑前有约20平方米水泥地面拜场，墓及拜场用水泥栅栏围起。传说，寒婆原名樊晓月，修水县人，北宋抗金名将岳飞偏将余谦之妻。为赎儿子称霸乡里之罪，樊氏嘱咐儿子将钱庄、药店悉数拍卖，开办义学，在几县四门搭棚施粥，兴修水利、桥梁、道路，自己在五眉山顶搭草棚吃斋念佛，雇民工栽种茶叶，搭棚烧茶施稀饭于过往挑夫、客商，赠草鞋，其义举感动几省客商和民众。因白沙坪天气寒冷，人们称其“寒婆”。宋庆历四年（1044），天降大雪将其居住的草棚压垮，寒婆被压死，享年九十六岁。人们将寒婆葬于受难地，称寒婆坟。数年后，过往客商为纪念其善举，在寒婆坟边修建寒婆庙、凉亭和拜场，将其所栽种茶叶称为“寒婆茶”。近年由修水县交通局在原址重修寒婆坟。靖安县白沙坪度假村经理胡志勇重建寒婆庙，供人们祭拜。

宋状元刘起龙墓 该墓位于靖安县高湖镇下观村偏北约400米处山坡上，距县城22千米。墓在“文化大革命”中被毁坏，墓茔不清，仅存一土堆。靖安县文物普查时，在该处山下窑场找到一块三分之二的残碑，长1.2米，宽0.46米，碑上刻有“崇祀乡贤”及“宋状元刘起龙字应祥号旗山大人墓”等字样，为靖安刘氏腾空、长冈、上褀（音同“洪”）三支后裔孙重修。刘起龙，生卒年不详，字应祥，靖安县新兴都（今高湖镇）人。南宋淳祐十二年（1252），状元及第，授翰林院编修。宝祐六年（1258）升学士，转湖广参政，后卒于官。

南宋兵部侍郎李大东墓 该墓位于靖安县仁首镇象湖村中堡组左后山200米处将军岭。墓长约40米，宽约20米，占地面积800平方米。墓茔形迹已不清，在地面上仅存石羊、石狮、石马、穿宋服石人各一对。一对石柱倒在地上，石柱上刻有花鸟图案和对联“新建靖安绵绵李氏之子孙嗣承斯业，敕冢牌坊赫赫宋朝之官宦民其尔瞻”。墓早被盗，现石雕部分被盗。李大东（？—1208），今水口乡水口村人，为官清正廉明，受开禧皇帝赏识，官至正二品兵部侍郎，南宋嘉定十七年（1208）病逝，敕以国礼厚葬于家乡。

明礼部尚书李叔正墓 该墓位于宝峰镇华坊村鼓璪坪山坡上，明洪武十八年（1385）由南京移葬于此，翰林院编修苏伯蘅为其撰写墓志铭。原墓隆起，有旌表、石佣军物，为罗围形。改朝换代时，该墓湮没。清道光年间李氏重修宗谱时，在靖安大梓都华坊找到残墓，由李氏几支后裔孙重立碑石，中间依明制横排竖写“明故礼部尚书李公叔正之墓”。由于墓穴被盗，该墓碑被运至靖安县博物馆保存。李叔正（1315—1381），据《明史》记载，被称为当时的江西十才子之一。官至明礼部尚书。

清抗英志士舒恭受墓 该墓位于靖安县高湖镇中港村山上，墓地名“仙人晒掌”，系清代墓式。舒恭受（1790—1850），字再英，号后庵，靖安县城人。嘉庆二十五年（1820）进士，在定海主政期间，极力支援总兵葛云飞抗击英军，是鸦片战争时在浙东组织民众抗击英军的一位爱国志士。后卒于任所，归葬故里，享年六十岁。

奉 新 县

百家垅古墓群

百家垅古墓群位于奉新县干洲洪川罗家村北百家垅山中部、县城东部18千米处。北接靖安县境，东南两面紧靠北潦河，高出河面约30米；西为稻田，地势开阔、平坦。南北长400米，东西宽500米，总面积0.2平方千米。1972年，罗家村人在此建房时，曾挖开墓葬多座，出土不少器物，但大部分当即被毁坏、散失。1983年文物普查时，仅收集到陶罐1只、瓷罐2只。墓地散见墓包约201座，封土一般高1～3米，长3～4米，宽2～3米，较大的长3～10米，宽5～10米，呈椭圆形状；墓砖大多于侧面印有凸纹、网纹、钱纹、叶脉纹及对角线几何纹。砖长30～33厘米，宽14～16厘米，厚5～7厘米。该墓群属东汉至两晋时期墓葬。1984年2月，由奉新县政府公布为重点文物保护单位。1987年2月，由江西省政府公布为省级文物保护单位。

北宋教育家胡仲尧墓

北宋教育家胡仲尧墓位于奉新县赤岸华林村浮云八百洞天右30米处，东距县城26千米。墓碑题有“宋国子监主簿胡仲尧之墓”。墓志铭由北宋文学家、宰相晏殊为其撰写。

2010年新修胡仲尧墓

胡仲尧旧墓碑

胡仲尧（946—1007），字光辅，奉新县人，北宋教育家。南唐李煜曾任他为寺丞。入宋后，历任洪州助教、国子监主簿。宋雍熙初年（984），胡仲尧在华林山将华林书堂扩建为书院，收藏图书上万卷，大设厨廪，以延邀四方游学之士。“四方之士来此游者常数百人”。先后到华林书院讲学或题诗赞许的有宰相陈尧叟、张齐贤、晏殊、吕蒙正、王钦若、吴潜、向敏中以及文学家苏东坡、黄庭坚、杨亿、王禹等，使书院一时闻名全国。华林书院教育成果昭著，人才济济，仅华林胡氏一家就中了55名进士，先后任御史、尚书、宰相的也不乏其例。宋真宗曾称赞胡氏：“一门三刺史、四代五尚书。他族未闻有，朕今止见胡。”宋孝宗也赞道：“御笔亲题灿饰霞，赐封官职遍天涯。名垂万古应难朽，庆衍千秋宰相家。”雍熙二年（985），太宗下诏旌表他一家。胡仲尧进宫谢恩，宋太宗赐赏二百两白金器皿。淳化年间（990—994），洪州干旱，胡仲尧开仓放粮，赈济饥民，或以低价卖出，平抑粮价，使数万百姓得以活命。他又用私产在家乡造南津桥（在奉新县治西，即今上桥前身，由翰林学士杨亿作记）。宋太宗嘉奖他的善行，允许胡家每年以香稻、时果进贡，并特许进贡时从皇宫内东门进出。淳化五年（994），胡仲尧派其弟胡仲容进宫贺寿宁节，宋太宗召见，特授胡仲容为秘书省校书郎，赐袍笏犀带与御书墨迹。当时公卿名流多赋诗称颂。

他是宋初一位颇有影响的教育家，他以毕生的心血，描绘了一幅我国古代教育的宏伟画卷。

明代科学家宋应星墓

明代科学家宋应星墓位于奉新县宋埠新库前村500米处的戴家园，西距县城23千米。墓区并列有四座墓，依次为宋一宽墓（1号）、宋国霖墓（2号）、宋承庆墓（3号）和宋应星墓（4号）。宋应星墓碑为1986年重立。由于修建丁塘水库，该墓被毁。墓区东50米有一条水渠，名胭脂港。1984年，奉新县政府公布其为第一批重点文物保护单位。1986年，江西省博物馆工作人员来到戴家园，对4座墓进行挖掘。发现4

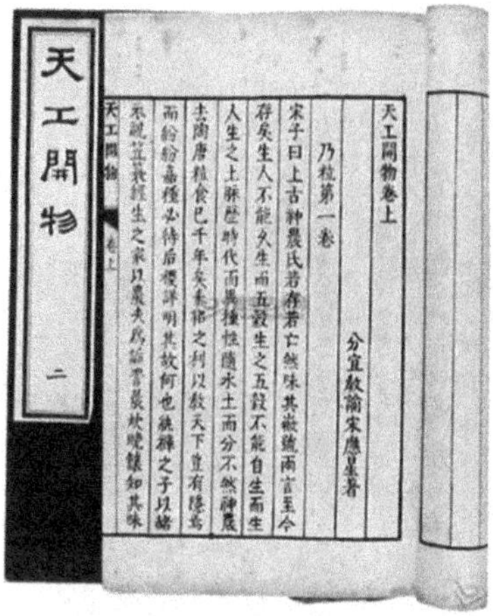

宋应星著《天工开物》

号墓用麻石砌成墓穴，上面盖着3块约1平方米的花岗岩盖板，盖板之间凿出榫头，用于推合。盖板上，用糯米石灰浆打紧。通过排除法认定为宋应星墓，得到了当地政府的认可。

宋应星（1587—1666），字长庚，奉新县人，明代著名科学家。宋应星自幼聪明强记，深得老师及长辈喜爱。万历四十三年（1615），宋应星与兄宋应升同时乡试中举。在1万多名考生中，二十九岁的宋应星考取全省第三名举人，其兄名列第六。奉新诸生中只有他们兄弟中举，故时称“奉新二宋”。乡试的成功使宋氏弟兄受到鼓舞，但后5次参加会试，惜均名落孙山。宋应星遂决意摒弃科举，转而钻研与功名毫不相干的实学。崇祯七年（1634），宋应星出任袁州府分宜县学教谕。在分宜县任教时期，是他一生中的重要阶段，他的重要著作都在此期间完成。崇祯十一年（1638），教谕期满，考列优等。不久，升任福建汀州府推官。任期未满，崇祯十三年（1640）辞官归里。崇祯十六年（1643），又出任南直隶凤阳府亳州（今安徽亳州市）知州。崇祯十七年（1644）初，宋应星辞官返回奉新。是年三月，明亡。五月，福王在南京建立南明政权，宋应星被荐授滁和兵巡道及南瑞兵巡道，均辞不就。直到清朝建立，他一直过着隐居生活，拒不出仕，在贫困中度过晚年。

宋应星讲求实学，反对士大夫轻视生产的态度。其代表作《天工开物》一书，科学、系统地总结了中国古代农业、手工业、冶铁业等多方面的生产实践，在世界科学史中也占有重要地位。早在19世纪这本书就被介绍到欧洲。

宋应星除著《天工开物》外，还有《卮言十种》《画音归正》《杂色文》《原耗》等著作，多已失传。后在江西省发现宋应星四篇佚著的明刻本：《野议》《论气》《谈天》和《思怜诗》。《野议》是一部议论时局的政论著作，对明末政治、经济、军事、思想、文化等方面的腐败现象进行了揭露和批判，并且提出了一些改革主张。《论气》和《谈天》是关于自然科学方面的著作，从这两篇的标题来看，很可能是《卮言十种》中的部分篇章。

清“强项令”甘汝来墓

清“强项令”甘汝来墓位于奉新县罗市阴村北1千米处的莲花莳，东距县城23千米。墓葬封土堆较高，四周砌以花岗石，其上覆盖一圆形石墩。墓前卧一横额清石碑，碑宽0.91米，高0.25米，碑上横书阴刻“皇清敕葬之墓”6个大字，笔力遒劲。

甘汝来像

墓前1米处，竖有花岗石碑一块，碑高1.79米，宽0.72米，厚0.18米，碑上直书阴刻“皇清宫保冢宰甘庄恪公墓”11个大字。右下方镌“男子广和立”5个小字。其前有半月形石筑拜台。拜台前两旁依次排立有神道龟趺碑2座、翁仲1对、石马1对、石虎1对、望柱1根等附属文物。1984年，靖安县人民政府公布其为第一批重点文物保护单位。

甘汝来（1684—1739），字耕道，号逊斋，奉新县会埠镇水口村人。清康熙五十二年（1713）进士，御试取一等第五名。官至吏部尚书兼领兵部，加太子少保，纂《广西通志》《太平府志》,著《甘庄恪公全集》16卷等,《清史稿》有传。乾隆帝称他“清耿强毅，风节凛然，裕经济才略，能任大事，天下望其风采”。

清康熙五十七年（1718）四月初，任直隶（今河北）保定府涞水知县。该县久旱，百姓艰苦，甘汝来即减民杂税六千余两。同年十二月，三等侍卫毕克里，练鹰横行霸道、强宿民房、殴伤民众，甘汝来不畏强权，拘禁凶顽。因擅捕在职官员，奉旨交吏、兵、刑三部会审，甘汝来慷慨陈词、气色不挠，三部议定将甘汝来革职。期间，涞水百姓络绎不绝赴京探访申诉。康熙帝知道原委后，下旨恢复他的官职，将毕克里革职。甘汝来自此誉满京师、名震天下，人称“强项令”。

康熙六十年（1721）十二月，甘汝来调任新安知县，力谏开凿白洋淀堤，使几千顷旱地得到灌溉，每年多收小麦上万斛。雍正三年（1725）正月，升授广西左江巡道，界定中越5处边界纠纷，绘制边界地形图，中越友谊关就是他的杰作之一。雍正四年（1726）六月，领授广西巡抚。雍正五年（1727）二月，赴京授左副都御史。雍正十年（1732）二月，任广东布政史。他在任内理财有道、精打细算，将藩库20万余两节余纹银上交国库。雍正十二年（1734）四月，任礼部侍郎。雍正十三年（1735）九月，升任兵部尚书。乾隆三年（1738）十月，任吏部尚书，仍兼兵部尚书。乾隆四年（1739）五月，加太子少保。同年七月，卒于吏部官署。谥“庄恪”，清重臣张廷玉为其撰墓志铭。

辫帅张勋墓

辫帅张勋墓位于奉新县赤田陶仙岭，赤岸岭下村东，北距县城南5千米。墓葬居高临下，远山近水，坐东朝西，依山势呈梯形，周围视野开阔。墓东西长70米，南北

张勋墓

宽20～50米，占地面积2400平方米。墓地上有青石神碑3座、青石翁仲2尊、青石狮1对、青石马1对、青石羊1对、青石香炉1只等附属文物。1984年2月，被奉新县政府公布为第一批重点文物保护单位。

张勋（1854—1923），字少轩，号松寿，奉新县人，中国近代北洋军阀将领。光绪十年（1884），在长沙参军。中法战争时，张勋身先士卒，颇立战功。中日甲午战争时，随四川提督宋庆调驻奉天。次年冬，投靠袁世凯，以作战勇敢、办事得力，受到重用。历任云南、甘肃、江南提督。为表示对清王朝忠诚，张勋执意留长辫，部下2万余人亦皆蓄辫，时人称为“辫子军”，张勋为“辫帅”。

辛亥革命后，曾任江苏督军、长江巡阅使。1917年7月1日，张勋拥溥仪复辟，企图恢复帝制。然而复辟之举遭全国人民强烈反对，段祺瑞乘机而起，争夺权力，与冯国璋联合宣布张勋八大罪状，组织讨逆军攻入北京，辫子军战败缴械，德国人将张勋救入荷兰使馆，为期14天的复辟结束。1918年10月，张勋获北洋军阀政府特赦。获自由后，张勋携全家定居天津。1923年9月病卒，归葬奉新县赤田陶仙岭。

干洲革命烈士陵园

干洲革命烈士陵园

干洲革命烈士陵园位于奉新县城北13千米，干洲汽车站对面的大水山上。1952年2月18日，始建烈士纪念碑。1975年春、1988年冬、2004年春几经扩建成革命烈士陵园。陵园坐南朝北，与奉干公路相连的石阶直通陵园中央，占地面积近2万平方米，四周砌有2米高的青砖墙。新修的烈士纪念碑呈梯形，高12.5米，底宽8米，整个碑分3个层次：先是碑底，有长12.5米、宽1米的平面阶梯6级；次是碑座，四面用4块5米宽、0.8米高的黑色大理石板镶嵌其上，北面石板刻有“中国人民解放军为国光荣牺牲烈士纪念碑”18个字，其余三面记录人民解放军英勇战斗的事迹和71位烈士英名等情况；后是碑身，高12米，正面竖书“革命烈士永垂不朽”8个烫金大字，笔力雄健、苍劲有力。碑的南面2米处建有一座弧长约5米的半球形水泥墓，墓中埋有烈士遗骨。墓北面树立长方形小石碑，中间书：“烈士墓”，左右两边竖书：“为有牺牲多壮志，敢教日月换新天”楹联。烈士纪念碑北面40米处，分别建有民族风格的八角凉亭各1座，高12米，建筑面积各约10平方米。亭顶绘有飞禽走兽、奇花异卉，美丽壮观，别具一格。陵园内还植有青松翠柏，梧桐香樟，郁郁葱葱。

1949年5月，中国人民解放军先后解放了德安、修水、武宁、安义等县，挥师南进。6月中旬，中国人民解放军四野四十三军一二八师三八四团三营四连在干洲河南岸的头村，设立左右两哨所，以控制奉新的公路和小路。与此同时，被重创的国民党桂系部队一七六师残部，从湖北黄梅县过江溃逃，欲逃往湖南。为掩护残部，国民党五二六团团长梁家驹率2000兵力盘踞奉新，企图阻止挥师南下的解放军。6月23日，前哨部队在此与国民党五二六团遭遇，进行激烈战斗，历经7小时浴血奋战，歼敌200余人，终因敌众我寡，前哨部队71名指战员光荣捐躯，后集中埋葬在干洲革命烈士陵园内。

名人墓名录

余孝顷墓 该墓位于奉新县会埠车坪东田西100米处的蛇形山，东距县城12.5千米。墓前竖有花岗石碑1块，碑形为平面圆头方足，高0.8米，宽0.58米，厚0.18米。其上直书阴刻“梁刺史余孝顷墓”。字体端庄,笔画险劲。1984年，奉新县政府公布其为第一批重点文物保护单位。余孝顷（?—567）,奉新车坪人。初为新吴洞主。梁太清三年（549）,湘东王封其为豫章太守。大宝二年（551），侯景作乱，余举兵与之对抗。太平元年（556），余孝顷镇守豫章，在家乡新吴立城栅抵抗侯军。陈永定二年（558），余起兵响应王琳。永定三年（559），降陈。陈文帝认为他既勇敢又有道义，以他带兵平定东闵战乱有功，提升为南豫州刺史。陈废帝光大元年（567）时遇害，归葬奉新。

蔡国珍墓 该墓位于奉新县石溪集镇路旁的小山坡上，东距县城60千米。原墓气势壮观，墓前没有任何建筑，从石溪河直至墓地全铺大理石台阶，两旁有几十座石人石兽雕像。“文化大革命”时被毁。2008年清明，蔡国珍裔孙重修。墓前一块石碑，上书“太子太保吏部尚书天官墓”。墓地左右两侧，分列整齐的石人、石马雕像，靠近墓碑的石人头戴官帽，形态逼真，另有几尊石兔、石马分布附近。蔡国珍（1527—1610），奉新石溪人，字汝聘，又名见麓。明嘉靖三十五年（1556）进士，他一生升迁十八次，遍游大江南北。万历二十五年（1598），擢升吏部尚书（天官）。逝后，归葬奉新石溪寅山。中翰左光斗奉命谕祭，留居石溪山两月，东林党领袖邹元标为其写墓志铭。蔡生前以学行名世，情操甚高，为时望所属，《明史》有传。著有《怡云堂集》10卷，《四库总目》传于世。

许振祎墓 该墓位于奉新县赤田观下刘家西南5千米处的陶仙岭东南之侧的山下，西距县城7.5千米。墓葬封土堆高大,前为一开阔的半月形拜台之地,墓后的左右两侧为深沟。拜台前两旁依次排立有神道龟趺1座、武石俑1对、石狮1对、石羊1对、石马1对、石香炉1只。香炉一侧其书阴刻“大清兖叟光禄大夫河东河道总督许公墓冥”篆文。1984年，奉新县政府公布其为第一批重点文物保护单位。许振祎（？—1899），字仙屏，赤田镇高冈村人。拔贡生。与曾国藩为师生关系，在曾国港藩幕下16年。同治二年（1863）及第进士，同治八年（1869）起受朝廷重用。光绪二十四年（1898），奉调入京。不久，辞官归乡。次年，在家中去世。

太史慈墓 该墓位于奉新县宋埠夏泽感古，西距县城2千米。邑人为纪念东汉名将太史慈，在墓附近建庙祀之。太史慈（165—206）,字子义,山东东莱黄邑人。东汉建安年间（196—206），他为建昌（县治在会埠故县）都尉，辅佐郡守并掌管军事，率诸将激战刘磐于磐山,大获全胜。现磐山周围数里，存筑城拒磐遗迹；“磐山遗镞”为奉新古八景之一。

耿氏林园 该林园位于奉新县赤岸南枥九皋山。林前原有拜堂、石兽、停车坪和系马桩，四周有罗围。明末被损，“文化大革命”尽毁。2004年11月，筹资全面修复。该园占地面积100亩，其中建设面积26亩。主体工程项目有林园牌坊、九皋路、林园广场、祭祖殿、耿氏墓等。华林胡母耿氏（874—952），唐敕封徐国夫人，胡耀邦是其第39世裔孙。

高 安 市

七星堆墓葬群

七星堆墓葬群位于高安市瑞州街道东南方向，紧邻锦河北岸，是一处大型墓葬群地，占地面积2平方千米。在此范围内有12个大土堆，每个土堆底部周长350～400米，高5～9米。其下均有不同时代的墓葬数十座，战国、西汉、唐代多为土坑墓，东汉、晋、南朝和宋、元、明时代多为砖室墓，亦发现有火葬坑，其中唐墓的数量较多。

从1984年5月至1986年7月，由江西省文物工作队和高安县博物馆先后对七星堆墓葬群进行了三期考古发掘，共发掘战国、西汉、东汉、六朝、唐、宋、元、明墓40

余座，出土了大批文物。发掘和以往收集的随葬品累计达3000余件。遗物有陶、瓷、铜、铁、玉和金银器等，较珍贵的有战国的青铜器，西汉的青瓷鼎、钫、雕塑、蛙形青瓷器、草叶纹铜镜，东汉的黑釉瓷、铜弩机，唐代的洪洲窑瓷器、方形铜镜，五代的白瓷器，宋代的景德镇影青瓷器、吉州窑的黑釉瓷器等品种。

七星堆墓葬群出土的西汉连珠纹昭明镜

七星堆墓葬所用汉砖

七星堆墓葬群研究价值极大，海外久负盛名，日本等国外友人来访均多次点名参观。1985年10月，经江西省人民政府批准，将其列为第一批省级重点风景名胜点。

郭家山墓葬群

郭家山墓葬群位于高安市区城北，今宜春学院高安校区东北隅。原为黄土小山岗，高出周围地面5～9米，占地面积约6000平方米，分布有战国至唐、宋各代的墓葬近百座，现辟为操场。

1984年7月至1985年9月，为配合该校基建，由省、地、县考古人员组成的发掘队，对郭家山墓葬区进行了发掘清理。墓群以两汉墓居多，形制有木椁、砖室、土坑等，还有圆形井式上土坑若干处，出土青铜器、陶器、漆器、木雕制品等700余件。

战国木椁墓

尤其是战国木椁墓保存基本完好。葬具为2椁1棺，整个椁室长3.3米，宽2.5米，高1.5米，其底由两根垫木支撑，椁室东边纵向用木板隔成边箱置放器物。棺椁均用大型优质木材（椁柏、棺梓）制成，层层套装，接榫方式多样，构筑精巧。棺椁内充满液体，并渗入不少污泥。

内棺外壁饰褐色油漆，内壁朱漆鲜艳如新。棺内出土头发、金属织物、篾席、雕花垫板（笭床）等遗物，其中，垫板镂雕精美的菱形穿插几何图纹，堪称珍贵。

在内椁盖板头部（北向）中央平置1把青铜剑，剑把露出椁头，全长67.8厘米，剑背饰有嵌银线斜方格纹，款式庄严，置法罕见。椁边有长把戈、铜带钩等遗物。

边箱出土连弧纹铜镜，并有漆奁装套，还有漆盒羽觞、陶鼎、敦、钫、豆、盘、杯等器物。陶钫底部有青铜薄片镶嵌的曲折蕉叶纹，陶盘内饰有双鱼彩绘刻纹。这批文物器形古朴，装饰典雅，据葬具考证，为大夫阶葬制。

明大臣胡镇夫妇合葬墓

明大臣胡镇夫妇合葬墓位于高安市城区西南约45千米的相城镇石头街东侧。墓葬依山而筑，坐落在东西走向山岙间，墓地原名拙峰，又名大孤山，俗称轿子坑。处地高爽幽僻，四周荆棘蓬蒿遮掩。《拙峰说》载：“左右诸山，或起或伏，如翔如舞，千态万状。”

墓坐东朝西，平面为圆形，封土似馒头状，现高0.60米，直径4米。周围砌石一圈，其四周地面亦用石块铺砌，以石灰、糯米汁浇缝。封土后围砌半圆形花岗岩护墙；墓前砌石阶三级，阶下向前伸出一方形拜坪。前端竖石牌坊一座，残高3.96米。坊额虽坠落于地，但尚完好，两面雕刻纹饰。中为“敕命”二字，四周雕螭首祥云纹。牌坊前用花岗石筑半月形拜台，台沿置短柱栏杆，均有残损。石阶呈“八”字形，现存阶石参差不齐。台下竖立墓碑两方，一碑刻楷书铭文：“明嘉靖壬子仲冬中宪大夫拙峰，配邹氏合葬墓，孝男胡嵩胡岳……”另一碑文已腐蚀不清。该墓于1982年4月文物普查时被发现；1983年5月，由高安县政府公布其为第一批重点文物保护单位。

胡镇墓出土的孔雀补服

胡镇墓因前后四次被炸挖盗掘，邹氏棺木还被凿开大洞，经批准，1989年10月4日至10日，由江西省考古所和高安市博物馆组成发掘队对该墓进行了抢救性发掘。出土精制黑漆棺两副（并立置埋），邹氏女尸保存完好，呈板栗色，虽干枯，肌肤仍有弹性。胡镇尸骨已散架，须发、头骨犹存。两棺出土冠、袍、靴、镏金腰带、朝笏、角梳、衣、裙裤、被和画卷、道经、墓志等文物百余件。

胡镇（1464—1548），字斯靖，号拙峰，又号南园，高安市相城镇石头街人。自幼颖慧，明弘治十五年（1502）进士。历官行人司行人，南工科给事中、礼科右给事中、浙藩左参议等。他刚正大义，不媚权贵。由于耿直不阿，因此受到其他官员的排挤，终于弃官归里，过着清苦的生活。嘉靖二十年（1541），听闻外敌入侵，曾上疏陈述七件事，切中时弊。嘉靖二十四年（1545），高安遭遇大旱，他多方劝贷，以赈济饥民，百姓无不称道。他曾“优游林壑二十五载”，著有《家宝集》。嘉靖二十七年（1548），老死故里，享年八十四岁。

据胡镇墓志铭得知，胡镇妻邹氏比胡镇早去世六年，即卒于明嘉靖二十一年（1542），嘉靖三十一年（1552）合葬于今墓地。

明“翰林三杰”之一敖铣夫妇合葬墓

明“翰林三杰”之一敖铣夫妇合葬墓位于高安市建山镇枫林吴村东南30米的小山北坡，旧称“枫树泉”，距市区54千米。《敖氏族谱》载：敖铣“卒嘉靖已未（1559），赠礼部右侍郎，赐谕祭枫树泉山”。坡下有公路，直通龙城村（即敖铣故里）。

墓葬坐南朝北，顺山势而建。砂、石、糯米汁夯筑护墙，从坡顶一直围至坡脚，占地面积2300平方米。主墓封土高0.58米，直径5米。其东侧为敖铣妻王氏（1523—1544）墓，明万历三年（1575）葬入敖铣墓地。封土砌半圆形石罗围一道，其略低于外护墙。墓地两侧自下而上，每隔1.1米相向排列着砂和石灰浆堆塑的异兽、羊、马、翁仲各一对。头部均残，原高度为1～2米。墓前有一石筑拜台，台上立有石狮一对，通高2.16米，一作蹲伏状，一怀抱幼狮。须弥座面雕卷云垂叶纹。墓台两侧，各以砂、石、糯米石灰混合建筑墓亭一座，通高2.3米，两亭相距14.7米，形制、规格均同（面宽2.3米，为四脊顶、宝珠刹）。墓亭开高1.77米、宽0.9米的券顶拱门。南北面开半月形窗各一扇。亭内龟趺神道碑已残。

敖铣（1504—1559），字纯之，号梦坡，高安市建山镇龙城敖家村人。明嘉靖十四年（1535）进士，选为翰林院庶吉士。历官翰林院编修、侍读、侍讲学士、南京翰林院事、北京翰林院事、太常寺卿和国子监祭酒事等。他为人醇和，而是非所在，则界限分明。与高安名士吴山、蓝璧并称“翰林三杰”。著有《薛荔山房集》。

1983年5月，敖铣墓由高安县政府公布为第一批重点文物保护单位。

高士熊石斋墓

高士熊石斋墓位于高安市华林山镇艮山村东南约1千米的崇山峻岭之中，距市区约66千米。原为青莲寺属地，俗称“米筛坑”。

此墓利用花岗岩巨石开凿而成。内凿石椁室，长2米，宽0.55米，现石盖稍有错位。上是一座方石亭，四柱，硬山顶，高3米。柱距2.5米。亭前阶下立一横碑，右起横刻“艮山熊氏廷祥生基位”。碑石两边夹石柱，柱端高出，雕莲瓣纹两圈，间以弘纹一道。阴刻一联：“石墓千年不朽，芳名万载流传。”亭柱外阴刻正楷：“祥法到处顽石听讲，善道是性采壁星祥”。亭柱内三联，一曰：“坚石志节令人千载仰奇翁，幻视功名羡汝一生称异品”；二曰：“皓首齐眉或因丈六金身修出，白头举案打从大千世界得来”；三曰：“地碑何凭睹□□可当首世贤孙，天道摭知有□□荣那见□□□”。亭内横额刻“窀穸奇观”四字。

高士熊石斋墓

此石墓筑造奇特，别具风貌。墓碑前有一块2米见方的石板，从墓底伸出，悬于险崖之上，石板前端下撑两根石柱（以做拜坪）。其周围巨石突兀，竹木蓊郁，一股山泉穿越墓底，飞溅而下。

该墓始建于清顺治十七年（1660），当时墓主熊石斋尚健在，时年六十九岁。康熙二年（1663）（时年七十二岁），大司马笪与龄游青莲寺，听说该墓后特来拜访，赞叹不绝道：“得见其石斋之墓，真古今之所未有。惜与之所不能下乎，人见石椁石坟者有之，未见其凭空凿石而穴者也。奇而正，正而华，环石皆竹木，森森磷磷；一石亭蹲其上，十数里环而望之，如在天上，意亦罕矣！”大司马笪流连忘返，特为其作《石斋墓歌》：“不到石斋墓，不见此山奇僻处。譬如读书，不读石鼓与丘坟，不知古人变幻突兀处。石下常生有蒂云，石旁粘著无根树。骨格遒劲毛爪寒，山鬼吞声巨灵怖。艮山前后万窍风，石斋墓上一方雾。一方雾，千秋众人慕。”1983年5月，高安县政府公布其为第一批重点文物保护单位。

熊石斋（1591—1674），原名服祥，又名廷祥，人称“石斋高士”。高安市华林山镇艮山村人，生性淡薄，无意仕途。历经明、清两代的万历、泰昌、天启、崇祯和顺治、康熙六朝，终生隐居华林，躬耕终老，享年八十三岁。他聪明善言，心胸坦荡。以风趣幽默、思维敏捷而闻名远近。他的轶事趣话，地方上至今仍有流传。

“帝师元老”朱轼墓

“帝师元老”朱轼墓位于高安市村前镇龙溪村树子坑剑形山。剑形山地势曲折蜿蜒，坡岙连绵，古时有“宝剑出匣”之称。原先山旁有一古刹，名龙城寺，相传为朱轼读书处。整个墓地呈窄长型，坐落在自北向南缓缓而下的坡丘上，南北深约104米，东西宽26米，占地面积2600多平方米。

朱轼墓

墓道入口有神道碑、石牌楼、望柱和石像生等依次排列两侧。墓首神道碑高3米，宽1米，龟座螭首，上刻“太子太傅文华殿大学士兼吏兵二部尚书加赠太傅文端朱公之神道”。牌楼为花岗岩质，仿木结构，三门四柱，通高7.2米，宽7米。正楼为悬山顶，中檐刻“帝师元老”四大字，柱联“名卜金瓯三纪勋猷高北斗，望留绿野千秋事业并东山”，小楷落款“受业甘汝来拜题”。两侧有石马一对，高1.78米，长1.73米；石翁仲一对，通高2.05米；怪兽和石猪各一对，已残破；望柱一根，高3.30米。1987年被列为江西省文物保护单位，2006年被列为国家级重点文物保护单位。

朱轼（1665—1736），字若瞻，号可亭，瑞州府高安县艮下村（今高安市村前镇艮下朱家村）人。清代康熙、雍正、乾隆三朝重臣。官至太子太傅文华殿大学士兼吏部尚书。世人颂其“束其励行，通经史百家”，乾隆帝御赐“帝师元老”。康熙三十三年（1694）进士。历任潜江知县、陕西学政、光禄寺少卿、奉天府尹、浙江巡抚、左都御史。康熙五十六年（1717）改任浙江巡抚，奖廉惩贪，黜奢崇俭。康熙五十九年（1720）升左都御史，任《圣祖实录》总裁。

雍正元年（1723）入值南书房，加太子太保，晋加太子太傅，为皇子弘历（即乾隆帝）的老师，获御赐“朝堂良佐”匾和题诗扇面。雍正在扇面上题诗一首以示表彰。诗云：“高岳生良佐，兴朝瑞老臣。南昌持藻鉴，北斗重权衡。忠岂唯供职，清能不近名。眷言思共理，为国福苍生。”扇面今存，据文物专家鉴定，确认此扇面为国家珍贵文物。雍正二年（1724）兼任吏部尚书，参与朝议政事及人才选用。曾受命赴浙江督修海塘。海宁、上虞等县常患海潮，朱轼采用“木柜法”作堤基，从而堤塘坚固，潮患免除，百姓安居，所以人言“朱轼所修不塌”。雍正三年（1725）任文华殿大学士兼吏部尚书。同年与怡贤亲王治理京畿营田水利。雍正八年（1730）兼任兵部尚书，充翰林院掌院学士。乾隆即位，受命协同总理朝务，兼《世宗实录》《明史会典则例》《三礼义疏》总裁。

乾隆元年（1736）九月，朱轼积劳成疾，病逝于京都，卒谥“文端”。翌年，朱轼灵柩由京城运回故里，落叶归根，葬于树子坑剑形山。当地百姓对墓葬爱护有加，安排专人守墓。

朱轼一生为官清廉刚正、望正朝端。著名的高安采茶戏《南瓜记》演唱的就是朱轼在这里以南瓜接待地方官为母贺寿，并除暴安良的故事。此戏至今一直流传，成为家喻户晓的采茶戏经典剧目。

朱轼平生崇尚理学，工古文，编著甚丰，有《朱文端公文集》《春秋钞》《礼记纂言》《周易传义合订》等。

上 高 县

上高会战抗日阵亡将士陵园

上高会战抗日阵亡将士陵园位于上高县城东郊的镜山旁。1991年，为纪念上高会战胜利50周年，上高县政府在县城东郊的镜山重建上高会战抗日阵亡将士陵园。

上高会战抗日阵亡将士陵园远景

陵园布局仿中山陵格局建造，上横刻国务院原副总理、国防部长张爱萍手书“上高会战抗日阵亡将士陵园”12个大字。陵园依山而建，共分5个层次，每层次留有供前来祭奠人休息的平地。128级台阶直通陵园顶部，台阶两旁苍松耸立，翠柏夹道，绿草环绕。整个陵园显得极为庄严、肃穆。

陵园中部有一座仿古凉亭名“会战亭”。亭内矗立一块青石碑，上刻有《上高会战抗日阵亡将士陵园重修记》。东侧一块石碑上刻当年上高会战总指挥罗卓英的《赣北大捷》四首诗。西侧移存一堵上高会战时的抗日标语墙，标语为“军爱民，民拥军，军民合作打日本”。

陵园顶部为上高会战抗日阵亡将士墓，分别由3个坟墓构成。墓前矗立着一块长条形花岗岩石碑，碑上刻有原北京卫戍副司令张西尧手书“上高会战阵亡将士墓”9个隶书大字。

1987年12月，该陵园被列为省级重点文物保护单位。1995年，被列为市级爱国主义教育基地。2009年2月，被列为江西省爱国主义教育基地。2013年，被列为第七批全国重点文物保护单位。

上高会战抗日阵亡将士墓原址在上高县城北敖岭南麓马帽山，墓为圆顶，三座并立，墓前立墓碑，正面是罗卓英书写的上高会战阵亡烈士墓，两侧及其后是阵亡烈士名单4000余人，在“文化大革命”期间被毁。

震惊中外的上高会战，是正面战场国共合作抗战取得完胜的典范战役，是我国抗日战争中十三次大捷之一，也是二十二次抗日正面战场影响最大的会战之一，更是中国军队继平型关、台儿庄等战斗之后取得的又一辉煌胜利。

1941年3月15日至4月9日，日本集结第三十三师团、三十四师团和第二十编成旅团共6.5万余重兵，在100余架飞机的狂轰掩护下，兵分三路，从安义等地出发，孤注一掷，疯狂发动“鄱阳湖扫荡战”，企图消灭国民革命军王牌军队，突破上高天险。

以罗卓英为总司令的国民革命军第十九集团军等将士在其内部地下党员和以黄贤度为首的中共上高地下党的策动和密切配合以及上高民众的全力支持下，在数百里战线上，以上高为核心阵地，历经26天浴血奋战，以劣势装备打败了装备优良的日军，取得了抗战以来的罕见胜利。

上高会战遗址、遗迹众多，分布范围大，主要包括镜山核心战场遗址、中国军队第19集团军总指挥部遗址、日军第三十四师团指挥部遗址、下陂桥决战遗址、官桥包围战遗址等。这些遗址几乎涵盖了整个作战体系，对研究我国抗战史，对后人进行爱国主义教育等方面都具有非常重要的历史价值。

上高会战阵亡将士墓

名人墓名录

聂珙墓 该墓位于上高县城西35千米的九峰苏公坪背后山中。墓为椭圆形，长4米，宽3米，石砌罗围，中间封土。坐南向北，地势高岸，视野远阔。墓前有石碑两块相连，碑文横式"山东兵备道副使聂珙公墓"阴刻隶书体，墓前两侧竖望柱一对。1983年，该墓被列为县级文物保护单位。聂珙，生卒年不详，字周贽，上高县敖山镇接官村人。明正德辛未年（1511）进士。在福建泉州任职时，组织带领军民抗倭，收复国土。后以文治武功升为山东省兵备道副使，官至二品，成为镇守山东海防的军事将领，令倭寇丧胆，数十年间，倭寇再也不敢轻易来犯中国海疆。

晏旭升墓 该墓位于上高县城南面的塔下乡天山村东北1千米的竹山顶上，距茶十村约700米，距县城约12.5千米。墓长3.2米，宽1.1米，墓碑高1.08米，宽0.73米，碑文题额阳刻"天地同休"，阴刻"晏公旭升之墓"。墓右侧为其夫人的墓葬。1983年，该墓被列为县级重点文物保护单位。晏旭升（1844—1916），字岐山，号悟冈，上高天山人，以书画名噪江西，善画葡萄和花鸟山水，上高县博物馆收藏了他的五幅画轴作，四幅是葡萄，一幅是菊花。

宜丰县

洞山墓塔群

慧觉宝塔

洞山墓塔群位于宜丰县北同安乡境内，距县城约35千米。洞山是曹洞宗发祥地，共有大小墓塔120余座，全部为花岗岩质，最有名的是慧觉宝塔（良价禅师塔），最具特色的是墓塔林，如夜合山塔林、经坑塔林、牛形山塔林、上蓝庵口塔林和红米埚塔林等。

慧觉宝塔 唐大中十三年（859），高僧良价在洞山睹影悟道，创建普利寺，开堂宣讲“五位君臣，偏正回互”的禅学思想，经后世法系弘扬成曹洞宗，四方众僧前来学法者络绎不绝。他圆寂后，唐懿宗李漼追封他为“悟本大师”，并传旨为他建墓造塔，名曰“慧觉宝塔”。今沿着洞山普利寺后法堂后山小径上百余米，即可看到一座大佛塔，其正面下端还可辨出“乙丑敕建慧觉宝塔”字样，这就是洞山开山祖良价的葬身墓塔，典型的唐代建筑风格，据说塔中葬有良价的舍利子，未知真假。

慧觉宝塔有六面九层（佛塔层数一般都为单数，单数称为阳数，含有吉祥的意思），高3米多，塔盖以一整石雕刻而成，仿木结构，六角翘首，上置宝瓶形塔刹。由于年代久远，塔身有风化。20世纪90年代，在塔身外建起一座六角亭，完全罩住塔身。今人参观，只能从窗口向内窥视。

1983年，时任江西省委宣传部部长的杨佩瑾瞻仰良价墓塔时，仰望四周寂静的空山，吟诗一首：

寂寞空山子规啼，残壁青苔字迹稀。
大师塔前殷勤问，梦魂可曾到诸暨。

他和良价都是浙江诸暨人，故有“殷勤问”之举。

夜合山塔林 该塔林位于普利寺西南约600米处，有塔10座，为宜丰县最大的塔林，建于1644—1766年间，所葬为洞山普利寺三十至三十六世住持僧，依年代次序参差排列，普同塔居中，其余9座是灵会承塔、比邱古松塔、履贞德塔、慧芳建塔、无极信塔、碧云珍塔、阒玄性塔、淑耀杲塔、自若真塔。塔林四周护以砌石，前有拜台、立望柱、华板，后方及左右两侧有石砌马蹄形高墙（罗围），塔林地面墁以石，整个面积为147平方米。

夜合山塔林

普同塔居于塔群中部，是寺院普通僧人共同归葬的墓塔，建于明末弘光元年（1644），塔为窣堵坡式，塔平面四边形，高 2.56米，座宽1.42米，下端佛龛，刻以边圈，进深6.5厘米。其右刻：“弘光元年乙酉正月初一吉旦”；左刻：“洞山当代住持孤崖净聪鼎建”。塔正面为六面莲瓣拜台一个。整个塔结构简朴，层次分明，有厚重感。

淑耀杲塔是夜合山墓塔群中最高大，结构、纹饰、碑文最完整的一座，建于1760年，塔平面六边形。通高3.2米，边长0.8米。塔顶为亭式葫芦荷叶顶。塔身为六面柱体。塔座分三层，逐层下扩。全塔庄严凝重，佛气幽浓。

塔林中其他墓塔形状与淑耀杲塔大同小异，只是形体小些。站在塔林前，环顾四周，只见古木参天，森森然投下幢幢阴影，给塔林平添几分古刹的迷蒙气氛。

红米埚塔林 该塔林位于普利寺东南约200米处百步岸东侧的红米埚，背依松林，面瞰梯田，共6座墓塔，建于1741—1769年间，包括蕴一禅师塔、直方来禅师塔、见月中禅师塔、雨庵澍禅师塔、墨亭海禅师塔、霁空明禅师塔。墓塔形制完全相同，大小高低相差甚微，成一线整齐排列。塔平面呈六角形，塔顶为亭式荷叶顶，顶端冠以圆球，下接短圆柱。塔身为六面柱体。塔座三层，逐层下扩，刻莲瓣和对称如意纹。塔后砌有罗围，中安墓碑，记述其生平事迹。塔林地墁石板，前有石柱。僧塔至今完好。从碑文和塔铭得知，此塔林所葬的和尚是清初重建景福院（又名上蓝院）的几位有功高僧（上蓝院坐落于洞山东北方1.5千米处）。塔林内各墓塔形状、大小如此统一，在全国绝无仅有。

红米埚塔林

上蓝庵口塔林 该塔林距红米埚塔林1.2千米，位于上蓝院遗址所在的山口一山坡上。原有石塔4座，今仅余3座。后方正中为日新沐禅师塔，前左方为福念禅师塔，右前方为明习文禅师塔。据“洞山（中兴后）历代禅师牌位”记载，福念为洞山正宗三十三世，日新、明习为三十五世。

经坑塔林 该塔林位于普利寺东面约600米处的经坑山场（一名荆坑，在荆峰庵），共有僧塔8座，分3层建立。上层一大罗围中有塔4座，一为自止观禅师塔，立于康熙二十九年（1690年）；一为光耀禅师塔，立于康熙三十一年（1692年）；另两座为柏符晓禅师塔、松岳常禅师塔，均立于康熙四十五年（1706年），塔上均刻“荆峰二代”。荆峰即荆峰庵，在洞山寺东北2千米处，为洞山僧道性辟创。中层一罗围中有塔1座，为石友玉禅师塔，乾隆三十年（1765年）立。下层3塔分别自立罗围，一为识空彻禅师塔，一为□会禅师塔，一为淡月明禅师塔，建筑年号及法徒字号均不可考。各塔形状相似，为“宜”字形塔，但大小不一。

牛形山塔林 该塔林位于洞山普利寺西北约500米处的牛形山中部，在牛形山中间山头。共有唐至清僧墓塔9座：道全禅师塔、崇慧能塔、孜乾锐塔、一霖霈塔、一苇如塔、志尚士塔、秋水碧塔、良玉剖塔和无鉴辉塔。墓塔样式一致，居中为道全禅师塔。

道全为良价弟子，洞山寺第二代住持。塔为亭阁式，塔身中空，四角刻出柱形与柱础。正面开有一门，门的两上侧各刻一拟人化的迦陵频伽，袒胸露臂，手捧钵盂与鲜花；背生双翅，脚部化为羽，面部五官端正齐全。二羽人相对腾飞，姿态优美。塔盖为四阿（庑殿顶）式，塔刹四层。全塔为典型的唐代建筑形状。

除以上几处塔林外，洞山墓塔群内还有数十座散塔，比较著名的有：

中兴第一祖塔 该塔位于洞山山前牛头形上。建于康熙壬戌年（1682），碑铭曰“中兴第一祖塔”，意在记其重兴洞山之功绩。塔形为亭台式，塔四周有石墙罗围，高1.6米，留出围口，地面铺石，塔前有拜台、祭坪。一个石雕四方形的香炉置于塔正面。罗围中央镶嵌中兴第一祖碑铭，铭文由翰林院庶吉士、剑水史垂誉撰写。明末清初，孤崖净聪禅师主持洞山普利寺，使濒于衰微的曹洞祖庭再次兴盛。净聪逝于清康熙年间（1662—1722）。“文化大革命”中塔被撬倒，今已复原。

弘毅柔禅师塔 该塔位于洞山寺院东北1.5千米的一莲花形山坡上。塔规模宏大，呈“宜”字形，平面呈六角形。此塔建于乾隆十三年（1748）。塔座分三层，逐层下扩。塔周石罗围高大，拜台华板浮雕有龙、鹿、麒麟、奔马等，装饰华丽。本塔与罗围是洞山石雕艺术中最精美者。弘毅柔是洞山中兴后的第五代住持。

黄檗山墓塔群

黄檗山墓塔群位于宜丰县黄岗乡境内。黄檗山为临济宗祖庭。从唐到清，黄檗山中已查明的僧释墓塔有65座，尤以运祖塔（临济宗开山祖希运真身塔）、佛智禅师塔、皇叔塔（皇叔指唐宣宗）以及普同塔、亦苇岸禅师塔和方壶境无缝塔亭最为有名。

运祖（广业）塔 该塔位于黄岗乡黄檗村塔前自然村山上。塔底座正四边形，通高3.25米，边长1.25米，坐西朝东。石质构造，塔形如宝瓶，属窣堵波式石塔。塔座为须弥座，塔身上粗下细，正面刻塔门。塔刹四层六角，高顶华盖。塔的四周建有石砌的罗围，罗围前有石台、石柱、石阶等。石台的正中刻有“断际运祖塔”，罗围后部正中嵌有石碑，石碑中刻“开山始祖上希下运谥断际禅师之塔”。墓塔初建于唐，清初重修，斑斑驳驳，灰黑相间，在万木丛中显得庄严、肃穆。希运幼年出家，后在洪州高安县（今宜丰县）鹫峰山建寺（黄檗寺）弘法，并改山名为黄檗山，独创“棒喝传法”，是临济宗的开山祖师。

运祖塔

璧朗、夙有合葬塔 该塔位于运祖塔南侧，紧依运祖塔。底座三层，塔身六方体，塔刹为亭式荷叶顶，分四层。塔周围有石砌罗围，半圆形。罗围前有二级近半圆形石台，第一级石台前正中有青石碑两块，中间隔以石柱。北面石碑浮刻“璧朗之塔”，南面石碑浮刻“夙有之塔”，碑两侧有浮雕的几何图案。第二级石台前正中方也置碑两块，北面一块应为璧朗禅师之生平，但字已不复存在；南面一块刻有夙有禅师之生平。罗围后部正中四柱三间嵌石碑，字迹细而多，较为模糊。此塔为璧朗禅师和夙有禅师的合葬墓塔。

璧朗、夙有合葬塔

皇叔塔 该塔位于运祖塔东约400米。唐宣宗驾崩后，因他与宜丰黄檗寺的缘分而为他建造的一座纪念性衣钵塔。塔呈正四边形，塔身覆钵形附盘龙，每方各刻四佛像，塔座为窣堵坡式双层须弥座，依稀可见上面刻有佛像和祥兽。塔周有石砌罗围，倾废过半。塔无文字铭刻，从塔形与塔座上所刻纹饰考证，为唐代建筑。

佛智禅师塔 该塔位于运祖塔与皇叔塔之间的一个山丘上，建于北宋宣和二年（1120）。塔为窣堵坡式，外护以塔亭。塔身遍饰瓯钉，塔盖镌五龙头，巨大石亭覆盖全塔。塔亭6石柱，今尚存刻有塔名与修建年号的亭柱。佛智为宋代高僧，曾受过皇帝召见。宜丰诗僧惠洪有《黄檗佛智》一诗相赠。

千佛（普同）塔 该塔即普通和尚共同归葬之塔，位于黄檗村塔前自然村西北约150米处。塔座正四边形，整塔以6块花岗岩雕琢叠砌而成，塔为窣堵坡式。塔座为须弥座，塔身为圆柱形，东面开一塔门，塔门上部阴刻“佛”字，门内有圆孔可通地宫。塔后有石砌半圆形护墙，直径7米，正中嵌一石碑，横刻塔名“普同宝塔”，竖刻碑文。此塔只有重迁时间（1710年），始建时间不明，据塔上所刻纹饰推断，为南宋建筑。

一庵月和尚塔 该塔位于黄檗村塔前自然村，清康熙三十四年（1695）修建。由罗围、墓塔和石台组成。一庵月（1607—1655）禅师，明末重兴黄檗寺第一人，临济正宗三十二世住持名僧，二十三岁到黄檗山，四十八岁逝世。

方壶境塔亭 该塔亭位于黄檗山杨家田北侧庵坪。塔亭为石材建筑，六柱六角形，底层以六方巨石为基，六柱间空敞。从柱础到刹尖高2.5米，柱间宽1.2米。亭盖以整石琢成，上部雕出瓦脊6条，脊角上翘，盖六方六角，盖顶置覆钵、仰莲、焰光三迭刹。亭正面两柱上部嵌一石额“方壶境”，柱上有楹联“禅安无缝塔，定入蕊珠宫”，是宋代黄檗山积翠庵女尼永庵主的墓塔亭。塔亭保存完好，可惜墓塔不知去向，塔亭的建筑年代亦不详。（据禅理，参禅的终极目的是明心见性、彻见本来面目。禅宗以心印心时，常用“无缝塔”“本来人”“本来事”等语言表示本来面目。“无缝塔”即是本心圆满的典型象征。本心圆满，犹如没有缝棱的石塔，对这“无缝塔”，肉眼无法看见，必须用超越形相的慧眼才能见到。而“方壶境”“蕊珠宫”则是民间传说中的神仙境界，其追求长生不老的思想甚至影响着皇家园林的建筑。）原圆明园东北角即建有“方壶胜境”，是圆明园建筑群中最为宏伟美丽的部分。清乾隆皇帝在《圆明园四十景·方壶胜境·诗序》中说：“海上三神山，舟到辄风引去，徒妄语耳。要知金银为宫阙，亦何异人寰？即境即仙，自在我室，何事远求？此方壶所为寓名也。东为蕊珠宫，西则三潭印月，净渌空明，又辟一胜境矣。”

双林峰塔林 该塔林位于黄檗寺旧址北面约500米处的双林峰上，包括亦苇岸禅师塔、湛虚智禅师塔、显道禅师塔和达慧禅师塔4座墓塔，建于康熙二十五年至道光七年间（1686—1827）。4个墓塔均有罗围，亦苇岸禅师塔、湛虚智禅师塔、显道禅师塔三塔自北而南位于西面，依山就势，同在一个中轴线上，顺坡而下，气势雄浑，保存完好。东面约5米处为达慧禅师塔，塔已不存在，只残存部分罗围和塔碑。亦苇岸禅师塔位于塔林最北端，突兀于半山腰，分外显目。此塔俗称“大钟盖小钟”，又称“塔中塔”，清康熙二十五年（1686）建。全塔外形如蒙古包，造型奇特，以块石垒成弧形洪钟状塔屋，高4.3米，底径4.5米。正南开有塔门，门上有雨檐。塔刹三层，外塔后侧石墙上嵌有石碑。内置一钟状塔，底座六方体，六面刻火焰形纹。塔身钟形，为一整石雕刻而成，最大径1.22米，高1.45米，分为上、中、下三段，中段微内凹，正面浮刻“亦苇岸禅师塔”描红大字。塔刹分为三层，内外塔之间可容纳数十人。亦苇岸禅师是明末清初中兴黄檗寺的祖师之一，他的墓塔形状是国内绝无仅有的孤例，是中国石塔建筑艺术的珍品。

良缘庵塔林 该塔林位于黄岗乡潮溪村良坑自然村青龙山上。共有花岗岩材质的僧塔6座，分别为心琢宝玲禅师塔、遍照禅师塔、道恺禅师塔、慧贤禅师塔、宝贤禅师塔和明旺常然禅师塔。因年代久远，多数倒塌，损毁严重。遍照禅师塔为“宜”字形石塔，塔高2.02米，六方座，六角仰莲顶，塔刹三层：覆钵、莲叶、宝珠。此塔的特点是座与盖宽大，而塔身细小。塔前有拜台，背有罗围，罗围中央有一块同治元年（1862）立的碑石，碑上方刻有“临济正宗”四字，下刻有200余字的“良缘山祀塔记”，记叙遍照老和尚在青龙山结茅创建良缘庵始末。此塔首建于明末崇祯初年（1628），重修于清同治元年（1862）。遍照禅师不仅是良缘庵的创始人，而且是明末复兴黄岗、车上一带禅寺的倡导者。

名人墓名录

卢良干墓 该墓位于宜丰县芳溪镇芳溪村鼓楼岭乌鸦扑地形。清道光二十六年（1846），卢氏六溪裔孙重修，2013年由卢氏后裔再次重修。该墓总面积360平方米，新碑高2.26米，宽1米，上书“宋河东节度使卢良干号笃斋墓”，左有碑文，右为“重修良干公墓事记”，4根石柱均刻有楹联，墓地由2.96米长石板围绕，4根石柱镶于其中。原清立旧碑位于新碑前30厘米，碑刻字迹完整，2根金蟾石柱立墓石柱旁，墓前镶一清以前石块，上刻“笃斋翁墓”4个大字。墓前左右两侧为高2.36米、宽2.46米功德碑。墓园门两侧分别由5根石柱、4块石板所做围栏，石柱、石板均刻有各种图案，为宜丰县少见的宋代古墓之一。

卢良干，生卒年不详。据《新昌县志》和民国二十年（1941）版《江西卢氏通谱》记载，字苍益，号笃斋，名九三郎，系卢钧十五世孙，宋徽宗时由国子中丞任河东节度使（从二品）。

铜 鼓 县

地理学家罗洪先墓

地理学家罗洪先墓位于铜鼓县棋坪镇大梅村大龙山。墓坐东朝西，四周群山环绕，林秀溪潺，离墓约500米处有一古寺遗迹，寺旁的两颗白杏树尚存。墓碑中央竖刻“明朝罗公洪先大真人墓”，其右侧刻有罗洪先生平简介，内记：“窃思富贵有尽，仙道无穷。而罗公洪先，明嘉靖间之人，梓里江右吉安吉水之地。已丑科第身中状元，识破红尘，知是幻景，弃富贵而乐大道，舍爵禄而遍游名山。是日偶过灵山，即逢先人托迹，功圆果满，一旦飞升。性入仙班，骸遗此地，吾樊族人等见此人，岂不吉地安葬。”左侧刻有“大名素英，恐后来观者无意，爰立石碑，志其永远，聊陈数语，是为叙云”。1983 年 12 月，被列为铜鼓县第一批重点文物保护单位。

罗洪先墓碑

明朝时期，大龙山（原称大灵山）建有多处寺院，香火鼎盛。罗洪先慕名而来，见铜鼓山水之胜有如仙界，于是就停留在大龙山，与僧人题诗作对。不久，因病逝世，铜鼓棋坪樊氏妥善地安葬了他的遗骸。当地传说，他游大龙山天济院时，曾与一名叫智公的和尚说“人生哪里来就到哪里去”，在题诗作对时，寿终于大龙山禅林。

罗洪先（1504—1564），字达夫，号念庵，江西吉安府吉水黄橙溪（今吉水县谷村）人，明代学者，杰出的地理制图学家。

罗洪先出身官员家庭（父亲罗循，进士出身，疾恶如仇，曾做兵部武选郎中），自幼端重，立志要当学者。嘉靖八年（1529）己丑科会试，殿试第一中状元，授翰林院修撰。当时，明世宗迷信道教，求长生。罗洪先看不惯朝廷的腐败，即请告归。嘉靖十八年（1539），他出任廷官，因联名上《东宫朝贺疏》冒犯世宗而被撤职，从此，罗洪先离开官场，潜心研究学问，上至天文、礼乐、典章、阴阳、术数，下至地理、水利、边塞、战阵、攻守，无不精心探究。嘉靖四十三年（1564），罗洪先去世，诏赠光禄少卿，谥“文恭”。他的主要成就在理学和地图学方面，尤以地图学贡献卓著。他一生致力于“考图观史”，以计理画方之法，创立了地图符号图例，绘成两卷本的《广兴图》，是中国保存至今的最早的一部综合性地图集，也是我国历史上最早的分省地图集，它反映了明嘉靖三十二年（1553）以前中国行政区划、关隘、河流及边寨控守形势，为“西学东渐”之前由中国人所绘制的最为科学、最为精确的地图，之后清政府出版的政区地图如《清直省分图》《大清广兴图》等，多以其为蓝本。在罗洪先的《广兴图》中，不仅明确标明钓鱼岛为台湾属岛，再如南沙、西沙诸岛，也均在中国版图之内。罗洪先在绘制地图方面的建树，不但为我国地图的绘制和地理科学作出了贡献，而且为国际同行所瞩目，与西方16世纪著名的地理学家、荷兰人墨卡托齐名，被誉为“东方伟大的地理学家”。他在世界地图绘制史上卓具声誉，并得到古今国际地理界的推崇。

在理学方面，他崇王阳明“心学”，赞同他的“致良知”理论。他一生未及王阳明的门，但与王门高足钱德洪、王畿、邹守益等交厚。他是江右王门学派的重要继承者和开拓者。

他在文学方面也有一定的造诣，著有《念庵集》22卷，收录于《四库全书》。他写的诗文既摆脱了拟古派一味摹拟古人的痕迹，又无唐宋派的道气。

他在许多地方留下了神奇的传说，铜鼓棋坪镇还一直流传着他出生、从学、为官、成仙的故事，当地百姓尊崇他为“真人”，也视他为铜鼓罗家冲人，把他当作地方名人纪念。

名人墓名录

卢瑞英墓 该墓位于铜鼓县温泉镇金星村境内。墓建于清中期，坐北朝南，花岗岩石砌筑，占地面积50平方米，墓碑雕刻精致。2006年4月，该墓被列为铜鼓县第三批重点文物保护单位。卢瑞英，生卒年不详，号亦乐，字鹤寿，铜鼓永宁人，武翼都尉从三品，是将“奎光堂”改为“奎光书院”的首倡人。

刘梅溪墓 该墓位于铜鼓县温泉镇光明村境内。清道光年间迁此。墓坐北朝南，砖石砌筑，封土高2米，直径5米。墓室为四柱三排结构，正中宝顶呈“山”字形。墓碑上刻“宋刑部左侍郎刘梅溪公墓”。周围林木茂密，景色清幽。刘梅溪，生卒年不详，号庾，谥“忠愍”。进士出身，官至刑部左侍郎，为官清正，忠孝两全。“侍母病愈，割股以药，为官尽忠，死而后已”，宋端平元年（1234）二月，皇上亲赐“忠孝全节”牌匾。

道一远老禅师墓塔 该墓塔位于铜鼓县三都镇三都村石坪自然村。墓坐西朝东，面积50平方米。墓碑用大麻石条和青石砌筑，中间刻“癸丁福寿堂十七世恩师上道下一远老禅师塔子午”，右刻“阳凡徒梓轮”，左刻“嘉庆十四年己巳岁十月日立”。墓顶用花岗岩石拼砌。立有形状不一的小塔林6座。

金锡和尚塔墓群 该墓群位于铜鼓县温泉镇石桥村金锡自然村。墓坐北朝南，砖石结构，占地面积3000平方米，有塔4座，墓4座。是清乾隆年间的墓葬，保存较好。

万 载 县

中国山水诗鼻祖谢灵运墓

中国山水诗鼻祖谢灵运墓位于万载县城东北康乐里泉村十二组莲花形山，距县城约2千米。该墓为土封墓，墓前立有谢氏后裔刻立的麻石质墓碑。碑文曰："合族嗣孙某某立，始祖谢公讳灵运字公义墓，光绪七年春月重修。"谢灵运归葬何处说法不一，万载谢灵运墓为全国唯一仅存有碑之实墓，是否确系谢灵运肉身墓，尚待考证。墓前原有一座清代建的谢康乐庙，有专人守护，于20世纪60年代被毁。清代万载诗人何艮曾写诗《谢康乐庙》，并载于清代县志。据宋乐史著《太平环宇记》载，罗城泰溪河原名康乐水，"谢康乐尝游此，因名"。

谢灵运墓

《万载南源谢氏族谱》载："瑍公幼子公义，字灵运，少好学，灵心秀质，吐吸山川，与颜延之齐名，文章为江左第一。刘宋乙丑年（425）官任秘书监，后为临川内史。袭封康乐公……葬北关外厂塘莲花形卯山西向。合邑塑像崇祀，丁田建祠永享香火。"据该谱载，谢灵运夫人高氏亦葬于万载茭湖槽头，谢氏后裔年年都会去扫墓，可惜没有墓碑。

谢灵运墓于2004年6月24日被发现后，胡学正撰写的长篇散文《中国山水诗鼻祖谢灵运魂归万载》，在《谢氏研究》（香港）、《江南都市报》《大江周刊》（江西日报主办）、《宜春日报》等陆续发表，另有短新闻在《人民日报》《光明日报》《宜春日报》以及网上发表，在不小的范围内引起了轰动和争议。自此，谢灵运墓成了省内外人士到万载后的必游之地。

2006年清明节前夕，谢灵运墓由其在万载的后裔集资数万元，改成由花岗岩立柱和栏板镶嵌的大墓，壮观宏伟。在栏板上刻有历代大家如李白、杜甫、钟嵘等人对他的评价。2006年，原宜春地委书记叶学龄亦欣然撰写了一篇《谢灵运墓重修记》，已刻碑，立于墓侧。

谢灵运（385—433），东晋和南朝宋时诗人，祖籍陈郡阳夏（今河南太康），有大量山水诗流传于世，被誉为中国山水诗开山鼻祖。其祖父谢玄在晋太元八年（383）的淝水之战中战功卓著，被封为康乐（今万载）公，封地81平方千米，食邑二千户。谢玄之子谢瑍生性迟钝，二十六岁夭亡。而谢玄十分喜爱其孙谢灵运，便由谢灵运袭承祖爵为康乐公，故世称“谢康乐”，但在南朝刘宋时降为康乐侯，食邑五百户。谢灵运曾任散骑常侍、太子左卫率、永嘉太守、秘书监、临川内史等职。宋元嘉十年（433）10月，他在刘宋统治集团的政治倾轧中，被诬犯有叛逆罪，在广州被行弃市刑，时年四十八岁。

他的主要成就在山水诗。由他开始，山水诗成为中国文学史上的一个流派。他还兼通史学，精通佛教老庄哲学，工于书法、绘画。宋文帝刘义隆就曾称赏他的诗和字为“二宝”。

谢灵运后裔最初隐居于万载茭湖乡南源村，后三十一世、三十三世、三十六世分别迁往万载康乐、双桥昌田和鹅峰东溪，故谢灵运后裔在万载共有四支。

杜平将军墓

杜平将军墓位于万载县黄茅镇茶亭岭金銮殿观音莲（小地名）。布局严谨，视野开阔。周围层峦叠翠，景色秀丽，气势雄伟。墓坐北朝南，用砖砌成圆形坟茔，四周刻有精美纹饰，显得古朴而美观。墓前矗立一块石碑，上书“杜平将军墓”五个大字，字迹刚劲洒脱，碑前安放一张水磨石供桌，四周苍松翠柏环绕，墓前拜堂用水泥卵石墁地，四周砌起圆形护墙。沿护墙植有翠柏，象征着将军的革命精神万年常青。墓正中后碑上镌刻着原中华人民共和国中央军事委员会副主席、国务委员兼国防部部长迟浩田的题词：“丹心献中华，雄才书春秋”。两旁对联，左边是当代著名国画家、江苏省国画院负责人、江苏省美术家协会主席、中国美术家协会常务理事亚明的题联：“一生戎马南征北战，为劳苦大众求解放端戈九二年；一身正气坚持真理，为国富民强永安康两袖清风去”。右边是中国书法家协会江苏分会主席、江苏省画院副院长、中国书法家协会理事武中奇题联：“文韬武略一代英豪，坚贞耿介堪为吾辈典范；孺将雍容大家风度，文才书艺足称我侪师表”。

杜平（1908—1999），出生于万载县黄茅螳螂坑一个贫农家庭。1928年在湖南长沙群治大学读书，1929年冬在家乡加入秘密农会，1930年4月参加中国工农红军，同年6月加入中国共产党，参加过中央苏区第一至第五次反“围剿”作战，以及二万五千

杜平将军墓

里长征，参加过辽沈、平津等重大战役。1950年10月首批入朝参加抗美援朝战争。1955年被授予中将军衔。在沈阳军区工作期间，他最早提出在部队中开展学习雷锋的活动。1963年到南京军区工作后，他总结推广“南京路上好八连”等先进典型。1970—1974年，他兼任江苏省委书记。他是第四、七、八届全国人民代表大会代表，第九届中央委员、中央军委委员，第十届中央委员，第十一届中央候补委员，第十二、十三届中央顾问委员会委员。著有长篇文学回忆录《在志愿军总部》。1999年3月4日5时24分在南京逝世，享年九十一岁。骨灰分别葬于北京八宝山公墓和家乡万载县黄茅镇茶亭岭金銮殿观音莲。

上饶市

信 州 区

名人墓名录

徐元杰墓 该墓位于信州区北门街道沽塘村林家坳一座小山上。据附近村民所言：林家坳原为平地，因造墓挖土成洼地而得名“林家坳”。可见原墓的宏大。现所有建筑皆已毁。墓地标志已不明显，仅存一直径为四五米的土丘。墓前原有青石墓碑1块，已由信州区博物馆收藏。现有墓碑，为信州区文联与作协所立。徐元杰（1196—1246），字伯仁，号梅野，上饶县人。师从朱熹，读书过目不忘，落文妙笔生花。南宋绍定五年（1232）进士，历官至国子监祭酒、中书舍人。卒于任，谥“忠愍”。著有《梅野集》。

夏言墓 该墓位于秦峰乡五石村莲花山。墓穴宏伟，上用青石铺盖，墓前石人石马排列两旁。当地群众称墓地为“夏家厂”，称墓为“夏阁老墓”。墓前石人、石马、石碑，年久损坏，被搬作他用，现墓前黄水溪中，尚能发现大量粗麻石。该墓于民国三十一年（1942）被盗，现尚存断为三截的墓碑一块。碑文字迹清楚。1984年，上饶县将夏言墓列为县级文物保护单位，并将残碑三截、石桌一张按原貌修补，筑亭保护。现石桌、亭已不见，只有三块残碑掩在杂草乱木中。夏言（1482—1548），字公谨，号桂州，江西贵溪（今贵溪上清桂洲村）人。明正德十二年（1517）进士，累官至内阁首辅，以尚书致仕，因受严嵩忌恨迫害致死。他以经邦济世之才自许，恃才傲气，但为政持正。隆庆初（1567—1572），平反复官，谥“文愍”。

广 丰 区

名人墓名录

王贞白墓 该墓位于广丰县西门外城壕畔。历经多次修缮，墓前建有王有道公祠，现已被毁，原址在广丰县老汽车站候车室。王贞白（875—958），字有道，唐乾宁二年（895）进士，官至校书郎，文学家、诗人。

张叔夜衣冠冢 该冢位于广丰县东阳乡灵鹫寺西侧。因年代久远，墓道陷落，仅存墓门、旗杆石等。20世纪80年代重修，并立碑、建亭于墓侧。张叔夜（1065—1127），字嵇仲，北宋末年著名将领，靖康二年（1127）五月殉国。南宋绍兴二年（1132），尚书仆射李纲奏请，敕葬衣冠冢。

施师点墓 该墓位于广丰县吴村镇官山村棋盘坪。墓基宏大，墓前原有石人、石牛、石马，现仅存残缺石人、石马各一。1984年发现该墓被盗，追缴回墓葬端砚1方，皈依瓶1只，并出土刻有《宋资政殿大学士金紫光禄大夫枢密知院施公墓》的墓志铭1块，长1.3米，宽1.7米。墓志铭碑刻现存广丰县文物管理所。施师点（1124—1192），字圣与，南宋名臣、文学家，官至枢密知院。

吕廷彦墓 该墓位于广丰县沙田镇灵佗寺后，已废。吕廷彦，生卒年不详，原名日彦，南宋嘉定十年（1217），文武都科第一名（状元），授忠翊郎，迁谏议大夫。

吕翀墓 该墓位于广丰县泉波镇吟阳村纱帽山麓，墓前有两匹石马，墓后有两只石羊，已废。吕翀（1469—1522），字天翰，又字岑山，泉波镇吟阳人，明弘治十二年（1499）进士，历任行人司行人、刑科给事中、云南按察司佥事、四川按察司副使。

夏尚朴墓 该墓位于广丰县永丰街道南屏居委会，已废。夏尚朴（1466—1538），字敦夫，号东岩，明正德六年（1512）进士，文学家，官至南京太仆少卿。

周守愚墓 该墓位于广丰县下溪镇洪村溪，1991年1月被盗挖，追回墓葬出土文物有2面规矩铜镜、1块福寿绸巾、2把折扇和1方石砚。今已废弃。周守愚，生卒年不详，字汝哲，明嘉靖四十四年（1565）进士，历任南京刑科给事中、福建佥事、浙东副使。

郑云梅墓 该墓位于广丰县横山镇梅坞村。1960年兴修关里水库时被发掘，出土7件绸缎官服、1把折扇、1支毛笔、1条假玉带、1块墓志铭，其拓片和其他出土文物均存于江西省博物馆。郑云梅，生卒年不详，明代人，官至象州（今广西石龙县）刺史。

詹兆恒墓 该墓位于广丰县排山镇卅八都村，已废。詹兆恒（？—1646），字月如，明崇祯四年（1631）进士，历任南京御史、大理寺丞、兵部左侍郎。清顺治三年（1646）死于战事。

玉 山 县

书画家阎立本墓

阎立本墓大门

书画家阎立本墓位于国家级森林公园武安山北麓。墓坐南朝北，背依武功山，三面青山环抱，前临冰溪河。周围林木茂密，环境幽雅，古朴庄严。墓为一封土丘坟，墓前青石碑为清乾隆十五年（1750）重立，高2米，宽1米，厚0.11米，圆弧顶，中刻“大唐相国本寺檀越立本阎公之墓”；左刻小字“大清乾隆十五年冬月吉日住普宁寺沙门心田同本寺大众重立石”。碑前辟有祭台。墓前百余米为普宁寺，相传因气愤儿子不孝，总章年间（668—670），阎立本遇佛教禅宗六祖惠能弘法后，舍住宅为普宁寺，舍读书处为智门寺，舍南庄为普园禅院，并筑墓于普宁寺后，委托寺僧四时祭奠。1984年，江西省文化厅拨款修建围墙加以保护。整个墓地长30余米，宽20余米，占地面积700多平方米。1987 年12月被列为江西省第三批文物保护单位。

阎立本（约601—673），雍州万年（今陕西西安）人，唐代著名画家兼工程学家，出生贵族，父亲阎毗为北周时驸马（娶武帝女儿清都公主）。阎立本长于工艺，多巧思，工篆隶书，对绘画、建筑都很擅长，隋文帝和隋炀帝都欣赏他的才艺。入隋后，官至朝散大夫、将作少监。兄长阎立德也擅长书画、工艺及建筑工程。父子三人并以工艺、绘画驰名隋唐之际。

唐高祖武德年间（618—626），阎立本即在秦王（李世民）府任库直。太宗贞观时期（627—649），任主爵郎中、刑部侍郎。不久来玉山隐居（传隐居原因为反对立武则天为后失败），在冰溪河南边武安山下择地建房，在暖水三山之左设斋读书，在五都购置了南庄。高宗显庆年间（656—661），由将作大匠升为工部尚书，总章元年（668）提为右相，封博陵县男。当时姜恪以战功擢任左相，因而时人有“左相宣威沙场，右相驰誉丹青”之说。咸亨元年（670）,迁中书令，咸亨四年（673）十月病逝。

阎立本虽“应务俗材，无宰相器”（《新唐书》），但他擅长绘画、工艺、建筑，尤其是绘画。他的绘画艺术先承家学，后师法张僧繇、郑法士。据传他在荆州见到张僧繇壁画，在画下留宿十余日，坐卧观赏，舍不得离去。他善画人物、车马、台阁，特别是肖像画和历史人物画。他的画笔法圆劲，气韵生动，所画太宗像及《秦府十八学士》《凌烟阁二十四功臣图》等，称誉当时。阎立本存世之作（或摹本）有《历代帝王图》（现藏于美国波士顿美术博物馆）、《萧翼赚兰亭图》（现藏于辽宁省博物馆）、《步辇图》（现藏于故宫博物院）、《职贡图》（现藏于台湾“故宫博物院”）等。

阎立本《步辇图》

横峰县

名人墓名录

李恂墓 该墓位于横峰县莲荷乡杨家村李家村民小组东北方向500米的赭亭山。墓顶呈八面形，柱体巨石压墓，建于东汉延熹九年（166），保存完好。李恂（80—170），字叔英，东汉陇西（今甘肃省）人，历任侍御史、车骑将军、张掖太守、持节出使西域各国，并兼西域校尉、武威太守，封赭亭侯。虽做过高官，却身无余财；虽封侯，却不领食邑。晚年徙居新安关下（今铅山县龙关），靠织席自给。九十岁时逝世，遗嘱不用棺椁，用陶瓮作棺安葬于龙关附近横峰县莲荷乡杨家村一红石山腰，此山由此得名赭亭山。

李镜墓 该墓位于横峰县青板乡霞阳村姜家畈村民小组，墓建于明代，保存完好。李镜（1456—1526），字文明，弋阳县孝诚乡五十八都下洋畈（今横峰县青板乡霞阳村姜家畈）人，明成化二十年（1484）进士，历任刑部主事、岳州知府、陕西参政、河南按察使、浙江布政使。他在任时政声赫奕，为当时名宦，一生著述甚丰。

弋 阳 县

天文学家周执羔墓

天文学家周执羔墓位于弋阳县漆工镇赖家村委会石马前村凤凰山。墓坐西朝东，高2米，直径6.6米，周长24米。墓基座以鹅卵石围砌，中间以土堆覆盖。神道前有两只石兽，墓前两侧立有两根石幢，石幢上安装门轴又兼作门柱。踏过石门槛，墓前有石马、石猪、石兽等，呈“八”字排列。墓碑篆书“宋礼部尚书光禄大夫龙图阁学士太子太师周执羔之墓”。

周执羔墓远景

周执羔（1094—1170），字表卿，弋阳县中畈乡杉山街人，南宋天文学家。宣和六年（1124）进士，授湖州司士曹事，后任太学博士。建炎初（1127），因继母刘氏患病，为便于照顾，他请求就近为官。朝廷任命其为宜黄县丞。当时，宜黄一带正值散兵闹事，四境纷乱，社会动荡不安，知县主张派兵镇压。他深知民生疾苦和散兵闹事的起因，因而坚决反对。知县十分恼火，将其告到府台。消息传出，散兵扬言攻打县衙。知府信任周执羔，不但不治罪，还向他请教平乱的计策。周执羔认为：“民饱则安，应予安抚。”并带领下属为百姓解决一些实际问题，使宜黄形势很快得到控制。百姓对他非常感激，为他绘像、立祠，以纪念他的功德。

绍兴五年（1135），周执羔先后任湖州、平江府通判、京城监丞。次年调太常丞，又迁右司员外郎，同年奉旨担任贺金生辰使。很多官员想随行，于是重金贿赂，甚至威胁他，他都不为所动，坚持原则。绍兴九年（1139），周执羔兼吏部侍郎时，秦桧因其子屡考进士不中，提出考不取进士的，三年后也可封官，他坚决反对，并当面指责秦桧。因故被罢官，后又起用，并于乾道二年（1166）复为礼部侍郎。孝宗皇帝欲拜为礼部尚书兼侍读，他坚辞不受。

有一天，皇帝请教国家富裕之法。周执羔认为，最能破坏国本的莫过于频繁用兵，如今当兵的人数太多，加上枯旱，虫灾四起，供养不起。孝宗采纳其意见，实行精兵政策，对重灾区下诏免粮，缓和社会矛盾。

方士刘孝荣说《统元历》有差错，皇帝命周执羔校正。他用刘义叟法，推日月交食，考五纬赢缩，以纪气朔寒温之侯，写成《历仪》《历书》《五星测验》各1卷。

乾道三年（1167），他告老还乡。乾道六年（1170），逝世。他一生为官清廉，为政不结党派，治郡恩威并重，有循吏之风。

爱国诗人谢枋得墓

谢枋得墓

爱国诗人谢枋得墓位于弋阳县港口镇上坊村与杨虎潭之间的雷打石，墓高1米，直径2米，墓前有墓碑、石门楼。该墓是江西省文物保护单位。

谢枋得（1226—1289），字君直，号叠山，南宋信州弋阳（今弋阳县叠山镇）人，著名的爱国主义诗人，与文天祥一起被誉为中国历史上的爱国主义“二山”。他的一生充满了传奇色彩，他蔑视权贵，疾恶如仇，爱国爱民，用生命和行动谱写了一曲爱国的壮丽诗篇。同时，他还是南宋著名的文学家和爱国诗人，他的诗文豪迈奇绝，自成一家。

谢枋得自幼颖悟，看书一目十行，且终身不忘。宋宝祐四年（1256），与文天祥同科中进士，因对策时“攻击”丞相董槐和宦官宋臣，由甲科贬为乙科，任命为抚州司户参军，弃职不就。第二年又考教官，中兼经科，未就任，又应吴潜征辟，组织民兵抗元。景定五年（1264），任建康主考，因得罪贾似道被贬至兴国军（今湖北阳新），直到咸淳三年（1267）才获赦返乡。德祐元年（1275），谢枋得任江东提刑江西招谕使知信州，组织民兵抗击元军。第二年，兵败后改名换姓，隐居福建建宁唐石山，日日穿麻衣、布鞋，向东而哭。

南宋灭亡后，元朝廷邀他做官，他屡辞不就。至元二十五年（1288）九月，福建行省参政魏天祐派兵将他押送到大都（今北京）。临行前，他作诗诀别妻子、朋友。到达京师后，他绝食而亡，至死未降为元臣。同年8月，其子奉柩还乡，葬于玉亭乡雷打石（今弋阳县港口镇上坊村）。

谢枋得为文推尊欧苏，认为“欧苏起遐方僻壤，以古道自任，发为词华，经天纬地，天下学士皆知所宗”。他对宋末文风不满，以振兴斯文自任。他对诗的研究造诣颇深，曾编选过《千家诗》，当时的学者名流都尊他为师。他的诗有强烈的爱国忧民的现实主义色彩和沉郁婉转的艺术风格。他的文也堪称一流，写了大量的书、序、记、启等方面的文章，“文辞清丽，高迈奇绝，汪洋演迤，自成一家”。他评点的《文章轨范》，以类别编选文章，是南宋一部重要的评注选本，被誉为集合宋人评点学之大成。他一生著述颇丰，后人辑录其文为《叠山集》。

元皇庆二年（1313），他的弟子虞舜臣为纪念恩师，择地修建谢文节公祠，后经浙江行省奏请朝廷改为叠山书院。院址原为文庙，日久倾圮。明天启年间（1621—1627）重修。书院依山而建，层层叠叠，书院匾额“叠山书院”则是林则徐来此瞻仰时留下的手迹。

名人墓名录

陈康伯墓 该墓位于弋阳县港口镇陈泥湾村，占地面积45平方米。墓前拜台上原有4根石柱，近年被盗，仅存斗笠形状石墓顶。陈康伯（1097—1165），字长卿，弋阳县港口镇南山人，宋宣和三年（1121）进士，历任太学正、柯州代理知州、太常博士、枢密院大计议官、泉州知州、汉州知州、吏部尚书、左右仆射同中书门下平章事等职。著有《陈文正公录》。

四十八代张天师墓 该墓位于弋阳县弋江镇东门岭。墓基枕山面水，风水自成。墓室为圆形，封土直径8米，高2.9米。两块青石石质双扇墓门封住墓道，墓门的画像石上刻有铺首衔环图案。墓室用长达3米多的长条形青石砌成，内呈苍穹式圆顶，并设有青石祭台，祭台侧摆放圆形青石供桌。张彦頨（1490—1551），字士瞻，别号湛然，道教正一天师道第四十八代天师。明弘治十四年（1501），袭天师位，诰封正一嗣教致虚冲静承先弘化真人。嘉靖二十五年（1546），加封为正一嗣教怀玄抱真养素守默葆光履和致虚冲静承先弘化大真人。建上清宫、真人府和正一观，善诗文。因钦佩宋抗元志士谢叠山的刚烈，羽化后，葬弋阳谢叠山文正公祠园，以宣扬道家“积极用世”的社会思想。

德 兴 市

乌风洞红军三百烈士纪念亭

乌风洞红军三百烈士纪念亭位于德兴市花桥镇乌风洞（也称梧风洞）跑马坪，建于1987年。该亭为仿古建筑，亭占地面积62.39平方米，通高6米。亭平面呈八边形，重檐八角攒尖顶，柱枋有彩绘，斗拱高昂，直刺云天。亭内正中耸立着一座雄伟的青色大理石碑，正面碑名“乌风洞红军死难烈士纪念碑”，背面镌刻原江西省委书记方志纯为纪念红军指战员在乌风洞殉难50周年的题词：“笔架山高，马溪水长。遇难烈士，万古流芳。”碑座刻有《烈士殉难记》。2005年3月16日，公布其为上饶市文物保护单位，现为德兴市爱国主义教育基地。

乌风洞烈士纪念亭全景

1935年1月16日，粟裕、刘英率中国工农红军北上抗日先遣队一部从怀玉山突围进入德兴乌风洞一带休整，并将300多名伤病员安置到跑马坪的闽浙赣省军区医院三分院（乌风洞山区）化婺德临时医务所治疗。不久，国民党四十三旅向乌风洞疯狂围剿。清明节前夕，医务所遭敌突袭，300多名红军伤病员和部分医务人员来不及转移，惨遭敌人杀害，全部壮烈牺牲。中华人民共和国成立后，经江西省政府批准，在烈士殉难地建立纪念碑。

名人墓名录

王祐墓 该墓位于三清山三清宫对面的方壕上。墓坐北朝南，建筑面积97.5平方米，为花岗岩构筑。墓前有半月形平台，墓堂正面有一石牌坊，四周有宫式围墙，上方有石神龛一座，内供王祐石像。墓东侧山口岩石上有座小石塔，名“风雷塔”，小巧玲珑，美观大方。王祐（1423—1515），明代道士，明景泰年间（1450—1456），在三清山重建三清宫。建宫后，在山修行，死后葬在三清山。

詹碧云墓 该墓位于三清山离三清宫约100米处的山坡上，面积300多平方米。墓四周立石砌围墙，两边是石栏杆，筑5层41级石阶，前面有石香案，后上方有一座七层小石塔，造型美观。詹碧云，生卒年不详，浙江开化人，全真派道士，是王祐开发三清山的工艺大师。建宫后，詹碧云即在三清山修行布道，死后葬在三清山。

徐俯墓 该墓位于德兴市花桥镇黄柏洋石碑村五马共槽山坡上。墓多次被盗挖，全毁。徐俯（1075—1141），宋文学家，由江西修水迁居德兴银城天门村居住，宋绍兴年间进士，官至参知政事。徐俯是江西诗派著名诗人之一，著有《东湖居士诗集》。现德兴银城天门村徐氏多为徐俯后裔子孙。

董煟墓 该墓位于德兴市泗洲镇张家畈村金狮源口山上。墓坐北朝南，多次被盗挖，全毁。董煟（？—1217），南宋治荒名吏，德兴市海口村人，宋绍熙四年（1193）进士。任温州府瑞安知县时，曾向朝廷进献所著《救荒活民书》3卷5万多字，宁宗称其书为“南宋第一书”，升其为通议郎。

程宗楚墓 该墓位于德兴市龙头山乡南溪村要源坞。墓多次被盗挖，全毁。程宗楚，生卒年不详，唐乾符年间（874—880）泾源节度使，病逝后回乡安葬。

程维墓 该墓位于德兴市新岗山镇银城畈墓林岗山上。墓多次被盗挖，全毁。程维，生卒年不详，新岗山镇新建村人，唐乾符年间（874—880）进士，官职金紫光禄大夫。逝后回乡安葬。

董发墓 该墓位于德兴市万村乡大田村高寨董家坞，墓多次被盗挖，全毁。董发，生卒年不详，东晋时尚书。逝后回乡安葬。

丁桐墓 该墓位于德兴市新岗山镇占才丁村。墓多次被盗挖，全毁。丁桐，生卒年不详，宋元符年间（1098—1101）进士，大儒。逝后回乡安葬。

李西珉墓 该墓位于德兴市李宅乡文港村南部岭上，墓多次被盗，全毁。李西珉，生卒年不详，官至元尚书。逝后回乡安葬。

婺 源 县

西汉长沙王吴芮墓

西汉长沙王吴芮墓位于婺源县镇头镇冷水亭村南侧鸡山上。鸡山，原名石老山，

吴芮墓清代残碑

明弘治《徽州府志》、清道光《婺源县志》记载："石老山，顶有吴王墓，按此山亦曰鸡笼峰，葬吴王处曰鸡笼石。"山势嶙嶙，奇石壮观，面积约25平方千米，主峰海拔466米。

鸡山山顶较为平坦，并列有三座墓冢，间距约百米，西座即吴芮王墓所在。墓坐南朝北，封土呈弧形，高27米，直径40米。墓前有封门石，左右有方石加固，四围用青石罗砌。今残存清代墓碑二块，阴纹字迹清晰。一碑高1.32米，宽0.66米，面刻"延陵郡三十世祖汉长沙王讳芮谥文吴公之墓，清雍正十一年孟冬月邑令吴之珽立"等字；另一碑高0.88米，宽0.98米，面刻"汉长沙吴文王芮墓，清乾隆二十八年秋月立"等字。墓葬旁侧旧有长老寺，早年圮毁；又有龙潭，民间相传昔日乡人祷雨辄应。2005年，吴芮墓被列为市级文物保护单位。

吴芮（前241—前202），是秦汉交替时期的百越领袖。秦朝立番（今鄱阳）县时，吴芮为第一任番令，他施政有方，赈灾安民，颇得民心，被尊为"番君"。秦二世时，民众不堪苛政，吴芮率越人举兵反秦。因战功，被项羽封为衡山王（都城在邾，今湖北黄冈）。楚汉相争时，他归顺刘邦，并派部将梅鋗领兵随刘邦入关。汉朝建立，改封长沙王（都城在临湘，今长沙市）。西汉初（前202）病逝，谥文王，迁葬于故里（古鄱阳地）。

吴芮死后既葬鄱阳地，何以陵墓如今处在古属歙州的婺源地界呢？原来这与历史上行政区划的变更有关。石老山（今鸡山）过去属鄱阳地，但在乐平（今乐平市）建县时划入了乐平地。唐元和七年（812），朝廷派员勘定，将婺民所居住的乐平县丹阳乡划属歙州婺源掌管，吴芮墓在所割地中。自此，吴芮陵墓随石老山移入了婺源县的版图。

朱熹始祖朱瓌墓

朱熹始祖朱瓌墓位于婺源县蚺城北郊三都砖亭（今婺源博物馆院内），古名连桐，为婺源茶院朱氏始祖朱瓌与妻杜氏合葬墓。民国《婺源阙里朱氏宗谱》卷二《墓记》记载，坟茔所在地为"癸山丁向喝形癸水添砚池，又云青毡包砚瓦"。《地记》记载为"三山上，四水下，有人寻得着，文章冠天下"。

据清乾隆《婺源县志》记载：朱瓌（880—937），又名古僚，字舜臣，唐殿中丞之后。原居安徽歙县黄（篁）墩，为歙州衙内指挥。唐天祐三年（906），奉刺史陶雅

朱瓌墓

之命，领兵三千防戍婺源，职为制置，巡辖婺源、浮梁、德兴、祁门四县，百姓得以安居乐业。茶院府君朱瓌卒葬婺源三都连桐，子孙遂定居于此。婺源有朱氏自此始，茶院朱氏之派亦自此开基，朱瓌因之成为朱姓婺源始祖，称为一世茶院。

北宋政和八年（1118），朱瓌八世孙朱松（1097—1143，朱熹之父）登进士第，授任建州政和（今福建省政和县）县尉，由此举家迁闽成为茶院朱氏入闽始祖。当时，朱松携家南徙政和县任职时，曾将家中祖田百亩全部典当换作盘缠。后来，同在闽郡为官的婺源人张敦颐（绍兴八年即1138年进士，时任南剑州教授），为朱家赎回了田产。南宋绍兴二十年（1150）春，朱瓌九世孙朱熹第一次回故里婺源省墓。淳熙三年（1176）春三月，朱熹第二次回归故里省墓，撰写了《告始祖茶院府君墓文》。其间，朱熹在汪氏敬斋给乡人子弟讲学，因材施教，循诱不倦。他还应县令张汉和地方人士之请，撰写了《藏书阁记》，又作《婺源茶院朱氏世谱后序》。清道光二十七年（1847），朱瓌三十世孙、世袭翰林院五经博士朱有基（1808—1873，字奠邦）在墓地新建墓祠，供奉茶院府君朱瓌和杜硕人两神位。直至民国期间，墓祠圮毁。

朱瓌画像

1995年10月，世界朱氏联合会“纪念朱熹诞辰865周年暨朱子故里寻根考察活动”在婺源县蚺城举行，对朱瓌墓进行了修缮。重修后的朱瓌墓，占地面积650平方米。墓冢下部用石块罗砌，面宽4.4米，直径5.7米；上部封土呈弧形，高2.3米。墓圈护围以卵石垒砌成半圆形，与墓冢间距1.28米，地面用卵石和碎石嵌成席纹。墓前门堂进深14.9米，宽12.8米，地面墁铺青石板。墓门前立青石墓碑，面刻阴文“朱氏始祖显考瓌古僚公妣杜氏夫人同墓，皇宋淳熙丙申春月，奉祀远孙宣教郎熹百拜”等字。

2006年，朱瓌墓被列为省级文物保护单位。

明经胡氏始祖胡昌翼墓

明经胡氏始祖胡昌翼墓位于婺源县紫阳镇考水村北侧锡子坞，俗称“太子墓”。墓直径3.9米，高1.45米，外表八方分别刻有八卦符号。墓前门堂立有青石古碑，刻阴文篆书“始祖明经胡公之墓”八个大字，碑座左、右分别镌有篆书“明经胡氏”“三延并茂”字样，碑前置有石香炉一座。

胡昌翼墓

胡昌翼（904—999），字宏远，本姓李，为唐末昭宗皇帝李晔之子，为保命而改姓胡，后唐同光三年（925），胡昌翼以《易》中明经科进士。其后世子孙以经学传家，署其族为“明经胡氏”，成为名家望族。宋元时期，出了胡伸、胡方平、胡斗元、胡次焱、胡一桂、胡炳文、胡默七位理学名儒，世称“七哲名家”。清代出了徽墨制造名家胡开文（胡天柱）、红顶大贾胡雪岩（胡光墉）、现代著名学者胡适等。2005年，胡昌翼墓被列为市级文物保护单位。

名人墓名录

吴太子鸿墓 该墓位于婺源县江湾镇湖山村水口。《江南通志》记载：“勾践灭吴，流夫差二子，其长子鸿死此，因葬焉。”墓坐西北朝东南，占地面积25.8平方米。因年代久远，封土早被夷平。墓旁有大枫树1棵、古樟3棵。

詹初墓 该墓位于婺源县浙源乡庐源石井坑桂花树下。墓近年重修，保存完好。詹初（558—？），南朝陈东阳郡赞治，为婺源詹氏始祖。近代铁路工程专家詹天佑为其第四十世孙。

洪延寿墓 该墓位于婺源县赋春镇福亭店村南300米处。墓坐东北朝西南，封土高2米，直径10米。洪延寿（802—？），唐代歙州长史，为敦煌郡洪氏婺源始迁祖。徽猷阁直学士洪皓、太平天国革命领袖洪秀全均为其裔孙。

汪道安墓 该墓位于婺源县秋口镇王村西侧茶地中。墓坐北朝南，封土残高1米，直径6米。汪道安（822—？），唐代歙州衙前兵马指挥使、充婺源镇都虞侯，为婺源汪氏始祖。宋端明殿学士汪藻、明“师夷长技以驭夷狄”大败葡萄牙入侵者的汪鋐，均为其裔孙。

王希翔墓 该墓位于婺源县秋口镇石门村中。墓坐西北朝东南，封土残高0.4米，直径5米。王希翔，生卒年不详，唐末扬州民曹参军，为婺源“武口王氏”始祖。后裔南宋文学家王炎，著作《双溪类稿》列入《四库全书》；元代太医王国瑞，医著《扁鹊神应针灸玉龙经》现属《四库全书》珍本。

查文徵墓 该墓位于婺源县蚺城西郊查公山廖坞。为南唐宣歙观察使查文徵与其夫人赵氏合葬墓。墓坐西朝东，封土高1.2米，直径5米。查文徽（910—965），为婺源查氏始祖。当代武侠小说家查良镛（金庸）是其裔孙。

潘潢墓 该墓位于婺源县中云镇坑头村小湾坧。墓坐东南朝西北，石块砌成，封土高1.5米，直径20米。墓前左右原有石雕群及栏杆，现无存。潘潢（1496—1555），历任明代户部尚书，南京工部、吏部、兵部尚书。

江永墓 该墓位于婺源县江湾镇湖山村后山。墓坐西北朝东南，青石垒砌，封土高1.6米，直径5米。墓碑刻金榜题“紫阳名儒江昚斋先生偕元配汪氏孺人之墓，乾隆三十六年（1771）立”等字。江永（1681—1762），清代经学家、音韵学家，皖派朴学的奠基者。

汪绂墓 该墓位于婺源县段莘乡洋边村段莘水库边。墓坐东北朝西南，用鹅卵石围砌，如今被杂木覆盖，残损严重。汪绂（1692—1759），清代学者，博综儒经，乐律、天文、地舆、术数，以至篆刻、绘画无所不通，著作《参读礼志疑》收录《四库全书》。

铅 山 县

爱国词人辛弃疾墓

爱国词人辛弃疾墓位于铅山县永平镇南7.5千米的陈家寨鼓楼门阳原山颜家垅。墓坐北朝南，建于南宋绍定年间（1228—1233）。曾有金字碑“稼轩先生神道”立驿道旁，今已碑毁墓残。现存墓碑为清乾隆四十八年（1783）辛氏二十五代裔孙重立，碑文：“显故考辛公稼轩府君之墓”。19级石阶以上近60平方米台地之上，砌4层麻石墓圈，直径4米，封土高2.5米。两侧望柱高1.8米，有郭沫若题镌对联：“铁板铜琶继东坡高唱大江东去，美芹悲黍冀南宋莫随鸿雁南飞”。台地、石阶周围有护栏杆，四周是开阔的田野和绵亘不绝的青山。1957年，该墓被列为第一批江西省文物保护单位。1981年、2001年经两次修缮。

辛弃疾墓

辛弃疾（1140—1207），字幼安，号稼轩，谥忠敏，山东历城（今济南市历城区遥墙镇四风闸村）人。晚年卜居铅山县期思村一带。殁后二十六年，即绍定六年（1233），朝廷追赠辛弃疾为光禄大夫，敕葬于阳源山。

1181—1207年，辛弃疾大部分时间都在上饶过着闲居的生活，其间有6年时间被起用又被罢官。1181—1196年，他一直隐居在带湖庄园，写下了数百首脍炙人口的不朽词作。后带湖庄园失火，辛弃疾举家移居瓢泉。他赋闲时喜欢寻古探幽，鹅湖山、灵山、博山等都留下了他的足迹。鹅湖因“鹅湖之会（第一次鹅湖之会）”（1175年农历六月初三至初八，著名学者朱熹、吕祖谦、陆九龄、陆九渊等在鹅湖山下的鹅湖寺举行了中国哲学史上著名的“鹅湖之会”）成为文化圣地，辛弃疾常来此地游憩，并成就了第二次“鹅湖之会”的佳话。淳熙十五年（1188）秋，陈亮写信给辛弃疾和朱熹，相约到铅山县紫溪寺商讨统一大计。后来，朱熹因故推辞了这次铅山之会。这年冬，到了相约之期，辛弃疾正染病在床养息。傍晚，雪后初晴，辛弃疾在瓢泉别墅扶栏远眺，一眼看见期思村前驿道上骑着大红马而来的陈亮，他大喜过望，病痛似乎立即消散，下楼策马相迎。两人在村前石桥上久别重逢，感慨万端。伫立石桥，沐浴着雪后初晴的夕阳，二人纵谈国事，为金瓯残缺而痛心疾首，爱国之情汹涌澎湃，拔剑斩坐骑，盟誓为统一祖国奋斗不息。辛弃疾和陈亮这次会晤，瓢泉共酌，鹅湖同游，长歌相答，极论世事，逗留弥旬乃别，成为文坛佳话。后人为纪念这两位爱国志士，将这次会晤称为第二次“鹅湖之会”，将期思村前的石桥称为“斩马桥”，并在桥旁修建斩马亭。至今，当地还流传着辛弃疾和陈亮“斩马盟誓”的故事。斩马亭还在，虽历经风雨，仍有不少刻有“斩马亭”字样的釉瓦覆盖其上，现为铅山县文物保护单位。

宰相费宏墓

该墓位于铅山县河口镇以西7千米的横林村（今柴家埠村冠盖里）。北距信江300米，南离饶鹰公路50米，交通便利，占地面积860平方米。墓坐北朝南，入口处竖有青石牌坊，上书“状元宰辅”四字，牌坊后有一条甬道直通墓地。甬道宽6.5米，长27米，石板、卵石满地。甬道两旁分列石人、石马、石羊、石虎等。甬道尽头是一院门，两侧楹联为：“含珠远眺新城坝，冠盖旁迎惠济渠”（新城坝和惠济渠都是费宏为家乡修建的水利工程）。院内即是墓地，墓前两侧蹲踞一对瑞兽，虎虎生威。侧边竖立一块雕刻龙纹

费宏墓入口

的汉白玉碑，中立墓碑，上书“诰授光禄大夫柱国少师太子大师吏部尚书华盖殿大学士赐文宪公费宏墓”。墓为青石砌筑，高3.3米，直径4.4米，圆底，攒尖顶式，四周围砌青石矮墙，矮墙正中竖青石墓碑，碑高2.7米，上刻：“明宰辅费宏之墓”。四周栽种有大片的松樟，古朴肃穆。

“文化大革命”时，墓地上建筑屡遭浩劫，但地下墓室保存完好。近几年，费氏族人筹集资金，并得到铅山县有关部门和人士的大力支持，将墓进行了修缮，地上建筑也进行了部分恢复，又在墓地左侧修建了费宏纪念馆（即萃英堂）。纪念馆为木石结构，大门两侧有石鼓，进门为院子，左为正屋，六栟五间，两侧有配房。正屋中厅上方悬挂“状元宰辅”“天官少宰”两块匾额，中间为费宏彩色画像。该馆采用历史画像、画照、文照、图表、文字说明等方式，介绍了费宏的生平事迹，彰显他为国为民、忠贞不渝的大无畏精神。2006年，该墓被列为省级文物保护单位。

费宏纪念馆

费宏（1468—1535），字子充，号健斋、鹅湖，铅山县人。费宏小时候过目成诵。十三岁中广信府童子试文元，十六岁中江西乡试解元，二十岁中殿试钦定状元。入仕以后，官职屡迁，三次入阁。正德五年（1510），进礼部尚书。次年兼文渊阁大学士，参预机务，进户部尚书，谨身殿大学士。正德六年（1511），致仕。十四年（1519），复官再任首辅。一方面，他为人平易，为政宽和，体恤民情，为官清廉；另一方面，他刚正耿直，不畏权奸，不为物役，决断果敢。一生坎坷，屡遭权奸迫害，虽两落三起，却又不损清誉。六十七岁无疾而终，谥“文宪”。归葬故里。

他亲民勤政，关切民生，主张实行“损于上而后益于下”的理财之道；在处置救灾、减赋、治河、漕运、兵变、江南织造、宫室营建等重大朝政问题上，十分重视从解决民生问题入手而使社会稳定。即使赋闲在家，仍念念不忘民生，策划修筑惠济河，倡导凿建石圳桥，还为修筑火田坂的新城坝尽心出力，民众至今念念不忘。

据《铅山县志》《鹅湖费氏宗谱》记载，横林费氏始祖费有常，是蜀汉大将军费祎之后，因元代战乱，避居铅山横林。费氏祖先“以诗礼衣冠振厥宗”，经过几代人近百年的努力，文风大开，出了一位宰相（费宏为首辅大学士）、一位尚书、四位入翰林者，其余寺卿、部郎、地方封疆大吏、将军、府州县官、佐吏、教职医术等不胜枚举，成了名副其实的“冠盖里”。中华人民共和国成立初期，毛泽东南巡时，曾对江西省原省长方志纯谈起过费宏，说：“你们赣东北的铅山有个费宰相，这个人死后就葬在铅山……江西有的县不是流传‘隔河两宰相，十里三状元’的说法嘛，铅山这个地方就有这样类似的说法。”

戏曲家蒋士铨墓

蒋士铨墓

戏曲家蒋士铨墓位于铅山县永平镇陈家寨文家桥西董家坞。墓修在离地约3米的平台上，坐东南朝西北，青石砌筑，直径1.3米，圆形。墓碑嵌于后方石龛之中，1米高青石矮栏环抱其外，墓前两旁有石鼓，其下石阶数级。石龛、栏杆、望板的建筑工艺精湛。龛是歇山顶，石龛西侧镌有楹联："庐阜叩苏公八壬偈子一转语，山阴同陆翁九千吟中万首诗"，横额"气节文章"。内嵌墓碑正文，右刻："乾隆五十二年三月初八日立"；中刻："皇清敕授承德郎例晋奉政大夫翰林院编修即用御史显考蒋公心余府君之墓"；左刻："奉祀考男知廉知节知让知白知重知简知约卒考"。墓地占地面积约16平方米。四周山峰连绵，山脚溪水环流，山垅良田百亩，依山傍水。1959年，该墓被列为省级文物保护单位。

1982年，"文化大革命"后第一次维修，基本保持了原貌。墓右侧加立了江西省文物保护单位的标志碑，为方便登临拜谒，加砌了石质台阶五十级。1984年，国家大型重点建设项目永平铜矿在此区域征用大片山地，建造了污水处理系统。蒋墓所在的山包正处在10号大坝以内水池的东南畔。因此，专门从西北畔架半月形拱桥横跨其间，桥长50米，高40米，宽15米，桥头建有停车坪，以方便后人观光、凭吊。

蒋士铨（1725—1785），字心余，又字苕生，号清容，晚年号定甫，铅山县永平镇西石盘渡人，清代著名戏曲家、文学家。乾隆二十三年（1757）进士，历任武英殿纂修官、国史馆纂修、顺天府同考官、《续文献通考》纂修官等。因才华横溢，乾隆帝称他为"江右两名士（另一位是彭元瑞）""豫章孤凤凰"。因诗歌成就，他与袁枚、赵翼并称为"江右三大家"。他的戏曲更是独步当时，为"近时第一"（李调元《雨村曲话》）、"中国词曲界之最豪者"（梁启超）。所著除代表作《藏园九种曲》外，还有《忠雅堂文集》12卷、《忠雅堂集》27卷、《铜弦词》2卷，至今流传于世。他的著作多次被翻刻，流传海内外。

余干县

名人墓名录

赵汝愚墓 该墓位于余干县枫港乡樟木桥村雕峰。现存封土高约6.5米，直径30米，占地面积约1000平方米。墓面乔木环抱，墓前有镇墓兽等。雕峰西麓有石牛、石马。其余碑座、旗杆石等，在兴修水利时移至别处。墓现保存完好。赵汝愚（1140—1196），字子直，南宋人，宋王朝的皇室宗亲，恭宪王赵元佐七世孙。乾道二年（1166）状元，累官至吏部尚书，知枢密院事。宁宗开禧三年（1207），复官，赐谥忠定，赠太师，追封沂国公。理宗诏配享宁宗庙廷，追封福王，又晋封周王。《宋史》有传。

梅鋗墓 该墓位于余干县梅港乡应天寺内。无封土堆，墓式及随葬物无考。梅鋗（前224？—前196），余干县梅港乡人，西汉开国大将。梅鋗多谋善战，灭秦定南越，战功卓著。汉高帝封他为十万户列侯。

张遐墓 该墓位于余干县枫港乡傅家弄村前。张遐，生卒年不详，余干县江埠乡人。汉灵帝建宁年间（168—172）召为五经博士，又迁鸿都门学士。后因病辞官返回故里讲学，四方来学者，每年有数百人。年八十三而卒，朝廷追赠为“族亭侯”。唐宝历二年（826），墓上有豫章藤，太史遣人伐之，至今伐坑犹存。

胡居仁墓 该墓位于余干县梅港乡大山底村狮子山南麓。原有石碑坊、石阶，在兴修水利时拆除。现存封土堆高1米，直径5.22米，砖石结构，墓葬保存完好。胡居仁（1434—1484），明理学家，曾主讲白鹿洞书院，晚年筑室南谷，亲自讲学，开书院会讲先声。明万历十三年（1585）崇祀文庙，追谥“文敬”。

张吉墓 该墓位于余干县大溪乡布政山东麓。原有神道碑及镇墓石兽等，今均不存。1958年，盖墓石被挖走，仅存光秃墓冢，现存封土堆高3米，直径9米，保存完好。张吉（1451—1518），明理学家，成化十七年（1481）进士，曾任工部主事、广西兵备副使、贵州布政使。

胡舜允墓 该墓位于余干县东南峡山村委会狮子山村。墓坐北朝南，早年被盗，封土已成沟壑状，直径2.7米，上面长满灌木和野芒茅草。原有墓石、封土石、石牛、石马、四脚牌志等，现均已不存。胡舜允，生卒年不详，县城西隅人。明万历三十八年（1610）进士，曾任刑部、礼部郎中，卒后归葬此地。

鄱　阳　县

莲山汉墓群

莲山汉墓群位于鄱阳县油墩街镇乾湾村委会和谢家滩镇泥湾村委会境内。整个墓群像一条腾飞的青龙，龙头分布在桥头彭丰一带，躯干肢体在莲山乡莲花塘、百花塘村一带，龙尾在谢家镇的口前村、莲山乡的上恼村，延绵五六千米，共有单体墓冢119座，占地面积89693平方米，考古鉴定为汉代墓葬。这是迄今为止江西省发现的最大汉代墓群，它的发现为研究鄱阳在秦汉时期的历史提供了重要依据，同时也为研究汉代殡葬制度、习俗提供了珍贵的实物资料。

1982年底，当地有村民在山包取土建房时，挖到一些坛坛罐罐和生锈的铁剑之类的东西，引起了县文化局的重视。1983年，江西省博物馆和考古专家到现场考察，发现古墓还未被人认知前，就曾遭到村民挖掘。古墓中的大量砖块被用于建房，这样的房屋至今还有十多栋。经对比发现，古墓中的砖比同时期使用的一般砖要大，基砖长34.5厘米，宽15厘米，厚6厘米，砖块的六个面都有花瓣形、铜钱形、线条或兽面形的花纹，而且砖一头厚一头薄。根据已挖掘的文物形状、花纹、大小式样，对照山包形状、地理位置等，确认为汉代古墓。具体年代还需要进一步考证。1986年，莲山汉墓群被列为县级保护单位，规定墓地周围30米为建设控制地带，不允许有任何基建，但由于鄱阳县财政紧张，没有任何实质意义上的保护措施，而且因年代久远、地理位置分散以及自然环境和人为因素影响，墓群损毁严重。

1991年，乾湾村修马路时，村民还挖到了青铜甗瓦（高75厘米，重14.5千克，外表花纹清晰可辨，经鉴定为商代铸造，为国家级保护文物，现陈列在江西省博物馆）。2000年，莲山汉墓群被列为省级重点文物保护单位。2001年，鄱阳县文物工作者再次到现场勘察，给古墓标号并划定建设控制地界限和保护范围，确认基本保存完好的有119座，其中最大的高18米，底座周长达100余米，为江西省规模最大的汉代古墓群。

兽面纹鹿耳四足青铜甗

如今，为保护莲山汉墓群，鄱阳县特成立了一支看护队，每天负责巡视汉墓群周围的情况，当地村民也会自发去巡逻，防止盗墓者和文物贩子盗墓。

成群连片的汉墓群分布在鄱阳的莲山桥头，是人为，还是巧合？这些墓堆是真是假，是否埋葬有人，墓主是何许人也？这些都是未解之谜，有待史学界、考古界研究、探索。目前，关于古墓群的来历有两种说法：一是西汉初期战死沙场的淮南王英布和百余名将士的墓穴；另一种是当地盛传的这里是明太祖朱元璋的兵器窟。真相到底如何，只有等待莲山汉墓群的深入挖掘了。

名人墓名录

陶母湛氏墓 该墓原址位于鄱阳县鄱阳镇城东社区牛岗嘴。墓坐北朝南，高2.3米，直径3米，占地面积72平方米。始建于晋代，清光绪十年（1884），饶州府太守冯芳植对墓进行修葺；清光绪二十五年（1899），知县谭绍裘于墓前立“重修晋太尉陶侃母墓”碑；民国十二年（1923），县知事张世范主持对墓重修，以红砂条石成梯形园砌至墓顶，墓前建有青砖拱形墓门，右侧砖墙上嵌有碑文一块。1986年，该墓被列为县级文物保护单位，2005年列为市级文物保护单位，2010年因城建工程迁移至鄱阳镇东湖（黄家洲）岸边，扩建为中华陶母园。江西新干县也有陶母湛氏墓。陶母湛氏（243—318），江西新淦县（现为新干县）人，陶侃之母，是中国古代四大贤母之一，“封鲊责子”“截发延宾”等典故至今传为佳话。

彭汝砺墓 该墓位于鄱阳县鄱阳镇任家村委会东江村（仙坛观）药炉山上。墓坐北朝南，碎石围砌，建有挡水土围。赭红墓碑高2米，篆刻阴文“彭汝砺状元墓”字样，墓地占地面积20平方米。墓冢南向有一大型石驮龟，背部有长方形凹槽，形态逼真。原建有石坊、石刻，“文化大革命”时损毁。彭汝砺（1041—1095），鄱阳滨田人，字器资，宋治平二年（1065）状元。累任吏部尚书、大学士，为政刚毅耿直，敢于直谏。著有《正身回俗疏》《诗义》《易义》等，合辑为《鄱阳集》。

明淮王墓 该墓位于鄱阳县高家岭镇韩山村委会百四村韩山南坡。墓址处有多处长5米、宽3米的坑洞。明淮靖王朱瞻墺、淮康王祁铨、淮定王祐棨、淮庄王祐楑、淮宪王厚焘、淮恭王载坮、淮顺王载坚、淮王翊钜、淮王朱常清均葬此地。还有王妃墓10余座。其中，最大墓穴遗址长29米，宽13米,有东、西7室,为淮王朱瞻墺墓（1974年，墓志铭为省博物馆收藏）。其余墓葬均为一室，依山而葬。原有黄土墓档、分水、墙基、琉璃瓦、土墩等。墓首均有陵堂，仅淮王次妃墓尚完好（妃为云南大理将军之女，十七岁嫁淮王，十九岁殒淮府，有墓志铭）。挖掘时有凤冠霞帔、金银首饰等物，且金笔筒饰有盘龙图腾，墓陵的陵堂、华表、牌坊、官道遗址皆壮观。

吉安市

吉州区

太平宰相周必大墓

周必大墓

太平宰相周必大墓位于吉州区禾埠乡老杨家村的三斗冈。墓南北长7.5米，东西宽8.33米。墓前有石人、石兽、石龟。“文化大革命”中，石人、石兽、石龟被毁，墓被盗。存《宋故左丞相少傅赠益国周公墓志》石碑一块，长2米，宽1米，现藏于吉安市博物馆。

周必大（1126—1204），字子充，又字洪道，自号省斋居士、青原野夫，又号平圆老叟，南宋吉州庐陵（今吉安县永和镇周家村）人。南宋丞相、文学家。绍兴二十年（1151）考中进士，从此步入仕途。曾任徽州司户参军、中书舍人、知州、兵部侍郎知太子詹事、直学士院、吏部侍郎、翰林学士参知政事、枢密使、右丞相、左丞相等职。庆元元年（1195）,以少傅致仕。

周必大出身书香门第，祖父周诜进士出身，建炎二年（1128）出任庐陵（今吉安）通判，遂定居于此。周必大自幼勤奋好学，饱读诗书，年少时便以诗赋文章名噪乡里。出仕之后，他体察民间疾苦，蠲免赋税，赈灾救荒，还利用在皇帝身边的机会，多次建议皇帝要“爱民如子”。他执政以持重稳健著称，任宰相后第一个奏章就指出：要居安思危，考虑长治久安，不可急于求成。为达到富国强兵的战略目的，在内政方面，一要强兵，二要富国，三是安民，四是政修。在对金国外交方面，周必大始终抱着不亢不卑的态度，他认为：既不能畏敌如虎，甘于现状；也不能意气用事，贸然挑起战端。如果轻率挑起战争，国家有败亡的危险。只有积蓄力量，富国强兵，徐图恢复，才能达到战胜金国、收复失地的目的。由于反对轻率北伐，周必大赢得了“太平宰相”的称号。

绍熙五年（1194），周必大告老还乡，在青原山从事著书、刻书活动。他举全力雕版印刷他任丞相时没有完成的欧阳修文集，使这部洋洋百万言的《欧阳文忠公集》共153卷终于雕刻成功。刻版本卷帙浩繁，印装精美，校勘准确，是宋版图书中的上品。周必大刻本以其校勘精良、刻写俱工，在中国图书史上一直享有盛誉，备受推崇。“周必大刻本”也成为私家刻书的典范。在周必大所刻图书中，晚年所刻《欧阳文忠公集》和《文苑英华》最为著名，也最能代表他的刻书风格与刻书成就。他是继毕昇之后第一个试验胶泥活字印刷并获成功的人，周必大的活字印刷术对中国印刷术的发展作出了巨大贡献。

嘉泰四年（1204），周必大逝世，享年七十八岁，死后追赠太师，谥“文忠”。遗著有80余种，内有《平园集》200卷。

名人墓名录

周忱墓 该墓位于吉州区长塘乡周家村东园边，建于明景泰三年（1452）。墓周边建有围墙，修了大门，并建有神道。墓前有文武石翁仲、石马、石柱、石龟等。在“文化大革命”中被破坏，后被盗，仅存2尊石翁仲和2块神道碑，现保存于周文襄公祠内。该墓为市级文物保护单位。周忱，字恂如，号双崖，明代吉水鹳薮（今吉水县醪桥乡鹳薮村）人。永乐二年（1404），中二甲第十名进士，参加《永乐大典》《五经四书性理大全》等书的修撰。曾任刑部主事、越府长史、工部侍郎、尚书，长期巡抚江南诸府，总督税粮，兼理盐税。

梁一清烈士墓 该墓位于吉州市西南天华山脚下的烈士陵园内。1956年，由吉安县渼陂迁葬于此。墓为片石砌筑，长方形，高2米，坐东南朝西北，墓碑高1米，宽0.5米。中书“梁一清烈士墓”，右书“江西省吉安县陂头人,生前任吉安总工会委员长”，左书“一九二七年牺牲”。该墓被列为县级文物保护单位。梁一清（1899—1927），原名梁兴性，字恒德，青原区文陂乡渼陂村人。大革命时期吉安工人运动主要领导人。1930年10月7日，红军召开庆祝吉安暴动胜利大会。大会悼念了为革命牺牲的梁一清等烈士，毛泽东、朱德分别题了挽词：“梁一清同志精神不死！”“为人民牺牲，死的光荣！”

毛伯温墓 该墓位于吉州区西北约3.5千米的凤凰山，吉安冷冻厂后面。毛伯温（1482—1545），字汝励，号东塘，明代吉水龙城（今吉水县八都镇南溪村）人。正德三年（1508）中进士，曾任绍兴府推官、御史、大理寺丞、右都御史、工部尚书、兵部尚书兼右都御史。明世宗时出征安南（今越南），兵不血刃，平定莫登庸之乱。

青原区

“脖子最硬的人”胡铨墓

胡铨墓

“脖子最硬的人”胡铨墓位于青原区值夏镇北侧天梁山西北面的陂松山，与故里大前胡家隔江相望。传胡铨有墓葬18处，此墓旧志有载。“文化大革命”中此墓被夷为平地，原址已建值夏中学体育场，场边残留石翁仲、石马。该墓被为市级（设区市）文物保护单位。

胡铨（1102—1180），字邦衡，号澹庵，南宋吉州庐陵芗城（今青原区值夏镇）人。曾任承直郎兼吉州军事判官、枢密院编修官、左奉议郎、秘书少监兼侍讲、起居郎、枢密院编修官、兵部侍郎、龙图阁学士、端明殿学士、资政殿学士等职。南宋政治家、文学家、爱国名臣。与欧阳修、杨邦乂、周必大同誉为“庐陵四忠”。2000年1月，江西省新闻媒体“千年回眸”活动（选评本省千年之中最杰出的十位历史名人）中，胡铨被评为“脖子最硬的人”。

胡铨一生坚持抗金，反对议和。南宋建炎二年（1128），二十六岁的胡铨考中进士，不久，金兵大举南下，朝廷不思抵抗，宋高宗等仓皇南撤，甚至一度入海躲避。许多州县不堪一击，呈一片瓦解之势。因父丧在家守孝的胡铨，面对危局，挺身而出，他在家乡芗城募兵军训，与抚州太守配合，给金军沉重打击，迫使金兵后撤，扭转了局势。绍兴五年（1135），胡铨入京任枢密院编修官。

绍兴八年（1138），金国派特使与南宋和谈，他们把南宋当作金国的一部分，命宋高宗以臣子身份跪拜接受金国诏书，并提出苛刻的和谈条件，一时朝廷议论纷纷。胡铨坚决反对秦桧等人的主张，写下著名的《戊午上高宗封事》，指出：金使此行，意在亡我大宋。主张动员全国人民，宣布全面开战，并以大量的事实揭露秦桧卖国求荣的罪行，要求将投降派奸臣王伦、秦桧等人斩首示众，以平天下人之愤。他声明：自己“义不与桧等共戴天！”如果甘向金国称臣，自己宁愿赴东海而死。这封奏章一经传出，立刻引起极大反响，上至朝廷命官下至贩夫走卒争相传诵，时人称之为“中兴第一，可与日月争光”。金人闻讯，深知“南宋有人”“中国不可轻”，此后多年不敢贸然侵宋。而宋高宗、秦桧等人却捏造罪名，把胡铨一贬再贬，一直流放到海南岛。绍兴三十一年（1161），秦桧死，胡铨才结束23年的岭南流谪生活，重获自由。第二年，宋孝宗即位，胡铨颇得孝宗礼遇，先后拜兵部侍郎、资政殿学士、饶州知州等职。

宋孝宗即位初期，颇有进取之心，胡铨提出一系列积极谏言，对孝宗一朝裨益良多。隆兴二年（1164），胡铨出任浙西淮东海道使，到前线指挥战事。时金国以80万大军南侵，淮东众多守将弃城望风而逃。胡铨一面上书弹劾，一面带兵抗金，亲自抡锤，凿冰开路。众将士受到鼓舞，奋勇争先，终将金兵击退。淳熙六年（1179），胡铨以七十七岁高龄致仕，次年客死南雄，临死前所作《遗表》，仍表示要化厉鬼杀贼，并期望孝宗皇帝“舍己为人，安民和众”，牢记家仇国恨，收得失地。

胡铨精通儒学，能诗善文，著有《澹庵文集》100卷行于世。另有《周易拾遗》10卷、《春秋集善》30卷，受到宋孝宗赞赏，诏令藏于秘书省。

民族英雄文天祥墓

民族英雄文天祥墓位于青原区富田乡鹜湖（木湖）大坑村东北的卧虎山，占地面积1270平方米。卧虎山左右两座树木蓊郁的小山如虎足伸伏于前，虎头高高昂起，坟墓建在虎的鼻尖处。陵园坐东北朝西南，气势雄伟，群山环抱。远望林木苍翠，近处流水潺潺。墓封土高2.6米，直径5米，呈半球形状。墓门高2.1米，宽3.4米。墓前有祭祀台，两边各竖一墓表，有两条石阶拾级而上。一尊尊古朴威武的石翁仲、石马、石彪、石羊忠实地列于神道两侧，默守着千古忠魂。

文天祥陵园牌坊

元至元二十年（1283）一月文天祥在北京菜市刑场就义后，他的遗体由江南义士张千载等人葬于北京城小南门外，后迁柩归葬在故里。该墓始建于元至元二十一年（1284），明弘治元年（1489），当地官府曾奉旨进行重修。后经数百年，由于自然风化等原因，该墓残败破损，墓前的石雕群等一片狼藉。1983年，江西省政府拨款进行维修。1992年，吉安县政府又对该墓进行了一次全面维修。维修是根据《文氏家谱》记载，在江西省文物局派出的古建筑师指导下进行的。按原貌修葺的有神道、台阶、平台、拜谒台、石雕群、牌坊、石拱桥、功德碑、标志说明等。神道长47米，象征着文天祥四十七岁为国捐躯；台阶自下而上，分为12级、8级、3级三个层次，寓意文天祥在1283年殉难。五门六柱的"仁至义尽"牌坊巍然耸立。拾级而上，高大松柏分列左右。墓顶"为国捐躯"四字气吞山河。"南宋状元宰相，西江孝子忠臣""志可凌云文能载道，生当报国死不低头""天赋忠烈千秋志，祥赐英名万古存"等墓联镌刻墓表左右。1985年，该墓被列为县级文物保护单位。1987年，被列为省级文物保护单位，并收入《中国名胜辞典》。1993年，被列为江西省重点文物保护单位。2013年，被定为国家级文物保护单位。

文天祥（1236—1283），原名云孙，字宋瑞，又字履善，号文山。南宋吉州庐陵淳化乡富田魁巷村（今吉安市青原区富田乡文家）人，杰出的民族英雄和爱国诗人。宝祐四年（1256）进士第一，因父丧未受官职。开庆初年（1259），蒙古军攻鄂州（今湖北武昌），宦官董宋臣请理宗迁都以避敌锋，文天祥上疏请斩董宋臣，以振奋人心，并献御敌之计，未被采纳。后历任刑部郎官、瑞州知州等职。咸淳六年（1270），因得罪奸相贾似道而遭到罢斥。德祐元年（1275）正月，听说元军东下，文天祥在赣州组织义军，开赴临安（今杭州，当时南宋都城），次年被任为右丞相兼枢密使。其时元军已进逼临安，文天祥被派往元营谈判，遭扣留，押往北方。在镇江（今江苏镇江）文天祥设法逃脱，继续组织民兵抗元。景炎二年（1277），进兵江西，收复州县多处。不久，为元重兵所败，妻子儿女皆被抓，将士牺牲众多，文天祥退守广东继续抗元。后因叛徒出卖，他在五坡岭（今广东海丰县）再次被俘。降将张弘范逼迫其招降张世杰，他严词拒绝，写下《过零丁洋》一诗，以"人生自古谁无死，留取丹心照汗青"表明宁死不屈之志。次年，他被押送大都（今北京），遭囚禁4年，经历种种严酷考验，始终不屈。于至元十九年十二月初九（1283年1月9日）从容就义，年仅四十七岁。文天祥创作了大量的诗、词和散文作品。其中，诗作达百余首，成就很高。有《文山先生全集》，其中，《过零丁洋》《正气歌》乃千古绝唱。

名人墓名录

胡广墓 该墓位于青原区天玉镇天玉山海螺形地，永乐十年（1413）在墓前建有享堂。胡广（1369—1418），字光大，号晃庵，明吉安府吉水县临江大洲（今吉安市天玉镇胡家边村）人，是明代吉安府出的第一个状元。曾任翰林修撰、侍讲、侍读、翰林学士兼左春坊大学士、文渊阁大学士，入内阁，曾随明成祖北征。

井冈山市

袁文才烈士新墓

袁文才烈士新墓位于井冈山市茅坪乡马源坑村山斗坳西坡，1951年兴建。竖有青石墓碑，高1.4米，宽0.6米，碑首正中镌刻五角星，星下横刻“永垂不朽”四字。碑两侧用石砌半圆形中高两侧低的护墙，内为2.5平方米的墁卵石墓堂。2005年7月19日，井冈山市政府重新将该墓列为市文物保护单位。

袁文才烈士新墓

袁文才（1898—1930），原名显泉，又名选三，宁冈县茅坪马源坑（今井冈山市茅坪马源坑）客家人。早年为反抗土豪劣绅的压迫，参加当地的绿林组织马刀队，充当参谋。1925年下半年，在本县共产党人龙超清等劝说下，下山接受“招安”，任县保卫团团长。1926年，受湖南农民运动影响，与龙超清共同策划宁冈暴动，成功夺取了宁冈县政权。之后，袁文才被任命为县农民自卫军总指挥。同年11月，加入中国共产党。1927年7月，率部会同安福、莲花、遂川农民武装，攻克永新县城，救出被关押的共产党人和革命群众，成立了永新县革命委员会，由贺敏学担任主席，袁文才、王新亚、王佐担任副主席。同时，成立了赣西农民自卫军总指挥部，王新亚任总指挥，贺敏学、袁文才、王佐任副总指挥。1928年2月，袁文才领导的赣西农民自卫军接受改编，他任工农革命军第一军第一师第二团团长，王佐任副团长。从此，这支部队成为一支共产党领导的正规革命军队。同年4月，朱德、陈毅率领的南昌起义军余部在宁冈砻市与毛泽东率领的秋收起义部队胜利会师。袁文才的工农革命军第二团改编为工农革命军第四军第十一师第三十二团，袁文才任团长，王佐任副团长，后来成为朱、毛红军的主力团之一。5月，任湘赣边界工农兵苏维埃政府主席；6月，湖南省委指名将其列为边界特委委员；8月，担任宁冈县委书记，在井

袁文才像

冈山保卫战中，动员组织边界军民紧张备战。短短几天，在从大陇、茅坪通往黄洋界的小路上，筑起了5道防线。组织领导群众实行坚壁清野，战术上实行昼夜不停的袭扰战，使敌军疲于应付。在根据地力量不足一个营，国民党军两个团进攻根据地的危急情况下，凭险抗击国民党军，取得黄洋界保卫战的胜利。同年10月，袁文才在中共湘赣边界第二次代表大会上当选为特委委员。1929年1月，在宁冈柏路会议中调任红四军参谋长，随主力出击赣南，后回到边界，坚持斗争。1930年2月，被错杀于永新县城，年仅三十二岁。10月，陈正人向毛泽东汇报袁、王被杀事件时，毛泽东当即就说："杀错了！"

1937年，毛泽东在延安对美国记者埃德加·斯诺谈话时提到："我在井冈山期间，他们（袁文才、王佐）是忠实的共产党人，是执行党的命令的。"

1950年前后，时任江西省委书记的陈正人再次向毛泽东提到袁文才、王佐之事，毛泽东依然表示：杀袁、王是个错误。

中华人民共和国成立后，中共江西省委为袁文才被错杀的历史冤案平反昭雪，恢复了袁文才的名誉，并追认其为革命烈士。

1965年，毛泽东重上井冈山时，特地邀请袁文才的妻子谢梅香和王佐的妻子兰喜莲到井冈山宾馆会面，表达对烈士的深切怀念。

1983年，经中共中央、中央军委批准，袁文才被编入《中国大百科全书》，书中概述了袁文才的生平业绩，明确指出：袁文才是一名"参与创建井冈山革命根据地"的"中国工农红军高级指挥员"。

王佐烈士墓

王佐烈士墓位于井冈山大井村北山冈上，1951年兴建，左边与大井红军烈士墓相依。墓体长9米，宽（含大井烈士墓）13米，其中，王佐墓宽8米，墓体高2.2米。陵墓庄重，结构严谨，墓前有四柱三阶塔形牌坊，横眉嵌刻"浩气长存"青碑石。两根柱上刻着"金戈铁马存英魂在罗霄，风际云会立伟业于井冈"。穿过牌坊，顺山势而上，直达山腰。台阶尽头辟一坪台，此即王佐墓葬所在地。墓葬地旁大理石基座上塑王佐像，下为1988年3月22日宋任穷（井冈山斗争时期红四军党代表，中华人民共和国成立后，任全国政协副主席、中共中央政治局委员、中共中央顾问委员会副主任）题字："王佐同志永垂不朽"。一块横立大理石，上刻王佐生平。1951年，井冈山人民将王佐烈士的遗骨安葬于此，并立碑纪念。2009年9月8日，该墓被井冈山市政府列为市文物保护单位。

王佐烈士墓牌坊

王佐（1898—1930），名云辉，绰号南斗，遂川县下庄村下水坑（今井冈山市下庄）客家人，以裁缝为生。1921年，投身"绿林"组织。1922年，他筹款买枪，秘密串联茨坪的李开昌和胞兄弟王云龙、王光秀另立门户，随后又请刁辉林上山。1925年冬，五县莲房总指挥、大土豪尹道一收买其部下李云辉，假意招安，企图铲除王佐。王佐连夜逃脱，直奔茅坪袁文才处，并在其帮助下，除掉了李云辉。袁、王二人结为生死之交。1926年，王佐接受遂川党组织要求，将所部改编为遂川县农民自卫军。大革命失败后，保存60支枪，坚持革命。1927年7月，会同安福、宁冈、莲花农民自卫军，攻克永新城，救出被反革命关押的共产党员和革命群众，事后任赣西农民自卫军副总指挥。同年10月，毛泽东率秋收起义部队到井冈山后，接受党的领导和改编，任工农革命军第二团副团长。1928年4月，加入中国共产党，历任红四军三十二团副团长兼二营营长、红四军军委委员、湘赣边第一、二届特委委员、湘赣边界防务委员会主任。1929年1月，任红四军三十二团团长，留守井冈山，坚持斗争，5月，任红五军第六纵队司令员。1930年2月，被错杀于永新城。中华人民共和国成立后，被追认为革命烈士。

名人墓名录

张钦墓 该墓位于井冈山市葛田乡树背村湾里东北鲤鱼形小山坡间，系夫妇合葬墓，始葬年代失考，重修于清光绪二十六年（1900）。坐北朝南，墓丘泥土覆盖成圆形。墓门条石砌成，三碑四柱，上嵌"山"字形葫芦顶，中碑正中阴刻"上柱国男平陆侯始祖张钦德广公老爷暨原配夫人耿氏墓"，两侧碑刻重修人名号和年月。两旁条石砌就半月形坟堂，长9.2米，宽5.5米。墓前石柱一对，分列两旁，墓面尚保存完好。张钦，生卒年不详。名应宿，字汉弼，号德广，唐燕国公张说九世孙。祖籍山东清河，后迁河南洛阳。唐僖宗乾符三年（876），为避兵乱，随父南迁金陵（今南京）。唐末举进士，历任大司马兵部郎中、赞府员外郎、超迁清远军节度使，因平叛有功，晋封为"开国男上柱国平陆侯"。

龙紫海（遇奇）墓 该墓位于井冈山市鹅岭乡白石村后，“苍鹰抓兔”形的山腰间，系夫妇合葬墓，坐北朝南，墓面完好，墓地为平面状，上立墓碑，高2.1米，宽1.6米，砖石结构，碑首横刻篆体“湖广道监察龙公紫海墓表”，中刻碑文，其内容大致为：龙遇奇（1566—1620），字才卿，号紫海，别号钟华，明庐陵永宁县塘南村（今井冈山市鹅岭乡塘南村）人，自幼聪颖，承父母教习，博学经史，少年入县学，二十岁举秀才。明万历十六年（1588）乡试中举，万历二十九年（1601）登进士，殿试三甲，由通政使观政，授任浙江金华县知县。因政绩斐然而调至京城，先后被派往陕西代巡边关，补任扬州，巡按两淮，后调任湖广道监察御史。晚年病归故里，创建郑溪书院，著述甚多。今仅存《救满朝荐疏》一文，已编入民国二十六年（1937）《宁冈县志》。

井冈山市东汉墓群 该墓位于井冈山市厦坪乡安定村白虎岭，距茨坪25千米。1985年6月被发现，共有6座古墓。

墓1：位于白虎岭的西端顶部。由于早年被盗，墓室破坏严重，除南壁和西壁尚保留残墙外，其余各边仅剩地砖，墓内积土和碎砖高达3米。呈“刀”形的砖室墓，由甬道和墓室组成，全长5.7米，宽2.95米，甬道长1.1米，宽1.9米，南壁残高0.95米。西墙有一盗洞，洞上口宽1.08米，下底宽0.75米，铺底砖大部分被挖，仅剩下甬道附近残存部分。原系平砖错缝直铺，墓向南偏东70° 。在甬道附近底部的碎石乱土中，发掘少数印有方格纹的硬陶罐和长腹罐及壶侧残片。墓室采用三种不同形状和规格的青砖所砌，砖的一端带有半同心圆纹，一种是近方形砖，长0.34米，宽0.18米，厚0.08米；另一种为两端有子母口的长条形砖，长0.38米，宽0.10米，厚0.07米。

墓2：位于白虎岭的东段中部，西距墓1约50米。早年被破坏，整个墓室仅剩一层铺底砖，长方形砖室墓，形成前、后两室，从出土的残件看，有硬陶双唇罐、陶钵及长腹罐等。

墓3：位于白虎岭东段的北坡腰部，南距墓2约10米。该墓被破坏最严重，仅剩一堆碎砖，有几种形状的砖与墓1类同，但砖侧花纹截然不同，实属少见。

墓4：砖室墓，坐西向东，出土文物较多，有铁刀两把，一把残缺，一把已腐蚀，纹饰难辨；陶罐一只，圆口，鼓腹平底，陶土夹砂，直径0.12米，鼓腹长0.62米，有方格花纹；陶钵一只，圆口，唇向外，鼓腹，圆底，有粗条线纹，全身方格纹，内径0.09米，外径0.23米。

墓5和墓6原封未动，没有进行挖掘和勘探，只是立碑保护。

井冈山市漕水陇汉墓 该墓位于距县城西南约500米[宁（冈）—酃（县）与龙（市）—七（里船）公路交叉]山腰处，原被黄土掩盖。1982年3月，该墓被农机厂职工邓某建房取土时发现，系砖室墓。以砖拱顶，砖为长方形，两侧呈凹凸状，侧有寿字纹。墓室全长5米，宽1.85米，高1.4米，室内满积淤泥，除发现铁质油灯、刀各1件、被毁陶罐2只外，出土器物尚有陶罐盖、陶杯及托盘等数件。现墓室已毁。据墓砖纹饰与出土器物，鉴定为汉代墓葬。

井冈山市尹亚汉墓 该墓位于龙市镇尹亚村后山坡上。20世纪50年代末，修龙（市）坳（里）公路时发现。墓室长2.1米，宽1.6米，高1.5米，为砖室墓。室内遗物仅有菱形花纹砖和陶罐各1件。据1982年全县文物普查考证，系汉代墓葬。现葬址已毁，平成路基。

吉 安 县

南宋爱国词人刘辰翁墓

南宋爱国词人刘辰翁墓位于吉安县梅塘乡胆源村西八公山麓、武华山东北侧，周家水库西南侧。1980年前尚有墓形，墓碑，后被盗掘，今存有明万历年间（1573—1620）墓碑，繁茂的植物笼罩着整个墓葬。

刘辰翁（1232—1297），字会孟，号须溪，南宋吉州庐陵灌溪（今吉安县梅塘乡小灌村）人，南宋末年著名爱国词人。早年入白鹭洲书院读书，得到欧阳守道器重。宋理宗景定三年（1262）进士及第，因目睹权贵贾似道排斥异己，遮蔽言路，故在廷试对策中直斥时弊，触忤了贾似道，幸因理宗惜才不忍黜落，而置于进士丙第，自此刘辰翁以耿直得名。后因亲老，自请为赣州濂溪书院山长。景定五年（1264），江万里知福州兼权福建安抚使，邀刘辰翁入其幕府，为其出谋划策，处理文书。咸淳元年（1265），度宗即位，江万里任同知枢密院事，招刘辰翁进京，任临安府教授。

刘辰翁墓碑

咸淳二年（1260），江万里因与贾似道不合，乞归田里，刘辰翁也被罢职回家。咸淳四年（1262）,江万里知太平州兼提领江淮茶盐兼江东转运使，再次辟刘辰翁为江东漕幕僚。江万里再任左丞相兼枢密使，荐刘辰翁入史馆。不久，江万里又遭人弹劾罢相，刘辰翁在史馆仅45日，罢职回故里。德祐元年（1275）五月，丞相陈宜中荐居史馆，刘辰翁辞而不赴。十月又授太学博士，其时元兵已进逼临安，江西至临安的通道被截断，未能到任，隐居方山虎溪。这时，元兵围困饶州，江万里投止水殉难。其间消息断绝，交通阻断。至元十七年（1280），江万里之子来告知其父逝世详情后，刘辰翁潜行至鄱阳县芝山，将江万里遗骸秘密迁葬于都昌故里石沙湾。

宋亡后，刘辰翁誓不仕元，潜心诗词、古文创作，并致力于诗文点评。他的文学成就以词作最高，词风近苏、辛豪放一派，兼融苏词的清越疏隽、辛词的豪迈雄浑，形成清空疏越之气，下开元词清灵婉约风格。所作《宝鼎现》一词，不用元代年号纪时。张孟浩认为此词“反反复复，字字悲咽；真孤竹（伯夷、叔齐）、彭泽（陶渊明）之流”。文章风格奇诡伟丽，谈玄说理，出佛入道。记山水草木，写人物交往，流露眷恋故国的感慨，寄托作者忠爱的情思。他还写了大量疏启短札，或骈或散，自言“触事感愤”，一种睿智意趣与潇洒胸怀宛若可见。前人评他：“放于笔墨，作悲愤无聊之语”。其文章理奇辞怪，被评为“庐陵第一流奇人奇书”。

刘辰翁学识渊博，目光敏锐。一生勤于批点，其批评思想，在中国文学批评史上占有一席之地。自言“时时处处，妙意皆可拾得”。所批点者有《班马异同评》《批点孟浩然集》《批点选注杜工部集》《评点王右丞集》等，不少文化观点，散见于序跋中。遗著有《须溪先生集》，收录于《宋史》《永乐大典》《天下同文集》《四库全书》。另有《须溪先生四景诗集》传世。《新元史》卷二三七、《宋季忠义录》卷一六有传。

名人墓名录

萧时中墓 该墓位于永阳镇南楼村邓桥自然村南田垅中，在永阳街西北1千米处。墓地长7.7米，宽3.9米，高2.15米。墓屡有修毁，因20世纪六七十年代实行园田化建设，墓被毁，墓前的墓表、石俑等被推埋于地下。2002年萧氏后裔重修，有墓表（石质）墓石残存。萧时中（1383—1425），明庐陵县宣化乡曲山（今吉安县永阳镇下边村下边自然村）人，系该村萧氏（始祖萧文昌公）第十三世孙。明永乐六年（1408）中乡试解元，永乐七年（1409）会试第六名，永乐九年（1411）中状元，不久任翰林院编修。洪熙元年（1425）病卒，归葬此地。

杨师程墓 该墓位于吉安县万福镇逢塘村逢塘自然村北150米的山坡上，桐江水系，山丘地形，距万福街约5.5千米。墓坐北朝南，长6.5米，宽2.2米，占地面积15平方米，仅存墓形，有砖砌痕迹，被茂密植物所遮蔽。旁有石砌碑亭，上嵌石碑，字迹依稀可辨，记载此地为杨师程墓。杨师程，生卒年不详，明庐陵县延福乡（今吉安县万福镇）逢塘村逢塘自然村人，万历进士，官至监察御史；其弟杨师孔，万历进士，官至布政使。

黄赞汤墓 该墓位于吉安县固江镇瑞溪村社边自然村东偏北约80米的紫源山上。墓坐东南朝西北，长约10米，宽约5米，占地面积50平方米。墓前有一单拱石桥，与山脚条石挡土墙相连接。墓前方后圆，不见墓碑，原有的墓表、石牛、石马、石桌、石凳等已不存。墓区林木高大，灌木稠密。黄赞汤（1805—1869），字莘农，号徵三，吉安县社边自然村人，清道光八年（1828）举人，清道光十三年（1833）进士。为官三十多年，历任多种官职，为清代重臣之一。1862年任二品广东巡抚，任上被参，赋闲在家乡至病卒。

新　干　县

大洋洲商墓遗址

大洋洲商墓遗址位于新干县大洋洲镇程家村劳背沙洲，距105国道400米，离赣江1千米。2000年，该墓被列为省级文物保护单位。

1989年9月20日下午，千余名民工在沙丘取土修补赣江大堤时，挖出一批古董。后经江西省文物考古队发掘，一座埋没了3000多年的商代大墓重见天日。

程家商墓原为一个高耸的泥沙土丘，由于历年取土挖沙，加上雨水冲刷，现在墓底仅距地面2.15米，为长方形土坑竖穴，墓葬内有一棺一椁，呈东西朝向。椁室长8.22米，宽3.6米，东、西两端各有高0.6米、宽1.5米的两层台，棺长2.34米，宽0.85米。就在这不足30平方米的地方，随葬品却十分丰富，共出土文物1900余件，包括青铜器480余件，玉器1072件（另有绿松石面镶嵌饰片及玉饰穿孔珠等未计入，有少数透明水晶、绿松石和蛇纹石化大理岩制品也归入玉器内），陶器356件，骨镞5枚，其中被定为国宝级文物的有6件，国家一级文物23件。此外，还有生砂660克。

文物中以青铜器最为引人注目，其数量之多、造型之奇、纹饰之美、铸工之精，为我国南方地区所罕见。这些青铜器可分为礼器、乐器、工具、兵器、生活用具和其他六类。礼、乐器有54件，其中立鹿四足青铜甗通高105厘米，重78.5千克，是我国迄今发现的商代最大的连体青铜器，也是商代唯一一件四足青铜甗。器物庞大，气魄雄伟；双耳竖鬲、扁足圆鼎等仅有10多厘米高，显得小巧玲珑，别具一格；带柄铜瓒国内独一无二；假腹铜豆堪称举世无双。兵器共273件，品类齐全，巨型铜钺宽达39.5厘米，被誉为“中华钺王”。工具127件，从犁、臿到锥、砧应有尽有。其他3

件，双面神人头型神器、羊角兽面造型奇特，神态诡谲；伏鸟双尾虎更是稀罕，通长53.5厘米，通高25.5厘米，重6.2千克，形似虎尊而又腹底不连，内空，张口，前露獠牙，凸目粗眉，双竖耳，面目狰狞，后垂双尾，尾巴上翘，背部伏一短尾小鸟，尖喙圆睛，昂首瞻顾。整个虎形躯体庞大，怒目狰狞，虎视眈眈，四足屈蹲，作半卧欲起式，再现了虎的威武形象。

左、中、右分别为侧身羽人玉佩、神人兽面玉饰和青铜双尾虎

堪与青铜器媲美的是精雕细刻的玉器，质料多样，全是真品。最为独特的是神人兽面玉饰和侧身羽人玉佩。神人兽面玉饰呈黄绿色，玉质莹润，琢磨光滑，作戴着平顶卷角高羽冠的神人兽面形象。正面中段琢出浅浮雕的神人兽面像，下颚圆弧。整个兽面由上、下两部分组成，上半部分为神人像，梭形眼，卷云眉，宽鼻梁，蒜头鼻；下半部分为兽面，长方形阔口，嘴角各露一对獠牙。侧身羽人玉佩最富土著民族传统特色，通高11．5厘米，由地蜡石制成，棕褐色，蜡状光泽，无瑕疵，作侧身蹲坐状，两侧面对称；臣字目，粗眉大耳，钩喙，头顶高冠，冠作鸟形，以掏雕法琢出3个相套的链环；双臂拳屈于胸前，膝弯曲上耸，脚底板与臂部平齐；腰背至臀部阴刻出鳞片纹，两侧各琢有羽翼，腿部也琢出羽毛。套环与羽人系一整块璞料圆雕而成，工艺高超。侧身羽人玉佩与河南安阳殷墟妇好墓出土的侧身玉人浮雕品质对照，既有相似之处，也有明显差异，表明南方先民在仿琢殷商玉器时，融进了自己的文化因子，体现了当地的传统精神风貌。

出土的陶器质地多种多样，用途可分为炊器、盛食器和工具三类。在一座墓中出土如此多的陶瓷器，这在商代墓葬中是极为少见的。

程家商墓遗址的发现填补了郑州和安阳两阶段间的空白。其先进的金属技术、高超的铸造工艺不逊于郑州和安阳出土的精品。这不仅丰富了商代历史的研究，还可以使人们对南方青铜文化的发展获得新的认识，并对商代文化重新进行估量。

它是继河南安阳殷墟、四川广汉三星堆之后又一震惊世界的重大考古发现，被评为我国“七五”期间十大重大考古发现之一。

陶母湛氏墓

陶母湛氏墓位于新干金川镇北门下十字街中部，系晋大尉长沙公陶侃之母湛氏墓。墓坐东朝西，呈圆形。墓前竖青石墓碑一块，长1.6米，宽0.83米，厚0.07米，中刻“晋陶桓公母湛氏夫人墓”。并刻有赞辞，曰：“陶墓相传，维母克贤，匪直贤母，以子永年，凡为人后，孰若光前，载表斯墓，过者式焉。”字迹清晰。原墓侧还建有“化梭亭”。

陶母湛氏（243—318），江西新淦县（现为新干县）人，陶侃之母，与孟母、欧母、岳母齐名，以教子有方和宽厚待人称道于世，是中国古代四大贤母之一。“封鲊责子”“截发延宾”等典故至今仍传为佳话。据《晋书》卷九十六“陶侃母湛氏传”记载，陶侃在浔阳（今九江市）任县吏时，负责监管渔业。一次部下出差要路过母亲居住的地方，陶侃便让人带一坛腌鱼给母亲品尝，以表孝心。陶母却把腌鱼封好退回并写信责骂陶侃说：“尔为吏，以官物遗我，非惟不能益吾，乃以增吾忧矣。”一次鄱阳孝廉范逵在陶侃家寄宿，当时天下大雪，陶母把睡觉用的新草垫子撤下来，亲自剁碎喂范逵的马，又暗中把头发剪下来卖给同乡人，买来酒肉待客。范逵后来听说此事，叹息说：“非此母不生此子！”陶侃最终成为东晋名将，官至侍中、太尉、荆江二州刺史、都督八州诸军事，封长沙郡公。去世后还获赠大司马，谥“桓”。陶侃曾孙为著名田园诗人陶渊明。

名人墓名录

塔下西晋墓 该墓位于新干县城东南的塔下岭。墓顶距今地表约3米。券顶砖室结构，墓室平面呈长“凸”字形，全长9.95米，宽1.75米，高1.85米。以3道券门分成墓道和前、中、后3室，中室高于墓道和前室0.07米，后室又比中室高0.14米。墓道长1.8米，宽1.1米；前室长1.72米，中室长1.8米，后室长3.9米，三室均宽1.8米。墓壁由长方形青砖平铺错缝叠砌，砖缝以黄泥浆填抹；砖长32厘米，宽15厘米，厚7厘米；券拱部分则由楔形砖构砌，砖长32厘米，宽15厘米，大端厚7厘米，小端厚3.5厘米。墓砖饰有卷云纹和窃曲纹两种花纹。墓门向东，门高1.53米，宽1.1米，距墓底1.2米处开始起卷；墓门用两排条砖封门，并砌有长方体砖柱。整个墓底呈微拱形，中部略高，两侧稍低，形成自然排水沟。墓底砖为单层横向平铺。墓中出土青瓷器、铜器、铁器等各类器物25件。1985年10月发掘，经江西省文物工作队鉴定为西晋时期墓葬。

永 丰 县

名人墓名录

欧阳观夫妇合葬墓 该墓位于永丰县沙溪乡西阳宫南1千米凤凰山麓泷冈蟠龙形。墓高2米，三碑四柱，墓楣横刻“崇封”两个大字。墓柱外联为“泷冈长拱峙，香水潆环流”，内联为“阡表不磨崇国范，古坟犹带荻花香”。墓正面碑刻“宋敕封太师欧阳崇国公魏国郑夫人合墓”。墓后封土10米处竖一青石望碑，高2米，宽0.4米；墓前30米处立一对青石塑羊。现存墓为清嘉庆六年（1801）重修。1983年，该墓被列为县级文物保护单位。欧阳观（952—1010），字仲宾，江西永丰县沙溪镇人，宋真宗咸平三年（1000）进士，历任道州（今湖南道县）和泰州（今江苏泰州市）判官、泗州（今安徽泗县）和绵州（今四川绵阳市）推官等职，与郑夫人（981—1052）是北宋政治家、文学家欧阳修的父母。

张璥四人合墓 该墓位于永丰县沙溪乡王家村中，为唐代张璥及夫人海氏、子张焴、媳郭氏的合葬墓。该墓有墓园，墓园四周有围墙，南北长30米，东西宽20米。墓位于墓园内正中处，坐北朝南，砖石结构，高2.1米，宽3.2米。墓面三碑四桩，楣碑从上到下分三层横刻，“垂远”“山辉川媚”“张氏祖坟”；墓柱外联刻“功德余庆元，云仍尔炽昌”；内联刻“鲁奠金瓯唐代积，武昭明德地灵兴”。现存墓为光绪五年（1879）重修，被列为县级文物保护单位。

欧阳通理夫妇合葬墓 该墓位于沙溪镇严坑杨家屋后的山坡上，坐东朝西，青麻石构砌。墓门上端呈半圆形，高约1.67米，宽约1.1米；碑石高约0.65米，宽0.37米。由于年代久远，碑文模糊不清，经过擦洗，反复辨认，方才识得，上书“宋故鄂州武昌尉欧阳公通理、妣江氏合墓”，为县级文物保护单位。

峡 江 县

名人墓名录

金幼孜墓 该墓位于巴邱镇暮膳村东南200米赣江边山上，建于明代。坐东朝西，地势高险，下俯赣江，视野广阔，四周有麻石矮墙，直径15余米，工部营造。神道华表已毁，原有“日有千人叩头，夜有万盏明灯”楹联，取其白天拉纤不绝于道，夜晚江心渔火点点之意。1975年江西省博物馆曾进行发掘，发现早年被盗。现存神道碑1块，长约2米，宽约1米，厚0.15米。金幼孜（1367—1431），名善，字幼孜，号退庵（一作“静庵”），以字行。明代临江府新淦县人。明建文二年（1400），举进士乙科第四名，授户科给事中，曾任翰林检讨、右春坊右谕德兼侍讲、文渊阁大学士兼翰林院学士、户部右侍郎兼文渊阁大学士、太子少保兼武英殿大学士、礼部尚书兼大学士等职。

岭上西晋墓 该墓位于峡江县巴邱镇岭上，现武警中队营房背后菜园内。墓室南北朝向，长2.85米，宽1.5米，墓底至券顶高1.45米。墓壁平砌，墓砖长0.33米，宽0.16米，厚0.07米，饰有网格同心圆纹，系单室砖墓。清理前，因开辟菜地，券顶部分被取走，墓室底部穿凿成一直径约0.6米的孔洞，有部分文物跌落，因泥沙淤积，无法取出而损失。1982年11月进行清理，出土青瓷器13件，黛砚1件。经江西省文物工作队鉴定为西晋墓葬。

洋坪南朝墓 该墓位于峡江县福民乡洋坪南砖瓦厂附近。经探查，发现墓7座，分布在长60米、宽20米的小山坡上，南北朝向，砖结构，封土2米余。因建砖瓦厂，被破坏严重。1983年，峡江县文物普查队对其中两座进行了清理，出土青瓷器8件，铁剑（残）1件。鉴定为南朝墓葬。

吉　水　县

吉水东吴墓

吉水东吴墓

吉水东吴墓位于县城南部恩江北岸的三碗斋，墓向朝东，前对“天鹅卵”形吉祥山，后有恩江汇入赣江形成的“之”字形文江，左面山为飞凤形，右面山为仙女排驾形，两山隔江相望。墓葬依山傍水，符合 “山管人丁水管财，人文蔚起荫后代”的堪舆学说。墓门朝向东方，表示墓主对东吴朝廷的忠贞。

1991年8月，负责京九铁路吉水段施工的铁道部第十六局一处，在恩江北岸，对铁路中心线内的小山包进行爆破取土时，发现该大型墓葬。墓葬平面呈“凸”字形，封土高耸，占地900平方米。因三堆高高的封土，像当地用来祭祀神灵的斋饭，故俗称“三碗斋”。随后，江西省文物考古研究所、吉水县博物馆对墓葬进行了抢救性发掘。发掘出的墓室规模宏大、结构复杂、形制奇特、垒砌精致。墓葬虽早年被盗，但仍出土了青铜器、青瓷、陶器、古钱币等珍贵文物100余件。经国家文物局专家组论证，墓葬年代为三国东吴晚期，距今1700余年。

考古工作者从墓室结构、砖块花纹特点，发现该墓属于“大型藻井砖室土墩墓”，是东汉大型土墩墓在两晋时期的延续。从墓室营造结构来看，可以断定墓主生前身份很高，官阶当在二品至三品之间。而在整个晋代的庐陵郡，均未发现有在史书上立传的名人，考定为“晋代古墓”之说，难以成立。依据《三国志》吴志卷五妃嫔传“潘夫人传”所载，潘夫人（孙权第六夫人）生有孙亮，孙亮即位（252），以夫人姊婿谭绍为骑都尉，授兵。亮废（258），谭绍与家属被送归本郡庐陵。当时庐陵郡治设西昌，领县十，石阳（今吉水县）为庐陵郡十县之一。吉水地名普查资料表明，文峰镇井头村委有个谭埠村，谭埠村开基建村者为谭氏。相传谭氏开基后曾有人在朝廷中做过大官，而且是皇亲国戚，在哪一朝不清楚。又据县城解家老辈人说，孙权有个亲戚是吉水人，死后葬回故里，很有可能就是此墓主人。民间、官方资料两相对照，基本可证明墓主当为三国时东吴的谭绍。

1991年8 月，江西省文物局会同吉安地区、吉水县有关部门召开座谈会做出易地保护、搬迁古墓的决定。经国家文物局批准，由吉水县博物馆负责搬迁，按原式重建于县城龙华大道东侧（现县文物局内），1992年7 月竣工。重建后，墓葬封土高10米，南北线长30米，东西线长30米，总占地面积900平方米。封土呈覆斗状，以黄色黏土夯实而成。墓葬平面呈“凸”字形，墓室用青灰色网钱纹花纹砖砌筑，由墓门，甬道，前室，左、右耳室，后室，正方形回廊组成。左、右回廊转角处各砌筑一藻井，为“四隅券进式”穹隆顶；前室亦为“四隅券进式”大型藻井。墓室东西长15.63米，南北长17.58米，面积为274.80平方米。墓门只留下门座为青灰色条石。前室平面呈八边锯齿形，后室平面呈方形，前室与后室，有甬道相连。后室为主室，无棺木、尸骨，只见少量红色漆片，可能为服饰腐烂所至。

吉水东吴墓的发现，为研究江南地区汉晋时期古建筑史及殡葬习俗提供了重要的实物资料，对长江中下游政治、经济、军事、文化等领域的研究，具有极为重要的历史、艺术、科学价值，被国内外考古界称为“江南第一墓”。2013年3月，吉水东吴墓被确定为全国重点文物保护单位。

据说谭绍水性很好，能一口气潜过恩江。周瑜在峡江练兵，谭绍前去投了水军。由水兵都头，官至副骑都尉。孙权去世后，孙亮当了皇帝，就提拔他姨丈谭绍当骑都尉，负责保卫皇室安全。谭绍曾为孙亮西征北伐出谋划策，至死也不忘国家统一。他的妻子遵照他的遗愿将他安葬在文江河畔。在他的墓顶堆东、西、北三个土包，象征三国鼎立，意为一天不看到三国统一，一天死不瞑目。潘夫人的姐姐安葬谭绍后，携子女回东吴皇室居住，以后再没回吉水，因此谭绍在谭埠无后裔。

南宋爱国诗人杨万里墓

南宋爱国诗人杨万里墓位于吉水县黄桥镇湴塘村西约2千米的莲形山坡上，三面临山，正前方偏左有赣粤高速公路穿过。墓坐北朝南，墓前有碑石，碑文刻有“宋万里公之墓”六个大字，还有石像生多种，翁仲两对，石马四匹。墓后为砖砌围墙。墓北有一望碑，望碑高2.7米，宽1.9米，上刻“宋理学家杨文节公神道碑”十个大字和杨万里生平事略。墓地地处南方典型丘陵地带，环境优雅，森林密布，植被丰茂。

1959年，杨万里墓被列为江西省第二批省级文物保护单位。“文化大革命”期间，墓葬遭到不同程度的破坏，尤其石像等文物破坏更为严重。1983年，吉水县政府拨专款1200元，对墓葬进行了维修。1987年12月，重新公布其为江西省省级文物保护单位。2007年，杨万里诞辰880周年，江西省政府拨专款10万元，吉水县财政拨专款

20万元，按宋代墓葬的建制对墓葬进行了保护性维修。维修后的墓葬全部采用传统用材，主要以青砖和青石材为主。整个墓地南北长11米，东西宽15米，占地面积 300平方米。墓地布局对称，中轴线上依次排列着望碑、墓冢、墓碑、拜坪等，中轴线两边依次排列石俑、石马、石虎、石羊、重修碑记、保护标志等。

杨万里墓

杨万里（1127—1206），字廷秀，号诚斋，吉水南溪（今吉水县黄桥乡湴塘村）人。著名爱国诗人、杰出的政治家、思想家和理学家，南宋绍兴二十四年（1154）进士，历任赣州司户参军、奉新知县、广州提点刑狱、太常博士、秘书监等。他主张抗击金人，收复失地。以正直敢言，屡遭贬谪，晚年闲居乡里长达15年。开禧二年（1206），因痛恨韩侂胄弄权误国，忧愤而死，官至宝谟阁学士，谥“文节”，追赠光禄大夫。

杨万里一生勤奋写作，相传有诗2万余首，现存诗4300余首。他与陆游、范成大、尤袤被称为“中兴四大家”。杨万里作诗从模仿江西诗派开始，最后跳出窠臼，自成一家，形成风格纯朴、语言口语化、构思新巧的“诚斋体”。对当时诗坛风气的转变，起到了一定的促进作用。

杨万里去世后，长子杨长儒（官至守中大夫，在宋宁宗时被誉为“当今廉吏”）将其诗文合编为《诚斋集》，共133卷，分《诗集》42卷，《文集》90卷，《附录》1卷。湴塘村里至今还珍藏了一套木刻版杨万里诗文全集。

才子解缙墓

才子解缙墓位于吉水县城龙华中大道吉水县气象局内，坐东朝西，东北部有大东山山脉及龙华寺（唐代始建）为依，南邻县气象观测台，西与气象局宿舍和105国道接壤。墓葬高居一台，傍山向水，由封土墙、台阶、祭坪、罗圈墙、墓碑、望柱、“解学士文集序”（明嘉靖左春坊赞善兼翰林修撰经筵讲官罗洪先撰文，吉水知县夷陵王篆立）望碑、封土堆、保护标志等组成。总占地面积138.99平方米，墓葬长7.3米，宽6.3米，高2.6米。正面墓碑为三门四柱式联体建筑，正中横楣墨书“明右春坊大学士”，门楣下直书“解文毅公之墓”，左、右望柱上分别写“太平十策纾民悃”“永乐大典惠斯文”。望柱上装饰圆帽顶，左右另并列增设附柱，以烘托气势。

解缙初葬于吉水县仁寿乡一都坝溪（县城北4千米处）。明嘉靖四十年（1561），知县罗黄裳奉旨将解缙迁葬于吉水县城东门外东山亭。1977年修南井公路，又将墓葬东移一二百米到现在的位置。1983年，吉水县政府拨专款对解缙墓进行了维修。1987年，江西省政府公布解缙墓为省级文物保护单位。

解缙墓

解缙雕像

解缙（1368—1415），字大绅，号春雨，吉水县城南门人。与杨慎、徐渭并称明朝“三大才子”。他出身于书香门第之家，祖父解子元，元至正五年（1345）进士，授安福州判官，迁太史院校书郎，除承务部、东莞县尹，死于元末战乱；父亲解开，二次在国子监生员中夺得第一，五次被朝廷特命为主掌贡举考试的主考官，后拒不为官，一心从事著述、办学，培养人才；母亲高妙莹，不但贤良淑慧，而且通书史、善小楷、晓音律。他自幼聪明绝伦，过目不忘，六七岁就能即席吟诗作对，有“神童”之称。明洪武二十年（1387）江西乡试第一，点解元，次年中进士，授中书庶吉士。他开始颇受朱元璋爱重，后因抗直敢言触怒其而罢官。建文帝即位后再出仕。永乐元年（1403）升为翰林侍读，与黄淮、杨士奇、胡广、金幼孜、杨荣、胡俨等一起在文渊阁当值，参预机务。不久，迁翰林侍读学士。次年皇太子立，升为翰林学士兼右春坊大学士。永乐五年（1407）以“泄禁中语”“廷试读卷不公”贬为交趾（今越南）布政司参议。永乐八年（1410）因私谒太子以“无人臣礼”之罪下狱。永乐十三年（1415）被锦衣卫帅纪纲灌醉害死。

他先后奉命主持编纂了《太祖实录》《列女传》和《永乐大典》，其中《永乐大典》是我国最大的一部类书，在世界文化史上，也被誉为编纂最早、规模最大、内容最广的百科全书。

明成化元年（1465），解缙被平反昭雪，恢复官职，赠朝议大夫，谥“文毅”。

他一生著述颇丰，有《白云稿》《东山集》《太平奏疏》等，现存《解文毅公集》16卷，《春雨杂述》1卷及《古今烈女传》3卷。次子解祯亮为明宪宗朝中书舍人。

名人墓名录

刘俨墓 该墓位于吉水县水南镇店背村朱家垅螃蟹形地，坐西朝东。墓前有石碑刻文，两侧有对联，因风化斑驳，字迹不清。墓体由红石砌成，高2.2米，宽10米，长13.40米，至今保存完好。墓前石翁仲、石马皆陷泥中，1984年，该墓被列为县级文物保护单位。刘俨（1394—1457），字宣化，号时雨。明吉安府吉水县水南夏朗（今吉水县水南镇）人。正统七年（1442）壬戌科状元，曾任翰林修撰、侍讲、右春坊大学士、太常寺少卿兼侍读，多次担任顺天乡试主考，曾掌翰林院事。

彭教墓 该墓位于吉水县水南镇上村倒木形地，坐东北朝西南。墓碑刻文已陷泥中，不清晰。墓前石翁仲石马残缺不全。墓室较完整，墓高2.11米，宽2.30米，长14米。1984年，该墓被列为县级文物保护单位。彭教（1438—1480），字敷五，号东泷。明代吉安府吉水县泷头乡（今吉水县水南镇）人。天顺八年（1464）状元，曾任翰林院修撰、侍讲学士，侍经筵，担任过顺天府乡试副主考。

李邦华墓 该墓位于吉水县八都镇住歧鳌山观音漂海形。1946年该墓被盗。李邦华（1574—1644），字孟闇，一字懋明，吉水县盘谷镇谷村人，受业于同里邹元标。万历三十二年（1604）进士，曾任泾县知县、御史、右佥都御史、兵部右侍郎、工部右侍郎、兵部尚书。他为崇祯皇帝殉难自缢。

刘同升墓 该墓位于吉水县白沙圩镇东南7.5千米处的乌江下冲天飞凤形地。1984年冬，其后裔及刘姓支派集资重修一新。同年，该墓被列为县级文物保护单位。刘同升（1587—1645），字晋卿，又字孝刚，明吉安府吉水陇洲（今吉水县枫江乡）人。勤奋好学。二十岁游郡学，文声鹊起；三十五岁中乡试；崇祯十年（1637）中状元。他曾任翰林院修撰，福建按察司主事。崇祯去世后，他曾与杨廷麟一起收复吉安、临江。

彭玕墓 该墓位于吉水县白水镇洪桥村杰源锣带形地。墓坐西朝东，正前方有一小水库，周围是山岭，因年代久远，风霜雨击，仅存一荒冢。1992年农历十月，江西、福建、湖南、广东四省及新加坡、泰国、马来西亚、印度尼西亚等国的彭氏后裔捐款在原址重修。新墓封土高2.5米，封土前用青砖垒成高3米、宽5.2米的挡土墙，墙内嵌有石碑。碑文记载了彭玕的生平，墓碑两旁有行书对联。整个墓地占地面积300平方米，雄伟壮观，现保存尚好。1984年，该墓被列为县级文物保护单位。彭玕（836—933），字叔宝，唐庐陵赤石洞（今吉水县白水镇）人。彭玕任吉州刺史二十余年，政绩显著。他为了加强对治所的防守，“乃广城池，务农训兵，禁约赌博”，故颇得民心。

彭彦昭墓 该墓位于吉水县螺田乡城陂村凹上蟠龙形地。墓坐北朝南，前方有一段水田，周围是山岭。因年代久远，原墓残缺不全，仅存荒冢。1987年9月，江西、湖南、福建、广东四省彭氏后裔捐资2000多元重修。新墓封土高2米，封土前挡土墙2.4米，宽7米，墙内嵌石碑，碑上刻有“墓志铭”，墓碑两旁有行书对联。整个墓地占地约300平方米，颇为壮观，现保存尚好。1984年，该墓被列为县级文物保护单位。彭彦昭（878—996），字仲穆，唐庐陵赤石洞（今吉水县白水镇洪桥村）人，唐安定王、吉州刺史彭玕第五子。彭彦昭博学多才，精忠报国，很受朝廷器重。曾任工部尚书兼检校驾部郎中、静江军节度使、兵部太保等职。五代后唐明宗时敕赠“龙图阁学士”。

李唐墓 该墓系吉水县谷村开基祖李祖尧之墓，位于盘谷乡谷村之后。该墓原为一土堆墓，清咸丰七年（1857），殿讲秘丞应草立石，将墓修葺成现在的规模，占地面积200余平方米，四周1米余高的封土墙，前低后高，墓体隆起，正中书“谷村李氏祖墓”大字，两侧书对联，曰：“祖训绵先泽，尧兴裕后昆”。墓前松柏挺立，四周古建筑围绕，寓谷村李氏后裔，至今仍以始祖为中心。该墓被列为县级文物保护单位。

泰 和 县

唐代水利名家周矩墓

周矩墓

唐代水利名家周矩墓位于泰和县螺溪镇爵誉村委周家村北约500米的坡地上，坐东北朝西南，高2米，宽8.7米，占地面积约400平方米。

周矩（895—976），字必至，号云峰，原籍金陵（今南京），后唐天成二年（927）进士，官至金陵监察御史。为避唐末之乱，于天成末年（930）随女婿吉州刺史杨大中徙居螺溪镇爵誉村。他寓居农村，体察民情，了解到高行（今泰和县禾市镇）、信实（今泰和县螺溪乡）两乡的大片农田虽然土地肥沃，但缺乏水源，丰年只能种一季稻谷，遇旱常颗粒无收，民众生活窘迫，迫切要求兴修水利。937年左右，周矩经过周密考察、筹备后，决定独家出资，实现兴修水力的义举，造福乡民。

经过缜密考证，周矩选择澛水上游的搓滩村畔，以木桩、竹筱压为大陂，长100余丈，横遏江水，开洪旁注，创筑槎滩陂；并在其下左右筑减水小陂碉石陂，储蓄水道，使无泛滥；共开渠36条，灌溉高行（今禾市镇）、信实（今螺溪镇）两乡农田六百顷（9000亩），使经常受旱歉收的薄田变成旱涝保收的良田。还购置添（山参）口的桩山和洪岗寨下的筱山，将每年山上的收入作维修陂渠之用，并规定搓滩、碉石二陂为两乡九都灌溉之公陂，不得专利于周氏。

周矩凿山筑陂，使旱灾频繁的高行、信实两乡，变成了吉泰盆地的鱼米之乡，建立了不朽的功勋，不但乡民称颂，且得到皇帝的嘉擢，南唐元宗保大甲辰年（944）春，周矩被晋封为金陵西台监察御史。

周矩创筑的搓滩、碉石二陂，已历经1050余年。不仅是泰和最早、最大的水利建设工程，也是江西省最早的水利工程之一，是江南地区罕见的珍品。槎滩陂历朝历代的多次维修，不断得到拓展和完善。中华人民共和国成立后，泰和县政府又进行了三次规模较大的扩修，致使这一古陂灌溉面积达6万亩，至今仍发挥着效能。

2006年11月，周矩墓与槎滩陂一起被公布为省级文物保护单位。

明布衣宰相杨士奇墓

杨士奇墓

明布衣宰相杨士奇墓位于泰和县澄江镇桔园村委杏岭村北龙头山上，始建于明正统九年（1444）。它背倚青山，前临方塘，四周山花飘香，青松吐翠，风景秀美。墓坐西朝东，面积约4700平方米，呈“凸”字形。原四周有围墙（已毁），长约100米，宽约50米，占地面积约4000平方米。1957年，该墓被列为江西省第一批省级文物保护单位。“文化大革命”期间，墓园部分建筑被毁。1986年，江西省文化厅拨款对被毁部分进行修复（守墓房和护墙除外），至1988年竣工。

经过修葺后，墓基本恢复原貌。墓园分为三个层次，可沿台阶自下而上。最下方平台上立有两支华表，顶端各有一镂雕的小狮端坐其上。华表左侧有一座1丈6尺多高的碑亭，该亭平面呈方形，四面开卷顶窗。亭内有一硕大的石龟，背驮一块高2.5米、宽0.94米的汉白玉石碑，此即英宗的御祭文碑。碑的上端有篆体“御祭”二字，并饰以图案；其下为楷体碑文，皆阴刻。中间的平台稍高，前端建有一座红石牌坊。牌坊三门四柱，下砌台阶，巍然矗立，雄伟壮观；中匾浮雕为汉白玉石书写明仁宗敕赐“与国咸休”四个行体大字（其右为“少傅兵部尚书兼华盖殿大学士杨士奇”，左为“洪熙元年四月十三日”）。穿过牌坊，墓前70米处的墓堂两边立有石翁仲、石马、石羊、石狮、石旗杆。再拾级而上，便到达墓平台。墓室为砖石结构，前端砌有“八”字形的挡土墙。墓封土高2.5米，直径10米。墓前竖有明礼部尚书胡荧奉旨亲书的望碑，也是汉白玉石，正面阴刻“呜呼，杨文贞之墓”几个遒劲的楷体大字，背面为其生平简介。整座墓园突显明代墓葬的特色。

明仁宗皇帝敕赐“与国咸休”红石牌坊

杨士奇（1365—1444），名寓，字士奇，以字行，号东里，泰和秀溪（今泰和县澄江镇）人，明代大臣、学者。杨士奇幼年丧父，家境贫寒，但其奋勉敦厉，发奋读书。十五岁开馆授徒，教书近20年。

建文元年（1399），经汉阳守令王叔英举荐，杨士奇布衣入翰林，编修《明太祖实录》。永乐元年（1403），被选入内阁，正式开始了从政生涯，从侍读、侍讲、左春坊左谕德、礼部侍郎、华盖殿大学士、少保、少傅到兵部尚书、光禄大夫、柱国、少师，历事四帝，在内阁为辅臣40多年，担任首辅21年，一直为内阁重臣。他深得皇帝的倚重和厚爱,被明仁宗赐予“绳愆纠谬”银章,参与咨询议事,制定方针、政策,及时纠正失误。永乐盛世、仁宣之治是有杨士奇功劳的。

他平日宽厚待人，清廉律己，为人宽宏大量，好称道别人的长处，检讨自己的不足，常以大局为重，从不记私恨。他谦虚厚道，不图虚名利禄。他平生乐简静，闲暇时闭门读书。居官奉职甚谨，在家里绝不谈公事。在京城为相几十年，妻子却在家乡躬勤家业，以耕作树畜为务。杨士奇深知民间疾苦，为相以后，常以国家安定和人民生活为念。他刚直敢言，提出了许多有利于国计民生的意见。

他的政绩还在于知人善任，不拘一格举荐拔擢贤能，史称他“雅善知人，好推毂寒士”。他还十分重视学校教育，主张严格考试制度，以选拔和造就匡扶社稷的栋梁之材。

杨士奇在文学上也颇有成就，他与杨荣、杨溥共同辅政，并称“三杨”，遂形成明初以“三杨”为代表的“台阁体”诗派，左右了当时诗坛。杨士奇著有《东里全集》97卷，《别集》4卷，编有《三朝圣谕录》《文渊阁书目》《历代名臣奏议》等。

正统九年（1444），杨士奇病逝，享年七十九岁。赠太师，谥“文贞”。

江右大儒罗钦顺墓

罗钦顺墓

江右大儒罗钦顺墓位于泰和县上模乡桃冈村南150米的后山上始建于明中后期。墓坐北朝南，墓室砖石结构，封土高3米，直径8米，占地1300多平方米。墓前左右分别立有石翁仲、石马、石羊、石熊各1对。石像前原有亭和围墙，早废，仅剩基脚。清雍正九年（1731）“奉旨赐帑银50两”修复。“文化大革命”中墓被盗。1982年，乡人集资修葺墓门、飨堂和台阶。1988年，该墓被列为省级文物保护单位。

罗钦顺（1465—1547），字允升，号整庵，今泰和县上模乡西冈村人，弘治六年（1493）进士。历任翰林院编修、南京国子监司业、南京吏部右侍郎、左侍郎、吏部尚书等职。当时张璁、桂萼以逢迎世宗得宠秉政，罗钦顺耻于与他们同朝为官，辞职还乡，后朝廷累诏不出。罗钦顺返乡后居家20多年，足不入城市，每天早起即到学古楼看书，每餐吃饭大都只有两个菜，生活俭朴，专心致志地研究“性理之学”，建立了自己的唯物主义理气学说。

罗钦顺最初笃信佛学，经过长期的学习、钻研、比较后，发现佛教割裂了本体与现象的关系，断然舍弃之，开始穷究性理之学。他的哲学思想集中表现在理气论中。在理气关系上，罗钦顺认为“气”是宇宙万物的根本，“理”是“气”运动变化的条理秩序，“初非别有一物，依于气而立，附于气以行也”。他继承和发展了宋代以来的唯物主义观点，不但讲明气是万物之源，并进一步阐明气与理的关系，论证了“气为本体，理不离气”的唯物主义观点，坚持了唯物论。对程朱理学，他是部分扬弃，用“理气为一物”修正朱熹“理气二分”的理论。而对于当时流行的“心学”（代表王阳明、陆九渊），他则是批判的。从《困知记》附录的记载来看，包括王阳明在内的二十多位学者都曾与他通信讨论过学术问题，甚至发生过激烈的争论。罗钦顺的专著《困知记》被评为“是一部直接批判王守仁的主观唯心主义的唯物主义哲学著作”（任继愈《中国哲学史》）。他还著有《整庵存稿》20卷。他的思想远传日本，影响了日本德川时代一些著名哲人的思想。明末清初思想家黄宗羲认为他“大有功于圣门”。

嘉靖二十六年（1547），罗钦顺逝世，享年八十二岁。赠太子太保，谥“文庄”。

名人墓名录

尹直墓 该墓位于泰和县沙村镇尹家村北面约200米处，北邻319国道。墓坐北朝南，砖石结构。封土高2.5米，直径5米，全墓占地约200平方米。墓前立有石翁仲、石羊、石马、石狮、石旗杆各1对，多已毁坏。墓曾被盗，但墓地还算完好。1984年，该墓被列为县级文物保护单位。尹直（1431—1511），字正言，沙村镇尹家人。明景泰五年（1454）进士，授编修，成化初，任经筵讲官，升侍读学士，南京吏部右侍郎，改礼部左侍郎。弘治间入内阁（副宰相），进兵部尚书，加太子太保。正德六年（1511），尹直逝世，归葬乡里，谥文和。

萧彦祥墓 该墓位于泰和县冠朝镇文塘村委耙塘村东300米的山坡上。墓呈长方形，面积约100平方米，坟高2.5米，龙陂村东立有神道碑。1984年，公布该墓为县级文物保护单位。萧彦祥（1431—1501），名桢，号寅庵，冠朝龙陂村人，明天顺八年（1464）进士。历任南京刑部主事，湖广青史司署员外郎，湖广按察司佥事、副史、按察史，河南左布政使，都察院右副都御使，陕西巡抚，南京工部右侍郎，刑部和工部尚书。为官40年，以廉干著称。弘治十四年（1501）三月十六日，萧彦祥逝世，谕祭治葬。

郭子章墓 该墓位于泰和县上模乡讴里村委林川村后东北方500米的龙井山（又名井坑）上，墓坐东南朝西北，占地约3400平方米。墓前原有石翁仲、石马、石羊、石狮、石熊各1对，早已被破坏。墓前石刻有损坏。1984年，该墓被列为县级文物保护单位。郭子章（1542—1618），名相奎，号青螺，冠朝镇冠朝村人，明隆庆五年（1571）进士，官至兵部尚书，是著名的文学家、史学家。郭子章兼善理学，尤精易学，足迹所至，必有著述，著书百余种，至今尚存《白下记》《郭子章遗书》（目录）等。万历四十六年（1618），郭子章逝世，谕祭，赠太子少保，谥“文定”。

陈循墓 该墓位于泰和县澄江镇龙门村委康家组陈家。墓高2米，为合葬墓，墓整排一字型，横面11米，坟后立有望碑，墓前有御祭文碑，2005年公布其为县级文物保护单位。陈循（1385—1462），字德遵，号芳洲，泰和县城东人，永乐十三年（1415）廷试获一甲第一名（状元）。他是泰和县第一位状元，深受明成祖器重，是重要侍臣之一。遗著有《芳洲集》《东行百咏集句》。官至少保、太子太傅、户部尚书、文渊阁大学士兼华盖殿大学士（宰相）。他是明代文学家，富有才学的台阁重臣，在朝廷43年，辅弼五代皇帝，后因土木堡之变蒙冤受屈，削职为民。成化六年（1470）宪宗赐祭复官。

曾彦墓 该墓位于泰和县沙村镇新华村委三山里村山坰里。墓坐北朝南，高3米，宽12.3米。2005年，该墓被列为县级文物保护单位。曾彦（1425—1501），名雅彦，字士美，号南洲，今泰和沙村南坑人。明成化三年（1467）中举，成化十四年（1478）状元及第，大魁天下，为泰和三状元之一。历任翰林院修撰、南京翰林院侍读、左春坊左谕德、南京翰林院侍读学士。

不调禅师塔墓 该墓位于泰和县水槎乡西阳山黄龙坪东南角山上。外观为高约10米、直径约20米的土堆，墓塔建在土堆中，深埋地下，八级八面，深6米，占地面积约10平方米，俗称阴塔。1973年挖出墓塔，得青石碑塔铭一块，长约0.7米，宽约0.35米，厚0.04米。铭文楷书阴刻不调禅师生平事迹及开辟黄龙坪建宝藏寺的情况。此碑于1982年被赣州地区考古队运走。阴塔平面呈正八边形，全用青石条砌成。1984年，该墓被列为县级文物保护单位。唐高宗时（650—683），不调禅师自桐城（今安徽省桐城市）来西阳山黄龙坪拓基建宝藏寺，寺下辖脚庵108所，和尚三四百，朝山香客甚多。嗣圣元年（684），不调禅师圆寂，葬于黄龙坪墓塔下。

老营盘革命烈士纪念碑 该墓位于泰和县老营盘镇老营盘村，碑坐东朝西，东面有台阶，左右翠柏成行，南北砌有屏墙，由北循级可登平台。平台为方形，边长23.15米，四周有栏杆，正中为方塔式纪念碑。碑身四面直书“革命烈士纪念碑”七字，碑顶有红五星，碑边长5.2米，通高12.5米。1931年7月，蒋介石拼凑30万军队，向革命根据地发动第三次“围剿”。敌蒋鼎文师败退后企图经老营盘逃往吉安。8月26日，当蒋鼎文师进入老营盘附近的王朝山和石灰山时，早已埋伏在山头的红军和游击队立即围歼，40分钟结束战斗，歼敌一个旅，缴枪炮3千余支，获全胜。为表彰烈士和纪念此次战斗，1964年泰和县政府在老营盘镇敬老院南侧建了一座“革命烈士纪念碑”。1984年，该墓被列为县级文物保护单位。

睹碑汉墓坪 该墓位于泰和县灌溪镇睹碑村后约1千米的红米岭上，面积约0.5平方千米。岭上坟墓星罗棋布，古墓居多。现有4座砖室汉墓的墓砖裸露于外，分别位于岭东、岭南、岭北和顶部。3座呈方形，坐北朝南；1座呈“凸”字形，坐南朝北。墓砖饰车马纹、仿人动态纹、同心圆纹、网线纹等。

岭子脑汉墓 该墓位于泰和县沙村乡江南村约1千米的岭子脑西北角，竖穴单室砖墓，墓坐东朝西。墓平面呈“凸”字形，全长6.12米。前室为过道，长1.98米，宽1.56米；后室长4.14米，宽2.34米，残高1.4米。墓室用同心圆纹、钱纹等7种花纹砖和一部分东汉和帝“永元七年”（95）的纪年砖横平错砌而成。墓底砖横竖行交替平铺。墓室早年被盗，墓顶全毁。出土随葬品有耳杯、印纹陶罐、陶盘带钩、铁剑以及一些零碎的印纹陶罐残片。

塘洲松毛坪晋墓 该墓位于泰和县塘洲镇土洲村松毛坪西南面，1985年9月被发现。墓坐北朝南，距地面深约1.5米。单葬，砖室，券顶平面呈“凸”字形。墓室长7.1米，分甬道、前室和后室，室内砌有3组砖直接券顶。墓底青砖对缝平铺，呈龟背形，墓砖饰网钱纹。出土随葬物有东晋的金圈饰、三足铜盘、带柄铜熨斗、圆形铜镜、青瓷碗、青瓷钵、8字形铁剪、梯形条块（画粉）各1件，陶罐残片10多片，青瓷盘口壶残片

（加饰褐式点彩）5片。

马岭南朝（齐）墓 该墓位于樟塘乡大鹏马岭村后面山坡上。墓坐西北朝东南，墓室呈长方形，长约7米，宽约1.5米，高约1.8米。1981年7月间，墓顶突然塌落，墓内一些随葬品被砸碎。此后，相邻的6座南朝墓被盗。砖侧面饰网钱纹或向心纹，纪年砖印有反文隶书“永明二年”（484）四字。墓底平砌铺底砖，左右墓壁砌有对称的砖柱数组。出土随葬品有南朝青瓷盘口四系壶、分格盘、托盘三足炉、小碗和铜碗各1件。

上田码头南朝墓 该墓位于县城西2千米上田粮站内，1985年发现。墓坐东南朝西北，墓室用4种花纹砖砌成，砖纹有网纹与莲花纹组合、同心圆纹与钱纹组合、对角菱形纹。墓呈长方形，长7.08米，宽2.28米，高2.32米。双拱，墓门和墓壁均错缝砌砖，封门砖平竖堆放，墓壁有龛，墓底砖对缝平铺，靠墙砌有相对的砖柱8对，柱距0.2～0.3米，出土随葬品有神兽镜等。

万 安 县

天龙山墓塔

天龙山墓塔位于万安县五丰镇双坑村。建于宋代，坐西南朝东北，共三座古塔，其中一座倒塌，两座保存完整。现存两塔均用麻石料砌成，为斗拱密檐式逐层内收，塔上雕刻十分精细，建筑风格独特，为江南罕见。两塔呈一前一后摆放，前塔为无边宝塔，平面正方形，底座周长5.6米，高3.8米，塔五层加扁圆形塔刹，须弥座塔正面有一座佛像，头部已毁，塔身刻有“双龙戏珠”图案，正面辟一塔室，开一拱形门，门栏上刻“无边宝塔”。门的两侧是一对文笔垂柱，门上一层有龙吻。后塔为普通宝塔，底座周长11.24米，高8.44米，七层加圆球形塔刹，塔正面左、右两侧各浮雕一尊护佛金刚，塔门开在右侧，门钮为一变形兽头，石门可开，内有一室。塔身每面浮雕一盘膝趺坐菩萨。这两座墓塔，是天龙山庵开基祖无边禅师和其他

天龙山墓塔

僧人圆寂存放舍利子的地方。天龙山因其地位影响和独特宝塔而闻名遐迩。2006年，该墓塔被列为省级文物保护单位。

据传说，很久以前，有一个叫无边禅师的高僧，最初在海山与另一高僧一起修行。有一天，师傅对他们说："你们两人应往江右（即江西）弘扬佛法，遇到了'龙'就可建道场。"与无边禅师同行的高僧先遇见了龙须山，因有"龙"，他就住了下来。无边再往前走，到了现在的万安县五丰镇双坑村山岭之中隐居，每三天下山化斋一次。有一天出来化斋，遇到两只小老虎，吓得他急忙躲避，慌不择路，不小心跌入洞穴里。山民们连忙动手把他救出来，挖土方时，看到洞穴中有一口井，井中有块石碑，刻有"天龙"二字。无边禅师才醒悟这是天意，遇到了"龙"，于是，就在这里建庵。天龙山也因石碑上有"天龙"二字而得名。

山有高僧名气大。据当地人传说，天龙山僧人大多是得道高僧，遂、万、泰等地的庵场庙宇菩萨、僧人都要到天龙山来沾点灵气，叫"拨兵""保奏"。因此，天龙山庵在明、清、民国时期都处于周边佛教界的领袖地位。

"先有天龙山，后有万安县"，这是当地流传的一句口头禅。据当地山民张声令说，天龙山庵传说始建在唐高宗年间。文博人员对现在保存完好的两座舍利塔进行了考证，根据建筑风格，也认定其为唐代建筑。又据当地山民谢庆祥说，在万安建县（宋朝）之前，就有了天龙山庵。明末清初时，五丰镇桂江西塘朱姓人，为躲避战乱和瘟疫，打算到天龙山开基立业，在天龙山寺屋基上挖出了三个佛祖像，一口古钟，遂又建了庵，可惜古钟和佛像在"文化大革命"时被毁。

万安东林寺墓塔

东林寺墓塔

万安东林寺墓塔位于万安县弹前乡大岩村东林山中的东林寺旁。始建于宋代，坐东南朝西北，建筑占地面积7.5平方米，分布面积为34.4平方米。墓塔共3座，呈"一"字形排列，三塔均由麻石料砌成，为八面三级，逐层内收，飞檐翘角，塔刹为半圆形，中间墓塔稍高大，左、右两座墓塔大小一样，每座塔的塔身都有佛像雕饰，由于日久风化，已模糊不清。据清代同治十二年（1861）《万安县志》记载，东林寺墓塔历史悠久、工艺精巧、结构严谨、分布合理，具有很高的历史、艺术、科学价值。2006年，东林寺墓塔被列为省级文物保护单位。

曾天宇烈士墓

曾天宇烈士墓

曾天宇烈士墓位于万安县罗塘乡村背村跑马山上。墓坐西朝东。曾天宇烈士牺牲后，埋葬在罗塘乡金滩村与村背村交界处的一块荒地上，1976年迁于跑马山上。2006年维修后，墓面高4.68米，墓场宽8米，墓场长5米。坟包长3米，宽4.68米。墓面由红乳白仿大理石瓷砖相间砌成，上方平浮雕红五星，红星下镶嵌曾天宇黑白瓷画像，像下方镶有铜质竖排“革命烈士，永垂不朽”八字，字下方用黑色大理石刻有烈士生平。墓场两边用芝麻黑大理石砌有花瓶式扶栏及台阶。1985年被列为县级文物保护单位。

曾天宇（1896—1928），万安县罗塘乡人，江西省早期革命活动家，与方志敏、赵醒侬并列称为江西革命“三杰”，是震惊中外的“万安暴动”的主要领导人。

自1918年起，他在北京求学，就积极参加“五四”爱国运动，并结识了许多著名的共产党人和进步学生。1922年，他加入了中国社会主义青年团，从一个具有爱国思想的青年，变成了具有马克思主义思想的知识分子。这年寒假，他邀集张世熙等10多名万安青年，组织了“万安青年学会”，创办发行《青年》杂志，在万安宣传新文化和马克思主义，引导万安青年走上革命道路。1924年6月，奉组织委派，他从北京回江西参加革命工作。1925年11月他加入中国共产党，成为南昌支部最早发展的党员之一。1926年7—8月，他在赣州进行革命活动时，被赣南镇守使逮捕，后在组织和亲友的营救下，保释出狱，去莫斯科深造，不久奉召回国，继续参加革命工作。

1927年6月，他奉党的指示，以省委特派员的身份回到万安开展革命斗争。他和万安县委领导张世熙三次率领工农群众武装胜利攻打了遂川的“军界偕行社”，营救了大批革命同志。中共八七会议后，根据省委秋收暴动计划，他和张世熙、陈正人、刘光万等人发动和领导了著名的“万安暴动”。1927年11月中旬至1928年初，他率领万安工农革命军先后四次攻打万安县城，最终取得胜利，建立江西省第一个县级苏维埃政权，对当时处于低潮的江西革命起了极大的推动作用。万安暴动胜利后不久，国民党反动派发动疯狂进攻，曾天宇率领农民军被迫撤出县城，转战遂川、万安交界的山区。在毛泽东来信要他率领农民军向井冈山转移时，他和队伍在官石山战斗中被打散，秘密潜回家中，不幸被同村的一个鸦片烟鬼出卖。1928年3月5日，敌军以一营兵力将曾天宇的住房团团围住，并放火烧村逼群众喊话劝降。

他为使人民免遭残害，愤怒推开几行房瓦，屹立屋顶，怒斥敌人，为革命作了最后一次演讲，并高喊："我愿以身殉党，决不为鼠辈所辱！"说着，举枪击毙几个敌军，在剩下最后一颗子弹时，他一边高呼："共产主义万岁！""苏维埃政权万岁！""中国共产党万岁！"等口号，一边从容地对准自己的太阳穴射击而壮烈牺牲，年仅三十二岁。

名人墓名录

许贵墓 该墓位于万安县弹前乡上洛行政村湾内村小组，始建于宋绍兴年间。墓坐南朝北，用麻石料砌成，宽14.7米，长14.3米。墓分前后挂面，前挂面宽3.1米，高4.33米；后挂面2.6米，高4.15米，占地面积210.2平方米，分布面积1742.4平方米。清代曾三次重修，1970年修水库时，取许贵墓砖修水库用，因此墓葬毁坏严重。20世纪80年代，许氏后人集资 2 万多元重修许贵墓，1987年完工，整座墓雄伟壮观。许贵（1069—1147），字公和，弹前上洛村人。靖康年间（1126—1127），许贵随抗金名将宗泽起兵勤王，因抗金有功，靖康二年（1127），升礼部尚书，资政殿大学生，加光禄大夫，赐紫金鱼袋。绍兴七年（1137），许贵卸职还乡，闭门谢客，教授子孙，接济贫寒，免费渡船，备受乡亲欢迎。

遂　川　县

名人墓名录

高赡墓 该墓位于遂川县双桥乡马埠村下銮虎形坑山上。墓坐东北朝西南，青砖结构，牌坊型，额置五尖顶，墓面1门4柱，墓堂3.5米，墓高2.1米，占地面积15平方米。清嘉庆二十五年（1820）重修，1969年墓面及华表被毁，1984年再次重修，现保存完好。高赡，唐银青光禄大夫上柱国征南大将军。

刘孜墓 该墓位于遂川县碧洲镇碧州村阳坑虎形山上，建于明代。墓坐东北朝西南，青砖石灰垒砌，墓形似"天"字，分两穴，右边为刑部尚书刘孜，左边为其先祖刘子清。墓长10.5米，宽9.1米，茔地长6.1米，高3.15米，占地面积95.55平方米，分布面积151.06平方米。刘孜（1410—1468），明正统十年（1445）进士，初任山东道监察御史，天顺四年（1460）升左布政使，次年春，以右副都御史巡抚江南十府和直隶应天。成化元年（1465），天下大灾，刘孜赈定有功，后召拜南京刑部尚书。成化四年（1468）致仕，死于回乡途中。

张龙秀烈士墓 该墓位于遂川县泉江镇大屋村。墓坐南朝北，占地面积约200平方米，明堂7米，墓高3.5米，墓正面有对联："碧血千秋怀母德，青山万古蔼慈云"。张龙秀（1872—1928），中华人民共和国江西省第一任省委书记陈正人母亲，1928年2月8日，不幸落入遂川匪首罗普权手中，遭到割乳房、抽筋、泡石灰等惨无人道的折磨而不屈服，同年2月12日，被杀害于水南洲沙坎上。

汉墓和六朝墓 该墓位于遂川城西天子地。此地自秦汉以来均为墓葬，坟墓层层叠叠。1956年平坟整地时，发现有花纹砖的地下墓群。经江西省文物工作队发掘整理，鉴定为汉墓和六朝墓。其中，汉墓二号墓，坐西北朝东南，花纹砖砌成，墓室铺满底砖，中部加砌一层直伸后壁，成为前低后高两室。出土铁刀、铜镜、银杯、纺轮、陶器、铜钱等随葬品。六朝墓四号墓，坐西北朝东南，为双室墓。券顶、中段有甬道互通。左室长5.67米，宽2.15米，高1.4米，分前后两室；右室长5.71米，宽2.56米，也分前后两室。该墓出土许多陶器碎片，其表面施以淡黄或淡绿色的透明釉，用原始瓷器取代陶器随葬。

安 福 县

庐陵太原王氏初祖王该墓

庐陵太原王氏初祖王该墓位于安福县山庄乡连岭村佳山昌公仚虎形庚山甲向，始建于后唐同光四年（926），历朝均有修缮，虽曾遭盗掘但外观至今保存较好。墓依山而建，总面积约300平方米。墓拱内面积数十平方米，墓拱内分三级，墓呈椭圆形。左边（坐向）一座墓是王该墓，上有清朝碑刻："大清乾隆四十五年（1780）秋月谷旦，唐葬王氏初祖讳该字元仁号长者之墓"，落款是"二十四世孙同麟启倡庐泰安三邑嫡派后裔重修"。右边（坐向）一座墓为"明故大中大夫，两淮盐运使王公讳世初大人之墓"，是附葬墓。墓拱外是新修3层台阶，共30余级直达山脚下。山下有一大草坪，坪上立有清道光年间（1821—1850）所建巨型望碑——神道碑。碑为一块完整的巨型花岗岩，高约3.5米，宽约2米，厚0.2米。碑上竖书："大清道光二十三年（1843）岁次癸卯季秋，唐吉州王氏初祖讳该字元仁号长者府君神道"，落款"赐进士出身诰授中宪大夫进阶通奉大夫前任翰林院编修庐西福建湖北学政鹤洲三十六世孙赠芳旋书、庐安泰三邑嫡派后裔仝立"。

重修后王该墓

2008年12月，"庐陵太原王氏联谊总会"对王该墓进行了大规模维修。旧墓拱在保持原型基础上重新修砌粉饰。墓拱外依山势修建了三层台阶（共三十余级）。在最高台阶中央新嵌了名人题词碑、历史简介碑、文物保护碑、功德纪念碑和龙碑等，"名人题词碑""王该墓"是由现中国科学院院士、原北京师范大学校长王梓坤亲题。历史简介碑是宋朝欧阳修为王氏族谱撰写的序言。文物保护碑和功德纪念碑记述了参与王该墓修葺、保护的单位和个人。龙碑则以腾龙图刻寓喻该族悠久历史和前程远大。

王该（834—926），字元仁，号长者，周灵王之子太子晋第四十八世孙。据记载，王该父亲王吉在唐末曾任吉州刺史。唐僖宗中和年间（882—885），王该因避乱由山西太原经蜀入赣，初居庐陵"水之东岸"，后迁"郡城西六十里河山（何山）金地"（即今江西省吉安县固江镇）。后吴杨溥辛巳（921），因异僧言而举家迁徙至安成连岭白茆（今安福县山庄乡下沙行政村长埠自然村）。王该一生乐善好施，乡里称道，人称长者，后唐同光四年（926）去世，享年九十二岁。

王该是庐陵太原王氏初祖，史称"庐陵王"或"赣湘王"，其后裔遍布江西、湖南、湖北、福建、广东、贵州、四川等18个省市、人口超过200多万。他们均尊奉王该为始祖，每年到连岭王该墓祭扫者络绎不绝。庐陵太原王氏不仅人口众多而且人才辈出，诗人王庭珪、爱国名贤王炎午、医学家王幼孙、"七君子"之一王造时、当代诗人王礼锡、岳麓书院两任山长王文清、中国科学院院士王梓坤、开国将军王辉球、王尚荣等均是其后裔。

南宋诗人王庭珪墓

南宋诗人王庭珪墓位于安福县山庄乡长埠村后掌形山竹林里，20世纪90年代曾被盗挖。2007年11月，墓志铭碑被追回，由安福县博物馆保存。该碑历经八百余年，仍保存完整，字体清晰。

2008年12月，"庐陵太原王氏联谊总会"协同王庭珪部分后裔集资修复该墓。墓

重修后王庭珪墓

地约100平方米，按原墓形重修。整个墓地呈八卦形，墓外拱墙上嵌有王庭珪诗词十余首及胡铨撰写的“有宋直敷文阁泸溪先生王公墓铭”碑刻（同尺寸复制，记述其家族和生平）。墓圈为圆形，墓圈直径5.8米，前高2.5米，后高0.5米。墓碑高1.8米，宽0.85米。上刻有“宋直敷文阁泸溪先生王公讳庭珪字民瞻号泸溪先生之墓”。墓前有三级台阶供祭拜，再往前20余米处有千年大枫树和樟树各一棵，树粗数围，高30余米。墓旁有石砌小道蜿蜒而上直达墓地。

王庭珪（1080—1172），字民瞻，自号泸溪老人、泸溪真逸，安福县城南茅堂人，王该第十一世孙。王庭珪学识渊博，潜心经术，尤精通《易》，是两宋之交的重要诗人。宋政和八年（1118）进士及第，历任衡州茶陵县丞，国子监主簿，直敷文阁学士。宣和五年（1123），因朝政混乱，又与上官政见不合，弃官归里，在县南泸溪旁筑堂讲学，一时学者络绎而至，名流学者如朱震、向子諲、胡安国等都造访讲学，人称“泸溪先生”。

绍兴八年（1138），枢密院编修官胡铨上书反对与金议和，请斩秦桧等人，被贬至新州。一时士大夫都噤若寒蝉，独王庭珪愤然作诗二首为胡铨送行，赞扬胡铨为支撑倾危大厦的顶梁柱，讽刺秦桧等奸谀为食人虎豹。绍兴十九年（1149），王庭珪已年逾古稀，仍被秦桧污以诽谤罪，流放辰州（今湖南沅陵）。绍兴二十五年（1155）秦桧病死，王庭珪才结束流放生活，回故乡安福泸溪草堂，以赋诗作文教学为乐。隆兴元年（1163），孝宗即位，因人荐举，王庭珪受孝宗召见，言行之间均以国事为忧。孝宗拟授他左承奉郎、国子监主簿之职，但他谢绝官职，仍归乡里。乾道六年（1170），因胡铨一再举荐，王庭珪再次被孝宗召见擢用，他仍无意做官，以年老固辞乞归，以九十二岁高龄卒于泸溪草堂。

王庭珪擅长诗文，著述丰富。周必大说他“平生工诗，至是格力雄健，兴寄高远”（《王公庭珪行状》）。钱钟书在《宋诗选注》中称其诗“明白晓畅”。著有《泸溪集》50卷，《易解》20卷，《六经讲义》《语录》《沧海遗珠》各5卷，《方外书》10卷、《校字》《风停山丛录》各1卷，惜多散佚，今仅存《泸溪集》遗世。

南宋爱国名贤王炎午墓

南宋爱国名贤王炎午墓位于安福县洲湖乡汶源村东南面约1千米的绿石湖山松林内。墓建于宋代，为王炎午及夫人刘氏夫妻合葬墓。墓呈半圆形，砖石结构，高2米，长7米，直径约10米，碑刻清晰，占地面积52平方米。墓碑高约2米，宽0.8米，上书："敕褒宋忠孝名贤王公讳炎午（应梅）字鼎翁号梅边先生墓，敕褒宋忠孝贤配东圃刘氏王夫人墓"，落款是"嗣孙北孔"。墓前有"王炎午生平简介"和"安福县政府文物保护单位"碑刻，墓后坟圈上嵌有王炎午之子王留孙的《塘志》。墓前有一大湖，湖旁青松掩映。此地为王氏家族墓园，其他墓碑为清朝旧碑。1984年，该墓被列为县文物保护单位。2008年12月，该墓又由安福县博物馆部分出资，由洲湖镇汶源村和"庐陵太原王氏联谊总会"协同重修。

重修后王炎午墓

王炎午（1252—1324），原名应梅，字鼎翁，号梅边先生，宋亡后改名炎午。安福县中鹄乡汶源里（今安福县洲湖镇汶源村）人，庐陵太原王氏王该后裔。早年与文天祥、赵文同游，志趣相投。德祐元年（1275）,蒙古军大举南侵，攻陷南宋都城临安（今杭州）。文天祥奉诏从赣州起兵勤王，王炎午闻讯变卖家产以充军饷，动员乡民一起随文天祥参军参战，深受文天祥器重。后因其老母病危归乡，未能随军远征。

祥兴元年（1278），文天祥兵败被俘，押往大都。王炎午写下长达1700余字的《生祭文丞相》，与同邑名士刘尧举一起，用大纸抄写10份，字大如掌，自赣州至龙兴路（今南昌市）沿途驿站、水铺、山墙、店壁处张贴，希望文天祥能看到，促其为国死节，流传千秋。文天祥在龙兴渡看到此文后，写下《谢王炎午生祭文》，表示决不辜负家乡父老对他的信任和期望。文天祥在大都就义后，王炎午痛哭流涕，悲痛欲绝，含泪又做《望祭文丞相》祭祀，赞扬文天祥"既是名相，又是烈士。如霜雪松柏，久而不易其节，其忠烈之气，直与天地间日月星辰相永久"。

宋亡后，王炎午隐居家乡汶源里，终身不仕，致力于诗文创作。著作有《吾汶稿》10卷及《永思庵记》《梅边集》等。

名人墓名录

刘铎墓 该墓位于安福县甘洛乡三舍新田，建于明代，保存完整，墓碑开裂。1984年，该墓被列为县级文物保护单位。刘铎，生卒年不详，字我以，号侗初，甘洛乡三舍村人，明万历丙辰年（1616）进士，工诗文、草书、善绘画。历任刑部主事、郎中，后被“阉党”魏忠贤贬为扬州知府。又以讪谤罪惨遭杀害。

宋家村东汉墓葬群 该墓葬群位于安福县严田镇宋家村安（福）莲（花）公路北面山坡上，距公路20米，西北距土沙里自然村约200米，东距柏里自然村约300米。此山坡顶深入1.3米后，主要有3座古墓，其中2座并列，墓坐东北朝西南，另1座墓坐东南朝西北。墓形制一致，平面呈“凸”字形，均为砖室券顶墓。通高6.8米，宽2.4米，高2.5米；墓门长1.2米，宽1.1米，高1.5米。墓室在古时被盗，淤泥清理后，获铜印章1枚，长0.02米，宽0.02米，高0.006米，字迹漫漶不清。根据墓葬风格判断，为东汉古墓群。

永 新 县

宰相刘定之墓

宰相刘定之墓位于永新县埠前龙家村和三家店之间的地岭背。墓建于明代，原有三大坟堆，现仅剩土堆一座，呈馒头形，高3米，直径9米。据同治《桂山刘氏重修族谱地前坟图》记载，墓前原有石马、翁仲、石彪各二，石龟三，现仅剩翁仲、石马、石龟各一。1999年，该墓被列为县级文物保护单位。

刘定之（1409—1469），字主静，号呆斋，今永新县埠前乡仰山村人。刘定之出身书香门第，自幼天赋异常。明正统元年（1436），会试第一，殿试列为一甲进士，获第三名，授翰林院编修，历任洗马、右春坊右庶子、太常少卿、侍读学士、工部右侍郎兼翰林院学士、礼部左侍郎兼内阁学士。成化五年（1469）八月，逝世。宪宗追赠礼部尚书，谥“文安”。

刘定之为明代五朝命官，一生谦虚恭谨，质朴直率，廉洁自律，爱国爱民，爱文而不爱财。他在内阁时，常有密奏，可惜未能全部实施。正统四年（1439）五月，京师大雨，洪水泛滥邻近三府州县与河南，波及江苏，刘定之奉诏上疏十事，提出“抑豪强以恤贫困”，从公卿侍从至郡县守令，都应“数召问观其才能，察其心术”“凡富民输粟授官者，应予坐犯，追夺其财”。景泰元年（1450），他再次上疏十事，从战阵、守备、练兵、选将才、官吏升降、赏罚，到总揽权纲、经筵讲学，都关乎治国大计，得到景帝赞许。景泰三年（1452），也先使臣要求明朝派使臣往报，景帝以为也先怀窥伺之心，不许。刘定之上疏主张暂遣使臣前往，以笼络边人，争取和平的时间，加紧修备边塞，未被采纳。成化三年（1467）八月，他升任工部右侍郎兼翰林学士。是年，江西、湖广等地大旱，百姓张口待哺。刘定之进言免征粮赋，以示“圣主恤下意”，宪宗准予停征。第二年，他又建议荆州等处十四府七十五州县及武昌等二十三卫所少纳粮赋。成化五年（1469），升任礼部左侍郎兼内阁学士，卒于任。

刘定之文思敏捷，知识宏博，自六经、子、史至稗官小说、释志、杂伎之书无不精通，是明代著名的文学家。一次，刘定之受命作元宵诗，内使就在旁边等着，他伏案伸纸，立即写成七言绝句百首，名扬当时。他曾一日草拟9道圣旨，笔不停书，为文数千言立就。他的作品门类很多，有诗歌、散文、小说、杂文、史论、琐记等，著有《呆斋集》45卷、《易经图释》12卷、《宋史论》3卷、《否泰录》1卷、《文安策略》10卷等，清代均收入《四库全书》。其《元宵诗》已散失，仅存古诗、近体诗250首。

名人墓名录

贺贻孙墓 该墓位于永新县沙市乡上埠村大盆形，西距永新县城20千米。原只有一墓，后附葬者多，贺墓现居第二排之中，封土高1.1米，直径2.5米。正面墓碑已失，只余砌入墓门上的残碑一块，文曰“□故祖考理学贺公贻孙子翼老先生之墓”。旁署“道光丙戌年立，卅二世孙永锡、发、钦祀”。据《永新县志》记载：贺贻孙遗言为“生不服朝，死不服土”。去世后，其后代遵命置铁杆数根，将棺木悬于墓穴内，然后封土。1984年，该墓被列为永新县文物保护单位。贺贻孙（1605—1688），初名诒孙，字子翼，自号水田居士，永新厚田中屋里（今永新县沙市镇中居村）人，明末清初文学家。明亡后，拒不出仕，逃入深山，唯以著作自娱。著述丰富，有《水田居士文集》《激书》《诗筏》《水田居存诗》《骚筏》《诗触》《易触》《浮玉馆藏稿》《水田居掌录》《水田居典故》等。部分著作辑入《四库全书》，人名列入《辞海》。

刘沆墓 该墓位于永新县埠前镇三门前村后隆山下，北距县城5千米。墓地平列三坟，刘沆夫妇合葬墓居中，右为长子刘瑾夫妇合葬墓，左为三子刘瑄墓，各距沆墓50米左右。周围原筑有墓圈保护，开有3门出入。门前立有东碑、西碑各一，石翁仲两尊，麒麟一对，以及石狮、石羊等。1963年11—12月，江西省文物工作队对刘沆墓进行了发掘与清理。墓为地平线下深葬，墓顶高出地平面1米，堆土高达6米，坟堆坡足跨度南北径为35米，东西径为32米。出土文物多为女性装饰品，如素面铜镜、水晶坠、银质发簪、金质带状饰品，以及唐宋铜钱、陶罐、陶瓶、大型牛角陶罐等。1984年，该墓被列为永新县文物保护单位。刘沆（995—1060），字冲之，吉州永新（今永新县埠前镇三门前村）人。宋天圣八年（1030）进士，后任参政知事、同中书门下平章事共7年。是进士设科以来，吉安郡第一个升至宰相的人。他为相时，积极参与国事决策，重大问题多廷议解决，对政事有所救正，以"擅长处理政务"著称。

左鼎墓 该墓位于永新县怀忠镇左坊店背村后，北距县城25千米。墓坐西北朝东南，前有池塘，后有民房。墓呈馒头形，封土高0.66米，长3.8米，宽3.4米，墓圈成半圆形，用三合土筑成，保存较好。1984年，该墓被列为永新县文物保护单位。左鼎（1395—1459），正统七年（1442）进士，历任监察御史、山西巡按、左都御使等职，天顺三年（1459）卒于京师，敕葬故里。

张子清墓 该墓位于永新县禾川镇禾水南岸东华岭上，东距永新县城500米。1981年3月，中共永新县委员会、中国人民解放军永新县武装部整修此墓。墓为水泥砖石结构，分墓圈、墓穴两部分。周围筑有穿花栏杆，栏杆正门左右方柱浮塑"青山埋忠骨，浩气贯长虹"的门联。墓碑镌有隶书"张子清烈士之墓"。墓圈后墙正中处用水泥筑有长2.6米、宽1.14米的墓志铭碑，载张子清烈士的生平及其革命业绩。1980年11月26日，张子清烈士之亡妻吴雪梅亦附葬于此。张子清（1901—1930），号寿山，湖南益阳县（现为益阳市）人。1902年生，参加秋收起义，后上井冈山，先后任中国工革命军第一团第三营营长、第一团团长、三十一团团长等职，1929年1月，红军主力向赣南闽西进军，张子清因伤奉命留守井冈山坚持斗争，1930年6月逝于永新，终年二十九岁。

七烈士墓 该墓位于永新县龙源口镇新居村后之西庄岭上，距县城南15千米。封土高0.7米，长7.55米，宽6.3米，墓呈馒头形，周围筑有水泥墓圈，墓前建有小牌坊，坊门左右镌有墓联："先烈壮志万古长青，人民英雄永垂不朽"。1981年2月，永新县人民政府为此墓立墓碑。

西汉墓葬群 该墓葬群位于永新县台岭乡程家村西的爬岭上，西距县城20千米。有西汉墓5座，已掘2座，为土葬，呈"凸"字形。其中1座出土文物有陶缸、铁剑、陶罐、鬲、五铢钱、布钱等。根据墓葬风格及出土文物判断，为西汉墓葬群。

东汉墓葬群 该墓葬群位于永新县怀忠乡官陂村的盖石岭，北距县城20千米。有东汉墓7座，已掘2座，呈"凸"字形，为双券拱砖室。砖为同心花纹和兵器图纹。出土文物有大小陶罐和具有纹饰的陶片等。1983年，该墓葬群被列为县级文物保护单位。

抚州市

临　川　区

戏剧家汤显祖墓

戏剧家汤显祖墓原址在抚州府（今属临川区）文昌桥东灵芝山（今唐家山），清光绪二十九年（1903）临川县代知县江召棠重修，并题联曰“文章超海内，品节冠临川”，后来因年久失修成为荒冢。1957年政府拨款修葺一新，把该墓列为第一批省级重点文物保护单位。又于“文化大革命”期间被毁。1982年10月纪念汤显祖逝世366周年，将汤墓迁入人民公园。

迁移后的汤墓占地面积5000平方米。迎面一座四柱牌坊，牌坊横刻“汤墓”二字。两边是蜿蜒绵长的围墙。青白两色围墙高不过1米多，墙壁多用镂花雕窗，使墙里、墙外视野开阔，与墓主“平生爱好是天然”的性格相吻合。而他的代表作“临川四梦”的戏文图像就镌刻在围墙的四块墨玉石上。戏像黑色衬底，阴线刻纹，刚柔相间的线条，把《牡丹亭》中因情成梦、生死自由的杜丽娘，《紫钗记》中对爱情忠贞不渝的霍小玉，《邯郸记》中梦里得做高官的卢生，《南柯记》中看破红尘的南柯太守等人物描摹得活灵活现，呼之欲出。

汤显祖墓

在十几棵松树组成的屏障中，汉白玉雕刻的环形围栏保护着不足两尺的墓冢。墓顶呈亭子状，几根“亭脊”兀然突出，一个圆形的“亭顶”赫然醒目。墓冢有如半截埋于地下、半截立于地上的一个亭子，隐喻着他的名著《牡丹亭》。汤墓与“牡丹亭”浑然一体，合而为一。

墓碑上“汤显祖之墓”5个字，为书法家舒同所写，笔力遒劲，寓动于静。墓碑顶端，圆形框线内，雕有“日”“月”二字。“日”“月”合则为“明”，显示着他的生活朝代，又是在赞颂他的著述与“日月”同辉。墓碑背面的铭文，记述了其一生的事迹。墓旁边有“牡丹亭”一座，亭上刻对联：“文章超海内，品节冠临川。”

汤显祖墓前四柱牌坊

汤显祖（1550—1616），字义仍，号海若、若士、清远道人。明代戏曲家、文学家，是中国古代继关汉卿之后的又一伟大的戏剧家。日本戏曲史家青木正儿曾说：“显祖诞生，先于英国莎士比亚14年，后莎氏逝世1年而卒，东西曲坛伟人，同出其时，亦奇也。”他的戏剧创作现存的主要有五种，即“玉茗堂四梦”（或称“临川四梦”）及《紫箫记》（“玉茗堂四梦”即《紫钗记》《牡丹亭》《邯郸记》《南柯记》）。其中，以《牡丹亭》影响最大。此外，他一生还学作了3000多首诗、词、歌、赋和大量散文，今存《玉茗堂文集》16卷、诗18卷、赋6卷、尺牍6卷。

汤显祖出身于书香世家，祖上四代均有文名。原居临川文昌里（今临川文昌桥东太平街汤家山），后移居沙井巷（今抚州日报社斜对面），建“玉茗堂”（内有揽秀楼、清远楼、毓霭池、金柅阁等），故又自号清远道人，晚年又号茧翁。

他天资聪慧，受家庭熏陶，从小勤奋好学。因不肯同流合污，在张居正当权的年月里，他始终落第。但却以高尚的人格和操守得到海内人士的称赞。张居正死后，张四维、申时行相继为相，他们也曾许以翰林地位拉汤显祖入幕，都被拒绝。三十四岁那年，汤显祖以极低的名次中了进士，仕途开始，但一直是闲职。他在南京一住就是七年，当时南京是文人荟萃之地，汤显祖一面以诗文、词曲同一些人切磋唱和，一面研究学问。虽至夜半，书声琅琅不绝于口。他不仅不以权势是从，而且当复古文学思潮笼罩海内时，他有主见，有特识，不随波逐流，还约友人批判王世贞等人的作品。

万历十九年（1591），他因上疏《论辅臣科臣疏》，揭露当时官僚腐败而触怒皇帝，被贬为徐闻典史，一年后遇赦，内迁浙江遂昌知县。在遂昌五年，他政绩斐然，但终因压制豪强、触怒权贵而招上司非议和地方势力排挤，于万历二十六年（1598）愤而弃官归里。后来，他更是无意仕途，潜心研究戏剧及诗词创作。《明史》记他“意气慷剀”“蹭蹬穷老”。

汤显祖有子名开远，字伯开，生卒年不详，少有抱负，以经世济民自许，万历四十三年（1615）举人。初为河南府推官，因有政绩，提为按察佥事，监安庐道，后升为副使。崇祯十三年（1640）拟提为河南巡抚，竟因痨病卒。

南城县

明益王墓

明益王墓为墓葬群。从明宪宗朱见深的第四子朱佑槟，成化二十三年（1487）被封益端王，弘治八年（1495）就藩建昌（今南城），至崇祯十七年（1644）明代灭亡止，益王系前后150年，总共世袭了七代八王，是明朝历代就藩延续时间最长的一支皇族。这8位益王死后都安葬在南城这块“洞天福地”上。

明益王墓

第一代益王是益端王朱佑槟（1479—1539），为明太祖朱元璋的六世孙、宪宗朱见深的第四子。六岁时（成化二十三年，即1487年）被册封为益端王，弘治五年（1492）开始修建益王府，弘治八年（1495）竣工。益端王死后，和王妃彭氏并葬于南城县洪门镇外源村对面的金华山。这里山势高峻，林木葱茏，从山窝里往两边看，呈“交椅”形状，有如“左青龙、右白虎”，中间有个小山包，正前方远处一条小溪蜿蜒而过，是上好的墓葬之处。其陵寝周围筑有长约84米、宽50米的山墙。按王制规格，墓前建有100多米长的神道，两旁列有文武翁仲、石兽（狮马望柱）、石柱（华表），陵寝前建有“享殿”，场面甚为壮观。皇上还特地赠予一篇赐祭他们夫妇的“御祭文”，并刻写在一块约高3米、宽1米、厚0.3米的汉白玉碑刻上，立于“享殿”前面。由于益端王生前生活比较简朴，性不嗜酒，膳不兼味，每日一素食，死后也不过分讲究，随葬器物也比较简单，多数为王妃的生前物品。因此，其王陵出土后，只有少量的金凤钗、金箸、金耳挖、金耳环、金香囊、玉佩、玉带、玉圭、铜镜、陶俑等，都是一些常用的物品，稀奇和异常贵重的几乎没有。

益端王生性节俭，但他捐助都江堰治水的事在都江堰被人传颂。正德年间（1506—1521），水利佥事卢翊修治都江，原来的堰铁石荡然无存。他想按前朝做法，用竹笼装石头代用，于是，就请示蜀王。益端王知道后，每年捐助青竹四万竿，以作盛石篓笼之用。

第二代益庄王朱厚烨（1498—1556），陵墓位于洪门镇长塘村北二仙山，是与元妃王氏、继妃万氏三人合葬的大型砖室墓。陵墓面对黎滩河，原来的陵寝山墙长25丈，宽10丈，气势不凡。墓前有“享殿”遗址，神道直达黎滩河边，两旁依次排列文武翁仲、石狮、神道石柱等石雕。其墓葬属明代中晚期，墓中随葬品既有明中期的遗物，也有明晚期之物。1958年修建洪门水库，对这座墓进行了发掘，出土的器物非常丰富，金、银、玉、瓷、铜、铁、锡、陶器等数千件，为当时江西出土文物所罕见。其中，金丝编织镶嵌宝石的金冠和金丝秀阁的金钗是稀世珍宝，有许多器物可以与北京定陵的出土器物媲美，这些出土文物现被北京中国历史博物馆和江西省博物馆收藏。

第三代益恭王朱厚炫（1496—1577）（王系第三代，人系第二代，是端王朱祐槟次子，庄王朱厚烨之弟）与王妃黄氏、章氏的合葬墓地，位于洪门镇庄上村东南资圣山。这里四周翠峰耸立，一湾碧水环抱，有“五马团槽”之势。墓虽曾经也被盗过，但在诸王墓中还保存着比较完整的益王陵寝神道和文武翁仲、石马、石狮、神道石柱（盘龙华表）。陵墓山墙长25丈，宽25丈，虽然山墙早已不存在，但仍然可以清楚地看见一米左右厚实的山墙墙基和“享殿”的遗迹。1930年，陵寝被住在南城的河南会馆李慕金等人盗挖，现在看见的陵寝是一个巨大的土坑。当年，砌陵墓二三十斤重一块的“王砖”在村庄里随处可见。陵墓在20世纪70年代中期又遭毁坏，遗址上的瓦砾散落于荒草之中。

第四代益昭王朱载增（1516—1546），益恭王朱厚炫嫡长子。嘉靖六年（1527）封崇仁郡王，未及袭封王位，即在嘉靖二十五年（1546）去世，死后追封为益昭王。后由载增的长子翊鈏袭祖受封益宣王。

第五代益宣王朱翊鈏（1537—1603），陵墓在岳口游家巷村北女冠山七宝窠，是与王妃李氏、继妃孙氏的三人合葬墓。陵墓正南面临盱江，同在其父围墙内。用青砖砌成一圹三椁室，平面呈横长方形，圹内以两堵平铺直砌的砖墙隔成并列的左、中、右三室。每室置放木棺一副，互不相通。每室长2.4米，宽1.04米，高1.2米。棺之上各盖有一块绿色石板，长3米，宽1.5米，厚0.27米。三块石板均为槽搭合缝，石板及其边沿上有0.8米厚的石灰糯米汁浇浆，呈斜坡形，故墓顶平面呈覆斗状，断面呈梯形，盖顶长5.7米，进深3.6米。在椁室前墙外，做有圹志室，室横长3.40米，高1.1米，进深1.5米，用红砂石盖顶，青石砖砌墙，内竖置圹志。墙室隙处用石灰填塞。三棺均为大红漆，楠木质，保存较好。原有的围墙、“享殿”被废，文武石翁仲、石龟等只存遗迹。其墓葬属典型明代晚期墓葬。1979年12月，益宣王墓被岳口公社游家巷大队社员在挖渠时发现。次年3月，江西省文物工作队会同南城县文物保护小组清理了李、孙二妃的棺椁。

整个墓葬出土器物非常丰富，出土金、银、玉、铜、瓷和冠服等饰品共计450多件，为研究明代手工艺和冠冕服制提供了一批珍贵的实物资料，现藏于江西省博物馆。

第六代益敬王朱常迁（1559—1615），陵墓在岳口游家巷村北女冠山九龙窠，是与王妃颜氏、王氏的合葬墓。原陵寝的山墙长40丈，宽30丈，早已被废。

第七代益定王朱由本（1588—1634）陵墓在岳口游家巷村北女冠山蛇形窠，是与元妃黄氏、继妃王氏的三人合葬墓。原陵寝的山墙长50丈，宽30丈，前至门前江边。墓地封土高3米，陵寝正南盱江自东向西流过，陵寝左、右有两条长形小山顺地势向南延伸，原来的围墙墙基清晰可见。益定王墓是由青砖砌成的三椁室，中间是益定王，左为王妃黄氏，右为次妃王氏。其墓葬属明代末期墓葬。1982年3月，江西省文物工作队会同抚州、南城文物管理部门，在岳口公社游家巷大队发掘、清理了明代益定王朱由本及其元妃黄氏、次妃王氏的合葬墓。这座墓中，黄妃棺室严重被盗，朱由本棺室也部分被盗，仅王妃棺室保存完好。该墓出土了金器、银器、玉器、铜器、瓷器等一批文物，有许多都是国宝级的器物，尤其是一件高15厘米、直径3厘米的薰香器具——玉香筒，堪称稀世珍宝。

第八代益先王朱慈炱（？—1646）陵墓位于洪门镇长塘村北二仙山，在第二代益庄王朱厚烨墓的旁边。朱慈炱是益定王朱由木嫡长子、母妃黄氏。明王朝灭亡之后，南城的益藩王族尚未溃散。清顺治二年（1645）六月，益先王朱慈炱在建昌知府王域和江西乡绅的支持下，在建昌起兵反清。由于朱慈炱不知兵事，用人不当，再加上南昌的另一支宗室暗中与清军勾结，清军迅速南下。同年七月，建昌府沦陷。他先是逃往福建，后逃到广州，次年就在广州去世。其家仆阉人李翔千辛万苦把他运回南城，草草安葬，所以他的陵墓极其简单，也没多少随葬品。由于朱慈炱是南城益王中最后一个“王”，许多地方资料都称他为“益末王”。

历代益王的陵墓，其设计风格都大同小异，这为朝廷的规制所定。益王系陵墓在南城县有两个相当大的墓葬区，即洪门庄益王墓区和岳口游家巷益王墓区。每一处墓区都划有很大一块地盘作为保护范围，在此区域内不得开山、砍伐、狩猎。益王墓除有石人、石马明显标志外，都筑有护墓围墙。墓式分两种：一是宫殿式，用大青砖（王砖，块重10～15千克）卷砌而成，内置放有棺木的椁台；二是全密封式，分5层：黄土层、灰渣层、糯米浇浆层、青石覆盖层、棺椁层。这种墓式无空隙，棺木内尸体不易腐烂。益王陪葬品奢侈，有琥珀发髻、玛瑙佛珠、描金绢折扇、青花瓷盘、金凤钗、金五梁冠、玉佩、玉带、玉猪等，葬品造型美观、玲珑精巧、价值万金，实为国家珍贵之物。

这些随葬器物中，有些是朝廷赏赐的，如刻有“银作局”字样的金钗、金簪、金钩，墨书“西洋布”字样的白细布等。有的则是益王府自己制造的，如刻有“益国内典宝所”字样的金器，铸有“益国王命内典服张敬”“典服所”铭文的铜镜等。其实，“典宝所”“典服所”就是王府内专门加工制作金玉珠宝、冠带服饰的手工业作坊，所里不乏技艺高超的能工巧匠。8个益王中，以益庄王随葬的金玉器物最丰富精美，数量多达数千件，其中，金丝编织镶嵌宝石的金冠和金钗是稀世珍宝，许多可与北京定陵的随葬器物媲美，均被中国历史博物馆和江西省博物馆收藏。后期益王陵墓随葬品数量和质量都远远不如前期，如益定王朱由木夫妇合葬随葬品同益宣王夫妇合葬随葬品相比，就有巅谷之别。这与明代末期经济凋敝、藩王权势江河日下不无关系。

明王朝灭亡后，益王陵墓就不再安稳。一些当地百姓，甚至一些庙宇僧人都把陵墓之物占为己有，拆毁陵墓建筑、肆取墓城砖块、盗挖墓内葬品之事时有发生。不过，清顺治晚期，当地官府曾对益王陵墓进行一些强制性保护措施。官府行文在一定程度上遏制了损毁盗挖益王墓陵行为，但一些人受利益驱使，依然我行我素，损毁、盗挖陵墓的事仍有发生，至今王陵破败荒凉。中华人民共和国成立后，益藩王墓地成为第七批国家级重点文物保护单位。

洪门益王家族墓群

洪门益王家族墓群位于南城县洪门镇长塘村以北小土丘上，为明益王朱厚烨和元妃、次妃三人合葬墓。墓区上至徐田、庄上，下至铺前，方圆20里。据《南城县志》介绍，益王家族墓群为明代皇帝朱见深之子益端王系墓葬区，包括益端王朱祐槟、益庄王朱厚烨、益恭王朱厚炫、益末王朱慈炱及其子孙的历代墓茔。益王墓式为卷棚式砖室墓，郡王墓式为密封式，王墓两侧依次竖有文吏武将、石马、石狮、望柱及神道碑和享堂遗址，气势雄伟壮观。1958年以来，先后发掘王墓5座，出土金凤冠、金钗、青花瓷器、陶俑、玉器等文物1000余件，这些文物造型美观，玲珑精巧，为罕见的艺术珍品，现分别收藏于中国历史博物馆和江西省博物馆。

据清道光《南城县志》记载：益庄王朱厚烨墓在二十六都二仙山，端王子。墓前有“享殿”遗迹，殿前两旁依次立有文翁仲、武翁仲，石狮、石碑。碑首篆书“敕赐文”三字，墓地周围原有围墙，气势壮观。该墓出土器物极为丰富，其中陶俑可分10米19组，共204个，青花、仿龙泉瓷、铜器、铁器、锡器700件，金冠、金凤钗、金香囊等金饰品166件，重达2500余克，玉器170余件，琥珀、水晶珍珠1400余粒。这些器物造型美观、工艺高超，为江西省历年发掘中之罕见，已送江西省博物馆和中国历史博物馆珍藏。末王朱慈炱墓尚未发现。王墓的墓室是规模宏大的“地下宫殿”，有的为砖室结构，有的为石灰结构，上面盖以数吨重的石板，再用石灰糯米汁浇浆封固。墓前设神道及神道碑，神道两旁竖有文武官吏、石人石马，还筑有护墓围墙，竖有“益王墓葬地方，百姓不准在此葬坟放牧狩猎”的禁牌，设有专人看管。

洪门益王墓群在20世纪70年代被发掘，出土器物中，除一批金、玉器之外，还有全副仪仗俑110件，为研究明代藩王礼制规模提供了珍贵参考资料，现保存在江西

明益王墓前的石文官像

省博物馆。第一代益端王朱祐槟和王妃彭氏、孙氏的墓地在洪门镇外源村金华山，始葬于明嘉靖十八年（1539）。陵寝坐北朝南，墓地坐落在呈“交椅”形状的山窝里，左、右青山分别代表着左青龙、右白虎，后枕着的高山则象征着皇权的龙椅，中间的小山包是其陵寝。墓为卷棚式，分前、后两室：前室深1.2米，宽1.6米，高2.1米；后室高3米，宽3.6米，长5.2米。设二道石门，门为券拱形，全长8.2米。门前墓道长4.9米，宽3.1米。正中为红石棺台，上置两具红漆棺木，棺台前地上陈列110个陶仪仗俑，分6行排列。平面呈“凸”字形，墓门方向为正东南。墓门之前的墓道，自东南向西北倾斜。陵寝周围的山墙长25丈，宽15丈，前面有一百多米的神道，两旁依次排列文武翁仲、石兽、神道石柱（华表）。但墓地已遭到严重破坏，以前的壮观早已不复存在。陵寝正前方远处有一条蜿蜒的小溪。陵寝前有“享殿”遗址，原来的神道上倒塌着破裂的汉白玉碑刻，碑刻原高3米多，宽1米多，厚有0.3米多，至今还保存刻有“皇明嘉靖二十年”字样，赐祭朱祐槟夫妇的“御祭文”。碑文洋洋洒洒数千字，历陈藩王旧事。墓志铭由其子朱厚烨亲自撰写，多为溢美之词。朱祐槟墓出土的文物有：金凤钗、金簪、金耳挖、金耳环、金香囊、玉佩、玉带、玉圭、铜镜、陶俑等，还有《塘志》一本。朱祐槟（1478—1539），明太祖第六代孙，宪宗第四子，九岁封益王，终年六十一岁，王妃彭氏卒于嘉靖十六年（1537）。朱佑槟是当时江西三大藩王之一。南昌一带是宁献王朱权系统势力范围，鄱阳一带是淮靖王朱瞻墺系统势力范围，建昌南城一带则是益端王朱祐槟系统势力范围。三大藩王中，以益端王的势力最大，持续时间最长。

岳口益王家族墓群

岳口益王家族墓群位于南城县城以北20千米万坊镇岳口村游家巷境内，为省级文物保护区之一。以岳口游家巷为中心，北至长兴与金溪交界，南至港口、盱江、李圆，东至徐家乡贺家，西至岳口鄱阳、良坊，是益王家族系统后期四王及部分郡王的墓葬区。清道光《南城县志》载：十都女冠山，旧名七宝山，明益墓王世子等墓在焉。据石碑记载：“此地益王墓葬区，贫民百姓不能在此葬墓。”1979年12月在这里挖掘了明代益宣王朱翊引和李、孙二妃的合葬墓，出土器物非常丰富，有金、银、玉、铜、瓷器和冠服饰品450余件，为研究明代的工艺美术和冠冕提供了一批珍贵资料。墓区内葬有益昭王朱载增、益敬王朱常迁、益宣王朱翊引、益定王朱由木及浦阳王（郡王）朱常浆等夫妇合葬墓。墓式为密封式棺椁墓，王墓两侧依次竖有文吏武将，石马石狮及神道碑和享堂遗址，气势雄伟壮观。墓区现发掘王墓4座，出土了金凤钗、描金折扇、琥珀七梁冠、玉香笼、青花瓷器等随葬品，造型美观，工艺精湛，具有很高的艺术价值。除现已发掘的4座王墓外，部分郡王及诸子之墓还有待发现。1987年，该墓群被列为省级文物保护单位。岳口墓葬区包括长兴、游家巷，为益王朱祐槟系第三代墓葬区，此地葬有该王系的郡王、郡主、镇国将军等，有益昭王朱载增、益宣王翊釗、益敬王朱常迁、益定王朱由本及其子孙。两地墓葬建筑格局相似，墓前设神道及神道碑，神道两旁竖有文武官吏、石人石马。但该地目前已被廖坊水库蓄水所淹没。益昭王朱载增陵墓，墓地正南面临盱江，背靠大山，以围墙为边界，与宣王、敬王陵墓神形相依，规模宏大。昭王朱载增陵寝的山墙长50丈，宽30丈，早已被废，有“享殿”遗迹。“文化大革命”期间，陵墓被盗。

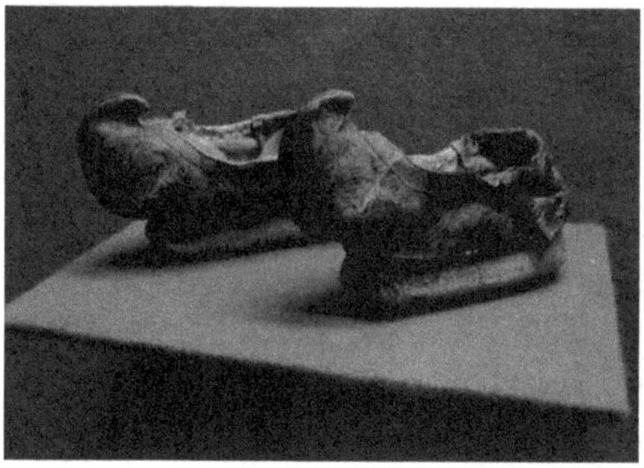

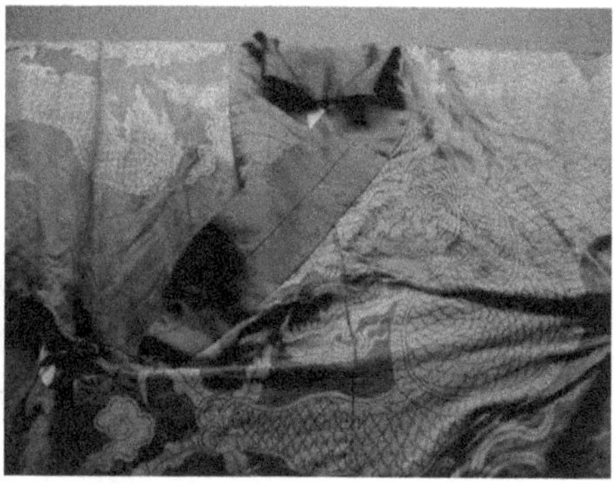

益宣王墓出土的黄锦绣花鞋和交领蟒袍

黎 川 县

名人墓名录

邓润甫墓 该墓位于黎川县荷源乡炉油村普光寺后。邓润甫（1027—1094），字温伯，建昌（今江西省黎川县）人，北宋名儒李觏得意门生，宋皇祐元年（1049）

进士。历任翰林院学士、龙图阁学士、吏部尚书、礼部尚书、兵部尚书。绍圣元年（1094）拜尚书左丞（副宰相），极力支持“熙宁变法”，是王安石的得力助手。逝后封太师，谥“安惠”。

王无咎墓 该墓位于黎川县源乡炉油村墩上对面山上。王无咎（1024—1069），字补之，抚州南城县人，是曾巩的妹夫、王安石的学生，宋嘉祐二年（1057）进士。他才华出众，著述甚丰，有《王无咎集》15卷，曾巩为之写序。有作品收录《全宋诗》《全宋文》。去世后王安石亲自为其写墓志铭。

南丰县

唐宋八大家之一曾巩墓及曾氏家族墓群

唐宋八大家之一曾巩墓及曾氏家族墓群位于南丰县莱溪乡杨梅坑村崇觉寺一带，为宋代太师密国公曾致尧、太师鲁国公曾易占及唐宋八大家之一曾巩及其后裔的曾氏家族墓群。民国《南丰县志》载：（崇觉）“寺旁岚翠深密，多曾氏坟陇。”曾巩墓于1970年被村民基建取石而挖掘，遗物被毁，仅存砚1方、灯1盏及墓志铭2块，均存于江西省博物馆。墓志铭为宋代著名书法家沈辽所书，名雕刻工李仲宁、李仲宪所刻。

南丰曾氏为耕读世家。自曾巩祖父曾致尧于太平兴国八年（983）举进士起，77年间曾家出了19位进士。其中，致尧辈7人，其子易占辈6人，其孙巩辈6人。此外，巩之妹婿王安国、王补之、王彦深等一批人亦皆进士。

曾巩墓保护碑

曾巩（1019—1083）,字子固，建昌军南丰（今江西省南丰县）人，北宋散文家、史学家、政治家，他是北宋诗文化大革命新运动的中坚，也是“唐宋八大家”之一。曾巩出身儒学世家，祖父曾致尧、父亲曾易占皆为北宋名臣。伯父曾易简、叔父曾易持均长于诗文。曾巩从小就表现出良好的天赋，“读书数百言，脱口辄诵。年十二，试作《六论》，援笔而成，辞甚伟”。嘉祐二年（1057）进士，历任太平州（今安徽当涂）司法参军、馆阁校勘、集贤校理、知州、中书舍人等职。元丰六年（1083），卒于江宁府（今江苏南京）。宋理宗时，追谥为“文定”。

他最大的贡献在学术思想和文学上，主要成就在文。他在古文理论方面主张先道后文，文道结合，主张“文以明道”。他的散文大都是“明道”之作，文风以“古雅、平正、冲和”见称。自然淳朴，不甚讲究文采。他的诗现存400余首，大都写得比较质朴，雄浑超逸，含义深刻，略似其文。词仅存《赏南枝》一首。其诗文曾被选译成英文，在国外发行。

他还很重视兴教劝学，培养人才。他培养了一批名儒，陈师道、王无咎、曾肇和曾布均受业于他。曾巩还在抚州居所侧建有兴鲁书院，并亲自定学规、执教席，推动抚州学风。

崇 仁 县

地理学家、传奇小说家乐史墓

地理学家、传奇小说家乐史墓位于崇仁县三山乡张家村委会官山自然村凤凰窠，距县城9.6千米，为砖石墓室。封土高1.4米，直径7.7米。宋碑已失，清道光元年（1821）以青石板镌刻楷书重立，四周用麻石镶嵌，文曰：“始宋兵侍郎乐公讳史号月池先生墓”。整座墓背靠石山，墓前200米处有小涧、稻田，右侧有清墓两座。此墓至今保存完好。1987年，该墓被列为省级重点文物保护单位。

乐史（930—1007），字子正，号月池，谥“文庄”。据道光《崇仁县志》载：乐史是崇仁县十五都青云乡人，北宋著名地理学家、方志学家、文学家。乐史于崇仁县北郊书院修业六年。南唐保大十九年（962）进士，宋太平兴国五年（980）复登进士。隋唐开科举以来抚州地区第一位进士，抚州历史上第一个状元。仕宦60余年，初仕南唐，入宋为平原主簿，主进士，历任左武城军掌书记、三馆编修著作郎等职，终官至水部员外郎。死后因大儿

乐史墓

子乐黄裳做了兵部尚书，被追赠为“兵部侍郎”。

乐史天资聪敏，学识渊博，从政之余，勤于著述，著作有《太平寰宇记》《广卓异记》《绿珠传》《杨太真外传》等27部共1018卷。《太平寰宇记》《广卓异记》等被收录《四库全书》。《太平寰宇记》共200卷，130余万字，是继唐代《元和郡县志》以后的又一部采摭繁复的地理总志，也是中国历史上第一个以完整体例撰写的地方志书，开创了中国编写地方志之先河，对后世方志著作影响很大。传奇小说《杨太真外传》《绿珠传》等都是古代小说的优秀篇章。鲁迅评价其为“首创传奇垂戒类”“读此一文，余者皆可废”。

无论政务如何繁忙，乐史总是耐心教诲儿孙读书写字、学诗为文。在父亲的言传身教下，三个儿子在北宋淳化年间“一榜三中”均登进士。长子乐黄裳，字公佐，号吉堂，后显德元年（954）甲寅出生，中榜后始任湖南节度推官，升朝散大夫、太常博士。次子乐黄中，字公庸，号理齐，宋建隆二年（961）辛酉生，中榜后授华亭令，辞不赴，晋家理政。三子乐黄目，字公礼，号复齐，宋开宝五年（972）壬申生，中榜后出任度支、盐铁判官。大中祥符（1008—1016）时曾出使契丹，归后任陕西转运史。四子乐黄庭，字公训，号传堂，太平兴国四年（979）乙卯生，咸平元年（998）戊戌孙仲榜进士，历任武艺知县，南雄知府，大理寺丞，朝散大夫，官至太常博士。金溪进士辜彦卿在《抚南宗谱序》中说：“吾郡四大姓，乐氏为首系。”

乐史七十七岁时病卒于洛阳，敕葬于崇仁县青云乡六都官山庵（今崇仁县河上镇官山村前凤凰窠）。三山乡上乐村、中乐村、下乐村村民和湖北省武穴市、应山县、黄石市大冶市、阳新县、咸宁市通山县，陕西省安康市、西安市、旬阳县、柞水县、平利县，河南省息县等鄂东南乐氏七户及外迁各房后人，江西省宜黄县、东乡县的乐氏后人，大多为乐史后裔。

北宋词人黄裳墓

北宋词人黄裳墓位于崇仁县许坊乡黄坊村委会黄坊村小组的锅形山。墓初葬于宜黄县，清道光十八年（1838）因宜黄迁县而改葬于此。原大路旁有望碑1块，高3米，宽1米，墓门砌有三碑四扣，上设葫芦顶。墓上有传略碑（已失）、墓前碑，中刻楷书“宋祖礼部尚书黄公讳裳字冕仲号元吉行三十先生墓”。后来，墓葬被盗。1995年，其崇仁县黄坊村的后裔进行了重修。黄坊村有黄氏宗祠，供奉的始祖即是黄裳，村民还保存有黄裳的画像。

黄裳（1044—1130），字勉仲，福建延平（今福建南平）人，北宋神宗五年（1082）状元。累官至端明殿学士、礼部尚书，去世后赠少傅，北宋著名文学家、词人，著有《演山先生文集》《演山词》。黄裳词语言明艳，如春水碧玉，让人心醉，代表作《减字木兰花》写龙舟竞渡夺标的场景，以红旗、绿柳、烟波、金碧西楼等富有特色的景物和鼓击、欢声等震耳欲聋的声响来渲染热烈的气氛和紧张的行动，再现了当时的火爆场面："欢声震地，惊退万人争战气"。另据陈国符《道藏源流考》记载：政和三年（1113），宋徽宗下诏天下访求道教仙经，所获甚众。政和五年（1115）设经局，敕道士校定，送福州闽县，由郡守黄裳役工镂板。黄裳刊印道藏的名气很大，加之精通道术，《演山先生神道碑》中说他："颇从事于延年养生之术。博览道家之书，往往深解，而参诸日用。"后来，明教刊印经书，也借用他的名字。崇仁县第三次文物普查办公室主任杨跃雄（黄裳墓的最早发现者）表示，据他目前收集的资料，他基本肯定黄裳就是金庸小说《射雕英雄传》中《九阴真经》的作者。下一步他将寻找更多的史实和证据，以解释黄裳与《九阴真经》之间的谜团。

元代理学家吴澄墓

元代理学家吴澄墓位于崇仁县河上镇陈村以南1500米处，俗称"乌龟岗"的荒丘上。墓高2米，直径16米。墓室用麻石砌成，花岗岩盖面。原有用青石板镌刻的墓碑（据同治版县志，碑文由元代名人揭傒斯书写）和立于墓前7米处高大的"神道碑"（碑文叙述吴澄生平），均在1967年兴修水库时被拆毁，唯墓室无损。

吴澄（1249—1333）,字幼清，晚年又字伯清。崇仁县相山镇咸口人。元代杰出的理学家、教育家，他与当世理学大师许衡齐名，并称为"北许南吴"。他以其毕生精力为元朝儒学的传播和发展作出了重要贡献。因友人程矩夫题其庐为"草庐"，世人尊称"草庐先生"。吴澄博闻强记，勤奋好学，宋末中乡贡。宋亡后，厌弃功名，隐乐安布水（今湖溪乡）山谷4年，潜心著述，注释《孝经》章句，核定《易》《诗经》《今文尚书》《春秋》，修正《仪礼》《小戴礼记》《大戴礼记》等，对儒家经典的整理和流传作出了不可磨灭的贡献。至元二十三年（1286），集贤直学士程矩夫专程到抚州，力邀吴澄入仕。吴澄以母亲年老为由，坚决辞谢。朝廷采纳程矩夫的意见，将吴澄所著各书抄录送国子监，令诸生经习，次第传遍天下。其后，朝廷多次强行征召，他推迟不过，担任过许多官职，但时间都很短。他大半岁月都孜孜于理学和漫游讲学，传播他的理学思想。泰定元年（1324），受命修《英宗实录》。次年冬，参与修完《英宗实录》后，再次辞官回乡。晚年居家，仍致力于著述、讲学，四方之士常不远千里，负笈求学。元统元年（1333），在家中去世。谥"文正"。

吴澄一生致力于理学研究，"研经籍之微，玩天人之妙""殉身理学，死而后已"。他打破门户，在学术上综合朱熹、陆九渊两派之长，更接近于朱熹学派。其学说通过草庐学派传播，成为元代理学代表。著有《草庐吴文正公文集》100卷，校定《皇极经世书》《老子》《庄子》《乐律》及《八阵图》并加解说。

元诗四大家之一虞集墓

元诗四大家之一虞集墓位于崇仁县城南面，距修仙亭约500米，至县城约1500米的灵芝山上，现属巴山镇宝水村。墓于清嘉庆十二年（1870）重修，墓碑由崇仁县文化馆收残碑，碑文有数百字，其中有“初葬礼贤乡二十四都天宝山，改葬二都曹公山”的记载，墓碑长1.75米，宽约1米，厚0.08米，花岗岩石板。墓碑两旁各有根四方形望柱（葫芦顶），高1.3米。为县级重点文物保护单位。

虞集（1272—1348），字伯生，号道园，人称邵庵先生，祖籍蜀郡仁寿（今属四川省）。宋亡后，父亲虞汲迁居临川崇仁二都（今崇仁县石庄乡），元代著名文学家、诗人，“平生为文万篇”，为元代“儒林四杰”之一；诗与揭傒斯、范梈、杨载齐名，人称“元诗四家”。虞集自幼聪颖，闻则成诵，过目不忘。《论语》《孟子》《左传》及欧阳修、苏轼等人的文章等都由双亲口授。稍长，师从著名理学家吴澄。经过数年努力，诸子百家学说、帝王制度、历代兴衰得失，均铭记于心。大德六年（1302），经大臣推荐出仕，历任大都路儒学教授、国子博士、翰林直学士、国子祭酒、奎章阁侍书学士等职。至顺元年（1330）初，任廷试读卷官，所取录每称得人。二月，元文宗诏令奎章阁学士修撰《经世大典》，虞集与中书平章政事赵世延同任编修总裁。秋，赵世延因病告归，虞集专领修撰事宜，次年五月，《经世大典》修成，共880卷，《元史》诸志多采其内容成编。它是研究元朝历史的重要资料。至顺三年（1332），拜翰林侍讲学士。第二年，因病辞官归隐临川，以读书吟咏、流连山水为乐，虽然元廷多次诏令还朝，但均未成行。至正八年（1348）正月，病逝于家中。谥“文靖”，赠江西行省参知政事，追封为仁寿郡公。

虞集学问渊博，能穷极本源，研精探微。他主张理学应贯穿于雅俗中，诗文俱称大家。文章典雅流畅，任职期间，朝廷诏令文册多出其手，即使退隐归田，求文者仍络绎不绝。他的诗歌精切典雅中见沉雄老练，体裁多样。著有《道园学古录》50卷、《道园类稿》50卷、《道园遗稿》6卷。

崇仁学派创始人吴与弼墓

崇仁学派创始人吴与弼墓位于崇仁县六家桥乡曹坊村委会店下吴家村西南约1千米的吴氏祖坟山上。吴与弼墓面对崇仁河，封土高1.5米，直径2米。坟前有一红石墓碑，上刻“明吴康斋墓”。在墓前约20米的下山坡处，有两座高约2米的望碑，分别镌刻隶书大字“大明理学名儒吴康斋先生墓”和草书大字“聘君吴康斋先生墓”。两座望碑曾被盗，1995年被公安部门追回重立。

吴与弼（1391—1469），字子傅（一作子传），号康斋，崇仁县人，崇仁学派创立者，明代著名理学家、教育家。其父吴溥曾为《永乐大典》副总裁。清初黄宗羲著《明儒学案》一书，《崇仁学案》位列第一，吴与弼为《崇仁学案》的第一人，显示了吴与弼在明代学术思想界的重要地位。吴与弼自幼天资聪颖，十九岁时读《伊洛渊源录》，对程朱思想非常推崇，决意放弃科举，苦读闽学语录。一切言行都遵守儒家的礼仪规范，注重“静时涵养，动时省察”。中年以后，家境日贫。吴与弼亲自下田劳作，自食其力。虽处境艰难，却始终坚持道义原则，不以穷困易心。他一生不应科举，讲学家乡，屡荐不出。成化五年（1469），在家病故。

吴与弼创立了颇有影响的哲学流派——崇仁学派，对程朱理学多有发挥。他的理学思想概括起来有三点：天人一理、居敬穷理、崇尚践行。以“静时涵养，动时省察”作为修养基本功。

他博览群书，对天文、文学、地志、律历、医卜等无不精通。所作诗文，皆“清明峻洁，曲折纡徐”。他又是一位颇具影响的教育家，“议论其文，善启迪人”。要求学生脚踏实地、循序渐进，力戒好高骛远、一曝十寒。弟子数百人，胡居仁、陈献章、娄谅、王阳明、湛若水都是其再传弟子。著有《康斋文集》12卷收录《四库全书》。

乐 安 县

南北朝军事家黄法氍墓

南北朝军事家黄法氍墓位于乐安县鳌溪镇案山村黄源岭，始建于南北朝时期。光绪三年（1877）第8次修，2001年2月第13次重修。墓坐北朝南。后有江下水库，墓碑为三碑两层的古墓葬，上碑高0.42米，宽0.74米；下碑宽0.58米，高0.97米。墓高1.2米，宽3.9米，拜堂宽3.9米，长3.8米。该墓为抚州市第一批市级文物保护单位。

黄法氍（518—576），字仲昭，南北朝巴山郡新建县（今乐安县龚坊）人，南朝梁陈时的军事家，出身名门望族，自幼身体强健，行动敏捷有胆量。成年后熟习兵法，通晓书疏，在郡中小有名气，为乡里人敬畏。梁末侯景之乱，黄法氍平乱有功。梁元帝先后任命其为新淦县令、明威将军、游击将军，封巴山县侯，食邑五百户。太平元年（556），梁景帝置高州，封他为高州刺史，都督高州诸军事，镇于巴山。永

黄法氍墓

定元年（557），梁帝禅位于陈，陈霸先即位。永定二年（558），原湘州刺史王琳攻周迪，并欲谋取黄法氍。黄法氍大破王琳，授平南将军、开府仪同三司、江州刺史。陈文帝天嘉六年（565），征为中卫大将军。陈废帝即位，进爵为公，先后出任镇北将军、南徐州刺史、镇西将军、郢州刺史等。陈宣帝太建元年（569），进号征西大将军。太建五年（573），陈宣帝大举北伐，都督黄法氍攻打历阳（今安徽和县），全歼北齐守军，并乘胜进军合肥，敌军望旗而降。以功加侍中，改封义阳郡公，食邑二千户，镇寿阳。太建八年（576），病逝于任所，归葬乐安案山村黄源岭。追赠侍中、中权大将军、司空，谥“威武”。

“再世包公”董裕墓

董裕墓

“再世包公”董裕墓位于乐安县招携镇瓦子场村鹿源村白鹤形山上，始建于明万历三十六年（1608），由工部营造，吏部、礼部验收，是为纪念明万历刑部尚书、太子少保董裕而建。墓葬由牌坊、神道、神像、墓冢组成。牌坊为石构，四柱三间，明间下枋阴刻：“道光庚戌夏月后裔远七重修”；花枋阴刻：“明宫保尚书董扩奄先生神道”。神道用长条形麻石错缝攒砌，右侧立石雕文官、武将、哀马、石羊各一尊，左侧立文官、武将、哀马、石兽各一尊。墓门四柱三间，麻石砌成，立于须弥座上，明间石柱上端以月梁式阑额联结，石碑阴刻：“明故资政大夫刑部尚书赠太子少保扩奄董先生墓”。墓门前用麻石砌成半圆形明堂，两侧各九级石阶可通宝顶。宝顶用厚实花岗岩筑成，向上凸起呈四方形，四周用条石砌成环形的低矮围墙，后立神宗皇帝“敕葬”石碑1块。该墓葬明代风格显著，且保存完整，为研究明代官员葬俗及墓葬的结构、形制提供了重要的实物依据。

董裕（1546—1606，一说1537—1606），字扩庵（一说字惟益，号扩庵），乐安人，明代大臣。隆庆五年（1571）进士，授东莞知县。时值饥荒严重，人民生活举步维艰，他下令停止征粮，开仓放粮，劝导富商捐米31万斤，白银880两，救济灾民。他在任内，治理有方，讼事不繁，被提升为河南道御史，受理冤案，获“再世包公”之称。离任东莞时，县民感其德而立生祠敬祀。后历任四川道监察御史、大理寺少卿、都察院佥都御史、郧阳（今湖北）知府、南京工部侍郎、刑部尚书等职。在郧阳时，发生饥荒，饿殍累累，董裕奏请拨国库银40万两、粮食20万石给予救济，郧地百姓大感其恩。为官期间，刚正不阿，不畏权势，任刑部尚书时，治狱清明，尤以惩处皇族楚宗、秦宗之罪，更得民心。万历三十四年（1606）辞官归里，同年病逝，封太子太保，祀乡贤祠。有《仁孝会旨》《奏稿》行世。

相传，董裕墓前有个石文吏，夜间常跑到离飞鹤形十多里的仙女池去调戏仙女。仙女禀呈玉皇大帝，董裕奉旨查究，查明调戏仙女的正是自己墓前的石文吏。执法严明的董裕立即令石武吏将其砍头。武吏求情，后文吏遭割鼻惩处。至今，董裕墓前还立着一个没有鼻子的石文吏。

宜 黄 县

江南第一古墓——明抗倭英雄谭纶墓

位于宜黄县二都镇帘前村鹿塘以北山上，离县城约5千米。谭纶于明万历五年（1577）农历四月初三夜“痰疾陡作，病故京邸”。神宗皇帝即赠谥敕命文，赐太子太保，谥“襄敏”。六月，特颁恤典谕、御制“谭纶文”。七月，御制百日祭文。八月，于北京午门内道旁立碑，“著其勋烈，镶于金石，使后世知斯人为国之元勋”。是年，其灵柩运至宜黄。万历七年（1579）御制下葬文，令“从厚治葬有仪”。其墓葬于二都镇帘前村鹿塘玉泉山麓庞家畲。墓坐北朝南，建筑规模宏大，由三部分组成：一为祭道。南端宜黄至二都公路边有石狮1对的门楼，为墓入口处。门楼是江南风格的双层歇顶，门楼正额挂有皇帝御制的“文武忠孝”横匾，门楼内设享堂，享堂内摆放谭纶塑像。可惜门楼、享堂早年已毁，唯有路边石狮子幸存至今。石砌祭道约300米，上设享堂，均早毁。二为神道。南端为四柱三门石牌坊，石凿榫卯构成，宽7.2米，高5.2米，石柱顶端均有石雕坐狮，额枋间两面均镶刻“敕葬太子太保兵部尚书谥襄敏谭公墓”16个大字。牌坊两边原各有1座稍矮的牌坊，均早毁。由牌坊至墓体约100米，沿山坡而上铺砌5层石板台阶，每层4级，两旁有石羊2只、石狮1

只、石虎1只、石马2只、文武翁仲各2个，石雕极其精致，其中两个文官石像已毁。三为墓体。基长30米，宽20米，沿坡砌磅3层，每层1.2米高，左侧有石阶梯可至墓顶。墓分两层，上层为封土及墓碑，早毁。封土后建有圆形照壁，照壁正中有一宽1米、高1.4米的石刻敕赠谥敕命碑，仿牌楼式歇山顶，碑两旁各有0.5米宽的石雕华板。封土上盖墓顶石，墓顶石整体两层，通高0.8米，下层为一扁圆形石座，周长2.58米，上层为一球形，周长2.1米，雕有“双龙戏珠”，云彩填贯其间。整个墓葬居高临下，气势雄伟。视野开阔，山川村寨尽收眼底，人称“江南第一古墓”。

谭纶墓全景

谭纶墓的所有石雕、石刻艺术非常精湛，尤其是新出土的神道碑，碑小而字多。此碑为青石质，高0.87米，宽0.54米，厚0.03米。碑文为直书正楷阴刻，共33行，每行62个字，全文总计1984个字，内容叙述了谭纶生平事迹和去世后朝廷对他的哀悼。以当时石刻工艺来说，算一大“宝贝”。1958年，该墓被列为省级文物保护单位。

1982年12月20日，该墓被盗，被盗文物不详。事后有关单位人员至墓地察看，封土仅高1米左右，中埋数排瓷碗，碗口向下，中填石灰、糯米、桐油调和物，极其坚硬。墓室长3米，宽0.68米、高0.8米，四周为三合土夯成，外砌0.3米厚的砖。室内四周平整，有夯土时模板印迹，未发现尸骨和任何随葬品。

1983年，该墓被再次被列为省级文物保护单位。1984年，江西省文博处拨款5000元进行修复。1985年，该墓被列为江西省第一批名胜风景点。《中国名胜词典》对其列有条目。

谭纶墓历经400多年，地面古迹损毁遗失较为严重，石兽、石像、牌坊大都残缺不全，墓址上几被荒草荆棘所掩盖。2002年，宜黄县政府开始修复谭纶墓，搜集、整理资料，将散落在田间地头文物收集恢复到原来的位置，对损毁的文物本着整旧如旧的原则进行复原，使谭纶墓又恢复了原来的历史风貌。2013年3月，谭纶墓被列为国家级文物保护单位。

谭纶（1520—1577），字子理，号二华，宜黄县潭坊人。明朝杰出的军事家，抗倭名将，民族英雄，嘉靖年间进士。嘉靖二十七年（1553），谭纶初仕南京，倭寇逼近城下，将士“怯懦不敢前”。谭纶请命募壮士五百，击退倭贼，从此，以“知兵中朝廷”。后巡抚福建，总督蓟辽，辗转全国各地抗倭，为维护中华民族的利益鞠躬尽瘁。隆庆元年（1567），北方边境不宁，朝廷特遣谭纶镇守北方，总督蓟辽保定军务。谭纶立练精兵l0万，建立“三大屯营”，从居庸关到山海关，修筑边墙1000

矗立在城区南郊的谭纶塑像

余千米，构筑御敌台3000座，造战车700乘，佛郎机（火炮）5000架，使“边备大饬，敌不敢犯”，因功提升为兵部尚书。谭纶发现并培养了戚继光、俞大猷、刘显、李梁、李超、陈其可、胡守仁等一大批战将。对遭到诬陷的将领，敢于向朝廷伸张正义，赢得了将帅们的衷心拥戴。史家称谭纶“善任俞戚而建大勋”。谭纶主持兵事30年，抗倭、戍边，屡建奇功，与戚继光共事齐名，号称“谭戚”。著有《谭襄敏公奏议》《睹物寓武》等。

谭纶于家乡亦多有贡献。修筑宜黄城墙、减轻宜黄赋额，都有谭纶的功劳。谭纶还从浙江带来了海盐腔戏班，为宜黄引进了“海盐腔”，使宜黄成为当时赣东一带戏曲活动中心，被誉为“戏乡”。

清末禁烟名臣黄爵滋墓

清末禁烟名臣黄爵滋墓位于宜黄县二都镇严坑村石巩寺侧一山坡。当地政府和村民十分注意对黄爵滋墓的保护，正筹备对黄爵滋墓进行重修。1991年5月，该墓被列为县级文物保护单位。

黄爵滋（1793—1853），字德成，号树斋，晚号一峰居士，宜黄县城人。清末著名政治家、思想家，禁烟名臣。道光三年（1823）进士，历任御史、给事中、鸿胪寺卿、大理寺少卿等职。在政治上，密切关注现实，凡所建白，都能切中时弊。“以直谏负时望”，能言人所不敢言、人所不能言。道光十八年（1838），上《严塞漏卮以培国本疏》，痛陈鸦片危害，分析禁烟不成功的原因，进而提出“重治吸食”以达到禁绝鸦片的主张。其后，他又连上疏两次，强调禁烟必派主禁派大臣，严惩私通番夷首恶者。时任湖广总督的林则徐也上《筹议严禁鸦片章程摺》《钱票无甚关碍宜重禁吃烟以杜弊源片》两疏，加强道光帝禁烟的决心。朝廷特派林则徐为钦差大臣去广东查禁鸦片，并节制广东水师，掀起了以广东为中心的禁烟运动。道光帝赞其禁烟疏：“非汝痛发其端，谁肯如此说话。”史家评论：“禁烟之议，创自黄爵滋。”西方人绘林则徐、关天培、黄爵滋三人像，称为“三忠”。道光二十年（1840）初，他奉命赴闽浙沿海调查，与邓廷桢共同查禁鸦片。其间先后上20余疏，筹议海防大局，力主加强战备，禁绝鸦片。还根据沿海地理形势和财力限制，提出在“造船铸炮”的基础上，改造传统炮台为炮墩的主张，以加强抗敌能力。鸦片战争时，由于厦门建造炮墩，“贼果不能近”。晚年主持豫章书院，“严考课，优奖进，真才辈出，文学大兴”，后病卒于北京。

他在文学上也很有建树，著有《黄少司寇奏议》30卷，《海防图》2卷、附表1卷，《仙屏书屋文录·初集·二集》26卷，《仙屏书屋诗录·诗集·后录·二集》34卷，《己酉北行续草》《戊申楚游草》等，并刊行于世。

曹洞宗第二祖本寂禅师墓塔

曹洞宗第二祖本寂禅师墓塔位于宜黄县凤冈镇陈坊桥村曹山寺西面之凤形坑。原墓地面建筑已毁，仅保存康熙二十六年（1687）重刻墓碑碎片数块，碑首刻篆体字为“曹山第一代本寂禅师塔”，碑文记载本寂生平及重修墓塔经过，后附铭文204字。1984年春，重修墓塔，半圆形石砌壁墙，中镶刻新撰墓碑文，碑前为六面体墓塔，葫芦顶，塔高1.5米，正面书“本寂禅师塔”五字，原碑复原后竖于墓右。2007年9月，该塔被列为县级文物保护单位。

本寂禅师墓塔

本寂禅师（840—901），唐代禅僧，曹洞宗第二祖，为曹山寺开山和尚，俗姓黄，泉州（今福建省）莆田人。少受儒学，十九岁出家，皈依佛门。二十五岁时前往洞山参谒良价禅师（曹洞宗创始人），入室为首席弟子。数载后，得良价禅师真传。不久他辞别良价，前往广东曲江曹溪（今广东韶关）礼拜六祖惠能真身塔，很快返回吉水（今江西临川县）。当地僧众久仰本寂盛名德望，请他开法接化。然他追念六祖惠能在曹溪所创的道风，便把吉水山改名曹山，寺也更名为曹山寺。还有一种说法是因时局动乱，本寂徙至抚州宜黄县，信士王若一施舍何王观请他住持。因本寂歆慕曹溪六祖，于是改何王观为荷玉寺，称寺所在之山为“曹山”。本寂禅师驻锡曹山举扬本家的宗风，故有“曹山本寂”之称。本寂在曹山“处法席二十年，参学者常有二三百人”。他发挥良价“五位君臣论”，将玄学、易理引进禅学体系。《五家宗旨纂要》谓曹洞宗门“晚得曹山深明的旨，妙唱嘉猷。道合君臣，偏正回互。由是洞上玄风，播于天下”。大振良价的洞上宗风，形成一大新兴的宗派，禅林取其师徒二人驻以传禅的二山之名称为“曹洞宗”，其法裔广泛盛传天下禅门。

本寂禅师圆寂后，葬全身于曹山西丘，唐昭宗赐谥元证禅师，塔名“福圆”。

本寂“文辞遒丽，富有法才”，著有《五位君臣旨决》《五位旨决》《注释洞山五位颂》《语录》。

名人墓名录

月轮禅师墓 该墓位于宜黄县二都镇山前村黄山寺后水牛坑。墓坐北朝南，封土高1.3米，宽1米。四周砌以大砖。墓砖长0.29米，宽0.15米，厚0.065米。墓碑完好，碑高1.3米，宽0.62米，上为歇山顶形石顶。碑文中为“唐开山和尚月轮禅师之墓”，左为“戊戌年仲秋月吉旦，当代信持性达鼎建”。月轮禅师（853—925）,俗姓许，法名月轮。福州福唐人，从本郡黄檗山观禅师出家。后唐同光三年（925）圆寂，次年建墓塔。

董清然墓 该墓位于宜黄县二都镇山前村黄山寺遗址后蜈蚣形山上。墓坐西朝东，墓址用砖叠“人”字形，约1米高。碑石有二。其中一碑高0.12米，宽0.46米，厚0.12米，粗麻石，碑首呈半圆形，已断为二，尚可复原。碑中大字为“大唐董公清然墓”，两侧有小字，均剥落不清；右侧隐约可见“刑部尚书”及“乐安”字样，为立碑人之衔；左上有“天□已丑”字样。另一碑高1.1米，宽0.4米，厚0.13米，碑文中为“大唐始祖董清然老先生之墓”，左上为“葬本祠背蜈蚣形”，右侧为“民国八年己未冬月吉立重修”。据传，董清然（900年前后在世），祖父是唐代宰相董晋。唐末战乱时，董清然由安徽迁入抚州宜黄县，其曾孙董合再迁至流坑定居，成为流坑的开基祖。

何颙墓 该墓位于宜黄县中港镇中堡村陈之家屋背何家山。墓葬东为山路，南靠山嵴。封土高2米，直径5米。墓碑并列3块，各高0.66米，宽0.39米。右碑正中为“唐封燕国公何颙墓”，右上小字依稀可辨为“……葬本乡高……无牛不出栏形妻陈氏墓……宜黄、崇仁、乐安、宁都、广昌、金溪”等字样，左下侧为立碑人，字迹模糊难辨。中、左碑字迹不清。据《何氏宗谱》记载：何颙（893—982），字显乡，世居南昌之杨梅岗，有七子，分别徙居宜黄、崇仁、乐安、宁都、金溪、临川、丰城，其女为后唐后妃，故以国戚封燕国公。

戴经臣、戴仲熊父子墓 该墓位于宜黄县黄陂镇上堡村西南300米处。四周为水田，墓在田中一小山堆上。墓封土高1.5米，直径2米。墓碑并列3块，高1米，共宽2.5米。右碑详记墓主生平，中碑刻“宋赐进士资善大夫户部尚书戴公名经臣字叔行二十先生墓”，左碑书“皇清宋敕封太常博士公名仲熊字舜卿行廿一先生之墓”。戴经臣（1069—？），字成叔，北宋大臣,死于官署，敕葬上堡。仲熊为经臣次子，同葬于此。墓为其裔外孙、清进士罗以丰重修。

谭镐墓 该墓位于宜黄县凤冈镇胥家排蜈蚣嵊。墓坐北朝南，面对山下大路。墓 分上下两层，上层为麻石砌半圆形照壁，直径5米，中为牌楼式歇山顶敕文石碑，两旁有雕刻精致的云龙、花卉、鳌鱼等图案装饰。下层为墓碑，围以柱石栏杆。碑文为“明故敕封兵部武库主事兼淮府教授东吾谭公墓”。谭镐（1497—1561）,谭纶之父，字东吾。笃学励行，官至淮府顺昌王教授，后封承德郎兵部司主事。

黄钲墓 该墓位于宜黄县梨溪镇高才山庙背20米处，墓封土高12米，直径25米。四周砌以麻石，上覆葫芦顶墓石。墓前用石雕栏杆，嵌以华板，围作“八”字形，碑前和上部各有两对四方石柱。碑被撬走，墓前35米处原有一对石麒麟，现移存缪家小学门口。黄钲（明嘉靖年间在世）,字克静，号应山，梨溪乡人，明嘉靖辛丑年（1541）进士，司河南汝宁，后补泰州转山东滨州。著有《应山集》《法律管见》《元风问难》等书。

金　溪　县

南宋理学家陆九渊墓

南宋理学家陆九渊墓位于金溪县延福乡青田桥旁的东山岭上（今属陆坊乡桥上村）。墓葬三面环山，前面开阔，松竹掩映，幽静落寞。级级石阶，层层平台，圆形坟冢，椅形护栏，都是用山下青田溪里的鹅卵石砌成。墓为圆锥形石砌结构，墓基用宽阔麻石石板筑砌，占地面积60平方米。明嘉靖年间敕建神道碑，碑文为“崇尚真儒墓”（已不存在）。清乾隆年间刻高0.95米，宽0.56米的“宋儒文安公陆象山墓”碑，现存于金溪县文博所。山下原有明代敕建的“祭祠”和“下马亭”等附属建筑，今无存。1957年，该墓被列为江西省重点文物保护单位。1999年，金溪县政府重新修葺墓地，立墓碑“南宋哲学家教育家陆象山先生之墓”，并在墓旁立有陆象山先生生平简介和思想言论的石碑。墓前仍保存有两个明代石柱，分别镌刻“学苟知本六经皆注脚”“事属份内千圣有同心”。墓最前方是一方保护标志碑，刻有“江西省文物保护单位”字样，字体端庄、凝重。

陆九渊墓

陆九渊（1139—1193），字子静，号存斋，世人尊称为“象山先生”“百世大儒”。金溪县青田人（今属陆坊乡桥上村），南宋著名理学家和教育家。乾道八年（1172）进士，历任隆兴府靖安县主簿、国子正、敕令所删定官，主管台州崇道观，官至知荆门军，病逝于任上，其子扶柩归葬。因其为政清廉，爱干实事，史载送葬者过千人。荆门百姓还建“陆夫子祠”以示纪念。嘉定十年（1217），赐谥“文安”。明嘉靖九年（1530），被列入孔庙配祀。

陆九渊官虽不大，但理学名望很高，其学与兄九韶、九龄并称“三陆子之学”。他提出“心即理”，认为“心，一心也。理，一理也。至当归一，精义无二”。“天理、人理、物理只在吾心之中”。并得出结论“宇宙便是吾心，吾心即是宇宙”。淳熙二年（1175），应吕祖谦之邀，陆九渊在铅山鹅湖寺与朱熹展开了有关“心”与“理”的大辩论（即著名的“鹅湖之辩”）。他进一步阐发了“尊德性”“发明本心”的“心即理也”。

陆九渊还是一位教育家。因其思想学说在南宋独树一帜，“每开讲席，学者辐辏，户外履满，耆老扶杖观听”。由于听讲者过多，学生们在贵溪应天山（今鹰潭龙虎山东部）建精舍，迎他居此讲学。他的弟子遍布江西、浙江两地。因应天山形似大象，陆九渊改名“象山”，自号“象山居士”，后人尊称“象山先生”。他在长期的讲学实践中，形成了一套独特的教育思想理论。他认为教育对人的发展具有存心、养心、求放心和去蒙蔽、明天理的作用。在教育内容上，他把一般知识技能技巧，归纳为道、艺两大部分，主张以道为主，以艺为辅，认为只有通过对道的深入体会，才能达到做一个堂堂正正的人的目的。因此，要求人们在“心”上下功夫，以发现人心中的良知良能。“陆学”经其弟子傅子云、傅梦泉、邓约礼、杨简等人发挥，元代赵偕、祝蕃、李存等人继承明代陈献章、湛若水的发展，经王守仁集大成，成为宋明理学的一个重要派别“陆王学派”，一直影响到近现代中国的思想界。

他的门人将其生前所著所讲，编为《象山全集》，共36卷，流传至今。

医林状元龚廷贤墓

医林状元龚廷贤墓位于金溪县合市镇霞澌龚家村，为县级文物保护单位。墓地为石块堆砌，保存完好。碑高0.85米，宽0.5米，厚0.2米，上刻碑文“天启四年岁次甲子季冬；明太医院御医赐医林状元龚廷贤墓”。

龚廷贤（1522—1619），字子才，号云林，金溪县霞澌龚家人，江西历史上十大名医之一。他出身于医学世家，自幼饱承家学，习举子业，数考不中，转而随父学医。稍长，隐居在本邑云林山，潜心钻研岐黄典籍数载，因而别号“云林山人”。而后行医，悬壶济世。在继承祖传医术同时，他常寻师访贤，切磋医术，虚心向别人学习，博

龚廷贤墓

采众家之长。行医所到之处，北及许昌、京师，南至赣粤，见多识广。经过长年累月的刻苦钻研及临床实践，至成年后，无论内科、外科、妇科、儿科都已精熟，尤擅长儿科。万历十四年（1586），汴京流行时疫“大头瘟”，他以秘方救活很多病人。后为鲁王妃治愈奇症，鲁王以千金作为报酬，龚廷贤拒不接受，鲁王只好刻其医书行世。万历帝听说他的事迹后，特钦赐其“医林状元”匾，入御医院任太医。晚年回故乡，以九十七岁高龄去世。

龚廷贤一生著述极丰。有《种杏仙方》4卷、《万病回春》8卷，续编其父所著《古今医鉴》8卷。其中《小儿推拿秘旨》2卷，又称《小儿推拿活婴全书》《小儿推拿方脉活婴秘旨全书》《小儿推拿活婴秘旨全书》，以记述对婴幼儿推拿疗法为主要内容，至今被认为是“中国现存最早的一部儿科推拿专著”。

明宰辅蔡国用墓

蔡国用墓

明宰辅蔡国用墓位于金溪县左坊镇后车村曹州阁老山。此山因葬阁老蔡国用而得名。原墓地阔大，东西两山合抱如屏。墓为青石构成，呈磨盘形，七层堆叠，墓顶如笠，已被盗挖，七层磨盘石散失。中华人民共和国成立后，该墓被评为县级文物保护单位。

蔡国用（1579—1640），字正甫，号静原，金溪县靖思人（今属石门乡）。明崇祯年间（1628—1644）宰辅，蔡国用历仕三十载，以谨慎、勤劳、清正著称。崇祯皇帝当权17年，撤换宰执50多位，唯有蔡国用以武英殿大学士获得善终。《明史》有传。

蔡国用自幼聪悟，勤奋好学。万历三十八年（1610）进士，授中书舍人，历任山西、福建诸道监察御史、提督应天学政、大理寺少卿、武英殿大学士等职。因明朝不设宰相，内阁大学士就相当于前朝宰相的地位。蔡国用具宏才卓识，曾经赴辽东督饷，见边防废弛，即上疏要求选将练兵，加强边务。未几，宽甸（县名，在辽宁境内）果真发生变乱，众人都佩服他的先见之明。任山西道御史时，疏条七事皆治国要领。只因当时朝政混乱，他的治国良方也无济于事。在大理寺任期中，蔡国用判案神速，言辞犀利，曾平反陈文宗、辅治等冤狱，生全者19人。天启年间（1621—1627），宦官魏忠贤专权，蔡国用上疏弹劾魏忠贤，直言“保圣躬，振主权，除奸佞”，被魏忠贤矫旨夺官。崇祯帝即位，得以复职。崇祯十一年（1638）六月，特旨擢礼部尚书，入阁办事，累加少保。后改吏部尚书、武英殿大学士。卒于任，崇祯帝为之辍朝三日，谥“文恪”，诰授光禄大夫，赠上柱国。著有《后乐堂集》《周易汇解》等。

名人墓名录

陆九韶墓 该墓位于金溪县陆坊乡桥上村青田桥附近，罗首峰南麓，与陆九渊墓相距很近。墓地为石砌，保存完好。陆九韶（1128—1205），字子美，号梭山，金溪县青田人（今属陆坊乡）。南宋学者，与弟陆九龄、陆九渊并称“三陆”，学说合称“三陆子之学”。陆九韶文行俱优，治学严谨，学说渊源精粹。他终生隐居于金溪县城北梭山讲学，曾与朱熹书信往来，切磋学问。著有《州郡图》《家制》《梭山日记》《解经新说》，均佚。

朱坊古墓 该墓位于金溪县何源镇朱坊村西南约1.5千米处的观山上，为县级文物保护单位。墓坐北朝南，原有围墙，面积约1000平方米。东、西两边有对称并列两条神道，中间相距15米，神道有5对石像。墓葬破坏严重，墓主尚未断定，疑为某代张天师。

张天师（五十代）夫妇墓 该墓位于金溪县何源镇朱坊孔家村背山上，墓地原有谕祭碑，碑文表彰第五十代天师张国祥御灾捍患、有祈必应、宣传正法、默运玄机，今碑无存，墓葬破坏严重。张国祥（？—1611），字文征，号心湛，明万历五年（1577）袭任天师，夫人为驸马都尉谢公诏之女。

谢母徐氏墓 该墓位于金溪县琉璃乡谢坊村牛姆山。墓坐南朝北，直径4米，高1.3米，用整块磨盘石砌结，上以整石葫芦压。上刻碑文“大明万历九年（1581）辛巳岁次清明敕赠太安人谢母徐氏之墓”。墓后是高塝，用乱石砌成半月形，墓前有石质墓表一对，上雕小石狮各一个。徐氏，金溪县人，赠安人。其子谢廷寀（1534—1596），金溪县琉璃乡谢坊村人，进士，官至吏部郎中。

邱宗文夫妇墓 该墓位于金溪县琅琚镇庙前邱家村，为县级文物保护单位。墓长4米，高1.2米，乱石堆砌而成，墓前并列有两块墓碑，分别题“皇清恩诰初晋赠敬德明盛将军邱公讳宗文之墓”“皇清恩诰初晋赠宜人恭人贞节邱母傅氏之墓”。邱宗文之孙邱志栋，康熙四十八年（1709）武进士，有军功，官至将军，祖父母因此获得诰赠。

卢春生烈士墓 该墓位于金溪县左坊镇左坊村盘亭卢家村小组祖坟山，为纪念中共金溪组织创始人卢春生烈士而建。1963年12月，金溪县委、县人委会（“文化大革命”前的县政府）拨款在原址重建。墓地为椭圆形水泥、卵石结构，坐北朝南，有围墙，墓碑高2.1米，碑书“革命烈士卢春生同志之墓”。卢春生（1909—1930），金溪县左坊盘亭人，中共党员。1928年8月，奉命回金溪筹建党组织。10月，中共金溪支部成立，任书记。1930年4月，任中共金溪区委书记兼组织委员。9月，不幸被捕，12月25日，在抚州英勇就义，葬于祖坟山。

资溪县

名人墓名录

孙苍崖墓 该墓位于资溪县高田乡许坊村王家村小组，坐北朝南，面积约40平方米。该墓被盗毁严重，仅剩墓碑和红条石，也多被当地村民移作他用。墓旁还有其3位妻妾之墓。为县级文物保护单位。孙苍崖（？—1587），名镗，字子亮，苍崖为其别号。曾中举，选贡不就，封为儒官。其长女为益宣王朱翊鈏之妃。孙苍崖死后，朱翊鈏曾为之写墓表。

附录

江西省古墓葬一览表[1]

南昌市

所属县（市、区）	墓葬名	时期	所在地	保护现状	备注
东湖区	贤士湖西汉墓群	西汉	贤士湖南畔的小丘山		
	第五交通路（福州路）大型古墓	汉	福州路之南、人民公园之东		
	永外正街晋墓	晋	永外正街		
	化纤厂唐墓	唐大顺元年	市区北角		
	碑迹山唐代椁墓	晚唐	北郊青山路东侧的碑迹山		
	澹台灭明墓	春秋	中山路与苏圃路相交的南昌二中内		
	娄妃墓	明	沿江路八一桥西段上游，现华光庙八号门前	被毁	

[1] 该部分包括正文中未收录的江西已知的古墓葬；资料来源主要是各县市区的首轮、二轮志书，保存现状和备注中的说明性文字也是志书中已标明的。

续表

所属县（市、区）	墓葬名	时期	所在地	保护现状	备注
西湖区	老福山晋墓	晋	上窑湾老福山		
	丁公路第四中学汉墓	汉	广南学校内教学大楼前的土堆中		
	第一交通路汉墓	西汉	建设路基建工地		
	绳金塔西晋墓	西晋	绳金塔街办人防工地		
	温峤墓	东晋	司马庙靠抚河岸上	不存	衣冠冢
	东晋古墓群	晋	南昌火车站地下停车场基建工地		
	三国吴墓	三国	都司前人防工地		
	西汉墓	西汉	老福山人防工地		
青云谱区	第四机床厂西汉墓	西汉	江西第四机床厂人防工地	已清理	
	江洲刺史桓尹墓	晋	府城南六里蔡家坊		
	桓伊墓	东晋	蔡家坊的石马街		
	徐家坊六朝墓	六朝	徐家坊		
	南朝梁墓	梁武帝普通年间	南昌锅炉厂西南角		
	京家山唐墓	唐	京家山		
	朱姑桥元墓	元	朱姑桥梅村		
	八大山人墓	明	京山		衣冠冢
湾里区	皇姑墓（裘曰修夫妇合葬墓）	清	太平垦殖场合水分场老上村后的山谷中	保存完好	
	印光和尚墓	清	垅上村古松林附近山谷中	保存完好	
	明宁康王次妃冯氏墓	明	梅岭山麓中	已清理	
	天放禅师墓	明	狮子峰上莲花石旁	保存完好	

续表

所属县（市、区）	墓葬名	时期	所在地	保护现状	备注
青山湖区	西汉木椁墓	西汉	湖坊公社进顺大队		
	西汉墓群	西汉	塘山公社贤士湖畔的小丘山，东距南浔铁路0.5千米处		
	塘山七里东汉墓	东汉	塘山公社七里大队	已清理	
	晋代墓	晋	塘山公社永和大队		
	竹山南朝墓	南朝	罗家集竹山载村西250米处的荒土岗上	已清理	
	塘山南朝墓	南朝	塘山公社	已清理	
	唐代墓	唐	塘山公社李家庄		
	兰田令黄用墓	元	南昌瑶湖西		
	元朝墓	元	罗家镇朱姑桥		
	大明阌乡县君墓	明	塘山公社塘山大队正南方120米处的菜地中		
	慈母墓（许逊母墓）		罗家镇慈母村，距万村以南约50米的淡溪塘中央	现存	
新建区	铁河古墓群	汉、宋	铁河垦殖场场部西南方1千米处		国家级文物保护单位
	节度使林仁肇墓	南唐	南昌县东十里齐城岗		
	樵舍乡熊应申墓	宋	熊端公墓旁	完好	
	丞相京镗墓	宋	新建桃花乡双港		
	侍郎杨魁墓	宋	新建太平乡芙蓉山		
	郎中李虚舟墓	宋	新建桃花乡雷冈		
	望城宁康王朱觐筠、徐妃合墓	明	望城乡润溪罗村屋后		
	端志王朱拱贵墓	明	新建洪崖乡		
	弋阳荣庆王朱奠墓	明	新建洪崖乡		

续表

所属县（市、区）	墓葬名	时期	所在地	保护现状	备注
新建区	大学士戴均元墓	清	新建西山梅岭		
	望城乡三联荣安王墓	明	望城乡三联闵村冷水坑雷家山	被盗	
南昌县	西汉梅福墓	西汉	向塘尚谌店金襕寺旁	不存	
	三国东吴墓	三国	小蓝乡小蓝村西1千米的西边山	被盗	省级文物保护单位
	许逊祖母墓		罗家慈母万村的淡溪塘中		
安义县	晋墓群	东晋	东阳乡北山窑下张村		
	魏松山墓	明	鼎湖乡戴坊村东700米处	部分碑文遭破坏，其余完好	
进贤县	商大夫彭祖墓	商	一说在凰岭乡；一说在县城北百里处		
	汉初大臣汉王陵墓	汉	一说在钟岭陵乡南箕峰；一说在县城西30千米处		
	太子太傅夏侯胜墓		南箕峰掩军祠后（掩军祠一说在五龙岗）		
	江东易王墓	汉	崇礼乡（今为三里、三阳、军山湖等地）		
	曹王李唐皋墓		县城西25千米处		
	郑儋墓		云桥乡		
	魏征士墓		县境东20千米处		
	危王塚		真隐乡（今下埠、衙前、捉牛岗地）		

续表

所属县（市、区）	墓葬名	时期	所在地	保护现状	备注
进贤县	员外郎范左司墓	宋	池溪乡		
	迪功郎余天骥墓	宋	泉岭乡		
	高士樊韬墓	宋	赵埠乡石坑之南，沥州之西阜		
	晏元献祖墓	宋	文港乡沙河		
	赠太师晏延昌墓	宋	文港乡		
	右都御使向宝墓	明	钟陵乡蔡坊村		
	都御使张皋墓	明	三里乡邬子蚌湖山		
	太常少卿熊人霖墓	明	池溪乡罗田村乌岚山		
	参政江满墓	明	十六都(今南台乡)美厚徐湖桥		
	工部右侍郎江治墓	明	北岭林场		
	太子宾客胡俨墓	明	南昌进贤门外九里庙东		
	员外郎樊臣墓	明	赵埠乡庵坟山		
	御史徐行墓	明	泉岭乡瓦溪		
	兵部主事周恩忠墓	明	罗溪乡大坟山		
	知县雷志明墓	明	钟陵乡南城峰		
	教谕江城墓	明	凰岭乡长坡塘象山咀		
	知县江泰墓	明	云桥乡		
	通判江秋墓	明	北岭林场		
	主事傅练墓	明	池溪乡寻冈岭		
	荣禄大夫傅松墓	明	云桥乡		
	知县傅灿墓	明	云桥乡何田山		
	赠中大夫江钦墓	明	云桥乡庵山		
	赠中大夫江珉墓	明	云桥乡水木林塘山		
	赠通议大夫张浙墓	明	凰岭乡郭下山		
	赠通议大夫张瓒墓	明	池溪乡陈坊山		
	治中奉政大夫张伯谦墓	明	钟陵乡岩前山		

续表

所属县(市、区)	墓葬名	时期	所在地	保护现状	备注
进贤县	雷州推官江昉墓	明	池溪乡洪源渡江家山		
	训导舒炳墓	明	梅庄乡药埠前舒家山		
	奉政大夫饶正派墓	明	张公乡马肴冈		
	知县杨显墓	明	下埠乡横溪社林山		
	知县王顺祺墓	明	赵埠乡枕桥蛇山		
	知县江霖墓	明	云桥乡托固桥江家山		
	运使樊金墓	明	赵埠乡庵坟山		
	抗日阵亡将士进贤陵园	民国	县汽车修配厂		
	抗日阵亡将士望天岭陵园	民国	望夫岭中峰南侧，现为泉岭、架桥二茶场		

九江市

所属县(市、区)	墓葬名	时期	所在地	保护现状	备注
庐山区	国民党连长严世荣墓		五里街道办事处南湖村孙家垅		
瑞昌市	东汉墓址	东汉	范镇乡东山村何深国屋后竹林		
	码头西晋墓	西晋	码头镇南1500米处的麻林埂西坡中部	已清理	
	隋墓址	隋	黄桥乡周家山斜坡下端		
	唐墓址	唐	码头镇牛头山脚下台地中		
	柯昶墓	南唐	乐园乡桥棚村东南方向800米处的燕竹湾九龙窝		

续表

所属县（市、区）	墓葬名	时期	所在地	保护现状	备注
瑞昌市	袁八娘墓	北宋	横立山光辉村杨家宕		
	万三十承事墓	南宋	湓城镇大路口台地中		
	荣氏一娘墓	元	湓城镇大路口坡地中		
	孙敬斋墓	明	流庄乡龙窝村西南		
	刘仁钦墓	明	桂林乡红卫村		
	文柱墓	清	九源乡上源村东北方向的村后台地中		
	吴季启烈士墓		高丰镇大水库前大畈吴村后山地		
	瑞昌市革命烈士陵园	1975 年	北郊人民公园内		县级文物保护单位
	洪一烈士陵园	1960 年	瑞昌市大块地		县级文物保护单位
九江县	荞麦岭墓群	东汉	马回岭乡富民村林场（别名荞麦岭）	已清理	
	望夫山墓群	三国（吴）	洗心桥乡花园村境		
	鹤问寨墓群	晋至南朝	沙河街西北 9 千米玉兔山一带黄土岗	已清理	
	高良寺墓群		岷山乡孙家垅村境	保存完好	
	九江县革命烈士纪念塔		沙河街东北隅叶家山头		
	岷山革命烈士纪念塔		岷山乡金盘村		
	罗大佺墓	1923 年	狮子乡牌楼村境		
	陶家垅殉难者合墓	1938 年	岷山乡大塘村		

续表

所属县（市、区）	墓葬名	时期	所在地	保护现状	备注
九江县	曹家垅百骨坑	1938年	沙河乡冷水村		
	辛忠荩、欧阳学端、饶华庭烈士合墓	1963年	岷山乡政府驻地东南侧坡地		
武宁县	吴王墓		长乐乡吴王峰（现场洲公社境内）		
	唐祭酒张宁墓	唐	县东四十里琵琶峰（原巾口公社境内红岩潭紫鹿岭）		
	宋静王王炎墓	宋	江阴乡桐林（现黄段公社境内）		
	宋太傅郑中立墓	宋	上清乡即下南乡西渡源（现石渡公社境内）		
	宋御史王刚中墓	宋	江阴乡桐林（现黄段公社境内）		
	宋学士周友贤墓	宋	四十二都文仲源（现黄段公社境内）		
	宋处士叶开墓	宋	南乡西溪（现罗溪公社境内）		
	宋提刑冷应元墓	宋	丰良（现横路公社境内）		
	宋赠右丞相胡绍远墓	宋	江阴乡长沙（现罗坪公社境内）		
	明知县盛文郁墓	明	老县城北门旮台山		
	明参政万廷彩墓	明	西岭（现黄段公社境内）		
	清荣禄大夫宁夏总兵官都督徐月吉墓	清	文仲源（现黄段公社境内）		
	清学博字云先生墓	清	北乡二十七都梅林鼓猫山面高火峰（现浬溪公社境内）		

续表

所属县（市、区）	墓葬名	时期	所在地	保护现状	备注
武宁县	清处士张闰楊先生墓	清	北乡烟港秤勾湾（现干楼公社境内）		
	宋兵部司马聂飞龙墓	宋	路口五泉		
	宋户部尚书余侃墓	宋	宋溪王埠		
	宋进士傅再兴墓	宋	黄段公社东园二队		
	宋江州知县陈景祥墓	宋	甫田上坑		
	宋翰林学士谢仲华墓	宋	横路上富		
	明扬州知府温集益墓	明	横路花园		
	明骠骑将军卢孔秀墓	明	县茶场		
	明太监彭尚兴墓	明	浬溪梅林		
	战国墓葬	战国	石门公社毕家坪后山上		
	武宁县革命烈士陵园		县城东登高山上，正对朝阳大街		
	温汤烈士墓		温汤公社所在地的港边		
	南岳烈士墓		南岳公社南岳村		
	木皋烈士墓		船滩公社木皋大队		
	天福寺古僧墓群	清	大洞乡鲁桥村 6 组天福寺前左右两侧山麓		
	松山寺古僧墓群	明	泉口镇芭蕉村南山脚下		
	仙源寺古僧墓群	清乾隆	船滩镇辽里村仙源寺左侧		
	辽山寺古僧墓群	清	船滩镇辽田村辽山上		
	弥陀寺古僧墓群	明清	杨洲乡弥陀寺风景区内		
修水县	长窝岭西汉墓	西汉	上奉山背村长窝岭		
	山背东汉墓	东汉	上奉山背村		
	寅卯埂及其附近汉墓群	汉	全峰寅卯埂及附近黄沙塅村、南峰村所属山坡上		

续表

所属县（市、区）	墓葬名	时期	所在地	保护现状	备注
永修县	坪上汉墓群	汉	渣津街南	已清理	
	跑马场汉墓群	汉	上奉石街村跑马场		
	董家坳南朝墓	南朝	三都董家坳		
	吴王墓		柘林桃花峰下城洞		无考
	王母墓		柘林黄荆洞山上石洞		无考
	梁大学博士司马暠	梁	艾城东1千米		无考
	陈司徒从事中郎司马延义墓	陈	艾城东1千米		无考
	宋理学名人李燔墓	宋	艾城西北1.5千米，蒋家垅壁头岭		
	宋进士李公择墓	宋	艾城西北30千米（一说军山）		无考
	宋宁远节度使王厚墓	宋	县西甘泉乡		无考
	宋枢密副使王韶墓	宋	艾城西40千米		无考
	元进士推官雷起龙墓	元	县北北山		无考
	清台湾知府陈思燏墓	清	马口乡爱华村盘山脚下		
	清曾氏(陈思燏母)墓	清	马口乡爱华村		
	清陈春圃(陈思燏父)墓	清	马口乡爱华陈家坪		
	清编修李凤翥墓	清	白槎向阳大队梅坂李村	被掘	
	清进士吴崇绅墓	清	梅棠乡大塘		
	四十一代天师邓玄真人墓		立新乡岐山		
	吏部尚书彭讳史墓		白槎龙井山		
	宋监察御史李公憖墓	宋	白槎向阳大队朱家山		
	明总督裴××墓	明	柘林横山大队		
	唐太子太傅李肇基墓	唐	三溪桥横山		
	清浙江布政使顾修浦墓	清	江上乡松山以北		

续表

所属县（市、区）	墓葬名	时期	所在地	保护现状	备注
永修县	明进士顾鸿墓	明	江上乡耕源	被盗	
	清提督总兵吴祖万、米氏合墓	清	云山峡坪吴村		
	将军塔	唐	真如寺前		
	颛愚塔	明	云居山顶		
德安县	唐隐逸郑良墓	唐	万家坂孝志垄		无考
	南唐陈伯宣墓	南唐	瑞昌金城乡（今流庄乡曾家坝眠儿洼）	毁坏	
	宋侍郎刘日章墓	宋	陂溪街天马山		
	宋陈兢墓	宋	车桥乡义门陈村东边500米旺公山陈旺墓后面的左边	碑已毁	
	宋陈旭墓	宋	车桥乡义门陈村东边501米旺公山陈旺墓后面的右边	碑已毁	
	宋太常博士郑诒墓	宋	永泰乡谷步里		
	宋枢密副使王韶墓	宋	望夫山凤凰岭下		位置成迷
	宋王厚墓	宋	县西甘泉乡		
	宋理学家蔡念成墓	宋	磨溪乡大金山林场新田水库边上		
	宋侍郎吴愈墓	宋	西古山石屋书堂之西南象山下		
	宋吏部侍郎清惠吴革墓	宋	永宁乡松阳之原		
	宋工部侍郎桂褒墓	宋	瑞昌百舌渡		
	元丞相燕公楠墓	元	县北十里乌石山（今铁路东边）	已毁	
	明知县郑思贤墓	明	县农机厂背后	已毁	
	明主簿俞尚彬墓	明	县农机厂背后郑思贤墓附近	已毁	

续表

所属县（市、区）	墓葬名	时期	所在地	保护现状	备注
德安县	明司训张庆会墓	明	大西门外地藏庵旁	今毁	
	明主簿许敩墓	明	县西义丰山		
	明工部主事郭一轮墓	明	爱民厂礼堂后面		
	明编修赵师尹墓	明	宝塔乡桂林，三桥陈村附近	今毁	
	明吏部主事桂枝杨墓	明	爱民乡西泉行政村		
	清承德郎燕日暄墓	清	金湖乡凤凰行政村境内		
	清知县燕位璋墓	清	宝塔乡团山行政村境内		
	清礼部侍郎李道生墓	清	横山堡林山李村金中团岭（现属永修县）	墓碑完好	
	清奉直大夫濂溪书院主讲张青筒墓	清	黄婻乡大坂张村祖坟山（大洼里）		
	清内阁中书李华柏墓	清	原葬枫林河岸上李村背后，后迁葬黄婻乡蔡坊垄李村祖坟山		
	民国女诗人刘韵芳墓	民国	县城河东焦家滩李家垄郭姓祖坟山		
	杨丕显烈士墓		木环垄梅桥杨超烈士墓右边		
	熊好生烈士墓		义峰山		
	张源健烈士墓		彭山簸箕峰		
	孙本致烈士墓		迁葬彭山东麓泉秀山孙村背后金庭山下		
	甘霖沛烈士墓		彭山甘姓祖坟山		
	邬敦泽烈士墓		黄登铺邬姓祖坟山		
	向热生烈士墓		义峰山		
	杨开全烈士墓		杨坊杨姓祖坟山		
星子县	城东汉墓群	汉	县城东山坡附近	已清理	
	斜川东汉墓群	东汉	白鹿乡河东村委会境内		

续表

所属县（市、区）	墓葬名	时期	所在地	保护现状	备注
星子县	温泉东汉墓群	东汉	温泉乡东山村委会观门郭村正北方向1.5千米	已清理	
	龙溪汉墓群	汉	蛟塘乡，毗邻龙溪湖		
	红星汉墓群	汉	横塘乡咀上查村附近	稍有破坏	
	钱湖汉墓群	汉	温泉乡港口李村北，西牯山下		
	星子桥浦于氏始迁祖于安南墓	南唐	蛟塘乡桥浦于村北		
	宋枢密使张叔夜墓	宋	城东神灵湖畔	保存完好	县级文物保护单位
	宋尚书屯田员外郎刘凝之墓	宋	少府岭能仁寺侧（今砖瓦厂处）		
	宋兵部侍郎吴愈墓	宋	横塘乡象山下	墓碑已毁，封土完好	
	宋南康知军钱闻诗墓	宋	温泉乡钱家湖西	墓碑已毁，封土难辨	
	白鹿书院山长陶桂一墓	南宋	横塘乡和平小学后山上	被毁	
	宋齐国夫人墓	宋	白鹿、温泉两乡交界处，观音岩附近虎山前		
	清给事中燕候然墓	清	泽泉乡		
	陶尚德墓		白鹿乡定山岭	已毁	
	夏应台墓		隘口乡黄龙山前		
	罗克藻墓		苏家垱乡寺下湖侧	碑存墓毁	
	宋之盛墓		华林乡白石咀		

续表

所属县（市、区）	墓葬名	时期	所在地	保护现状	备注
都昌县	都昌县革命烈士陵园	1983年	县城郊南山西		
	张七房村墓群		县东南40公里的周溪乡黄湖张七房村	已保护	
	观音岭墓葬	商周	中馆乡双桥村观音岭磨山东南50米，紧靠叶家港		
	江陶村背后墓	汉	周溪乡江陶学校背后	封土堆已平，砖石结构墓未动	
	七星墩古墓群	汉	汪墩乡所在地源垄村东北的七星埂与杜家岭上	未开掘	
	窖缸地古墓群	汉	张岭乡东平石岳村附近		
	陶母墓	晋	县城以南3千米的石壁山下		共五处，其余四处分别在九江县、抚州临川、上饶鄱阳、吉安新干
	姜家山东晋墓葬	东晋	苏山乡舍下徐家村西北的姜家山		
	洞门墓葬群	晋	北炎乡洞门街平顶山东北的洞门		
	进士高光墓	宋	多宝乡罗垄马鞍山尾部东北处	墓内未破坏	
	敕厝都昌开国子文定公彭方墓	宋	春桥乡新舍村北蒉湖寺南30米	仅存封土堆	

续表

所属县（市、区）	墓葬名	时期	所在地	保护现状	备注
湖口县	马妈山墓群	汉	县砖瓦厂 西马妈山坡上		
	象山茄凹墓	东汉	文桥乡象山张家村前茄凹		
	邹昭墓	南北朝	武山乡五里剑山下 莲花塘莲花寺旁	有碑	
	进金岭墓	唐	流泗镇江山进金岭村东		
	状元马适墓	宋	上石钟山马家湾幞头山		
	曹兴年墓	宋	文桥乡五象山东 麓夏槐村门前	有碑	
	周子善墓	元	流泗镇棠山南麓 金家塆银树垅堪上		
	许汝魁墓	明	双钟镇武曲港许家塆东边		
	邹逢吉墓	明	双钟镇松寿山北		
	王恪墓	明	张青乡王岗村西山坡上		
	张科墓	明	马影镇永桥眠牛山上		
	梅愈墓	明	文桥乡高塘杨细屋村 南坂上		
	梅凌云墓	明	文桥乡高塘杨细屋村 南坂上		
	黄河昆墓	清	凰村乡陆家岭黄家村 祖坟山上	有碑	
	周厚辕墓	清	流泗镇菱塘细屋张村前坂		
彭泽县	旧县塔下古墓		黄岭乡旧县塔下管村 农民姚金祥屋后		
	彭泽县革命烈士陵园	1953 年	县城东北 1 千米处的牛头山麓		

景德镇市

所属县（市、区）	墓葬名	时期	所在地	保护现状	备注
乐平市	东汉墓址	东汉	鸬鹚乡韩家村	被盗	
	唐墓址	唐	后港乡顾家村		
	南宋李训武夫妇合葬墓	南宋	镇桥乡上脑村		
	元墓址（张贵二墓）	元	城郊李家岭县面粉厂屋后		
浮梁县	王仲舒墓	宋	三龙乡盘溪村山后	存一墓志铭	
	李椿年墓	宋	鹅湖镇白水坞		
	南宋郑梦龙墓	南宋		存一墓碑	清乾隆年间重修
浮梁县	戴弁墓	明	湘湖镇兰田村	被破坏	
	戴珊墓		浮梁镇杨港村	保存较好	
	康云峰墓	明	兴田乡城门村	被盗	
昌江区	程磷墓	宋	景德镇市枫树山林场总场内	已清理	
	程节墓	宋	景德镇市金鱼山	被毁	

萍乡市

所属县（市、区）	墓葬名	时期	所在地	保护现状	备注
湘东区	塘溪东汉永元八年墓	东汉	广寒寨乡塘溪小学教室旁		

续表

所属县（市、区）	墓葬名	时期	所在地	保护现状	备注
湘东区	河州东汉墓	东汉	湘东镇河州村大坡里农场红砖厂附近		
	简继芳墓	明	湘东镇黄花村喻家湾	保存完好	市级文物保护单位
	颜培天墓		原在老关镇，后迁葬麻山镇善州桥	仅存一丘	市级文物保护单位
莲花县	东汉墓址	东汉	琴水乡		
	北宋石室墓址	北宋	琴水乡东北3千米塘头村之油茶林中		
莲花县	明李祁墓址	明	三板桥乡的阁老顶上	墓址犹存	县级文物保护单位
	明刘元卿墓址	明	闪石乡西江村的湖里山	被盗毁	

新余市

所属县（市、区）	墓葬名	时期	所在地	保护现状	备注
渝水区	同平章事王钦若祖墓	北宋	城关党校旁边		
	文林郎翰林院编修张春墓	明	珠珊镇神山	已毁	
	文林郎翰林院编修张春妻墓	明	水西镇安和村牛检坑	已毁	
	资养大夫礼部尚书傅翰墓	明	水北镇小水村风台山	已毁	

续表

所属县（市、区）	墓葬名	时期	所在地	保护现状	备注
渝水区	中书舍人工部郎中傅潮墓	明	水北镇黄坑省村	已毁	
	进士梁寅墓	明	下村镇梁家水库旁边	已毁	
	延年府别驾黎馨宝墓	明	城关黎家坟地	已毁	
	诰封文林郎加封承德郎例赠奉直大夫行人司行人李师白墓	清	东边乡西坑村荒洲		
	礼部文史简壁九墓	清	水北镇官陂村油榨旁边		
分宜县	汉墓、唐墓群	汉、唐	洋江、双林、凤阳、苑坑等		
	后汉尚书陈重、雷义合厝墓		洞村乡霞贡村礼堂南面	重修	
	江西观察使、岭南节度使李宪墓	唐	大岗山乡红花仰山顶上		
	状元卢肇墓	唐	杨桥镇观光村墓云坳		
	枫溪彭氏始祖彭嗣元墓	宋	钤山镇石枫村枫溪村民小组南面		
	四川右布政使严孟衡墓	明	分宜镇介桥村632仓库内		
	四川巡抚都御使李香墓	明	凤阳乡沔村琴山下		
	首辅严嵩墓	明	县城东南方白田铺蛇形里	已毁	
	都察院左都御史钟岕墓	明	下历		
	大中大夫山东都运使司运使王湛江墓	明	钤山镇石枫村东		

鹰潭市

所属县（市、区）	墓葬名	时期	所在地	保护现状	备注
龙虎山风景旅游区	保驾峰崖墓	春秋	龙虎山镇豪岭菱湖陈家西北		
	螺丝岭崖墓	春秋	龙虎山镇豪岭菱湖陈家以的水塘边		
	夏鼎墓碑	明	虎山风景旅游区上清镇桂州村东首		
	碣石峰崖墓	春秋战国	龙虎山镇豪岭菱湖陈家东南		
贵溪市	汪少峰墓	明	金屯镇南畈村螃蟹形村西	被盗	
余江县	进士柳敬德墓	唐	云峰乡洲和岭底村旁的山岭上	已毁	
	进士周珣墓	北宋	画桥乡王坊村右侧的竹林里	已毁	
	安仁开国子汤汉墓	南宋	画桥乡大桥农场学校后侧的香林山	重立	
	解元倪大五墓	宋宝庆三年	邓埠镇南仓底宋家村的书院山侧		
	法教嗣师吴全节墓	元	马荃乡贯泉村东北	被破坏	
	武英殿大学士桂萼墓	明	石港乡山底邱家村东南山底水库北侧	已毁	
	福建参政刘烜夫妇墓群	明	刘家站垦殖场四分场九智刘家村上黄水库旁		

续表

所属县（市、区）	墓葬名	时期	所在地	保护现状	备注
余江县	象形山古墓群	明清	马荃乡璜塘姜家东南的象形山		

赣州市

所属县（市、区）	墓葬名	时期	所在地	保护现状	备注
章贡区	狮形岭汉墓群	东汉	蟠龙镇武陵村狮形岭		
	卢光稠墓	唐	江右岸的东河桥头稻田中	不详	
	湖边村明墓群	明	湖边乡湖边村	现存	
	杨廷麟墓	清	章江右岸的南外滩儿上	“文革”中被毁	
瑞金市	陂山岗汉墓群	东汉	壬田乡中潭村委会西向的陂山岗，壬田初中周围		
	马脑汉墓	汉	万田乡村委会马脑村社公背子山岗上	被掘	
上犹县	东汉墓群	东汉	梅水乡水陂村和洋田村境内	被掘	
	阳孝本祖先阳模墓	唐	安和乡联合村象形乾山半坡		雍正二年重修
	阳模夫人白氏墓	唐	莲花井后面玉岗山半腰		雍正元年重修
崇义县	刘友坚夫妇合葬墓	明	麟潭乡华山村	保存完好	

续表

所属县（市、区）	墓葬名	时期	所在地	保护现状	备注
安远县	镇岗南朝墓	南朝	镇岗乡粮管所院内	已清理	
	名儒钟元铉墓	清	迁葬长沙乡石湖村东坑坳		
宁都县	曾灿墓	清	肉类加工厂大门左侧		
	石上莲湖东汉至西晋墓群	东汉至西晋	石上莲湖何公山		
	东山坝南朝墓群	南朝	东山坝大布张屋乌江岭		
	石上南朝梁墓	南朝	石上公社池布大布塘泥排后山		
	唐诰命一品夫人温氏墓	唐	洛口公社永红村（灵村）		
于都县	张炎母墓	宋	银坑乡河背村松山背山上	保存尚好	乾隆五十八年重修
兴国县	窑棚背汉墓	汉	永丰乡茶石村窑棚背遗址东边	仅存墓底和部分墓壁	
	东晋平固令墓	东晋	永丰乡马良村阳冈遗址西南端	已清理	
	南朝宋墓	南朝	永丰乡马良村禾镰脑山坡上	仅存墓底	
	南朝梁墓	南朝	永丰乡凌源村	已清理	
	唐钟绍京墓	唐	高兴乡蒙山村塘下湖	被毁	
	唐谢肇墓	唐	古龙冈乡梅坳西侧		宋、清两次重修
	宋李朴墓	宋	东村乡东平村金田坑		康熙五十九年重修

续表

所属县（市、区）	墓葬名	时期	所在地	保护现状	备注
兴国县	宋王质墓	宋	方太乡合富村寺背山冈上		
	明吕复墓	明	县城西兴赣公路西侧		乾隆三十三年重修
	明谢世安墓	明	樟木乡樟木村		清代多次重修
	明廖均卿墓	明	梅窖乡三僚圩北的虎形半山腰	仅存7个土堆	
	南朝齐墓	南朝	永丰乡马良村塘窝子山冈上		
	宋李潜墓	宋	真墓位于赣州市水南镇水南村的博德山庄，兴国墓为假墓		
	南宋巩信墓	南宋	兴国县崇贤乡贺堂村		
会昌县	西江东汉墓	东汉	西江乡南星村松坑南北两侧	仅存墓穴	
	西江唐墓	唐	西江乡南星村狮仙崇西北两侧	北侧墓室已毁	
	西江五代墓	五代	西江乡塅脑村鹧鸪头和大田村塘背岗	已清理	
	明宾川知州胡金池墓	明	庄埠圩濂江西岸车田坝		县级文物保护单位
寻乌县	澄江汉墓	汉	澄江圩东北的江背排，凌炳麟房屋背后	墓门被破坏，墓室完好	
	叶楷墓	明	晨光乡溪尾村叶屋后山		

续表

所属县（市、区）	墓葬名	时期	所在地	保护现状	备注
寻乌县	梅景时墓	明	龙延乡蓝田村		
	黄天栋墓	清			
石城县	许十五郎妻杜氏墓	唐	迁葬小松乡丹溪村		雍正三年重修墓面
	两淮节度使王邦墓	明	迁葬木兰乡田江村冷水井		
	御前都指挥使赖滔墓	南唐	屏山乡长溪村屋后		乾隆间重修
	屏山宋黄城墓				
龙南县	木栉形地古墓	明	玉岩乡龙陂、新杨两村交界的丘陵上	今存	
	狮子山狮子颈古墓	明	东江乡大稳村狮子山半山坡上	今存	
南康区	西汉古墓	西汉	蓉江镇岭背村杉树岭		
	汉代墓葬群	汉代	龙回黄屋几头屋背山		共5座
	樊将军墓	汉代	南康县西羊坑	久废	
	王小姑墓		南康县北隆北乡	久废	

续表

所属县(市、区)	墓葬名	时期	所在地	保护现状	备注
信丰县	信丰县革命烈士陵园	1959年	县城西的南山坡(今县燃料公司)	保存完好	
	大阿革命烈士陵园	1954年	大阿乡花园内	保存完好	
	崇仙革命烈士陵园	1953年	崇仙乡崇仙圩马奶坛	保存完好	
	小岬背三国古墓	三国	古陂乡天光村小岬背屋场后西北方向的小山阳坡下		共两处
	吕大防墓	北宋	原葬县南山寺右面,后迁走,位置不详	已毁	
	甘士价墓	明	县水东坊九子岭	"文革"后被毁,今只存遗址	
全南县	田螺岗汉墓	东汉	县城造纸厂正北方向的土岗上	曾被盗	
	长塘明墓	明	中寨乡长塘村东北方向的山岗上	今存	
宁都县	河东无名氏唐墓	唐	县板鸭厂一号工棚西侧		
	工部尚书董越偕温氏墓	明	县城东郊梅江河畔,今县罐头厂大门右侧	已毁	

宜春市

所属县（市、区）	墓葬名	时期	所在地	保护现状	备注
袁州区	东汉画像石墓	东汉	袁州区下浦街道厚田居委会	保存完好	
	东汉高士袁京墓	东汉	大袁山（古名五里山）西南坡半山腰上	被盗	市级文物保护单位
	唐隐士彭构云墓	唐	新坊乡东塘村上村岭的彭家里后山西南坡		市级文物保护单位
	唐状元易重墓	唐	新坊乡路口里睦水库东侧茶山窝里（原名集云乡李家坊）		县级文物保护单位
	唐状元易重妻袁氏墓	唐	洪江乡布星村东南		
	余祖师生母墓	北宋	慈化乡余坊村西北		
	南宋信王夏协墓	南宋	洪江乡绛桥村东南的蟠龙山上，蟠龙寺东首		
	南宋大理寺评事袁孝显墓	南宋	芦村乡韩塘村东的半山腰上		
	明通政司经历苏体用墓	明	新田乡射鹏村侧坑		县级文物保护单位
	明江楚应皖总督袁继咸墓	清	芦村乡老立下村西北的杨家山半山腰处		县级文物保护单位

续表

所属县（市、区）	墓葬名	时期	所在地	保护现状	备注
袁州区	明布政使袁一凤墓	明	寨下乡上沙江水库大坝右侧的山坡上		
	明通政司经历苏贵彰墓	明	新田乡射鹏村北的鸡公岭半山腰上		
	明左布政使高琬墓	明	新坊乡合浦村葱头		
	明知州陈巽言父子合葬墓	明	南庙乡袁梅村东南		
	明赠封御史杨春美墓	明	温汤乡大布村东北		
	明御史杨以诚墓	明	南庙乡白马村西南处		
	明参政易可久墓	明	洪塘乡石门村西南		
	明侯官司训半塘彭公墓	明	洪江乡洪江村东南		
	明知县朱志墓	明	渥江乡湾田村正南蒜坑姚家里屋后半山岭上		
	明赠鸿胪寺卿袁轼夫妇墓	明	湖田乡石湖村石湖塘东北		
	清巡抚右佥都御史陈之龙墓	清	南庙乡袁梅村东南		
	清学者张自勋墓	清	春台乡黄颇村西北（今宜春卫校后墙下）		
	清刘瑞祖墓	清	竹亭乡店布村西北的小山坡半山腰上		

续表

所属县（市、区）	墓葬名	时期	所在地	保护现状	备注
袁州区	清钦赐国宾陈天玉墓	清	慈化乡曾坊村北的小山腰		
	清通议大夫陈退庵夫妻合葬墓	清	南庙乡袁梅村东南		
	清监生翟起汪墓	清	金瑞镇灌塘村东北		
	清刘大华夫妻墓	清	楠木乡楠木村西南		
	清晏晨墓	清	金瑞镇前进村南		
	清张锡礼墓	清	天台山乡环溪村西南		
	清张鸿翥墓	清	水江乡新村西南的大窝里		
	清贻赠奉直大夫袁朋锡父子夫妇合葬墓	清	芦村乡韩塘村南的小垅上		县级文物保护单位
	清举人苏玉贤墓	1949 年	新田乡射鹏村东北的小山坡上		
	道登士郎谢御赞妻刘氏墓		彬江镇江下村西北的台地上		
	普同塔		洪江乡塘家山西北的太平山上		
	和光禅师坟塔	南宋	洪江乡绛桥村蟠龙山上，蟠龙寺后右侧的山麓上		县级文物保护单位

续表

所属县（市、区）	墓葬名	时期	所在地	保护现状	备注
丰城市	扶山汉墓群	东汉	老圩乡扶山村右侧的丘陵地带		
	荣塘墓群	东晋—南朝	荣塘乡岗下、芳田、弓塘、马口、夏阳岗、汕田一带		
	宋著名武功大夫傅汉墓	宋	梅林乡汉墓村后山	墓碑尚存	
	淘沙墓群	宋	淘沙乡邓圩、鄢坑、埠下、范坊等10余个自然村丘陵地	被盗	
	元翰林院编修揭傒斯墓	元	秀市乡红洲村委会水洲村对面山坡上	被掘	
	明工部尚书雷礼墓	明	淘沙乡柏树下后山陈家村的凤凰岭山脉	被毁	
樟树市	樊城堆新石器时代墓	新石器时代	刘公庙乡庙下村东侧，雌溪上游		已清理
	吴城商周墓	商周	山前乡吴城村		已清理
	牛头山战国墓	战国	观上乡邹家村后牛头山		已清理
	武林东汉墓	东汉	洋湖乡武林村		已清理
	大姑山西晋纪年墓	西晋	樟树镇东南大姑山		已清理
	洋湖东晋纪年墓	东晋	洋湖乡青山垴		已清理
	塘源南朝（宋、齐）纪年墓	南朝	山前乡塘源熊村		已清理
	大姑山南朝（梁）纪年墓	南朝	观上乡潭埠		已清理
	经楼南朝（陈）纪年墓	南朝	经楼乡江背村		已清理
	隋唐纪年墓	隋唐	店下、洋湖等乡		已清理
	宋元明纪年墓	宋、元、明	昌傅乡蠡湖村、临江镇、刘公庙乡等		已清理

续表

所属县（市、区）	墓葬名	时期	所在地	保护现状	备注
高安市	球子岭春秋墓	春秋晚期	太阳圩乡田南村东的球子岭南麓		已清理
	梳头山南朝墓	南朝	荷岭乡左家村西北面的梳头山黄土岗上		
奉新县	盛唐诗人刘慎虚墓	唐	会埠东源村越王山左坪之桃花洞		康熙版《奉新县志》记载
万载县	榨树窝商代墓葬群	商代	仙源乡新市村榨树窝遗址的东部		
	井窝里西周墓葬群	西周	仙源乡山枣白屋自然村西南面的黄土岗上		县级文物保护单位
	曾家湾东汉墓葬群	东汉	双桥乡昌田村西曾家湾		
上高县	张鸡坑南朝墓群	南朝	潘家村背张鸡坑		
	堆峰隋代墓群	隋代	堆峰村北山坡上		
	唐荆山墓	唐	端溪村白云山南		
	明布政使王纲墓	明	县东3千米毛家渡		
宜丰县	龙岩洞崖墓（俗称五崖洞）		芳溪乡塘头村官庄北		
	南昌尉梅子真墓		潭山乡路边村袁家（原名梅家）村后凤凰山		
	唐镇南军节度副使蔡剑墓	唐	新昌镇虎形背	存墓头石1块，华表半截	

续表

所属县(市、区)	墓葬名	时期	所在地	保护现状	备注
宜丰县	宋枢密院知事雷孝友墓	宋	花桥乡施源	碑碣残断	
	明云南布政使邹琏墓	明	石市乡禹溪村	石雕尚存	
	明工部主事熊子臣墓	明万历间	新昌镇螺形山	石雕尚存	
	明胡用宾墓	明	桥西螺峰下七星堆	石雕尚存	
	明漆观源墓	明	桥西潜头村朱家屋前	部分石雕尚存	
	明监察御史冯垣登墓	明	新昌镇苗圃	部分石雕尚存	
	明黔州知州漆柱墓	明	桥西乡潜头燕山	部分石雕尚存	
	明福建左布政使胡维霖墓	明	车上乡直源村		
	袁彬家族墓群	明正统、嘉靖间	澄塘乡秀溪袁家村斫篆塘		
	进士邹维琏墓	明崇祯九年	潭山乡莲花村麒麟山上	墓完好	清嘉庆二十三年(1818)重修
	清漆扶肋墓	清雍正十三年	桥西乡莲花形山	石雕尚存	
	清大理寺卿熊晖吉墓	清乾隆八年	芳溪乡		
	清两淮盐运使蔡学川墓	清同治元年	芳溪乡吴城村	部分石雕尚存	

续表

所属县（市、区）	墓葬名	时期	所在地	保护现状	备注
靖安县	虎山墓葬群		雷公尖垦殖场虎山分场的枫树垅东南坡		
	南唐兵部尚书卢俦墓		石境乡哨前村东，紧靠公路的菜地上		县级文物保护单位
	明清官况钟墓	明	新修墓在东门山上（今森林公园内）	原墓被毁	
铜鼓县	带溪胡氏始祖胡敬方墓	元	带溪乡大群村境内	被盗	仅存墓碑 1 块

上饶市

所属县（市、区）	墓葬名	时期	所在地	保护现状	备注
信州区	杨时乔墓	明	第四中学左前方围墙内侧	无存	
	杨麟与夫人毛氏合葬墓	明	市郊东门外磁性材料厂车库大门北侧门柱	地表全毁	
	上饶革命烈士公墓		茅家岭村的大龙抄山麓		
	上饶集中营烈士公墓		茅家岭		
	黄道烈士墓		信州区水南街道办事处岕岭头居委会书院路 48 号		市级文物保护单位
	荣国公赵仲湮墓	宋	茶山寺		
德兴市	宋江南长者张廷辅墓	宋	新营乡乌石村		
上饶县	陈文蔚墓	宋	原来苏乡五十八都		
	南宋理学家余正叔墓	南宋	茶亭乡裴源村		
	余尧弼墓	宋	黄沙乡元溪里之原		

续表

所属县（市、区）	墓葬名	时期	所在地	保护现状	备注
上饶县	马鞍山西周墓	西周	煌固乡章宅桥新塘阖自然村 马鞍山台地上		
广丰县	吕氏夫人(张叔夜妻)墓	宋	沙田镇十六都村		
	杨石、饶功美、周元煌烈士墓		城北乡石墓岭， 烈士纪念塔东侧		
玉山县	汪应辰墓		北乡二十三都界常山七都球白象山		
	宋进士郑骧墓	宋	城南傅家潭顶		
	明广西参政夏浚墓	明	群力乡纱帽村后背嘉湖山		
	方士羽化坛 （明治山詹碧云藏竹之所）	明			
	窑山土墩墓		双明镇窑山村茅畈山 一片红土丘陵地西缘		
铅山县	宋理学状元刘辉墓	宋	陈坊乡沽溪万利号屋背北面		
	宋兵部侍郎任希夷墓	宋	石溪银村畈东，临江寺东侧		
	宋鲁国公陈康伯夫妇墓	宋	新安埠以西的九龙岗上 （俗名石马坞）		县级文物保护单位
	明国子监祭酒龚敩墓	明	陈家寨东南的 旗山垄龚加尖		
	明礼部尚书费寀墓	明	陈家寨乡苏家村后 洋源排山上	存一残碑	
	黄怀仁烈士墓		国营武夷山垦殖场石垅 附近山坡上		

续表

所属县（市、区）	墓葬名	时期	所在地	保护现状	备注
横峰县	宋徐夫人（司空徐谊祖母）墓	宋	十七都柏树林		
	曹十四娘墓	宋嘉祐三年	姚家乡邱家村		
	宣仪郎侍李泰墓	明弘治元年	姚家乡建作侯家村后来龙山		
	岩墓		上畈乡杨家村西北		
弋阳县	汉赭亭侯音墓	汉	西港桥西	已沉没	
	宋谢鹗墓	宋	旭光场洪山分场，黄瓜垅		
	明江西布政使汪俊墓	明	东乡日轮山		
	明太仆寺周一经墓	明	湾里乡官源村山岗		
	明黄溥墓	明	朱坑乡潭石村北面		
	清建威将军周有才墓	清	在中畈乡黄壁詹家		
余干县	革命烈士公墓		东山岭北面山腰		
鄱阳县	汉吴芮夫人墓	汉	侯家岗乡茶塘村	被盗	清乾隆四十八年重立
	汉淮南王英布墓	汉	响水滩大岩山塘石屋柱间		现已不知其所在
	吴扬武将军陶丹（陶侃父）墓	晋	四十里街壕里太公岭	已废	墓址已建提水站
	晋桓公陶侃墓（衣冠冢）	晋	县城荐福山	不存	遗址为鄱阳一中

续表

所属县（市、区）	墓葬名	时期	所在地	保护现状	备注
鄱阳县	北宋洪士良墓	北宋	昌洲乡	不存	
	南宋忠宣公洪皓墓	南宋	古县渡	不存，有遗址	
	南宋仆射洪适墓	南宋	四十里街徐村附近	不存	
	南宋枢密洪遵墓	南宋	芝山白泥井	不存	
	明江廉宪和墓	明	团林乡江家山狮子山	不存	
	南宋学士洪迈墓	南宋	双港镇龙吼山	损毁	已修复
	南宋宰相江万里墓	南宋	芝山后牛头山	不存	
	北宋侍郎黄梦松墓	北宋	肖家岭乡(后并入响水滩乡)	尚存	
	宋侍郎熊本墓	宋	县城荐福山	无存	
	明知府詹硅墓	明	原磨刀石乡大山脚	墓无存	存石兽、神道碑
	明康简公胡韶墓	明	县城北东园	无存	
	元车驾史秉中墓	元	芝山后牛头山	无存	
	元教授吴存墓	元	凰岗镇狮子山后执礼桥	无存	
	明给谏陈嘉训墓	明	双港乡张官嘴	无存	
	元侍御史周伯琦墓	元	游城乡板铺桥月山	无存	
	元奉礼叶兰墓	元	县城夹积巷内	无存	
	明探花姜金和墓	明	原磨刀石乡云龙山	无存	
	元进士黎芳洲墓	元	凰岗镇马家坞	无存	
	清祭酒王传墓	清	原在枧田乡甲山村，后迁回侯岗新村郭母尖一村		
	明史乘古墓	明	原在太阳埠乡洎岭山	无存	
	清建威将军金德恒墓	清	银宝湖乡鸣山村	今仍存	
	清中丞胡克家墓	清	原在战前乡杨家边	无存	
	清武状元张鸿翥墓	清	鄱阳一中北大门向东的后雷塘岭		

续表

所属县（市、区）	墓葬名	时期	所在地	保护现状	备注
鄱阳县	周华民、郭学烈士墓		谢家滩		
	李新汉烈士墓		芝山		
婺源县	唐太师洪师敏墓	唐	银峰上市	保存较好	洪秀全祖先
	唐内史洪汉宗墓	唐	绿溪谢家小坞	保存较好	
	唐大司农洪古雅墓	唐	洪源小塘坞口	保存较好	
	五代堆婆冢	五代	浙岭脊	保存较好	
	宋程氏（朱熹第四世叔祖朱惟甫妻）墓	宋	文公山	保存较好	
	宋朱举（朱熹六世从祖）墓	宋	茶坑程家洲	保存较好	
	宋大学士李芾墓	宋	五都上河满秀庵祖垄侧	保存较好	
	南宋文学家胡伸墓	南宋	考水	保存较好	
	元文学家胡炳文墓	元	考水	保存较好	
	元郡马潘泾墓	元	和坑口	保存较好	
	明都御史汪舜民墓	明	镇头	保存较好	
	明尚书潘鉴墓	明	中云潘岭坞	保存较好	

续表

所属县(市、区)	墓葬名	时期	所在地	保护现状	备注
婺源县	明大司农汪应蛟墓	明	临河	保存较好	
	明尚书余懋衡墓	明	董家坞	保存较好	
	明尚书余懋学墓	明	十六都吴家坑	保存较好	

吉安市

所属县(市、区)	墓葬名	时期	所在地	保护现状	备注
青原区	东吴墓	三国	富滩镇社山饶源村山坡上		已清理
	文信国公母齐魏两国夫人墓	南北朝	东固畲族乡三彩文家岭		1990年修复
青原区	北宋国子监主簿胡仲雅墓	北宋	龙塘村委会古塘自然村		
	南宋名臣胡铨先祖胡盛墓	北宋	值夏镇北青东公路旁	保存较好	
	宋礼部侍郎邓光荐(中甫)墓	南宋	富田镇横坑村麻坑		
	清翰林院侍讲张贞生墓	清	富田镇佛源菖蒲岭		
井冈山市	清进士袁有龙墓	清	古城袁亚村北		清道光二十六年重修
吉安县	明工部右侍郎刘日升墓	明	浬田乡刘家村		县级文物保护单位

续表

所属县（市、区）	墓葬名	时期	所在地	保护现状	备注
吉安县	明萧维祯墓	明	永阳镇荷蒲村委会马田村	存残缺不全的石龟和石马	
吉水县	富滩东吴墓	东汉	富滩镇绕元村山坡上		
	周忱墓		山前村后（吉安至阜田的公路旁）		另有说在吉州区长塘乡周家村东园边
	陈诚墓		阜田镇仁厚里上陈家村西山麓		
	钱习礼墓		水南乡村背村南300米处	剩石碑1块、石俑、石马雕像	
吉水县	罗洪先墓		枫江乡赤石潭	被掘	铜鼓县棋坪镇大梅村大龙山有衣冠冢
	邹元标墓		金滩乡白沙村窑里	被掘，无法辨认	

续表

所属县（市、区）	墓葬名	时期	所在地	保护现状	备注
峡江县	大西头汉墓群	汉	水边镇大西头村北	部分墓室坍塌，未清理	
	佩贝墓群	南朝为主	水边镇佩贝村东	未清理	
	宋代谢堪墓	南宋	水边镇佩贝村东北	墓碑遗失，其余完好	
	宋代王应白墓	南宋	罗田乡坑头村北	已清理	
	张公石明墓群	明	福民乡张公石村北	2座被盗，3座完好	
	明代曾清宇墓	明	砚溪乡金家坊村北		
	明代肖伯辰墓	明	金江乡峡元村西	被盗	
	明代肖大熏墓	明	金江乡峡元村南	被盗	
	万台明墓	明	沙坊乡万台村东北	被盗	
	明代陈阳墓	明	枥坑村东南	被盗	
	乌球明墓	明	罗田乡乌球村西	保存完好	
	历家山清代墓群	清	砚溪乡料家村北	保存完好	

续表

所属县（市、区）	墓葬名	时期	所在地	保护现状	备注
新干县	桃溪明墓	明	桃溪城头村	已清理	
永丰县	沙溪城南村古墓群	汉	沙溪乡城南村西山坡上	被盗	
	唐张廷杰夫妇合葬墓	唐	沙溪乡蕉元村九曲岭下	保存完好	县级文物保护单位
	胥杨二夫人墓		沙溪乡凤凰山麓		迁葬墓
	明代习韶墓	明	鹿冈圩东北的墓坑山坡上		光绪二十九年重修
	明代罗伦墓	明	瑶田乡都溪坳狗脑山	保存完好	
	明代曾棨墓	明	富溪乡沙园村西北角的富元山上	已毁	
	明代聂豹墓	明	共七处，第一处在佐龙乡西塘村东北的长湖岭上；第二处在八江乡孙家边；第三处在坑田乡洲头村旺田；第四处在佐龙乡花园村潭江楼下；第五处在桥南乡泽泉村对面岭上；第六处在坑田乡棱溪村后背岭上；第七处在潭城乡磊源村	均已被盗一空	
	刘绎墓		县城西坊傅家坝自然村	东南侧	已毁，仅存一神道碑
泰和县	天子堆、皇帝地	南朝	塘洲镇高城附近	天子堆被盗，两墓室尚好	

续表

所属县(市、区)	墓葬名	时期	所在地	保护现状	备注
泰和县	大禾坪唐墓	唐	南溪乡芳桥村大禾坪山坡上	已清理	
	肖祯墓		冠朝乡文塘村西北的小山上	基本完好	
	匡智衣冠冢	唐	紫瑶山驾鹤峰下		
	钱惟济墓	宋	螺溪南岗口	已毁	
	宋工部侍郎张达墓	宋	上田枫山		
	王直墓	明	上田龙门	已毁	
	礼部尚书萧晅墓		沙村高陇		
	翰林编修罗璟墓		禾市景山丰白泉	墓完好	
	兵部侍郎陈宜墓		文田梦陂桥	已毁	
	翰林院编修周是修墓		南溪岬背	保存完好	
	龙文墓		五十四都		
	欧阳铎墓		武山东岩	已毁	
	工部侍郎欧阳熟墓		栖龙官溪岭		
	朱衮墓		十八都梨原坑		
	状元曾鹤龄墓		四十都泉山		
	吏部侍郎萧璁墓		十一都		
	王思墓		四十四都高坪右		
	刑部左侍郎曾翚墓		上模坪原	墓完好	
	阁臣萧镃墓		胡耽答桥		
	翰林编修姚颐墓		矶头官陂		
	礼部尚书欧阳德墓		苏溪上宏	已毁	
	工部员外郎刘晴川墓		沙村江北村	完好	
	都察院右副都御使曾于拱墓		冠朝社下稍江屋	完好	
	刘崧墓		冠朝栎树村金相寺右边		1986年修葺

续表

所属县（市、区）	墓葬名	时期	所在地	保护现状	备注
万安县	明理学家周贤宣墓	明	潞田乡园背村南的山腰上	保存完好	
	明兵部左侍郎肖禀墓	明	百嘉乡石坑村后山山腰上	保存完好	
	元进士许述华墓	清	弹前乡上洛村萝卜仚许家屋背	保存完好	乾隆四十年修
	明进士肖柯墓	明	窑头乡连源村前的山坡上	保存完好	
安福县	刘像墓	唐	枫田乡	尚好	
	欧阳万墓	唐	江南乡	尚好	
	欧阳斗南墓	宋	江南乡		
	刘德言墓	宋	寮塘乡	墓圈残存	
	李时勉墓	明	江南乡	石人、石兽、石柱、墓圈残存	
	彭时墓	明	江南乡	石人、石马尚存	
	张洪墓	明	严田乡	墓圈、墓前石坊、石马残存	
	刘阳墓	明	洲湖乡	墓前坊门残缺，墓圈完整	

续表

所属县（市、区）	墓葬名	时期	所在地	保护现状	备注
安福县	欧阳必进墓	明	平都镇	墓碑存	
	邹守益墓	明	连村乡	望碑、墓圈存	
	刘戬墓	明	甘洛乡	墓碑残缺，石条台阶存	
	吴节墓	明	钱山乡	墓碑残存，墓室被盗	
永新县	唐马王墓	唐	距县西北 20 千米的钟溪。1982 年文物普查，尚未落实墓地		
	唐丞相姚崇母墓	唐	城厢小学前面围墙内	夷为平地	
	唐丞相牛增儒母墓	唐			
	唐大理评事龙况墓	唐			
	南唐颜诩墓	南唐	八都温塘双乳峰之麓		
	南唐大理卿萧俨墓	南唐			
	南唐颜诩妻孔氏墓	南唐	八都温塘	保存完好	
	宋朝奉大夫张钢墓	宋	埠前乡政府院内		
	南宋永新抗元首领彭震龙墓	南宋			
	南宋史学家水窗先生刘友益墓	南宋			
	元提举龙云从墓	元			
	元提举李祁墓	元	雷公峡去茶陵 15 千米处	墓地尚存	

续表

所属县(市、区)	墓葬名	时期	所在地	保护现状	备注
永新县	明给事李钧墓	明	莲洲乡江背村虚皇山麓	墓被掘，剩墓砖、石条	
	明文学家刘髦墓	明	埠前乡龙家和三家店之间的地岭背	仅剩一土丘	
	明右都御史刘敷墓	明	义山上，天岭下	1981 年整修	
	明命妇刘夫人墓	明	永新、莲花交界处		
	明参政马铉墓	明			
	明河东盐运司刘梦诗墓	明			
	明刑部尚书王概墓	明			
	明副使刘光震墓	明	趋陂		
	明云南布政使刘朝錱墓	明	芦溪乡炎村	墓地尚存	
	明奉训大夫尹襄墓	明	泮中乡山田坳背村东北	封土下沉，墓圈、神道碑尚存	
	尹台墓	明	水泥厂厂部油库处	已被掘，仅存损坏的石马	
	清吏部主事龙文彬墓	清	澧田镇依埠村秋草坪	仅存坯土	

抚州市

所属县（市、区）	墓葬名	时期	所在地	保护现状	备注
临川区	陈际泰墓	明	鹏田乡陈坊西北的小科山脊	墓碑完整	本县古墓还有29座，完整的仅6座
	红军烈士墓	1978年	鹏田乡政府后		
崇仁县	吴道南墓	明	沙堤乡刘渡村委会黄家山上	墓室尚无损，但墓碑、石栏杆等原有地面标志已全被拆毁，无迹可寻	有人认为此处并非吴道南墓，吴墓实在孙坊乡庙上村委会所辖高家村外嘉陂岗上
	古泉夫妇合墓	明	白陂乡白陂村委会东的冈阜上		
	李氏母子合葬墓	明	马鞍乡汤溪村东北的山坡上		
	谢公墓	明	坐落在马鞍乡何嵊村后山坳中		
	黄德明墓	明	沙堤乡刘渡村委会东南的黄家村中	保存完整	
	陈剑华墓	明	三山乡流坊村委会西		

续表

所属县（市、区）	墓葬名	时期	所在地	保护现状	备注
乐安县	曾旧墓	唐	增田乡吊鸡岭		
	武齐墓	明	乐安县北湖溪村灵宝山深坑		
	罗隐墓	唐	乐安县南增田乡罗家潭		
	骆公墓		乐安县北湖溪乡严陀寨西北	墓碑已毁	
南丰县	石仙观崖墓	唐、宋	市山乡包坊村石仙观山岗石壁上		
	唐幽州刺史卢光远夫妻合葬墓	唐	莱溪乡九联村刘鲁嵊	原墓碑已毁，仅存清道光二十七年（1847）卢氏二十八至三十四世后裔重修墓碑	
	五代吴氏始祖宣城公及妻孟氏墓	五代	莱溪乡九联村的青龙山	原墓碑已毁，仅存清乾隆五十九年（1794）吴氏子孙重修的墓碑	

续表

所属县（市、区）	墓葬名	时期	所在地	保护现状	备注
南丰县	清代谭尚忠墓	清	洽村乡上古村黄竹坑	墓前翁仲、碑均坏损，存一石羊，浮雕人像、围墙、石阶完好。1985年墓被盗，案件破获后，令盗者修复	
	烈士陵园	1952年始建	新建路西端		
广昌县	崖墓	清	苦竹镇潘田村杨家排匙仔岩		
	汉墓	汉	盱江镇顺化坪		
	汉墓群	汉	千善乡		
	东晋墓	东晋	盱江镇店埠、岗上村后	有3座墓并列	
	西晋墓群	西晋墓群	一处位于赤水严坊村，另一处位于赤水乡留田村		
	南朝墓	南朝	甘竹镇大嵊村（古南丰县城遗址东）		
	唐墓	贞观年间	驿前镇驿前村		
	杨敏修墓	宋	沿江乡白田村		
	赖有庆墓	宋	驿前乡驿前村		

续表

所属县（市、区）	墓葬名	时期	所在地	保护现状	备注
广昌县	赖有漠墓	宋	驿前乡驿前村		
	元墓	元	赤水镇南公坑		
	饶秉鉴墓	明	甘竹镇南应山		
	揭稽墓	明	盱江镇白田村		
	黄必登墓	明	盱江镇青桐村		
	黄太次墓	明	盱江镇顺化村		
	饶学曙墓	清	甘竹镇罗家村	保存完好	
	魏允迪墓		甘竹镇株溪村	封土堆完好	
金溪县	朱坊宋墓及其石刻	宋	何源乡朱坊村西南的观山上		
南城县	邓思瓘墓	唐	麻姑山	毁于1967年	
	李威墓	唐	睦安乡麻畲村西南寒牛山		
	陈氏六娘墓	北宋	李坊营庙下山斜坡下		
	罗耕隐墓	明	磁圭东面将军拔剑山	保存完好	
	王萱夫妇合葬墓	明	沙洲乡临坊		
	黄赞画官敬所妣傅氏墓	明	沙洲乡黄狮潮洲艾家山下	保存完好	
	黎民范夫妇墓	明	万坊乡钟家岭村东面	保存完好	
	烈士墓	1949年	县城河东曾家坪		
黎川县	涂朝敬墓	明代始建，清代修缮	潭溪乡长洋村	1968年被盗毁	

续表

所属县（市、区）	墓葬名	时期	所在地	保护现状	备注
黎川县	唐代古墓	唐	裘坊乡荆头村东200米处之小山上		有5座
	傅氏墓葬群	北宋	湖坊乡营心村东严嵊云峰		
	张介墓	宋	湖坊乡沙洲坪		
	涂国鼎墓	明	荷源乡王沙渡村西北山谷		
	邓义墓	明	日峰镇土回上村后山湾		
	邓元锡墓	明	日峰镇土回上村		
	涂贤德、涂微祖孙毗连墓	明	日峰镇株林坡西北方向200米处		
	王禄墓	明	湖坊乡妙法寺后半山		
	妙法寺僧冢		湖坊乡妙法寺东200米处		一片墓葬群
	何(上石下土)墓	明	荷源乡炉油村墩上西面300米处		
	邓澄墓	明	荷源乡炉油村飞风亭		
	杨霱堂墓	清	县城北门外		
	杨以湲墓	清	社苹乡宏源村西北		
	危逸庵墓	民国十五年(1926年)	日峰镇花园坑西北		
东乡县	祝荫龙烈士纪念墓	1962年	珀玕乡政府东侧，紧靠革命烈士纪念亭南		
	宋朝散大夫罗必元墓	宋	今杨桥殿乡西北	“文革”期间被盗，现地面残存石人、石马雕塑和墓碑	

续表

所属县（市、区）	墓葬名	时期	所在地	保护现状	备注
东乡县	宋儒陆复斋墓	宋	瑶墟万石塘村		
	明给事中徐良傅墓	明	岗上积乡庄下		
	明詹事谢德溥墓	明	石建岭北		
	清山西布政使司邱明泰墓	清	邓家乡大富岗东北		
	清贵州黔西州知州吴嵩梁墓	清	瑶墟乡新田		
宜黄县	沈将军墓	晋	二都乡河口村		
	赵将军墓	晋	二都乡河口村		
	将军墓		城南乡曹山寺侧		
	李真人墓		城南乡李家山		
	邹洬墓	唐	黄陂乡十都村		
	罗文庄公墓	唐	黄陂乡坪上		
	王棣墓	宋			
	杜子野墓	宋	蓝水乡鹿冈村庵头		
	邹极墓	宋	潭坊乡西井玉泉寺后		
	黄希墓	宋			
	邹次陈墓	宋	潭坊乡塔冈院		
	邹明善墓	元	潭坊乡招仙观后		
	吕文质墓	明	黄陂镇霍源村		
	许太明墓	明	城南乡池南村		
	黄清墓	明	盖村丁园		
	黄元墓	明	棠阴镇君山村矮岭姚家垄		
	吴余庆墓	明	棠阴镇君山村上坪		
	廖提举墓	明	西门木器厂附近		
	潭河图墓	明	潭坊乡岱塘村胥家排		

编后记

“江西方志文化丛书”是由江西省地方志编纂委员会办公室组织编纂的一套精品文化丛书，从2014年开始由省、市、县（市、区）三级地方志机构合力打造。

《江西名人墓》的编纂工作启动之后，省、市、县（市、区）三级地方志工作者倾注了全力，历经稿件撰写、稿件编辑、稿件初审、复审、终审各个环节，最终完成此书。书中重点介绍的名人墓由县（市、区）地方志办参照《江西方志文化丛书编纂方案》所发样稿和行文规范编纂初稿，经市地方志办审核后报送省地方志办《江西名人墓》编辑部初审和编辑。执行主编梅宏、副主编毛珏珺、编辑游桃琴对全部稿件进行了交叉复审，最后由丛书主编梅宏，副主编周慧、杨志华审定。

《江西名人墓》在编纂过程中，得到了全省地方志系统工作者的大力支持，他们有的不顾路偏道远，深入实地去探寻墓葬保存状况；有的为了完成初稿翻遍手头的资料，在古志、家谱和相关文献中寻找只言片语；有的寻找知情老人，了解和探寻墓葬情况；有的顶着烈日骄阳只为拍出一张满意的照片……，他们的艰辛付出让人感佩。武汉大学出版社承担本丛书出版任务的领导和编辑们付出了辛勤的努力，为本丛书增光添色。在此，对所有参与编纂出版工作的同志表示真诚的感谢！

由于时间仓促，加之编纂者水平有限，书中错误在所难免，希望广大读者批评指正，以便再版时能得到进一步完善。

江西省地方志编纂委员会办公室

2017年12月